Luis Pazos

Gold-Revision

Vom kosmischen Fall zum irdischen Aufstieg der Edelmetalle

LICHTSCHLAG NR. 29

LICHTSCHLAG NR. 29

Luis Pazos

Gold-Revision

Vom kosmischen Fall zum irdischen Aufstieg der Edelmetalle

ISBN: 978-3-939562-39-9

Coverbild: Johann Melchior Dinglinger, Sonnenmaske mit Gesichtszügen Augusts des Starken, 1709, Kupfer, getrieben, vergoldet, Höhe 49 Zentimeter, Gewicht 650 Gramm, Staatliche Kunstsammlung Dresden

2016
Lichtschlag Buchverlag
Natalia Lichtschlag Buchverlag und Büroservice
Malvenweg 24
41516 Grevenbroich

Inhalt

Meiner Sippe

KAPITEL 1: Die Flucht ins Edelmetall

1.1 Der Staatsbankrott als historische Konstante

Das erste Jahrzehnt des 21. Jahrhunderts wird ohne Zweifel Wirtschaftsgeschichte schreiben. Dem jähen Paukenschlag synchron implodierender Weltbörsen, zusätzlich befeuert durch die Terroranschläge im Herzen des Weltfinanzzentrums, folgte ein ebenso gleich getakteter Weltwirtschaftsboom ohne historische Parallele. Allein fünf Jahre lang fünf Prozent Wachstum, real und im weltweiten Durchschnitt, verzeichneten die Statistiker für den Zeitraum zwischen 2002 und 2007. Da mutete auch der erste Staatsbankrott der Dekade noch wie ein kleiner Betriebsunfall mit Ausnahmecharakter an.

Als eine der ersten Amtshandlungen seiner siebentägigen Präsidentschaft erklärte Adolfo Rodríguez Saá am 23. Dezember 2001 mit sofortiger Wirkung ein einseitiges Schuldenmoratorium der Republik Argentinien. Bis zu diesem Zeitpunkt hatte das südamerikanische Land eine Staatsverschuldung in Höhe von geschätzten 155 Milliarden US-Dollar angehäuft. Praktischerweise wurden zwei Drittel davon im Ausland beziehungsweise von Ausländern gehalten. Das hielt die Kosten zumindest dieser Finanzoperation für die ohnehin wirtschaftlich gebeutelte inländische Bevölkerung in Grenzen.

Erst vier Jahre später rang sich Saás Nachfolger, der im Herbst 2010 verstorbene Néstor Kirchner, zu einer alles andere als attraktiven Umschuldungsofferte durch: Verlängerung der

Laufzeiten, Absenkung der Zinssätze und ein Verzicht auf 70 Prozent des Nominalwertes. Die Annahme des Angebots war freiwillig. 70 Prozent der Gläubiger, allen voran Argentinier, griffen zu. Sie werden wohl am besten gewusst haben, warum. Die restlichen 30 Prozent hoffen bis heute auf eine Nachbesserung des Angebots.

Mittlerweile wirft der „Fall Argentinien" überall seine Schatten. Nicht nur chronisch klamme Bananenrepubliken, auch gestandene Volkswirtschaften der Ersten Welt stehen am finanziellen Abgrund. Denn fünf mal fünf Prozent Wachstum, das war nicht das Resultat ausgeprägter wirtschaftlicher Stärke, sondern das Ergebnis eines einmaligen Feldexperiments mit politisch in hohem Maße manipulierten makroökonomischen Parametern.

Über viel zu lange Zeit, mindestens seit dem Dotcom-Crash zur jüngsten Jahrhundertwende, wurden die (Leit-) Zinsen durch die Zentralbanken massiv gesenkt und künstlich niedrig gehalten. Allein zwischen 2001 und 2003 senkte die US-amerikanische Notenbank ihren Leitzinssatz in einer einmalig schnellen Schrittfolge von 6,5 auf bis zu ein Prozent. Es war der Startschuss für einen ungebremsten und exzessiven Konsum- und Immobilienboom.[1]

Spiegelbildlich schoss im Zuge dieser Niedrigzinspolitik die private wie öffentliche Verschuldung nach oben. Dank der globalen Arbeitsteilung sowie der niedrigen Energie- und damit Transportkosten machte sich diese massive Liquiditätsausweitung aber nicht über die Güterpreise bemerkbar. Vor allem aber nutzten Banken die einmalig günstigen Refinanzierungsbedingungen und investierten in jedwede Anlage, die einen Ertrag über dem Leitzins abwarf. Ihre Bilanzen und die um scheinbar innovative Produkte bereicherten Finanzmärkte blähten sich auf. Dadurch steigerte die Finanzwirtschaft sukzessive ihren Anteil an den Sozialprodukten ihrer jeweiligen Volkswirtschaften, wurde zunehmend „systemischer".

Ein ausgleichender Mechanismus über die Devisenmärkte konnte kaum stattfinden. Der Grund: Nur etwa ein Dutzend Währungen unterwerfen die Bestimmung des Wechselkurses den Marktmechanismen. Die absolute Mehrheit legt, wie zum Beispiel China und andere große US-Dollar-Gläubiger, die Kurse administrativ fest oder interveniert selbst aktiv am Devisenmarkt. Die Folge: Auf einen absoluten wie relativen Rekordstand von fünf Billionen US-Dollar summierten sich bis vor Ausbruch der Finanzkrise im Jahr 2007 die internationalen Bestände an Währungsreserven. Ein gigantisches Ungleichgewicht, in hohem Maße durch den Güter-Geld-Kreislauf zwischen China und den USA hervorgerufen, idealtypisch repräsentiert durch die wechselseitig schicksalhaft aneinandergekoppelten verschuldungswilligen US-Konsumenten einerseits und die exportwilligen Han-Produzenten andererseits.

Speziell die USA, so scheint es, haben sich von Amts wegen und beginnend ab dem Höhepunkt der Großen Depression beständig bemüht, die Rahmenbedingungen für die Wiederholung einer finanzwirtschaftlichen Katastrophe dieses Ausmaßes konsequent zu pflegen. Als ein Teil des New Deal, der Gesetzgebung der US-Bundesregierung unter dem Präsidenten Roosevelt, wurde 1933 das Bankensystem in seiner bis dato existierenden Form zerschlagen. Fortan durften Investmentbanken kein Privatkundengeschäft mehr betreiben, Privatkundenbanken wurde der Eigenhandel mit Wertpapieren untersagt. Wechselseitige Stabilisierungen der Geschäftsbereiche waren somit nicht mehr möglich.

Die Krise nahm daher nicht ganz zufällig im Bereich des weitaus schwankungsanfälligeren Investmentbankings ihren Anfang. Als weitere Maßnahme des New Deal wurde 1938 die Hypothekengesellschaft Federal National Mortgage Association (Fannie Mae) gegründet. Sie diente von vornherein einem bis in die Gegenwart ausdrücklich erklärten politischen Ziel: Jedem Amerikaner sein Eigenheim. Ergänzend zu Fannie Mae rief der US-Kongress 1970 eine weitere Hypothekengesellschaft ins Leben, die Federal Home Loan Mortgage Corporation (Freddie Mac). Genau wie ihre „große Schwester" verfügt auch sie über quasistaatliche Garantien, die sich unmittelbar in ihrer Preis- also Hypothekenzinsgestaltung niederschlugen.

Fannie Mae und Freddie Mac konnten sich als „Government Sponsered Enterprises“ (GSE), also Unternehmen mit Regierungsbürgschaft, dank höchstmöglichem Rating des Garantiegebers günstig refinanzieren und somit Kredite zu besonders vorteilhaften Konditionen vergeben. Sie expandierten erfolgreich, bis sie 2007 bereits die Hälfte des US-amerikanischen Hypothekenvolumens auf sich vereinen konnten.[2] Dabei dürfte es auch hilfreich gewesen sein, dass die Institute als GSE ihre Ausleihungen lediglich mit 2,5 Prozent Eigenkapital hinterlegen mussten, im Gegensatz zu den bei Geschäftsbanken üblichen zehn Prozent.

Unter dem US-Präsidenten Bill Clinton wurde 1995 der bis dato eher unscheinbare „Community Reinvestment Act“ (CRA), ein US-amerikanisches Bundesgesetz, modifiziert.[3] Seine Absicht legte Clinton noch 1993 vor seiner Wahl zum Präsidenten unumwunden dar, nämlich dass „mehr Amerikaner ihr eigenes Haus besitzen sollten, einerseits aus ökonomischen und materiellen, andererseits aus emotionalen und immateriellen Gründen, die den Kern dessen ausmachen, was es bedeutet, den amerikanischen Traum zu verinnerlichen, zu pflegen und zu leben“.[4] Fortan durften Banken Kredit beantragende Kunden noch weniger als zuvor ökonomisch „diskriminieren“, das heißt auf deren eigentlich unabdingbare Stellung von Sicherheiten und Kapitaldienstfähigkeit achten.

Die Quoten der Immobilienkredite, die an Antragsteller mit niedrigem Einkommen und schwachen Sicherheiten zu vergeben waren, das sogenannte „Community Reinvestment Act Rating“ (CRA-Rating), wurde für Banken und Sparkassen verschärft, in der Folge sprang der Prozentsatz der Immobilieneigentümer bis 2006 von langjährig konstanten 62 auf knapp 70 Prozent der US-Haushalte. Diese knapp neun Millionen Haushalte bildeten das Gros der Schuldner jenes berüchtigten Subprime-Sektors, der in der Spitze im Jahr 2006 zehn Millionen Kreditkontrakte umfassen sollte.

Mit einem Volumen von über einer Billion US-Dollar entsprach dies ganzen 20 Prozent der gesamten Immobilienkredite in den USA. Für die nun aktiv nicht mehr zu unterdrückenden Risiken bei der Kreditvergabe musste daher ein neuer Managementansatz gefunden werden. Die Bündelung von Einzelkrediten in Wertpapieren zur Streuung möglicher Ausfälle war hierfür der erste konsequente Schritt, der Weiterverkauf der Wertpapiere, vor allem auch an ausländische Schuldner wie zum Beispiel deutsche Landesbanken und Mittelstandsfinanzierer, die so schließlich ein Drittel aller Subprime-Darlehen auf sich vereinigen sollten, die zweite naheliegende Lösung.

Pioniere für Geschäfte in dem neuen Subprime-Sektor waren neben Freddie Mac unter anderem New Yorker Investmentbanken. Die erste mit Subprime-Krediten besicherte Anleihe wurde bereits 1997 mit Freddie Mac als Garantiegeber durch die im Zuge der Finanzkrise untergegangene Investmentbank Bear Stearns zusammen mit dem ebenfalls ins Wanken geratenen Institut Wachovia emittiert. Das AAA-Rating des Wertpapiers war damit quasi regierungsamtlich. Ebenfalls nicht ganz zufällig begann die Finanzkrise daher mit den Zahlungsausfällen US-amerikanischer NINJAs – No Income, No Job and Assets –, die damit schließlich einen globalen Flächenbrand entfachen sollten.

Die im Zuge dieses atemberaubenden und weltumspannenden Versuchs aufgestauten tektonischen Spannungen gigantischen Ausmaßes entluden sich schließlich kraftvoll im Herbst des Jahrzehnts. Das Beben läutete ab Mitte 2007 die bekannte Kaskade aus Hypotheken-, Finanz-, Wirtschafts- und schließlich Haushaltskrisen ein. Der einmal ausgelöste Tsunami brachte manchen volkswirtschaftlichen Frachter in bedrohliche Schieflage. Trotz der eingekehrten trügerischen Ruhe schwappten die Ausläufer nun unbarmherzig gegen die politisch gezimmerten Rettungsschiffe und stellten ihre Steuerleute aus den Finanzministerien und Notenbanken vor geradezu herkulische Aufgaben. Und nicht nur diese. Denn Schulden- und damit untrennbar verbundene Währungskrisen drohten über den Kollaps der öffentlichen Haushalte und die fest an diese gekoppelten Geld- und Rentenmärkte die gerade wieder langsam anstotternden Wirtschaftsmotoren drastisch abzuwürgen.

Mit Jamaika ging am 15. Januar 2010, gewissermaßen zum vorläufigen Ausklang der Dekade, der erste Staat seit Ausbruch des Weltwirtschaftsbebens technisch bankrott; im Gegensatz zur faktischen Insolvenz der öffentlichen Hand in Griechenland nur wenige Monate später existierte in der Karibik weder eine übergeordnete Instanz noch ein gemeinsames Währungsprojekt, somit auch kein Rettungspaket.

Dafür verkündeten die Sunshine-Reggae-Pleitiers anders als die Gauchos gar nicht erst eine Zahlungseinstellung, sondern boten von vornherein ihren Gläubigern eine Umschuldung an. Die ausstehenden Staatsanleihen mit einem Nennwert von knapp acht Milliarden US-Dollar sollten eins zu eins in neue Papiere zum gleichen Nennwert getauscht werden. Allerdings, hierin ganz der Republik Argentinien folgend, mit geringerer Verzinsung und längerer Laufzeit. Das ist freilich nichts anderes als ein klassischer Zahlungsaufschub. Es dürfte sich vermutlich nicht um den letzten seiner Art handeln. Nicht nur europäische PIGS (Portugal, Irland/Italien, Griechenland, Spanien) sind Jamaika bereits dicht auf den Fersen.

„Über Staatspleiten nachzudenken, war früher unmöglich. Die Hemmschwellen, darüber zu diskutieren, sind weg“, erläutert Heinz-Werner Rapp, Vorstandsmitglied der Feri Finance AG, eines Spezialisten für Finanzberatung, Vermögensverwaltung und Rating, den Paradigmenwechsel anno 2010. Das Denken am Rande des seit über 50 Jahren in der Ersten Welt Undenkbaren ist zumindest in den Finanzzentren der Welt angekommen. Und selbst die eher biedere und vor allem staatseigene Kreditanstalt für Wiederaufbau (KfW) bezeichnet mittlerweile eine Währungsreform als „durchaus übliche Methode, um sich hoher Staatsschulden zu entledigen“.

Diese plötzliche Erkenntnis kann eigentlich nur erstaunen, denn tatsächlich sind Währungskrisen und Staatsbankrotte in schöner Regelmäßigkeit wiederkehrende finanzwirtschaftliche Zäsuren. Deutschland selbst durchlebte im 20. Jahrhundert zwei Staatsbankrotte; und das ist keineswegs Rekord. Frankreich ging zwischen 1500 und 1800 achtmal in Konkurs, das Königreich

Spanien, hierin in Europa unübertroffen, gar mehr als zehnmal. Allein in den letzten 200 Jahren befanden sich beständig zwischen zehn und 50 Prozent der europäischen Staaten am Rande der Zahlungsunfähigkeit oder jenseits davon – in fast allen Fällen resultierte der immense Kapitalbedarf aus hofstaatlichen und vor allem kriegerischen Aktivitäten. Im Grunde genommen sind Staatsbankrotte das fiskalische Wesensmerkmal jeder öffentlichen Ordnung schlechthin. Sie sind gewissermaßen eine verlässliche historische Konstante – und das seit mindestens 2.500 Jahren.

Genau von dieser unheilvollen Kombination kündet bereits der im Alten Testament im Buch Daniel beschriebene Untergang Babylons im Jahr 539 vor Christus. An einer Wand in der Residenz des mächtigen babylonischen Herrschers Nabonid erscheint eines Abends ein geisterhafter, durch die einheimischen Schriftgelehrten nicht entzifferbarer Schriftzug. Daraufhin lässt Belschazzar, der Sohn, Kronprinz und Vertreter Nabonids, den Wahrsager, Astrologen und Obersten der Zeichendeuter Daniel aus dem Volk der in babylonischer Gefangenschaft verharrenden Juden herbeirufen. Schließlich gelingt es ihm, die in aramäischer Schrift notierte Botschaft zu entschlüsseln: „Das Geschriebene lautet aber: Mene mene tekel u-parsin."

Daniel interpretiert dies als Ankündigung des Endes der babylonischen Herrschaftsdynastie: „Diese Worte bedeuten: Mene: Gezählt hat Gott die Tage deiner Herrschaft und macht ihr ein Ende. Tekel: Gewogen wurdest du auf der Waage und zu leicht befunden. Peres: Geteilt wird dein Reich und den Medern und Persern gegeben." Noch in derselben Nacht findet der biblische Belschazzar durch die Hand seiner Knechte den Tod. In der historischen Realität könnte er tatsächlich einem Komplott der Priesterschaft zum Opfer gefallen sein, während Nabonid mutmaßlich während oder nach dem ressourcenintensiven Krieg gegen den Perserkönig Kyros II. umgekommen ist oder hingerichtet wurde.

Eingedenk der Tatsache, dass es sich bei der wortwörtlichen Übersetzung der Geisterschrift vermutlich um die Bezeichnung verschiedener Maße respektive Münzen handelt – Mene gleich Mine[5] war in der Antike eine gebräuchliche Geld- und Gewichtseinheit, der Tekel gleich Schekel[6] ist es noch heute in Israel –, ist vielleicht gar keine verklärende Interpretation notwendig. Das, was David, hier mehr Zahlen- als Zeichendeuter, so klar vor sich sah, waren die babylonischen Finanzkennzahlen, monetäre Verpflichtungen respektive (Staats-) Schulden.

Der finanzielle Ruin beendete schließlich die babylonische Vorherrschaft in Mesopotamien. Der Grad der Staatsverschuldung erweist sich seitdem in der Tat als politischer Balanceakt, als Preis im Kampf um die Macht oder eben – in der Regel mit zeitlicher Verzögerung – als Vorzeichen des Untergangs der Mächtigen. Sie bleibt für jede Geld- respektive Währungs- und damit meistens auch Gesellschaftsordnung genau das, was sie für den Gottkönig Nabonid und seinen Sohn Belschazzar waren: ein Menetekel.

Nun mag der lokale Bankrott einer wenig vernetzten, kleinasiatischen Frühnation kaum als Blaupause für Verwerfungen globalen Ausmaßes dienen, doch auch Weltwirtschaftskrisen haben ihre antiken Vorbilder. Selbst Muster und Ablauf dürften kaum Befremden hervorrufen. Die ersten massiven paneuropäischen Finanz- und Wirtschaftsturbulenzen ereilten den Kontinent konsequenterweise in der imperialen Blütezeit des Römischen Reichs, ziemlich genau 1.900 Jahre vor der weitaus berühmteren Großen Depression der Neuzeit.

Bereits unter Kaiser Augustus (63 vor bis 14 nach Christus), also um die Zeitenwende, hatte eine expansive Geldpolitik massiv steigende Preise und eine enorme Zunahme der öffentlichen Verschuldung zur Folge, der Krieg gegen die Rom terrorisierenden respektive von Rom terrorisierten Barbaren – Skoten und Pikten, Germanen, Juden, Parther und Berber – verschlang enorme Ressourcen. Diese mussten zudem, genau wie die innenpolitischen „Wohltaten“ in Form von Brot und Spielen, von immer weniger Bürgern erwirtschaftet werden; im gesamten Imperium waren zu jener Zeit die demographischen Reserven durch Krieg, Seuchen und Zeugungsverweigerung am Schwinden.

Augustus' Nachfolger, Kaiser Tiberius (42 vor bis 37 nach Christus), versuchte dem durch eine rigide Sparpolitik und die Rückführung von Auslandskapital zu begegnen. Zahlreiche Gläubiger sahen sich gezwungen, ihren Schuldnern die Darlehen zu kündigen, Sparer forderten ihre Einlagen zurück, der Liquiditätsdruck der Banken stieg ebenso wie die realen Zinssätze. Im Jahr 33 nach Christus führte dieser sich selbst verstärkende Prozess zu einer deflationären Depression. Firmen schlingerten in den Konkurs und rissen ihre Finanziers mit in den Strudel, diese wiederum versuchten so viel wie möglich an ausstehenden Forderungen einzutreiben. Die Geld- beziehungsweise Kreditmenge schrumpfte, selbst der vom Senat kontrollierte Fiskus, schon damals traditioneller Geldgeber der letzten Instanz, konnte die reihenweise fallierenden Schuldner nicht mehr auffangen und sah sich zur Schnürung von Rettungspaketen nicht mehr in der Lage.

Was blieb, war ein durchaus berechtigtes „In God we trust", ganz so, wie es heute noch auf der US-amerikanischen Ein-Dollar-Note angemahnt wird. Denn vor knapp 2.000 Jahren ließ sich dieser Gott noch personifizieren: Von seinem Alterssitz auf Capri aus griff Kaiser Tiberius schon fast im Stile monetärkeynesianischer Notenbankchefs in das Wirtschaftsgeschehen ein. Er öffnete die Schleusen seiner persönlichen Geldschatulle und stellte dem römischen Bankensystem einen großen Teil seines Privatvermögens als temporären, zinslosen Kredit, allerdings mit doppelter hypothekarischer Absicherung, zur Verfügung. Die monetäre Basis konnte durch diese Maßnahme stabilisiert werden, vor allem fassten die Unternehmen und Konsumenten wieder Vertrauen in das durch den Gottkaiser gestützte und geschützte System. Der Negativtrend schlug schließlich um, und die Wirtschaft des Reiches erholte sich – vorläufig.

1.2 Die Renaissance der monetären Hardliner

In der nahezu kaiserlosen Gegenwart bereits über Gebühr strapazierter Schatullen bleibt die durchaus charmante Stabilisierungslösung der römischen Finanzarchitektur vorerst verwehrt. Schwere Finanz- und Wirtschaftskrisen können in weitestgehend landwirtschafts- und damit witterungsunabhängigen Volkswirtschaften jenseits von Kriegen und Naturkatastrophen ihren Anfang ausschließlich im monetären Bereich nehmen, wo sie mit steter Regelmäßigkeit auf das pulsierende Herz einer jeden Ökonomie durchschlagen und die konservierte Lebensleistung ihrer Mitglieder bedrohen.[7] In diesem Punkt ist daher dem britischen Mathematiker und Ökonomen John Maynard Keynes (1883-1946) uneingeschränkt zuzustimmen, der 1919 angesichts der aus dem Ersten Weltkrieg resultierenden riesigen finanziellen Verpflichtungen aller ehemals teilnehmenden Parteien mutmaßte: „Es gibt kein subtileres Mittel zum Sturz der bestehenden Gesellschaftsordnung, als die Währung zu ruinieren."

Monetär begründete Wirtschaftsturbulenzen spülen wenige, meist zuvor misstrauische, Gewinner nach oben und reißen dabei viele, meist zuvor arglose, Verlierer nach unten, wie es ab 2007 der US-amerikanische Wohnimmobilienmarkt par excellence vorgeführt hat. Es sind letztlich die hohen Verluste an konservierter, gewissermaßen in oder über Geld bewahrter Energie, die regelmäßig in sozioökonomischen Traumata münden, die sich dann über Generationen zu halten vermögen.

„Die Mehrheit der Bürger verliert, zielt die Inflation doch direkt ins Herz der Gesellschaft – sie destabilisiert das Gemeinwesen und das politische System. Mehr noch: Jeder Einzelne empfindet den Kaufkraftverlust als Verlust von Selbstwert. [...] Geld hat weit mehr Funktionen, als meist angenommen wird.

[…] In modernen Marktgesellschaften ist Geld der zentrale Wertmaßstab. Die soziale Stellung, die Verfügungsrechte über Ressourcen aller Art, die Entfaltungsmöglichkeiten des Individuums und das Maß an Freiheit, die es genießt – all das hängt davon ab, wie viel Geldwert ein Mensch zur Verfügung hat. Es hängt nicht mehr an Kategorien wie Stand, Herkunft oder Gottesgnadentum, wie in feudalistischen Gesellschaften oder Stammesverbünden früherer Epochen", schreibt der Wirtschaftsjournalist Henrik Müller in Anlehnung an Georg Simmels (1858-1918) Charakteristik der bereits im Jahr 1900 veröffentlichten „Philosophie des Geldes".

Einem solchen Destabilisierungsprozess konnte der spanische Reporter Eugeni Xammar im Jahr 1923 direkt in dessen Erosionszentrum beiwohnen. Beklemmend lebensnah berichtet er dem iberischen Publikum aus Berlin, dass die galoppierende Geldentwertung „zur Folge [hatte], dass niemand weiß, wie lange das Geld reichen wird, das er in den Händen hält, und die Menschen in ständiger Unruhe leben, dass niemand an etwas anderes denkt als ans Essen und Trinken, ans Kaufen und Verkaufen und dass es in ganz Berlin nur ein Gesprächsthema gibt: den Dollar, die Mark, die Preise".

Tatsächlich waren zuletzt über 30 Papierfabriken, 130 Druckereien mit 1.783 Pressen und etwa 30.000 Arbeiter im Einsatz, um die notwendigerweise exorbitanten Bargeldmengen zu produzieren. In US-Dollar gemessen betrug der Kaufkraftverlust der Reichsmark am Ende der hyperinflationären Phase 50 Prozent – pro Tag.

Schon vorher erfolgten Lohnzahlungen zweimal täglich, weil mittags die neuen Devisenkurse veröffentlicht wurden. Schließlich wurden im Handel die geschätzten Preissteigerungsraten vorweggenommen, zuzüglich erheblicher Sicherheitszuschläge, die dank der behördlich angeordneten, aktuell zu haltenden Preisauszeichnungspflicht auch nötig waren und den Trend zusätzlich befeuerten. Bevor die Verkäufer letztlich die Geldannahme trotz noch gut gefüllter Lager verweigerten, erfasste die Käufer eine regelrechte Verschwendungssucht. Kaufpanik machte sich breit, apokalyptisches Gegenwartsvergnügen prägte jene Ära, deren sozioökonomische Zerrüttung – der bekannte Gassenhauer „Wir versaufen unser Oma ihr klein Häuschen“ fasst diesen Umstand in präziser Kürze zusammen – der österreichische Ökonom Joseph Schumpeter prophezeit hatte.

Auch politisch blieb dieses Trauma nicht folgenlos. Der Aufstieg Adolf Hitlers (1889-1945) begann im November 1923, dem Höhepunkt der inflationären Welle. Sein politisches Leitmotiv war ebenso kurz wie nicht von der Hand zu weisen: „Das wichtigste Problem heutzutage sind die hohen Lebenshaltungskosten.“ Sein Ziel: „Wir wollen das Leben billiger machen.“ Auch sein propagandistischer Gegenpart Joseph Goebbels (1897-1945) empfand in jener Epoche den „Antisemitismus als Weg […], gegen Materialismus und Geldkultur zu protestieren. Auf einer grundsätzlichen Ebene zerstörte die monetäre Unsicherheit alle verbliebenen Werte.“ Er arbeitete auf dem Höhepunkt der Hyperinflation als Angestellter bei der Dresdner Bank.

Derartige Krisen graben sich tief ein in die „kulturelle DNS“, das dann tradierte Erbe einer sozialen Lebens- und Leidensgemeinschaft. Was den Deutschen ihre Hyperinflation von 1923, ist den Angelsachsen ihre Deflation von 1933.

Das gilt im Besonderen für den US-amerikanischen Immobilienmarkt. So hoffnungsvoll dort die 20er-Jahre Wohlstand auf Pump für viele verhießen – im Jahr 1929 waren in den USA mehr als die Hälfte aller Autos und drei Viertel aller Möbel fremdfinanziert –, die Große Depression der 30er-Jahre machte Auto, Hausrat und vor allem Wohnung nur allzu oft wieder zunichte. Denn in der deflationären Krise waren viele, vor allem arbeitslos gewordene Schuldner, nicht mehr in der Lage, ihre Darlehen zu bedienen.

Der daraus resultierende Verkaufsdruck und tendenzielle Angebotsüberhang ließ die Preise noch weiter fallen, während die Verbindlichkeiten nominal konstant blieben, sich aufgrund fällig werdender Zinsen sogar sukzessive erhöhten. Zehntausende verloren ihr Dach über dem Kopf, zimmerten sich Notunterkünfte oder zogen in Zelte. „Hoovervilles“ wurden diese

Slums in Anlehnung an den damaligen US-Präsidenten Herbert C. Hoover genannt. Der bekannteste Standort einer solch wenig schmeichelhaften „Präsidentensiedlung“ befand sich zwischen 1931 und 1933 im New Yorker Central Park, mitten im belebten Herzen des Big Apple.

Der US-amerikanische Immobilientraum der bis heute nachwirkenden New-Deal-Ära ist ohne dieses vorhergehende schwere Immobilientrauma kaum nachvollziehbar; und doch – oder gerade deswegen? – wurde hier bereits der Keim zu seiner fast exakten Wiederholung genau 75 Jahre später gelegt. Die aktuelle Finanzkrise ist daher auch Ergebnis und Ausdruck eines jenem soziokulturellen Vermächtnis entspringenden langzyklischen Machbarkeitswahns und -willens. Denn obwohl zwischen diesen Ereignissen und der Gegenwart ungefähr die Spanne eines Menschenlebens liegt, bestimmen die Langzeitwirkungen dieser Traumata erneut die aktuellen Diskussionen im Umgang mit der Weltfinanzkrise und ihrer Bewältigung.[8]

Diese interkulturellen Verständigungsschwierigkeiten sind nicht zuletzt an den historisch bedingt divergierenden strategischen Ansätzen der jeweiligen Zentralbankchefs ablesbar. Es bleibt abzuwarten, wie sich dieses einzigartige Experiment aus monetärer Sicht weiterentwickelt.

Tiefe sozioökonomische Krisen produzieren also nicht nur Krisengewinner und Krisenverlierer, sondern auch Krisenerlöser. Dort wo Verlust, Angst und Schuld die Menschen zu traumatisieren drohen, finden sich auch immer die Verkünder von Aufbruch, Sicherheit und Sühne. Mit jeder Schulden- respektive Währungskrise schlägt daher auch regelmäßig die Stunde der Währungsordnungs- und Geldsystemkritiker, jener Theoretiker und Praktiker also, die ja völlig zu Recht auf die absolut zentrale Bedeutung einer entgifteten Geldordnung für jeden gesunden Volkswirtschaftskörper abzielen.

Als Antipode zu den die veröffentlichte Meinung und institutionellen Gremien dominierenden Keynesianern und Monetaristen hat sich daher auch die Fraktion der Hardliner als Vertreter einer im weitesten Sinne werthaltigen Rückbindung des Geldes zunehmend Gehör verschaffen können. Ihre Vertreter eint die empirisch belegbare Überzeugung, dass mit der Institution des beliebig vermehrbaren Papiergeldes die betroffenen Volkswirtschaften in eine Ära heftiger Boom- und Bust-Phasen mit zyklischen Entladungen in Form massiver Finanz- und Wirtschaftsverwerfungen eingetreten sind. Zu deren Überwindung fordern sie daher konsequenterweise die nach den aktuellen Statuten des Internationalen Währungsfonds (IWF) für seine knapp 200 Mitglieder – faktisch also die gesamte (Staaten-) Welt – untersagte Wiedereinführung einer monetären Sachwertdeckung.

Dem illustren Kreis dieser Hardliner gehören keineswegs nur akademische Außenseiter und finanzideologische Nischenanbieter an. Ihre politische Speerspitze und die mit Abstand mächtigste Fraktion dieser Bewegung bildet ausgerechnet das auf dem Papier immer noch kommunistische China. Es war bezeichnenderweise der Chef der chinesischen Notenbank, Zhou Xiaochuan, der die Doktrin des bürgerlich-revisionistischen SPD-Vordenkers Eduard Bernstein (1850-1932) monetär zu transferieren trachtete: „Nicht vom Rückgang, sondern von der Zunahme des gesellschaftlichen Reichtums hängen die Aussichten des Sozialismus ab.“[9] Formal gesehen immer noch dem Marxismus-Leninismus verpflichtet, veröffentlichte Xiaochuan mitten im Krisenjahr 2009 einen Fachartikel, der den Vergleich mit Bernsteins seinerzeit überfälligem Paradigmenwechsel nicht zu scheuen braucht.

Bereits im ersten Absatz beklagt der Zentralbanker gänzlich undiplomatisch „die dem politisch konstruierten internationalen Geldsystem strukturell innewohnende Schwäche“. Diese wurde durch die aktuelle Krise schonungslos aufgedeckt: „Der Ausbruch der aktuellen Krise und ihr weltweites Überschwappen hat uns mit einer lange existierenden, aber unbeantworteten Frage konfrontiert, nämlich welche Art internationaler Reservewährung wir benötigen, um die globale finanzielle Stabilität zu sichern und das Wachstum der Weltwirtschaft zu erleichtern, was doch eigentlich eine der Absichten für die Gründung des IWF war.“

Schon fast wehmütig erinnert Xiaochuan an die einst substanzhaltigeren Lösungsansätze wie den Silber-, Gold- und Gold-Devisen-Standard. Gleichzeitig sieht er in den aktuellen Rahmenbedingungen jedoch auch die einmalige Chance auf die Gesundung des Systems: „Die Krise appelliert erneut an die kreative Reform des existierenden internationalen Geldsystems in Richtung eines internationalen Reservewährungssystems mit einem stabilen Wert", denn „die Häufigkeit und zunehmende Heftigkeit von Finanzkrisen nach dem Kollaps des Bretton-Woods-Systems legt nahe, dass die Kosten eines solchen Systems [mit dem US-Dollar als Leitwährung] den Nutzen weit überstiegen haben könnten".

Einer Neuauflage des Bretton-Woods-Systems erteilt Xiaochuan jedoch eine klare Absage, war dieses doch von Anfang an ebenfalls durch einen Konstruktionsfehler, das nach dem US-amerikanisch-belgischen Ökonomen Robert Triffin benannte Triffin-Dilemma, zum Scheitern verurteilt. Triffin hatte bereits 1959 unter anderem darauf hingewiesen, dass die Kopplung des Dollar an Gold und aller anderen Währungen an den Dollar vor allem von den USA bei steigender Liquidität und begrenzten Goldbeständen eine strenge Deckungsdisziplin von innen heraus verlangt hätte, da diese gegenüber der militärisch-ökonomisch unangefochtenen Hegemonialmacht nicht zu erzwingen gewesen war.

Tatsächlich wurde dann auch ein immer größerer Anteil neuer US-Dollar ungedeckt emittiert, ließ sich doch die so erzielbare Geldschöpfungsprämie der Weltleitwährung besser konsumtiv verwenden, als dafür höhere Goldreserven zu beschaffen. Doch genau diese US-Dollar wurden ja ihrerseits zur Sicherung der neu emittierten Nicht-US-Dollar benötigt. Die insgesamt höhere Geldnachfrage führte in Kombination mit der politisch gar zu verlockenden Aussicht auf Monopolgewinne zu einem irreparablen Vertrauensverlust gegenüber dem US-Dollar, bis schließlich die löchrige Golddeckung komplett aufgehoben wurde.

Genau aufgrund dieser Erfahrung fordert der chinesische Zentralbankchef eine internationale Währung, „die vom

Einfluss einzelner Nationen getrennt ist und langfristig stabil bleibt", also nicht der moralischen Versuchung durch nationale geld- und fiskalpolitische Interessen unterliegt. Als potentielle supranationale Notenbank hat er seine Kollegen vom IWF ins Visier genommen, als ausbaufähige Währung die Sonderziehungsrechte (SZR) derselben Institution, „denn die SZR haben die Eigenschaft und das Potential, die Funktion einer überstaatlichen Reservewährung zu übernehmen".

Bisher wurden die SZR ausschließlich als künstliche Währungseinheit, als fiktives Rechengeld, zuletzt zu 44 Prozent aus US-Dollar, zu 34 Prozent aus dem Euro und jeweils elf Prozent aus japanischem Yen und Britischem Pfund zusammengesetzt. Als Vorbild zieht Zhou Xiaochuan dann ausgerechnet die Idee des britischen Ökonomen Keynes heran, der bereits in den 40er-Jahren versucht hatte, statt des Bretton-Woods-Systems mit dem „Bancor" eine supranationale Währung „basierend auf einem Korb 30 repräsentativer Rohstoffe" aus der Taufe zu heben.

Gegenwärtig sieht der chinesische Notenbanker die Möglichkeit eines allmählichen Übergangs zu einem letztendlich zu 100 Prozent substantiell gedeckten, internationalen Währungssystems: „Die Basis für den Währungskorb zur Kalkulation der SZR sollte erweitert werden und alle Währungen der größeren Volkswirtschaften umfassen, ebenso könnte das Bruttoinlandsprodukt zur Gewichtung herangezogen werden. Die Verrechnung der SZR könnte von einem rein kalkulatorischen System in ein System real unterlegter Vermögenswerte transferiert werden [...]."

Lediglich das gesunde Vertrauen des Chinesen in den französisch geführten IWF mag den Leser noch ein wenig verwundern. Wenn der oberste Währungswächter der „Fabrik der Welt", der nach Köpfen zahlenmäßig größten Volkswirtschaft der Erde und mit knapp 2,5 Billionen US-Dollar auch der größte Devisenbesitzer der selbigen – Weltanteil aktuell über 30 Prozent – einen solch klaren und unmissverständlichen Kommentar zum Besten gibt, kann getrost davon ausgegangen werden, dass diesem Taten nachfolgen werden. Oder gar nachfolgen müssen?

Schließlich ist China spiegelbildlich an das Schicksal der USA gekoppelt, wurden doch, salopp formuliert, Spielzeug und Elektronik aus dem Reich der Mitte gegen amerikanische Staatsanleihen getauscht.

Völlig zu Recht also sehen nicht wenige Ökonomen ein neues Zeitalter der internationalen Finanzarchitektur heraufziehen, das mit der Abkopplung vom US-Dollar als Weltleitwährung und der Suche nach einem mehr Sicherheit versprechenden monetären Anker einhergehen wird. Während Henrik Müller betont, dass der „Aufbau eines Goldschatzes [...] so gesehen ein Weg für die Notenbanken [ist], ihre Glaubwürdigkeit zu stärken", konstatiert der Chefvolkswirt der teilverstaatlichten Commerzbank Jörg Krämer, dass „Gold [...] als letzter Stabilitätsanker wieder stark an Bedeutung gewonnen" hat. Das mutmaßen wohl auch zahlreiche Investoren, die die jahrelang fallende Schmucknachfrage zuletzt überkompensieren konnten und deren Nachfrage 2009 mit 1.775 Tonnen erstmals die der industriellen und handwerklichen Verarbeiter mit 1.747 Tonnen übertroffen hat. Und das bei einer seit dem Jahr 2000 leicht fallenden jährlichen Fördermenge von weltweit knapp unter 2.500 Tonnen des gelben Edelmetalls.

Vor allem aber weist der Saldo der Zentralbanken tatsächlich nach über 20 Jahren negativer Bestandsveränderungen im dreistelligen Tonnenbereich 2009 erstmals nach 1988 eine hohe Zunahme des Nettobestandes auf. Insgesamt halten die Zentralbanken aktuell geschätzte 30.000 Tonnen des Edelmetalls, etwa 18 Prozent allen jemals abgebauten Goldes. Treibende Kraft war zuletzt neben großen Schwellenländern wie Indien, Russland und Teilen der arabischen Welt vor allem China. Selbst die monetär gewitzten Gauchos tauchen in dieser Statistik an vorderster Front auf. Schon vor dem Staatsbankrott fing die argentinische Zentralbank an, Gold aufzukaufen, von 2000 bis 2009 steigerte sie ihre Goldreserven um ganze 428 Prozent. Als einziger Staat konnte nur Katar in diesem Zeitraum eine noch höhere prozentuale Zunahme der Goldreserven seines Zentralbanksystems verzeichnen.

1.3 Eine chinesisch-österreichische Geldallianz

Der laut Parteibuch offiziell der sinosozialistischen Doktrin verpflichtete Zhou Xiaochuan kann sich bei seinem Vorstoß sogar weitestgehend auf elementare Pfeiler der klassisch-liberalen Wirtschaftstheorie stützen. Ideengeschichtlich zugespitzt bildet die nach ihrem Gründungsland so benannte Österreichische Schule der Nationalökonomie das intellektuelle Pendant zum praktischen Ansatz des chinesischen Notenbankers. Sie kann als älteste, schärfste und konsequenteste Kritik am US-Dollar-Imperium im Besonderen und an Papiergeldsystemen im Allgemeinen aufgefasst werden.

Diese umfassen allein schon aus besagten institutionellen Gründen die jeweiligen Währungen aller Mitgliedsstaaten im IWF. Die Österreichische Schule wie ihre Vertreter fristeten in den vergangenen Jahrzehnten einer ausgesprochenen Boomära das akademische wie publizistische Schattendasein einer klassischen Kassandra. Ihre mahnenden Rufe verhallten ungehört. Das änderte sich mit Ausbruch der Finanz- und Wirtschaftskrise, die von den „Österreichern" zum Teil mit erschreckender Präzision und seit Jahren vorhergesagt worden war, abrupt.

Das geldtheoretische Paradigma der Österreichischen Schule lässt sich am besten mit einem Ausspruch des französischen Philosophen Voltaire (1694-1778) zusammenfassen, der als junger Mann das erste groß angelegte und desaströse Papiergeldexperiment auf französischem Boden durch den Schotten John Law (1671-1729) miterlebt hatte: „Papiergeld kehrt früher oder später zu seinem inneren Wert zurück – Null." Hierin ganz mit Voltaire konform sehen die Vertreter der Österreichischen Schule zwei fundamentale historische Sündenfälle im Weltwährungsgefüge.

Der erste war die Aufgabe des klassischen Goldstandards zu Beginn des Ersten Weltkriegs, der fast weltweit zur Aufhebung oder Lockerung der Deckung der Währungen mit Edelmetallen führte, denn mit „Gold als Geld hätte man weder den Ersten noch den Zweiten Weltkrieg führen können (allenfalls ein paar Wochen lang; deshalb wurden die Goldwährungen 1913/14 abgeschafft)". Der zweite war das bereits erwähnte Ende des Bretton-Woods-Systems, mit dem nach den Stahlgewittern des 31 Jahre dauernden Waffenganges zumindest eine monetäre Reststabilität verankert werden konnte. Spätestens seit der einseitigen Aufkündigung der Goldeinlösepflicht des US-Dollars durch den US-Präsidenten Richard Nixon im August 1971 warnten die „Österreicher" immer wieder vor den krisenhaften Folgen eines neuen, diesmal allerdings weltweiten Papiergeldexperiments ohne jedwede dingliche (Teil-) Deckung.

Für die Vertreter der Österreichischen Schule ist klar: Stabile Tausch-, Rechen- und Wertaufbewahrungsmittel können ausschließlich jenseits der öffentlich-rechtlichen Notenbankbürokratie allein durch die Wirtschaftssubjekte selbst im Wechselspiel der freien Vertragsgestaltung hervorgebracht werden. Historisch betrachtet soll aus dem Geflecht von (Natural-) Tauschakten das Geld durch Etablierung einer Standardware erwachsen sein. Als Standardware sollen sich schließlich – immer noch am Markt – die Edelmetalle und unter diesen insbesondere das Gold herauskristallisiert haben, einfach „weil es gleichartig und teilbar ist. Jede Einheit ist die gleiche wie jede andere, und es kann in beliebiger Menge verformt und vermischt werden."

Ein ideales, da in jeglicher Beziehung homogenes Mittel also, um Tauschoperationen effizient abwickeln zu können. Dieser bis heute gängige Lehrbuchstandard war bereits bei Karl Marx (1818-1883) selbstverständlicher Ausgangspunkt seiner Analyse und Kritik der politischen Ökonomie.[10]

Für alle sogenannten „Goldbugs", die Anhänger einer Remonetarisierung des gelben Edelmetalls, ist Gold weitaus mehr als stoffwerthaltiges Geld, sondern gemünzter Ausdruck liberalen Selbstverständnisses. „Gold und wirtschaftliche Freiheit

[sind] untrennbar, […] der Goldstandard ein Instrument freier Marktwirtschaft“, das jedenfalls schrieb der bis zu seiner Pensionierung im Jahr 2011 größte Papiergeldvermehrer aller Zeiten, der ehemalige Vorsitzende der US-Notenbank, Zhou Xiaochuans transatlantischer Kollege Alan Greenspan, noch 21 Jahre vor Dienstantritt in seinem wohl bekanntesten Aufsatz aus dem Jahr 1966.

Doch nicht nur in der akademischen Welt wird die chinesisch-österreichische Position immer beliebter. Thorsten Polleit, Chefvolkswirt der Investmentbank Barclays Capital, schaffte es Anfang 2010 mit dem Goldgeldpostulat der Österreichischen Schule in das führende deutsche Wirtschaftsmagazin: „Die größte Gefahr für den Geldwert ist der Staat. Diese Gefahr ist besonders akut im staatlich beherrschten Papiergeldsystem, in dem die Geldmenge jederzeit in beliebiger Menge ausgeweitet werden kann. […] Die Rückkehr zum ‚guten Geld‘ ist daher das Gebot der Stunde: Geld, dessen Produktion im Einklang mit dem freien Markt steht. Geld, das im Wettbewerb angeboten und nachgefragt wird. In einem Marktsystem wird nicht etwa vorgegeben, was Geld ist, sondern die Menschen können das Geld frei wählen. Vermutlich würden Edelmetalle – allen voran Gold und Silber – die Geldfunktion übernehmen. Sogar ein frei gewählter Goldstandard könnte entstehen.“ Genau das ist, in komprimierter Form, das geldtheoretische Fundament der Österreichischen Schule.

Nur wenige Wochen später wartete das Magazin gar mit folgender Titelschlagzeile auf: „Gold – das bessere Geld, Euro-Krise, Staatsschulden, Inflationsangst – warum jeder Anleger jetzt Gold im Depot haben sollte“. In einem längeren Beitrag liefern die Autoren nicht nur eine Vielzahl interessanter Fakten zu Gold und Geld, sondern nehmen sogar explizit Bezug auf die Erkenntnisse, Warnungen und Modelle der Österreichischen Schule und ihrer bedeutendsten Vertreter. Allemal Zeit also, das theoretische Fundament dieser ökonomischen Schule sowie seine Standfestigkeit zu überprüfen.

KAPITEL 2: Golden Gate und Golden Gap

2.1 Grundlagen der Lehrbuchökonomie

Der wohl profilierteste Kenner und entschiedenste Verfechter der Österreichischen Schule im deutschsprachigen Raum in der jüngsten Gegenwart war der ehemalige Unternehmer, Privatgelehrte und Buchautor Roland Baader. Seine populärwissenschaftlichen Werke sind seit gut 20 Jahren das wortgewaltige literarische Sprachrohr dieser ökonomischen Denktradition. Baader kommt dabei zweifelsohne das Verdienst zu, frühzeitig, nämlich mitten im Boom, vor der Finanzkrise gewarnt zu haben.

Im Jahr 2004 publizierte er unter dem Titel „Geld, Gold und Gottspieler" eine ausführliche geldtheoretische Abhandlung mit dem prophetischen Untertitel „Am Vorabend der nächsten Weltwirtschaftskrise". Nicht nur die Krise selbst, sondern auch ihren Entstehungsherd vermochte der Autor korrekt vorherzusehen. Im Kapitel „Das Spiel ist aus" schreibt er: „Die Wirtschaftskörper der westlichen Industrienationen sind reif für die Intensivstation. [...] Besonders schwer geschädigt ist der Hüne unter den marktwirtschaftlichen Athleten: die USA."

Auch wenn er auf das Eintreffen seiner Prognose gerne verzichtet hätte, stützt sich seine Analyse und präzise Vorhersage letztlich auf den monetären Sündenfall der etablierten Geldtheoretiker: „Fragt man die Ökonomen, was Geld sei, so bekommt man fast immer eine Antwort, die aus der Aufzählung der Geldfunktionen besteht. Sie lautet: ‚Geld ist Wertaufbewahrungsmittel, Recheneinheit und Tauschmittel.‘ […] Sie ist korrekt, aber was den Wesenskern des Geldes anbelangt, ziemlich wertlos, denn sie definiert Geld nur nach seinen Funktionen und eben nicht nach seinem Wesen. Mit Wesen ist vor allem die Antwort auf die Frage gemeint, wie und warum Geld ursprünglich entstanden ist; wie und warum kam es in die Welt? Und wie und warum ist es zum zentralen Element der materiellen Sphäre der menschlichen Existenz geworden […]? War es nur ein historischer Zufall, der auch hätte anders verlaufen können – oder hat es sich dabei um die einzig mögliche Entstehungsweise gehandelt?“

Dieser Frage misst Baader keineswegs nur eine historische, sondern eine fundamentale sozioökonomische Bedeutung zu, von ihrer Beantwortung hängen künftiger „Wohlstand oder Armut, Fortschritt oder Niedergang, Ordnung oder Chaos, ja sogar Frieden oder Krieg“ ab. Eine Antwort auf diese wichtige Frage bleibt der Autor nicht schuldig.

Hierzu gilt es vor allem ein uraltes geldtheoretisches Problem, den funktionalen Zirkelschluss aller gängigen Gelddefinitionen, zu durchbrechen, den Baader prägnant wie folgt umreißt: „Geld hat einen Wert (Kaufkraft), weil es allgemein akzeptiert wird, und allgemein akzeptiert wird es, weil es einen Wert hat.“ Die entscheidende Frage und den Ansatz zu deren Beantwortung fasst er wie folgt zusammen: „[W]as um Himmels willen ist dann Geld? Um das herauszufinden, müssen wir zunächst wissen […], wie Geld entstanden ist.“ Letzteres verortet er leider ohne hinreichende Präzisierung auf „den Realtauschmärkten der Frühgeschichte“, wo der „Tausch eine mühselige Angelegenheit“ war und „menschlichen Handelsaktivitäten“ enge Grenzen setzte.

Das lässt sich am besten anhand eines konkreten Beispiels demonstrieren: „Da wollte beispielsweise jemand eine Kuh gegen Getreide-Saatgut tauschen, fand aber nur einen Interessenten, der Kartoffeln anzubieten hatte. Oder er fand einen Bauern, der Saatgut hatte, aber nicht das gewünschte, oder nicht genug davon im Verhältnis zum Wert der Kuh. Oder er fand einen Bauern, der ebenfalls das gewünschte Saatgut hatte – und sogar in ausreichender Menge, der aber am Erwerb einer Kuh nicht interessiert war."

Was Baader so plastisch thematisiert, ist das Problem der fehlenden Wunschkoinzidenz, in der Ökonomie auch als Problem der „double coincidence of wants" bekannt, was in der Tat die sogenannten Transaktionskosten wechselseitiger Handlungen in die Höhe treibt. Transaktionskosten bezeichnen in der ökonomischen Theorie alle Kosten jenseits der Produktionskosten, die zum Konsum oder der Investition eines Gutes erforderlich sind. Transaktionskosten sind vor allem die Kosten für die Informationsbeschaffung und Informationsverarbeitung, für Verhandlungen und Entscheidungen sowie die Durchführung, Kontrolle und Nachbesserung von Interaktionen, wobei Kosten in diesem Sinne natürlich nicht zwingend monetärer Natur sein müssen. Im obigen Tauschbeispiel, einer ökonomischen Standardinteraktion, bestehen die Transaktionskosten im wesentlichen aus den in Zeit gemessenen Suchkosten und den Reibungsverlusten oder „Wechselgebühren" durch die vorzunehmenden Umwege über Dritte.

Hierfür sollen die Menschen schon frühzeitig eine Lösung gefunden haben: „Im Lauf der Zeit kamen die auf den Realtauschmärkten agierenden Leute auf die Idee, nicht gleich und nicht direkt auf die Suche nach der geeigneten Ware und nach einem zufällig passenden Tauschpartner zu gehen, sondern einen Umweg einzuschlagen und das, was sie anzubieten hatten, zunächst einmal gegen eine marktgängige Ware herzugeben. Zum Beispiel gegen Weizen. Wenn jemand beispielsweise ein Paar Schuhe und einen Wasserkrug benötigte, war es leichter, einen Schuster und einen Töpfer zu finden, die Weizen als Tauschgut annahmen statt einer Armbrust oder eines Dolchs. Weizen war auch viel leichter in passende Teilmengen aufzuspalten als eine Armbrust oder eine lebende Kuh. Schuster und Töpfer andererseits nahmen Weizen auch dann eher entgegen als eine Kuh oder einen Leiterwagen oder Zaumzeug, wenn Sie selber den Weizen gar nicht benötigten. Sie wussten, dass es nicht allzu schwierig werden würde, den erworbenen Weizen gegen Dinge zu tauschen, die sie tatsächlich haben wollten."

Doch auch diese Idee war einem evolutionären Prozess unterworfen, denn auf „diese Weise stellte sich im Laufe der Zeit das jeweils am problemlosesten tauschbare Gut heraus, das 1. von vielen oder von den meisten Leuten geschätzt wurde, das 2. in fast beliebige Teilmengen zerlegbar war, das 3. leicht zu transportieren war, das 4. im Zeitablauf nicht verdarb, nicht schimmelig wurde oder austrocknete oder sonstwie an Wert verlor, das 5. genau gewogen werden konnte und dessen Tauschwert somit exakt zu ermitteln war, das 6. wegen seines spezifischen Gewichts nicht leicht zu fälschen war, und das 7. knapp – das heißt nicht beliebig vermehrbar war." Kurz: „Und dieses Gut war – oder diese Güter waren Gold und Silber."

Bis hierhin sind die Ausführungen etablierter Lehrbuchstandard: „Ein Markt ist der ökonomische Ort des Tausches. Unter ‚ökonomisch' soll hier die Gesamtheit der Bedingungen verstanden werden, unter denen Güter von Anbietern an Nachfrager verkauft werden. [...] Im klassisch-neoklassischen Denken gibt es eigentlich keinen ‚echten' Markt für Geld; er ist vielmehr fiktiv. Der Grund liegt darin, dass Geld als ein nur für die Abwicklung von Kauf- beziehungsweise Verkaufstransaktionen verwendetes Medium betrachtet wird. In einer Geldwirtschaft werden nicht Güter gegen Güter, sondern Güter gegen Geld und Geld gegen Güter gehandelt. Geld schiebt sich also wie ein ‚Schmiermittel' zwischen die Gütertransaktionen, die dadurch mit geringeren Transaktionskosten abgewickelt werden können." Auch die Eigenschaften eines optimalen Standardtauschmittels vergisst der Autor nicht zu erwähnen: Homogene Qualität, beliebige Teilbarkeit, Haltbarkeit und Seltenheit. Das klingt zwar wesentlich nüchterner als die skizzierte Baadersche Variante, stimmt mit ihr inhaltlich aber voll überein.

Die Schmiermittelfunktion wird daher auch als „Geldschleier" bezeichnet, der sich lediglich aus rein praktischen Gründen über die ökonomisch eigentlich zugrundeliegenden, realen Güterbeziehungen legt, an diesen selbst aber nichts ändert.[11] Der

Transaktionskostenvorteil des einmal ausgebreiteten Geldschleiers hingegen ist mathematisch äußerst beeindruckend: Werden auf einem Markt fünf Güter ohne Standardtauschgut gehandelt, existieren zehn Tauschrelationen, bei 50 Gütern sind es schon 1.225. Können sich die Marktteilnehmer hingegen auf ein Standardtauschgut, eben Geld, einigen, sinken die Tauschrelationen bei fünf Gütern auf vier, bei 50 Gütern auf 49 Relationen.[12]

Wie jeder evolutionäre Entdeckungsprozess bedarf auch die Geldwerdung eines Fundaments. Homogen, teilbar, haltbar und selten ist vieles, warum also zogen die Menschen überhaupt Gold und Silber als Tauschobjekte in Erwägung? „Wichtig für unsere Überlegungen ist die Tatsache, dass Gold und Silber bereits als Schmuck, als religiöse Kultgegenstände und als edler Hausrat eine weitverbreitete Wertschätzung genossen haben, bevor sie als ultimatives und allgemein anerkanntes Mittel des indirekten Tauschs – also als Geld verwendet wurden."

Hierin sieht Baader gar ein geradezu universelles Prinzip: „Diese Entwicklung hat sich im Geburtszustand aller Kulturen und Zivilisationen in der Menschheitsgeschichte wiederholt (mit ganz wenigen Ausnahmen in exotischen Gegenden, wo Metalle unbekannt waren). Dass sich die jeweiligen Herrscher den vorgefundenen Tatbestand einer allgemeinen Wertschätzung des Goldes (und des Silbers) als Tauschmittel zunutzemachten, indem sie die Münzprägung ihrem Befehl unterstellten und ihr Konterfei auf die Münzen prägen ließen, [...] verstellt aber den Blick auf den tatsächlichen Hergang der Geldentstehung, nämlich der spontanen und freiwilligen Entstehung des Geldes auf freien Märkten." Das ist deswegen wichtig, da „[u]ngedeckte, nicht gegen wertvolle Metalle einlösbare Papierscheine [...] ursprünglich niemals [hätten] Geld werden können".

Der Autor hält es für eine historische „Tatsache, dass alle Papiergeldarten zunächst als Geldersatz mit garantierten Einlösemengen in Gold oder Silber entstanden sind, also als eine Art Hinterlegungsschein oder Aufbewahrungsbeleg für edles Metall. Denn den ‚Wert' (Tauschwert) des Goldes und des Silbers kannten die Menschen jener Zeiten sehr wohl." Und damit steht fest: „Auch goldgedecktes Papiergeld ist also kein Geld, sondern ein Geldsubstitut, ein Anspruchschein auf Geld, nämlich auf Gold.“ Genau dieser Standard soll vom Anbeginn der Goldgeldhistorie bis zum Ausbruch des Ersten Weltkrieges und zum Teil darüber hinaus gegolten haben.

Tatsächlich konnten zahlreiche Banknoten bedeutender Wirtschaftsnationen in historischer Zeit überwiegend problemlos in Edelmetall konvertiert werden. Das war auf ihnen auch regelmäßig schriftlich beglaubigt. So beispielsweise auf den Noten des Deutschen Reiches bis 1914: „100 Mark zahlt die Reichsbankhauptkasse ohne Legitimationsprüfung dem Einlieferer dieser Banknote.“ Hierbei handelt es sich natürlich nicht um eine tautologische Aussage. Mit den „100 Mark“ waren selbstverständlich in Gewicht und Reinheitsgrad normierte Goldmark gemeint.

Ähnlich verhielt es sich jenseits des Ärmelkanals. Die Emittentin des englischen Pfundes, die Bank of England, versprach auf jeder ihrer Noten: „Ich verspreche, an den Überbringer auf Verlangen den Betrag von [...] zu zahlen.“ Auch in diesem Fall bezog sich das Einlöseversprechen auf ein mit dem Nominalwert fest verknüpftes Gewicht an Edelmetall. Der Standard wurde zwischen 1914 und 1925 ausgesetzt. Von 1925 bis 1931 kehrte Großbritannien noch einmal zum klassischen Goldstandard zurück, aber Kriege sind in der Regel auch für die überlegene Partei eine kostspielige Sache, viele Menschen vertrauten dem ohnehin schon einmal gebrochenen Versprechen der Bank nicht mehr und hielten lieber das Metall statt der „Einlagerungsquittung“. 1931 schließlich, im Zuge der Weltwirtschaftskrise, wurde die selbstauferlegte Umtauschpflicht gänzlich aufgehoben und das Pfund abgewertet.

Der US-Dollar konnte den Ersten Weltkrieg noch gedeckt überstehen, die Weltwirtschaftskrise hingegen ebenfalls nicht. Hier wurde sogar ganz pragmatisch zwischen Silber, dem „Gold des kleinen Mannes“, sowie dem gelben Edelmetall unterschieden. „Ein Dollar in Silber zahlbar auf Nachfrage an den Überbringer der Note“ beziehungsweise „100.000 Dollar in Gold zahlbar auf Nachfrage an den Überbringer der Note nach geltendem Recht“ waren die beiden an fixierte Edelmetallgewichte gekoppelte Extrema im US-Dollar-Gefüge.

Baader selbst gibt übrigens zur Vertiefung der Thematik folgenden Hinweis: „Das beste Buch zu diesem Thema trägt genau den hierzu passenden Titel: ‚Das Schein-Geld-System‘. Dabei handelt es sich im wesentlichen um die Publikation des genialen Ökonomen Murray N. Rothbard von 1963.“ Tatsächlich ist der Band so etwas wie das populärwissenschaftliche Standardwerk der Papiergeldkritiker und Goldbugs dies- und jenseits des Atlantiks.

2.2 Robinson und Freitag

Der geldtheoretisch ebenfalls tief in der Tradition der Österreichischen Schule beziehungsweise Austrian Economics verwurzelte US-Amerikaner Murray Rothbard (1926-1995) weiß im Vergleich zu Baader nichts wesentlich Abweichendes zu berichten: „Tausch ist die wichtigste Grundlage unseres Wirtschaftslebens. […] Jedoch würde der direkte Tausch nützlicher Güter und Dienste kaum ausreichen, um einer Wirtschaft auch nur eine primitive Selbsterhaltung zu ermöglichen. […] Die zwei grundlegenden Probleme heißen ‚Unteilbarkeit' und ‚mangelnde Übereinstimmung von Wünschen'. […] Durch Versuch und Irrtum entdeckten die Menschen den Weg, der eine stark wachsende Wirtschaft ermöglicht: den indirekten Tausch. […] Wenn ein Gut marktgängiger als ein anderes ist […], so wird es stärker nachgefragt, weil es als Tauschmittel gebraucht wird. […] Über die Jahrhunderte hinweg sind zwei Güter, Gold und Silber, aus dem freien Wettbewerb des Marktes als Geld hervorgetreten und haben die anderen Güter verdrängt. Beide haben eine einzigartige Marktgängigkeit, werden stark für Schmuck nachgefragt und stechen auch in den anderen notwendigen Eigenschaften hervor."

Dafür geht Rothbard in einem anderen Werk sogar wesentlich weiter, in dem er gar eine umfassende, ökonomisch auf Tauschakte und monetär auf Edelmetalle gestützte Sozialphilosophie konzipiert. Hierzu bedient er sich in seinem Buch „Ethik der Freiheit" des einfachsten ökonomischen Standardmodells schlechthin, der sogenannten Robinsonade: „Betrachten wir Robinson, der auf seiner Insel gelandet ist und, um die Dinge zu vereinfachen, sein Gedächtnis verloren hat. Mit welchen unausweichlichen Tatsachen hat es Robinson zu tun? […] Er findet […] die natürliche Welt um ihn herum vor, den naturgegebenen Lebensraum und die Ressourcen, die von Ökonomen in dem Begriff ‚Land' zusammengefasst werden. […] [A]lles Wissen muss von ihm gelernt werden. Er lernt erst, dass er zahlreiche Ziele hat, die er zu erreichen sucht und von denen er viele erreichen muss, um sein Leben zu erhalten: Nahrung, Schutz, Bekleidung und so weiter. Nachdem die Grundbedürfnisse befriedigt sind, findet er ‚fortgeschrittenere' Wünsche, auf die er abzielt. Unabhängig davon, wie viele dieser Wünsche […] Robinson befriedigen will, muss er auch lernen, wie er sie verwirklicht; kurz gesagt muss er ‚technologisches Wissen' erwerben."

Interessant beziehungsweise überhaupt erst richtig ökonomisch wird es dann, wenn das Einsiedlerleben ein Ende hat: „Es wird nun an der Zeit, andere Menschen in unsere Robinson-Idylle einzubringen und unsere Untersuchung auf interpersonelle Beziehungen auszudehnen. […] Die Nationalökonomie hat eine große Wahrheit über die Natur des menschlichen Verkehrs enthüllt: dass nicht nur die Produktion, sondern auch der Tausch für das Überleben des Menschen wesentlich ist. Kurz gesagt könnte Robinson […] Fische produzieren, während Freitag […] Weizen anbaut […]. Durch den Tausch eines Teils von Robinsons Fischen gegen etwas von Freitags Weizen können die zwei Menschen sowohl die Fisch- als auch die Brotmenge, die jedem von ihnen zugutekommt, verbessern. Dieser große Gewinn für beide Menschen wird durch zwei Urtatsachen der Natur […] ermöglicht, auf denen die gesamte ökonomische Theorie beruht: (a) die große Verschiedenheit der Fähigkeiten und Interessen individueller Personen und (b) die Verschiedenheit natürlicher Ressourcen in geographischen Landstrichen. Wenn alle Menschen gleich befähigt und an allen Dingen gleich interessiert wären und wenn alle Landstriche homogen wären, so gäbe es keine Tauschgelegenheiten."

In der Tat müssen zwei Parteien nach einer beiderseitig freiwilligen Interaktion besser dastehen als vorher, ganz einfach schon deswegen, da diese ja ansonsten nicht stattfinden würde. Dass die Parteien wiederum besser dastehen, liegt am sogenannten abnehmenden oder unterschiedlichen Grenznutzen, dem Nutzen also, der aus einer zusätzlichen Einheit eines Gutes gezogen werden kann.[13]

Das hat der US-amerikanische Ökonom David Friedman, Sohn des Nobelpreisträgers Milton Friedman (1912-2006), folgendermaßen veranschaulicht: „Mein hundertster Apfel ist mir weniger wert als meine erste Orange, Ihre hundertste Orange ist Ihnen weniger wert als Ihr erster Apfel; wenn wir also einen Apfel gegen eine Orange tauschen, gewinnen wir beide. Wir tun es erneut. Wir fahren damit fort, bis es keinen Handel mehr gibt, den wir beide abschließen würden.“ Die relative, subjektive Wertschätzung sorgt also automatisch für ein Tauschinteresse, das am klarsten bei völlig konträren Grenznutzen in Erscheinung tritt. „Diesmal beginnt jeder von uns mit 50 Äpfeln und 50 Orangen. Ich verabscheue Äpfel; Sie sind allergisch gegen Orangen. Ich tausche alle meine Äpfel für alle Ihre Orangen ein; es geht uns beiden besser.“

Da der Tausch Gut gegen Gut erfolgt, eine Interaktion, über die das Geld ja lediglich den besagten Schleier legen soll, heißt das im Umkehrschluss aber auch, dass sich im Bereich der Produktion jeder auf diejenigen Güter konzentrieren sollte, die er relativ gesehen am effizientesten herstellen kann. Dadurch erst kann der wechselseitige Nutzen aus vorteilhaften Tauschvorgängen maximiert werden. Die Vorteilhaftigkeit der Arbeitsteilung und Spezialisierung, das durch den britischen Ökonomen David Ricardo (1772-1823) berühmt gewordene ökonomische Prinzip der komparativen Vorteile, gilt universell, für private Haushalte ebenso wie für global agierende Konzerne.

Es sind mithin die Breite und Tiefe des technisch-organisatorischen Wissens, über die die Produktion in einem Maße intensiviert werden kann, dass zum Tausch verfügbare Überschüsse jenseits des beabsichtigten Eigenverbrauchs entstehen. Ein Tausch, dessen Vorteilhaftigkeit – einmal erkannt – zu weiterer Spezialisierung zwecks Effizienzsteigerung führt. Hierzu schreibt Rothbard: „Doch in der Welt, wie sie ist, ermöglicht die Spezialisierung auf die besten Verwendungen von Land und Leuten eine ungeheure Vervielfachung der Tauschhandlungen und eine unermessliche Erhöhung der Produktivität und des Lebensstandards [...] aller, die am Tausch teilnehmen.“

Die Spezialisierung wiederum führt unmittelbar zum bereits bekannten Problem der fehlenden Wunschkoinzidenz, das es zu überwinden gilt, soll die Tauschwirtschaft im Fluss bleiben können. „Jeder spezialisiert sich auf verschiedene Produkte; nach und nach bildet sich – infolge solcher Eigenschaften wie hoher Wert, beständige Nachfrage und leichte Teilbarkeit – ein besonderes Gut als Tauschmittel heraus. Denn man entdeckt, dass der Gebrauch eines Tauschmittels den Tauschbereich und die Wünsche, die auf dem Markt befriedigt werden können, gewaltig erweitert. [...] Solch ein allgemein akzeptiertes Tauschmittel wird als ein Geld definiert. Auf dem freien Markt hat sich allgemein herausgestellt, dass die Waren, die sich am besten zum Gebrauch eignen, die Edelmetalle Gold und Silber sind." Damit gelingt Rothbard eine historisch geraffte Wirtschaftsgeschichte von den Jägern und Sammlern der Steinzeit bis in die komplexe arbeitsteilige Gesellschaft der Neuzeit, deren verbindendes Element in der kulturellen Errungenschaft des Goldstandards zu suchen ist.

Hierzu noch einmal Roland Baader: „Wer sich dafür interessiert, wie und warum unser Kaufkraftbewusstsein hinsichtlich der modernen Papierwährungen noch immer ein fernes Echo auf die ursprüngliche Wertschätzung des Goldgeldes ist, dem sei die Beschäftigung mit dem Regressionstheorem von Ludwig von Mises empfohlen."

2.3 Das Misessche Regressionstheorem

Der ähnlich lautende geldtheoretische Tenor Baaders, Rothbards und anderer „Österreicher" ist nicht weiter verwunderlich. Letztlich berufen sie sich alle auf das bereits 1912 – im Zeitalter der goldunterlegten Weltleitwährungen – als Habilitationsschrift publizierte Grundlagenwerk „Theorie des Geldes und der Umlaufsmittel" ihres Mentors und Vordenkers Ludwig von Mises (1881-1973), des wohl bedeutendsten und einflussreichsten Ökonomen der Österreichischen Schule. Schließlich war er es auch, der diese nach seiner Auswanderung ab den 40er-Jahren in den USA über zahlreiche Multiplikatoren, unter ihnen sein Schüler Murray Rothbard, populär gemacht hat. Tatsächlich findet sich die Mehrheit der heute lebenden und lehrenden „Österreicher" respektive „Austrians" in den USA, ihr intellektuelles Zentrum ist Auburn, Alabama und nicht mehr die Donaumetropole Wien.

An den Anfang seiner Untersuchung rückt Mises zu Recht die Bedeutung institutioneller Rahmenbedingungen für die Herausbildung einer Geldordnung: „Eine Wirtschaftsverfassung, welcher der freie Austausch von Gütern und Dienstleistungen fremd ist, hat für das Geld keinen Platz. Der isolierte Wirt kennt es ebensowenig wie ein Gesellschaftszustand, in dem die Arbeitsteilung die Schwelle des Hauses nicht überschreitet und Produktion und Konsumtion sich vollständig innerhalb der geschlossenen Hauswirtschaft abspielen. Aber auch in einer Wirtschaftsordnung, die auf der Arbeitsteilung beruht, ist das Geld überflüssig und unmöglich, wenn die Produktionsmittel vergesellschaftet sind und die Leitung der Produktion und die Zuweisung der gebrauchsreifen Produkte an die Individuen einem gesellschaftlichen Zentralorgan obliegt."

Nur in einer Gesellschaft freier Vertragspartner, also in einer von feudalen Fesseln befreiten Bürgergesellschaft, „fehlt eine einheitliche planvolle Leitung der Produktion, da ja eine solche ohne Verfügung über die Produktionsmittel nicht denkbar ist. Es herrscht Anarchie der Produktion. Die Eigentümer der Produktionsmittel entscheiden, was und wie produziert werden soll. Sie produzieren dabei nicht nur für ihren eigenen Bedarf, sondern auch für den Bedarf der anderen, und ihr Wertkalkül berücksichtigt nicht allein den Gebrauchswert, den sie selbst den Produkten beilegen, sondern auch den Gebrauchswert, der diesen in der Schätzung der anderen Mitglieder der Wirtschaftsgemeinschaft zukommt."

Ab diesem Punkt argumentiert Mises bereits vor gut 100 Jahren über die bekannte Gütertausch-Edelmetall-Abfolge: „Der Ausgleich zwischen Produktion und Konsumtion vollzieht sich auf dem Markte, wo die verschiedenen Produzenten zusammentreffen, um in freiem Verkehr Güter und Dienstleistungen auszutauschen. Im Tauschverkehr des Marktes nimmt das Geld seine Stellung als allgemein gebräuchliches Tauschmittel ein." Denn der direkte Tausch produzierter Überschüsse führt unmittelbar in die Wunschkoinzidenz-Problematik und „die Fälle, in denen indirekter Tausch zur Notwendigkeit wird, werden in dem Maße häufiger, in dem die Arbeitsteilung in der Produktion und die Differenzierung der Bedürfnisse fortschreiten".

Der zunehmende Grad der Arbeitsteilung und Bedürfnisvielfalt sowie die daraus resultierende Schwierigkeit, mangelnde Wunschkoinzidenz aufzulösen, beantwortet auch die Frage, warum Wirtschaftssubjekte überhaupt indirekte Tauschmittel nachfragen. Denn „[o]ffenbar liegt für ein Individuum keinerlei Grund zum indirekten Tausche vor, wenn es nicht hoffen darf, durch den Tauschakt seinem Endziel, dem Erwerbe von Gütern für den eigenen Gebrauch, näherzukommen". Die Geldnachfrage dient dem Erhalt von Kaufkraft zur Tätigung ökonomischer Transaktionen in einer mit (Tausch-) Unsicherheit behafteten Zukunft.

Die Sondierung des einst breiten Spektrums genutzter Tauschmittel erfolgte über den Markt anhand ihrer Eignung für die Erfüllung dieser Aufgabe: „So sind aus einem Bedürfnis des

Verkehres heraus eine Reihe von Waren allmählich allgemein gebräuchliche Tauschmittel geworden. Der Kreis dieser Waren, der ursprünglich ein weiter und von Land zu Land verschieden war, verengte sich immer mehr. […] So mußte es denn geschehen, dass aus der Reihe der marktgängigeren Güter, welche als Tauschmittel verwendet wurden, allmählich die weniger marktgängigen ausgeschieden wurden, bis zuletzt nur mehr ein einziges Gut übrig blieb, welches allgemein als Tauschmittel gebraucht wurde: das Geld. […] Frühzeitig schon, hier eher, dort später, hat die Ausbildung des indirekten Tausches dahin geführt, zwei wirtschaftliche Güter, die beiden Edelmetalle Gold und Silber, als allgemein gebräuchliche Tauschmittel zu verwenden."

Hierbei wähnt sich der Autor historisch verbürgter Unterstützung sicher, so wird „im allgemeinen nicht in Abrede gestellt, dass das älteste Geld Sachgeld gewesen ist. […] Als gesichertes Ergebnis der geldgeschichtlichen Forschung kann heute bereits die Erkenntnis gelten, dass zu allen Zeiten und bei allen Völkern die Hauptmünzen nicht nach der Stückzahl ohne Prüfung von Schrot und Korn, sondern nur als Metallstücke bei genauer Berücksichtigung ihres Gewichtes und Feingehaltes gegeben und genommen wurden." Und vor allem im „Großverkehr wurden Barren und Handelsmünzen gebraucht". Daran soll sich bis zur Publikation seiner Habilitationsschrift nichts mehr geändert haben: „Auch für die Münzen der Gegenwart […] gilt somit der Satz, dass sie nichts anderes seien, als in Feingehalt und Gewicht öffentlich beglaubigte Barren. Das Geld jener modernen Staaten, deren Verkehr sich der frei ausprägbaren Metallmünzen bedient, ist Sachgeld, genau so wie jenes der Völker des Altertums und des Mittelalters."

Bis hierhin kann sich Mises durchweg auf seinen Spiritus rector berufen. Bereits nach Carl Menger (1840-1921), dem Begründer der Österreichischen Schule, ist (Gold-) Geld das Ergebnis eines markbasierten Entdeckungsverfahrens und kann nur der evolutionären Suche einer für den indirekten Tausch geeigneten handelbaren Ware entspringen. Dessen (Gleichgewichts-) Preis resultiert wie bei allen anderen Gütern aus Angebot und Nachfrage. Die Kaufkraft des Geldes ist demnach immer Ausdruck der Menge an Gütern, die gegen eine Geldeinheit getauscht werden können.

Verbunden mit dieser Herleitung ist jedoch ein scheinbar unauflösbarer Zirkelschluss, der in Mises Worten darin bestand, dass eine „Schätzung des subjektiven Geldwertes [...] nur unter der Annahme eines bestimmten objektiven Tauschwertes des Geldes möglich [ist]; sie bedarf eines solchen Stützpunktes, um die Brücke zwischen der Bedürfnisbefriedigung und dem ‚nutzlosen' Gelde zu schlagen. Da dem Gelde als solchem jede direkte Beziehung zu einem menschlichen Bedürfnis fehlt, kann das Individuum sich eine Vorstellung von seinem Nutzen und mithin von seinem Werte schlechterdings nicht anders bilden, als indem es von einer bestimmten Kaufkraft ausgeht. Diese Annahme aber wird begreiflicherweise keine andere sein können als die, welche dem augenblicklich auf dem Markte herrschenden Austauschverhältnis zwischen Geld und Ware entspricht." In anderen Worten: Einerseits wird Geld nachgefragt, um Kaufkraft über die Zeit zu erhalten. Sie ist Voraussetzung der Geldnachfrage. Umgekehrt kann aber erst die Nachfrage nach Geld eben diese Kaufkraft überhaupt erst begründen.

Somit drängt sich die Frage auf, wie der monetäre Entfaltungsprozess seinen Anfang nahm, der zu einer ersten Goldgeldnachfrage geführt und über Jahrtausende bis zum Ende der Ära des klassischen Goldstandards gehalten hat. Genau hierin liegt die wesentliche intellektuelle Leistung der Misesschen Geldanalyse begründet. Sein von ihm selbst allerdings noch nicht so bezeichnetes Regressionstheorem bildet ausgehend von der Gegenwart eine historische Kette des Konsumentenvertrauens: „Das einmal auf dem Markte in Kraft stehende Austauschverhältnis zwischen Geld und Ware übt also auch noch über den Augenblick hinaus eine Wirkung aus; es gibt die Grundlage, den Ausgangspunkt ab für die weitere Schätzung des Geldes. So erlangt der objektive Tauschwert der Vergangenheit für die gegenwärtige und künftige Schätzung des Geldes eine bestimmte

Bedeutung. Die Geldpreise von heute sind mit den Geldpreisen von gestern und vorgestern und mit denen von morgen und übermorgen durch ein Band verknüpft."

Jedes monetäre Vertrauen speist sich nach Mises also durch die historisch tradierte Stabilität einmal standardisierter Tauschgüter. Und in der Tat ragt hierbei die historisch einmalige Kaufkraftparität des gelben Edelmetalls heraus, aus der auch Baader den wohl ultimativen Güterpreisvergleich der Weltgeschichte ableitet: „Als Faustformel gilt: Für eine Unze Gold bekommt man unabhängig von Zeit und Währung einen guten Herrenanzug (das galt schon zur Römerzeit. Da war es eine Toga)." Dieser bis in die Gegenwart ausstrahlenden Stabilitätskultur ist der Finanzanalyst und Wirtschaftsjournalist Manfred Gburek, einer der profiliertesten Kenner des Goldmarktes in Deutschland, ausführlich nachgegangen. Er schließt seine Untersuchung mit folgendem Ergebnis: „Gold ist so tief im Bewusstsein der Menschheit verwurzelt, dass es den einzigen Wert an sich darstellt." Dem Hauptsatz des Fazits ist voll zuzustimmen, der Nebensatz enthält jedoch die nach wie vor erklärungsbedürftige Voraussetzung.

Soziokulturell und damit auch ökonomisch geprägte Gewohnheiten, eben der „tief im Bewusstsein der Menschheit" verwurzelte „Wert an sich", sind ja im Kontext einer hochkomplexen Umwelt ein geeignetes Mittel zur Reduktion systemischer Unsicherheit. Der permanente Rückgriff auf faustregelähnliche Standardprozeduren, in der Wissenschaft auch als Heuristiken bezeichnet, ist das Resultat ständiger und drastischer Vereinfachungen, die das menschliche Gehirn permanent, automatisiert und unbewusst vornimmt. Wo mehrere Menschen zusammenkommen, können sich individuell bewährte Heuristiken zu allgemein praktizierten Gewohnheiten weiterentwickeln. Als solche sind sie dann auch in der Lage, zivilisatorische Prozesse zu beeinflussen, wie der französische Historiker Fernand Braudel ausführt: „Zivilisation ist Lebenskunst, sie besteht aus unzähligen wiederholten Verhaltensweisen." Daher dienen auch seit Anbeginn der Menschheitsgeschichte die Bildung von und der

Rückgriff auf Mythen der konkreten Ausprägung einer stets nach Stabilität und Realitätsbewältigung strebenden Kultur.

Der praktische Nutzen des Mythos bestand zudem in seiner Funktion als Hilfsmittel der Überlieferung wichtiger Ereignisse, wie der römische Geschichtsschreiber Tacitus (58-120) am Beispiel der Germanen berichtet: „Sie feiern in alten Liedern – bei ihnen die einzige Art der Erinnerung und Geschichte […].“ Der Mythos und seine Pflege entwickelten sich so in der schriftlosen Zeit zur zentralen historischen Kulturtechnik. Sie halfen, so die Religionswissenschaftlerin Karen Armstrong, den „Menschen, ihren Platz in der Welt und die richtige Orientierung zu finden. Wir alle möchten wissen, woher wir kommen; weil sich unsere Anfänge aber im Nebel der Vorgeschichte verlieren, haben wir über unsere Vorfahren Mythen geschaffen, die […] die jeweiligen Einstellungen zu unserer Umwelt, unseren Nachbarn und unseren Sitten zu erklären helfen.“

Dieser Aspekt mythischer Tradierung ist keineswegs auf die klassischen kulturellen Leistungen beschränkt, sondern ein umfassender sozialer und damit auch ökonomischer Formgeber. Die Traumata um die „deutsche“ Hyperinflation sowie die „amerikanische“ Deflation, um Geldentwertung und Hoovervilles konnten sich zeitlich weit über den ursprünglich betroffenen Personenkreis halten. Und wie kaum eine andere monetäre Größe bildet die D-Mark bis heute die Projektionsfläche für einen nationalen Mythos, steht als Synonym für Wachstum, Stabilität, Wohlstand und Frieden.

Schließlich stellt die Diskussion um die Neuauflage Rohstoff- respektive Edelmetall-unterlegter Währungen auch nichts anderes als eine internationale Version des D-Mark-Mythos dar. Egal welcher ihrer theoretischen Vordenker dazu konsultiert wird, sie alle ziehen das praktische Vertrauen aus einer in der Tat für Europa historisch analog zur jungen Bundesrepublik recht einmaligen Phase. Wachstum, Stabilität, Wohlstand und Frieden – knapp 100 Jahre dauerte jene Epoche, die mit dem Wiener Kongress und der Neuordnung des Kontinents im Jahr 1815 begann und mit dem Ausbruch des Ersten Weltkriegs und der Unordnung von 1914 ihr Ende fand. Es war dies das goldene Zeitalter des klassischen Edelmetallstandards.

Diese Retrospektive ist natürlich nichts anderes als das aktiv gelebte Regressionstheorem, das Stützen auf ein sozioökonomisch tradiertes Kulturgut, eine Kette des Vertrauens und des Kaufkrafterhalts über einen langen Zeitraum. Dieser muss freilich einmal einen Anfang haben, um sich nicht in einem infiniten Regress zu verfangen: „Wenn der Geldwert von heute auf den Geldwert von gestern, der von gestern auf den von vorgestern zurückgeführt wird, dann muss die Frage nach den Bestimmungsgründen des ersten Geldwertes aufgeworfen werden."

Sie führt unmittelbar zur erstmaligen Geldnutzung auf dem Tauschmarkt: „Als das Individuum das erste Mal in die Lage kam, einen Gegenstand nicht für den eigenen Konsum, sondern als Tauschmittel zu erwerben, da schätzte es diesen nach dem objektiven Tauschwerte, der ihm aufgrund seiner industriellen Brauchbarkeit auf dem Markte bereits zukam, und dann weiter erst wegen der Möglichkeit, ihn als Tauschmittel zu verwenden. Der älteste Geldwert führt auf den Warenwert des Geldstoffes zurück." Denn es kann als „Geld nur ein solches Objekt in Verwendung genommen werden […] welches in dem Augenblikke des Beginnes seiner Tauschmittelfunktion bereits aufgrund anderweitiger Verwendung objektiven Tauschwert besessen hat. […] Wenn wir in dieser Weise immer weiter zurückgehen, gelangen wir notwendigerweise schließlich an einen Punkt, wo wir im objektiven Tauschwerte des Geldes keine Komponente mehr finden, die aus solchen Wertschätzungen hervorgegangen wäre, die aus der Funktion des Geldes als allgemeines Tauschmittel entspringen, wo der Geldwert nichts anderes ist als der Wert eines unmittelbar nützlichen Objekts. Dieser Punkt ist aber kein lediglich gedankliches Hilfsmittel der Theorie; er ist in der Wirtschaftsgeschichte tatsächlich gegeben in dem Augenblicke der Entstehung des indirekten Tausches."

Das zum Geld erkorene Gut muss also „im Augenblicke des Beginnes seiner Geldfunktion bereits objektiven Tauschwert besitzen, der auf anderweitige Ursachen, nicht auf seine Geldfunktion zurückzuführen ist". Erst nach der Definition dieses ersten monetären Standards „sind alle Dinge, welche zur Befriedigung der menschlichen Bedürfnisse dienen, durch Konvention allem Geldmetall gleich". Davor, also bis „das Gold Geld wurde, war es allein wegen seiner Verwendbarkeit zu Schmuckzwecken geschätzt; wäre es nie Geld geworden, oder wäre es wieder demonetisiert worden, dann würde man es auch heute nur insoweit wertvoll finden, als seine erkannte industrielle Brauchbarkeit es bedingt". Es diente vor der monetären Revolution als „Material für die Herstellung von Schmuck und Zierat jeglicher Art", doch erst „die moderne Technologie, welche das Verwendungsgebiet der Edelmetalle bedeutend erweitert hat, mag ihre Brauchbarkeit stärker differenziert haben". Hier schließlich findet Mises' Regression zum Urwert des Edelmetalls seine funktionale wie historische Erdung.

Zusammenfassend hängt also das über den Faktor Zeit herausgebildete Vertrauen in die künftige Kaufkraft eines Geldgutes am tradierten Wissen über die Kaufkraft eben dieses Geldgutes in der Vergangenheit bis hin zu dem Punkt, wo das nun monetär genutzte Gut aufgrund seiner nichtmonetären Nutzung für wertvoll erachtet wurde. Ein Status, der ebenfalls durch Angebot und Nachfrage bestimmt wurde und sich letztlich über die nun in der Tat rein subjektiv empfundene ästhetische Komponente definierte.

Erst durch die „neue Verwendungsmöglichkeit trat zu den alten Gründen für die Wertschätzung des Metalles Gold ein weiterer hinzu; Gold wurde fortan auch gewertet, weil man es als allgemeines Tauschmittel verwenden konnte. Es ist einleuchtend, dass dadurch der Wert dieses Metalles stieg oder zumindest ein Rückgang seines Wertes, der etwa aus anderen Gründen hatte erfolgen müssen, ein Gegengewicht fand." Zu der Schmucknachfrage trat die Geldnachfrage, was im Zuge der Etablierung dieses monetären Urstandards natürlich das Edelmetall aufwertete.

Dieser Umstand verhalf dann auch den sogenannten Geldsurrogaten, also abgeleiteten, praktischer handhabbaren

Formen der Goldgeldverwendung, von Beginn der Neuzeit an zu einer langlebigen Akzeptanz: „Wir wollen jenes Geld, das zugleich eine Ware im Sinne der Warenkunde ist, Sachgeld, jenes Geld hingegen, das, aus juristisch besonders qualifizierten Stükken hergestellt, keine technologischen Besonderheiten aufweist, Zeichengeld nennen." Letzteres sind seit der Neuzeit vor allem die bereits weiter oben auszugsweise porträtierten Banknoten mit Goldauszahlungsanspruch auf Verlangen ihrer Überbringer. Letztlich speist sich das Vertrauen in Papiergeld und die Kultur seiner Verwendung aus genau dieser Quelle, die damit Ausfluss eben jener historischen Regression ist.

Das gilt gleichermaßen auch für das Misstrauen in die ja nun aufgrund ihrer papiernen Platzhalterfunktion viel leichter zu manipulierende ökonomische Schlüsselgröße. Auch die damit verbundenen Traumata sind über das Regressionstheorem fest in der Gegenwart verankert. Deshalb zeichnen sich mit der jüngsten und gleichzeitig schwersten Wirtschaftskrise seit jenen massiven sozioökonomischen Verwerfungen vor über 70 Jahren auch erstmals in der Gegenwart monetäre Akzeptanzprobleme ab. Sie rücken die seit dem Zusammenbruch des Bretton-Woods-Systems und der damit einhergehenden Demonetarisierung des Goldes im Jahr 1971 fehlende dingliche Sicherheit stoffwertloser Währungen in den Vordergrund.

2.4 Das goldene Quartett der Lehrbuchökonomie

Damit ist das historische wie funktionale klassische Quartett der volkswirtschaftlichen Entfaltung eigentlich komplett. Es stützt sich, hierin ganz der Österreichischen Schule folgend, auf die chronologische Abfolge folgender vier Meilensteine, die sukzessive Arbeitsteilung, Spezialisierung und Wachstum hervorgebracht haben sollen: Produktion nicht zum unmittelbaren Konsum vorgesehener Güter, Steigerung des individuellen Nutzens der Güterausstattung durch Suche von Tauschpartnern auf dem Markt, Durchführung zunächst direkter und schließlich indirekter Tauschvorgänge, Senkung der Transaktionskosten durch Einigung auf ein Tauschmittel.

Dies erlaubte es den Edelmetallen aufgrund ihrer materiellen Spezifikationen und zuvor schon geschätzten Eigenschaft als Schmuckmetall zumindest dort, wo entsprechende Vorkommen ein Angebot begründen konnten, die dann naheliegende Funktion des Standardtauschgutes, des Geldes, zu übernehmen. Diese Bindung bestand über Jahrtausende bis ins Jahr 1971, zunächst direkt über Barren und Münzen, schließlich indirekt über für den Wirtschaftsverkehr praktischere Hinterlegungsscheine, die – allerdings manipulationsanfälligeren – Banknoten, und wartet nunmehr auf eine mögliche Wiederbelebung. Der Kunstgriff, letzteres über ein ökonomisches „Golden Gate" zu denken, eine historische Regression vom Zeitalter des klassischen Goldstandards zurück zum Anbeginn der Wertschätzung von Edelmetallen, bleibt zweifellos ein Verdienst von Mises, ein hilfreiches analytisches Werkzeug, auf das noch zurückzukommen sein wird.

Das Theoriegebäude ist zwar in sich logisch, schlüssig abgeleitet und intuitiv zugänglich, verfügt also über eine solide Konstruktion, weist jedoch bei näherer Betrachtung mindestens zwei gravierende Mängel auf. Diese finden sich weniger in der tadellosen Konstruktion als im fehlerhaften Fundament, auf dem dann jedoch argumentativ emsig aufgebaut wurde. Im Österreichischen Quartett klafft eine fundamentale, nicht zu überbrückende „Golden Gap", eine sowohl ökonomische als auch historische „Goldlücke". Eine Lücke übrigens, deren wesentliches Ausmaß Mises unwissentlich selbst skizziert hat.

Robinson soll seinen wohlverdienten Platz in der Weltliteratur zurückerhalten, allerdings im Bereich der Belletristik, nicht in dem der Sach- und Lehrbücher, ebenso wie das Gold, eingebettet und justiert innerhalb des korrekten sozioökonomischen Kontextes. Dessen Mythos gilt es zurechtzurücken, denn, um mit Karen Armstrong zu schließen, Mythen werden geschaffen, „die nicht die historischen Tatsachen schildern", sondern, siehe oben, „die jeweiligen Einstellungen zu unserer Umwelt" erklären.

Das war schon bei der „guten, alten D-Mark" der Fall. Tatsächlich verlor dieser monetäre Fels in der inflationären Brandung von seiner Geburt 1948 bis zu seiner Konvertierung im Jahr 1999 satte drei Viertel an Kaufkraft. Der verbleibende Rest war jedoch immer noch genug, um in der internationalen Währungsumwelt hell glänzen zu können.

2.5 Termin schlägt Tausch

Mit ihrer auf optimaler Outputverwendung im Rahmen des subjektiven Grenznutzens konzentrierten Tauschtheorie als Basis ökonomischen Handels läuft die klassische Lehrbuchökonomie und mit ihr die Österreichische Schule Gefahr, einen wesentlichen Tatbestand zu übersehen: Dieser Output muss erst einmal erwirtschaftet, der tauschfähige Überschuss also überhaupt generiert werden. Die klassische Theorie der Tauschakte lenkt dabei von deren eigentlicher Voraussetzung ab, der spiegelbildlich mindestens notwendigen Outputentstehung. Denn tatsächlich können ausschließlich Überschüsse in Tauschakte eingebracht werden.

David Friedmans Äpfel-Orangen-Tauschbeispiel ist hierfür ja unfreiwillig bezeichnend. Nicht nur, dass die Ernte- und Konsumzyklen dieser beiden Früchte sich nicht decken; Friedman spricht ja ausdrücklich vom „hundertsten Apfel" sowie der „hundertsten Orange", geht also wie selbstverständlich von einer der Produktion zwangsläufig erst nachfolgenden Lagerhaltung aus. Letztlich stellt jedes Gut, das nicht mit dem Produktionsabschluss unmittelbar in den Konsum übergeht, einen temporären Überschuss dar, dem aber zwangsläufig der Einsatz von Ressourcen vorhergegangen ist, was selbst für eine Erstausstattung an Gütern gilt.[14] Das wiederum bedeutet aber nichts anderes, als dass jede Produktion mit Eigen- oder Fremdmitteln vorfinanziert werden muss und der bilanzielle Überschuss lediglich das positive Resultat des Produktionsprozesses darstellt, über dem dann aber auch permanent das Risiko eines Fehlbetrages schwebt.

Professor Fredmund Malik vom Managementzentrum St. Gallen hat diesen Tatbestand folgendermaßen in Worte gefasst: „Durch Erklärungsversuche [...] psychologischer Art wird, wie es scheint, eine Tatsache immer wieder übersehen oder unterschätzt: Zu einem erheblichen Grad arbeiten die Menschen und wirtschaften Unternehmer und Unternehmen nicht deshalb, weil sie arbeiten oder wirtschaften wollen, sondern weil sie müssen. Sie stehen unter Zwang. Der Zwang resultiert aus der permanent vorhandenen Existenzbedrohung, die sofort schlagend wird, wenn bestimmte Minimalziele verfehlt werden. Woher kommt dieser Zwang? Er folgt der schlichten Tatsache, dass Menschen Verpflichtungen eingegangen sind, die der Höhe und der Zeit nach festgelegt sind und zwangsweise erfüllt werden müssen. Einfacher gesagt: Menschen und Institutionen stehen in der Schuld Dritter."

Das subjektive Streben nach Überschuss- oder Maximalzielen muss also zunächst einmal dem objektiven Überwinden von drohenden Fehlbeträgen beziehungsweise Minimalzielen weichen. Nicht die Vorteilssuche ist die primär dominierende Kraft des menschlichen Handelns, sondern die Nachteilsvermeidung. Ausgerechnet Mises brachte diesen Umstand 28 Jahre nach der Veröffentlichung seiner Habilitation in seinem Opus magnum „Nationalökonomie" von 1940, einer über 700 Seiten starken, umfassenden Theorie des menschlichen Handelns, auf eine prägnante Kurzformel: „Arbeit ist Arbeitsleid."

Im Gegensatz zur klassischen Mikroökonomie kennt die Motivationsforschung von vornherein beide Kategorien, auf die sich jeder Zweck menschlichen Handelns reduzieren lässt: Lustgewinn und Leidensvermeidung.[15] Letztere ist das objektiv existenznotwendige Ergebnis des Daseins und erzwingt in jedem Fall die Erbringung einer Leistung in mindestens existenzsichernder Höhe spätestens zum existenzbedrohenden Zeitpunkt. Folglich muss sich also auch die Ökonomie immer mit zwei Ebenen der Realität auseinandersetzen: der ökonomischen Realität erster Ordnung, einer physischen Realität harter Fakten und des Müssens sowie der ökonomischen Realität zweiter Ordnung, einer psychischen Realität weicher Faktoren und des Dürfens oder Wollens. Nur wenn die ökonomische Realität erster Ordnung überhaupt bewältigt werden kann, kommt die der zweiten Ordnung zum Tragen.

Umgekehrt wird jede ökonomische Realität zweiter Ordnung augenblicklich von der der ersten Ordnung eingeholt, von ihr immer und überall dominiert, sobald die der zweiten Ordnung die jeweilige Existenz bedroht. Der schlichte Grund hierfür ist der Faktor Zeit, deren unbarmherziges Verstreichen diese Überlegenheit über kurz oder lang zu erzwingen in der Lage ist. Der Faktor Zeit verschafft dem Nichtaufschiebbaren, der ersten Ordnung, die allgegenwärtige Übermacht über das Aufschiebbare, die zweite Ordnung. Die Zeit selbst findet ihren Ausdruck dabei in den konkreten biophysikalischen Nebenbedingungen des Seins.

An eine Synthese dieser biologischen und physikalischen Gesetzmäßigkeiten wagte sich im Jahr 1944 in seinem Essay „Was ist Leben?" der Naturwissenschaftler Erwin Schrödinger. Hierin definierte der Nobelpreisträger für Physik mit dem Faible für das Philosophische Leben als ein System hoher Ordnung, das freie beziehungsweise verfügbare Energie via Stoffwechsel aufnimmt und speichert, um diesen Zustand der hohen Ordnung halten zu können. Demnach ist der Mensch als biophysikalisches System zur Aufrechterhaltung desselben auf die permanente und regelmäßige Zufuhr von Energie oder deren Derivaten angewiesen. Die Mindestzufuhr ist in Höhe und Zeit fixiert, wobei jede Form der Energiegewinnung wiederum einen bestimmten Energie- beziehungsweise Ressourcenaufwand nach sich zieht. Dies erzwingt in jedem Fall die Durchführung gezielter Handlungen zur Selbsterhaltung unter Knappheitsbedingungen, stellt jedes Leben vor ein fundamentales, biophysikalisches Energieproblem.[16]

Die abstrakte Betrachtung von irdischen Lebewesen als offene, thermodynamische Systeme ist ja auch insofern konsequent, als das Leben auf der Erde nur infolge der Sicherstellung permanenter Energiezufuhr seitens der Sonne existieren kann. Auf diesen Energietransfer lässt sich bis heute jedes irdische Leben überhaupt zurückführen. Da auf Energieträger, die zur dauerhaften Existenzerhaltung notwendig sind, nicht konstant zugegriffen werden kann – schließlich steht selbst Sonnenstrahlung nicht überall und permanent bereit –, verfügen alle Lebewesen über Energiespeicher. Sind diese aufgebraucht und ist keine weitere Energiezufuhr möglich, sei es, weil keine Energiequelle zur Verfügung steht oder weil keine Energie mehr verarbeitet werden kann, stirbt der Organismus.

Ökonomisch gesehen ist verwertbare Energie eine permanent knappe Universalressource, wobei die Knappheit immer und überall auf die mögliche Verwertbarkeit abzielt, da zum Beispiel Sonnenlicht als Energieträger keineswegs knapp ist, wohl aber in einer direkt verwertbaren Form. Diesen biophysikalischen Aspekt der Ökonomie reflektiert der Begriff der „Ökumene", vom griechischen „oikoumene" für „Erdkreis", definiert als der landwirtschaftlich nutzbare Teil der Erdoberfläche, der seine Bewohner aus sich heraus zu ernähren vermag, im Gegensatz zur Anökumene, den unwirtlichen Trocken-, Höhen- und Kälteregionen des Erdballs.

Mit dem Status der Energie als Ressource ist der Schulterschluss der naturwissenschaftlichen mit der ökonomischen Lehre vollzogen. Damit ist aber auch das Streben nach Effizienz ein anthropologisches Verhaltensmuster, das die gesamte Natur durchzieht. Die biologische Evolution huldigt permanent einer energetisch bestmöglichen Anpassung organischer Materie an eine sich stets wandelnde Umwelt, immer danach trachtend, die energetischen Verluste zu minimieren. Die effizienzgetriebene Verwendung der Mittel lässt sich dabei auf zwei einfache Prinzipien herunterbrechen, nämlich einerseits das Maximal- und andererseits das Minimalprinzip. Das eine besagt, dass mit jeder geplanten und ausgeführten Handlung ein maximaler Nutzen – eben Lustgewinn oder Leidensvermeidung – angestrebt wird. Das andere fordert, dass jede Handlung mit einem Minimum an Mitteln bewerkstelligt werden soll. Die Synthese beziehungsweise Vereinigung beider Maximen wird als Rationalitätsprinzip oder Ökonomisches Prinzip bezeichnet.[17]

Das Ökonomische Prinzip ist dabei im Kern nichts anderes als ein Derivat des biophysikalischen Prinzips der energetischen Input-Output-Optimierung, ein Ökologisches Prinzip also, das seit jeher Flora und Fauna in allen ihren Facetten evolutionär durchzieht. Aus dem Grund werden Eigenschaften und Verhaltensweisen von Pflanzen und Tieren, die diese zur Bewältigung ihrer energetischen Schuld erfolgreich einsetzen, vom Menschen mittlerweile in vieler Hinsicht als Blaupause genutzt. Aufgrund dieser Universalität war, ist und wird das Ökonomische Prinzip auch vermutlich niemals zu überwinden sein.

Das biophysikalische Energieproblem als Ausfluss zeitlicher Knappheit macht also menschliches und damit ökonomisches Handeln als Handeln auf Termin überhaupt erst nötig, ohne jedoch das Problem selbst je bewältigen oder lösen zu können. Die alttestamentarische Bezeichnung dieses Umstandes als Ursünde, hebräisch „chatat", abgeleitet von „chayt" für die Verfehlung eines Ziels, hätte daher nicht besser gewählt werden können, was letztendlich auch die lateinische Begriffsvariante der „peccatum originale" als Ausfluss der dem Menschen innewohnenden „natura corrupta" widerspiegelt. Das Credo der biblischen Schöpfung ist also ein via Fortpflanzung immer wieder neu konstituierter, im gewissen Sinne vererbter „Naturalkredit", der ständiger Bedienung und damit der permanenten Abfuhr von Energiebeständen, von Aktiva bedarf, da nur über Aktivität die temporäre Bewältigung des Energieproblems gelingen kann – am endgültigen (Er-) Lösungsversuch, der Erlangung gottgleicher Unsterblichkeit, sollten bereits Adam und Eva scheitern.

Da Leid im Gegensatz zur Lust einen finalen, einen endgültigen Zustand zu schaffen vermag, also über einen Nullwert verfügt, muss bei Vorliegen konkurrierender Ziele immer die Leidensvermeidung über den Nutzengewinn, die ökonomische Realität der ersten über die der zweiten Ordnung siegen; die laufende Tilgung der Urschuld kann nicht ohne Auszehrung bis zum Ausfall des Schuldners ausgesetzt werden. Das schlägt sich auch in der Wahrnehmung und Beurteilung von Handlungsalternativen nieder. Im Jahr 2002 erhielt der israelisch-US-amerikanische Psychologe Daniel Kahneman als einer von zwei Ausgezeichneten den Nobelpreis für Wirtschaftswissenschaften für die Ausarbeitung seiner „Prospect Theory".

Der wesentliche Beitrag der „Prospect Theory" besteht in der Erweiterung und Ergänzung der Analyse von Entscheidungsprozessen um Verzerrungselemente auf Basis der menschlichen Wahrnehmung. Auf empirischer Grundlage konnte Kahneman belegen, dass Menschen durch Verluste stärker als durch entsprechende Gewinne motiviert werden, da Verluste im Schnitt mehr als doppelt so intensiv wahrgenommen und bewertet werden wie Gewinne. Dies ist auch der Grund, warum mehr Energie in die Verlustvermeidung als in die Gewinnerzielung investiert wird.[18]

Der Mensch ist geprägt durch eine generelle Risikoaversion, die ein Festhalten am einmal erreichten und daher in jedem Fall sicheren Status quo tendenziell wahrscheinlicher macht als das Eingehen risikoreicher Handlungsoptionen. Ausnahme: Die Handlungsoptionen erweisen sich im Verhältnis zu bereits erlittenen oder drohenden Verlusten als relativ unbedeutend. Oder aber der Grad des Risikos wird als solcher gar nicht erst bewusst oder aber verzerrt wahrgenommen. Letzteres ist dann jedoch ein Informationsbeschaffungs- und kein Informationsbewertungsproblem, ein Tribut an die Komplexität der Realität.[19]

Die generelle Risikoaversion des Menschen speist sich mathematisch betrachtet aus der asymmetrischen Gewinn-Verlust-Arithmetik, der Tatsache, dass ein Verlust total, also vernichtend, sein kann, wohingegen potentiell unendliche Gewinne relativ immer unbedeutender werden. Auf diesen Umstand deutet bereits ein historischer Vorgänger des Begriffs „Risiko“, das mittelhochdeutsche „aventiure“, hin, das „Abenteuer“ oder „Wagnis“ bedeutete, aber eben auch für die damit untrennbar verbundene „Gefahr“ beziehungsweise „Angst“ stand, letztlich also die immer und überall abzuwägende Gewinn-Verlust-Arithmetik widerspiegelt. Potentielle wie tatsächliche Verluste haben daher immer eine existenzielle, Leid generierende und Angst verursachende Note.

Verluste wiegen nicht nur empirisch und gefühlt doppelt, sondern abhängig von der Höhe auch numerisch und real. Eine Kontraktion beziehungsweise ein Verlust von 50 Prozent beispielsweise erfordert allein zur Erreichung des einstigen Ausgangspunktes ein erneutes Wachstum um 100 Prozent. Eine Erfahrung, die in dieser mathematischen Präzision immer wieder Spielern, Spekulanten und Investoren beziehungsweise ihren Geldgebern zu schaffen macht. Die Gewinn-Verlust-Arithmetik verdeutlicht, dass die Konzentration des Menschen auf die Vermeidung insbesondere möglicher hoher Verluste rational ist.

Der effizienteste bisher bekannte Lösungsansatz für derartige Chance-Risiko-Abwägungen lässt sich auf eine der wichtigsten Erkenntnisse der von John von Neumann in den 30er-Jahren des 20. Jahrhunderts begründeten sogenannten Spieltheorie, heute eine mathematisch-ökonomische Unterdisziplin, zurückführen. Sie betrifft, hierin konsequent der Gewinn-Verlust-Arithmetik folgend, nicht den Umgang mit beziehungsweise das Management von Gewinnen, sondern die Handhabung potentieller Verluste. Diese Lektion konnte von Neumann selbst nicht zuletzt aus einem von Rückschlägen gezeichneten Lebenswerk ziehen. Diese essentielle Erkenntnis und universelle Strategie ist bis heute als Minimax-Theorem bekannt. Ihr Imperativ lautet angesichts einer möglichen Variation von Handlungsoptionen: „Minimiere den potentiell maximalen Verlust."

Dieser einfache Grund, die Angst vor Verlusten, ist auch der wichtigste Antrieb für das Streben nach Schaffung von Reserven und deren Mehrung. Es gibt in einem relativen Kontext keine Sättigungsgrenze, die Angst des Milliardärs, zum Millionär zu werden, folgt exakt derselben Logik, wie es nach Abzug mindestens einer Null im bürgerlichen Milieu der Fall ist. Völlig systemunabhängig ist der Status quo nie „genug", kann es auch nie sein, da immer die Möglichkeit eines Verlustes besteht, der dann dazu führt, dass genau dieser Status des „zu wenig" erreicht wird. Zumal der Erhalt des Status quo angesichts einer ständigen energetischen Schuld, der permanenten Entwertung alles Bestehenden inklusive der Energiequellen selbst, einer ebenso dauerhaften Verteidigung bedarf.

Die ökonomische Bewältigung des Energieproblems kann also nur mit Hilfe des Einsatzes von Ressourcen gelingen, Ressourcen wiederum, aus denen jene überschüssigen Mittel gewonnen werden müssen, um die sprichwörtliche Urschuld tilgen zu können. Dieser Gewinn wiederum, so führt Malik für den kommerziellen Bereich gedacht aus, „ergibt sich als Antwort auf eine Frage und nicht als Ergebnis von Berechnungen. Das ist die Konsequenz der Tatsache, dass es in Wahrheit so etwas wie Gewinn gar nicht gibt. Was es gibt, sind Kosten: Kosten des heutigen Geschäfts – und jene Kosten, die nötig sind, um im Geschäft zu bleiben. […] Die Schlüsselfrage muss lauten: Welches Minimum an Gewinn benötigen wir, um auch morgen noch im Geschäft zu sein? Diese Frage ist keineswegs Folge einer minimalistischen Haltung. Immer wird man feststellen, dass das so verstandene Minimum deutlich oberhalb jener Werte liegt, die die meisten Leute als ein Maximum zu akzeptieren bereit sind.“

Ökonomie ist im Kern also nichts anderes als das stete Streben des Menschen nach Leidensvermeidung durch möglichst effiziente Bewältigung des permanenten Energieproblems. Malik führt daher den Gestaltungswillen des Menschen bezüglich seiner natürlichen und sozialen Umwelt konsequenterweise darauf zurück, „dass vermutlich keine Änderung und kein Fortschritt, wie immer wir ihn definieren mögen, aus Zufriedenheit heraus entstanden ist. Wären Menschen irgendeiner historischen Epoche zufrieden gewesen mit dem Status quo, hätten sie ihn wahrscheinlich nicht verändert. Zumindest der Antrieb für Veränderungen musste wohl aus einer gewissen Form der Unzufriedenheit mit dem jeweiligen Stand der Dinge herrühren, und diese Unzufriedenheit, worauf auch immer sie sich bezogen haben mag, hat zu den verändernden Leistungen geführt.“

Veränderungen entstehen aus Mut heraus, Mut bedingt jedoch immer die gleichzeitige Existenz von Angst. Die bereits alttestamentarisch kolportierte Urschuld ist die treibende Kraft und der systemunabhängige Motor jedweder existenzgetriebenen Aktivität, deren Zielverfehlung im Fortfall ihrer Grundlage mündet. Der Mensch bleibt immer ein „Homo oppressus“, eine unter permanetem (Existenz-) Druck stehende, dem ökologischökonomischen Prinzip unterworfene und daher zum Handeln genötigte Lebensform. Das gilt selbst in einer Umgebung materiellen Überflusses.

Wer dem Menschen also den Willen zum Tausch oder allgemeiner zu aktiven Handlungsstrategien im Umgang mit Überschüssen unterstellt, muss logisch zwingend solche Handlungsstrategien auch für „Unterschüsse“, also auszugleichende Fehlmengen, vorsehen. Gerade in bäuerlich dominierten Gesellschaften muss in Anlehnung an Malik tatsächlich festgestellt werden, „dass das so verstandene Minimum“, ab dem überhaupt getauscht werden könnte, „deutlich oberhalb jener Werte liegt, die die meisten Leute als ein Maximum zu akzeptieren bereit sind“. Denn jenseits der die physische Existenz aktuell in jeder Hinsicht sichernden Moderne westlichen Zuschnitts zieht die Notwendigkeit der Daseinsbewältigung immer auch eine Form der Daseinsvorsorge nach sich, die wiederum individualisiert oder sozialisiert werden kann, wobei letztere Variante entweder auf freiwilliger oder erzwungener Basis erfolgt.

Getreu der Maxime, den maximalen Verlust, das heißt den Tod durch Verhungern, zu minimieren, müssen unabhängig von der energetischen Basis Überschüsse zunächst der Daseinsvorsorge dienen. Und das sowohl kurzfristig für die saisonal wiederkehrenden Perioden ohne Nahrungsmittelzufluss als auch mittelfristig zur Kompensation von Ausfällen, also für dic sogenannten und regelmäßig wiederkehrenden schlechten Zeiten. Diese Sicherungs- und Mehrungsoperationen müssen jeder Tauschabsicht notwendigerweise vorangehen, sie sind gelebtes Minimax-Theorem.

Ihr Imperativ bedeutet jedoch nicht, dass ihre Erzielung unterschiedslos jeder auf sich allein gestellten Person oder Gruppe gelang. Vielmehr war die Möglichkeit des Scheiterns, also zum Fälligkeitsdatum nicht über die jeweils benötigten Ressourcen zu verfügen, allgegenwärtig und einer tatsächlich handelsfähigen Überschussmenge bei massiv schwankenden Erträgen, den biblisch kolportierten „fetten“ und „mageren“ Jahren, und einer daraus resultierenden Notwendigkeit zur Glättung der Vorratshaltung, zeitlich in jedem Fall mit höherer Wahrscheinlichkeit vorgelagert.[20] Wenn aber ein Fehlbetrag dem Überschuss vorausgeht, so zieht das bei einer zyklischen Produktion zwangsläufig zyklische Engpässe nach sich, die, sofern alle Reserven verbraucht sind, akut eben nicht durch spätere Überschüsse kompensiert werden können. Kurz: Die Zeit selbst verhindert ein „Aussitzen" des zyklischen Engpasses, ein Umstand, der sich noch als wesentlich für die weiteren Betrachtungen erweisen wird.

Die für einen Tauschhandel erforderlichen Überschüsse wurden also keineswegs jederzeit von jedermann erwirtschaftet, aber jedermann musste jederzeit eine Defizitsituation ausgleichen können – allein deshalb, um auch in der nächsten Periode mindestens sich selbst erhalten zu können. Wie im Kapitel 4 gezeigt werden wird, gehen Fehlbeträge den zum Tausch zur Verfügung stehenden Überschüssen, die ja immer erst jenseits neuer Aussaat, Reservehaltung und sonstiger „Kosten, die nötig sind, um im Geschäft zu bleiben" anfallen können, tatsächlich regelmäßig voraus.

Die Brisanz dieses Umstandes ist bis heute hochaktuell geblieben. In Indien beispielsweise liegt 600 Kilometer nördlich der Metropole Mumbai ein landwirtschaftliches Zentrum des Subkontinents, das aufgrund Tausender von Suiziden freier Bauern auch „Selbstmordgürtel" genannt wird. Das Phänomen ist jedoch ein landesweites im agrarisch geprägten Indien. Seit 1997 haben sich laut offiziellen Angaben 180.000 Landwirte das Leben genommen, ziemlich konstant etwa 17.000 pro Jahr. Der Grund war fast immer der gleiche. Die meisten Landwirte konnten aufgrund der Erntesituation – landwirtschaftliche Erträge werden zu 70 Prozent von Witterungseinflüssen bestimmt – ihren Verpflichtungen nicht mehr nachkommen, scheiterten also aufgrund von Fehlbeträgen am Energieproblem.

Denn von höheren Preisen infolge eines sinkenden Angebots bei konstanter oder steigender Nachfrage profitierten nur jene Landwirte, die tatsächlich eine hinreichend große Ernte einfahren konnten. Der Rest musste seine wirtschaftliche Grundlage, den Grund und Boden, beleihen, sich also massiv verschulden, um Fehlbeträge ausgleichen und Investitionen tätigen zu können. Von einem Tauschhandel findet sich hingegen keine

Spur. Bereits im Jahr 2008 bewilligte die indische Regierung ein Hilfspaket in Höhe von etwa zehn Milliarden Euro, um zumindest für 30 Millionen Bauern den maximalen Verlust zu minimieren. Mumbai im Jahr 2010 nach Christus präsentiert sich als exakte Kopie Roms im Jahr 450 vor Christus.

Die existentiell-energetischen Probleme einer unter „Verschuldung leidenden kleinbäuerlichen Bevölkerung waren die treibende Kraft, die zur Fixierung einer den inneren Frieden sichernden Rechtsordnung führte. [...] Eine deutliche Sprache spricht auch das Schuldrecht. Für Darlehen [auch hier zwangsläufig infolge von Unterschüssen] haftete der Schuldner mit seiner Person, das heißt er konnte im Falle [...] der Zahlungsunfähigkeit in Schuldknechtschaft gehalten oder in die Sklaverei [...] verkauft werden. Aus Not verkauften Hausväter die ihrer Gewalt unterworfenen Kinder auf Zeit in die Knechtschaft."

Auch die römische Regierung verabschiedete ein Rettungspaket, das sogenannte Zwölftafelgesetz, das den römischen Bürger und sein existentielles Eigentum unter Schutz stellte. In Russland wurden noch bis zu den Zwangskollektivierungsmaßnahmen im Agrarsektor in den 20er- und 30er-Jahren des 19. Jahrhunderts freie (Klein-) Bauern, deren Getreidevorräte nicht mehr bis zur nächsten Ernte reichten, als „Dorfarme" bezeichnet. Sie mussten sich also, wollten sie überleben, für die „Nahrung von morgen" verschulden.

Letzterer Terminus ist wohl nicht umsonst in einem der weltweit meistgesprochenen Gebete enthalten. Er findet sich so im altgriechischen Original des Vaterunsers unmittelbar nach der Lobpreisung des Herrn als erste Bitte – „ton arton ton epiousion" – und wurde sowohl für die spätere lateinische als auch die deutsche Version des Gebets unsauber als „panem nostrum cotidianum" beziehungsweise „unser täglich Brot" übersetzt. Das Vaterunser reflektiert damit ein spirituell verankertes „Termingeschäft", wie es unzählige in der antiken Welt der Fruchtbarkeitsgötter gab.

An diesem Umstand hat sich volkswirtschaftlich nicht nur in Indien, sondern in fast allen Regionen der Dritten Welt nur wenig geändert, wie Jacques Diouf, Generaldirektor der Food and Agriculture Organization of the United Nations (FAO), ausführt: „In einem Entwicklungsland produzieren zwischen 60 und 80 Prozent der Bevölkerung landwirtschaftliche Produkte, und es reicht nicht aus, um die Nachfrage zu bedienen.“ Dem pflichtet der ehemalige deutsche Diplomat und Afrikakenner Volker Seitz bei: „Viele Länder des Südens sind gar nicht in der Lage, in wesentlichem Umfang Exportgüter zu erzeugen.“

Mit welchen Überschüssen soll also getauscht werden, wenn lediglich Fehlbeträge zu verzeichnen sind? „Viele Afrikaner sehen in Europa ein Eldorado. [...] Die Gründe, die Heimat zu verlassen, sind vielfältig. Das höhere und sichere Einkommen im Norden steht entgegen den landläufigen Annahmen in zahlreichen Untersuchungen keineswegs an erster Stelle. Es ist vor allem die Unsicherheit für sich und die Familie [...].“ Nicht die Option auf Lustgewinn, gibt Seitz zu verstehen, liefert das Hauptmotiv, die Heimat zu verlassen, sondern die Vermeidung – oftmals existenzbedrohender – Verluste.

Bei Fehlbeträgen ist die Handlungsstrategie keine des Wollens und des Tausches mehr – womit auch? –, sondern eine des Müssens und alternativer Beschaffungsoperationen. Eine Fernwirkung dieses Mechanismus ist bis in die Gegenwart unübersehbar. Ökonomisch dominieren sowohl auf Ebene der Haushalte als auch der Unternehmen nicht die Tauschoperationen, also Zug um Zug abgewickelte Kassa- oder Bargeschäfte, sondern eben Terminverträge, bei denen Leistung und Gegenleistung über die Zeit gestreckt werden.

Der Grund ist fast immer ein Mangel an Mitteln, sei es beim privaten Immobilienerwerb oder kommerziellen Unternehmensgründungen, was ein Blick auf die Grundschulden oder Eigenkapitalquoten der Katasterblätter respektive Unternehmensbilanzen eindrucksvoll dokumentiert. Entsprechend formulierte nach einem langen Berufsleben als freier Unternehmer wie angestellter Manager der US-amerikanische Autor Harold Geneen (1910-1997) die ganz wesentliche Erkenntnis seiner Erfahrungen: „Das ist überhaupt das Wichtigste: Sie müssen imstande sein, Ihre Schulden zurückzuzahlen oder zu refinanzieren, wenn Sie fällig werden. Der einzige irreparable Fehler im Geschäftsleben ist mangelnde Liquidität. Fast jeder andere Fehler kann irgendwie ausgebügelt werden, aber wenn Ihnen das Bargeld ausgeht, haben Sie ausgespielt."

Dies gilt selbstverständlich auch jenseits des Geschäftslebens und völlig losgelöst vom sozioökonomischen Kontext. Selbst auf den lupenreinsten Märkten überhaupt, den für Tauschoperationen ja eigentlich geradezu prädestinierten Börsen, dominieren die Termin- und nicht die Kassageschäfte, übertrifft der Handel mit Schulden beziehungsweise der Zeit, mit Anleihen und Terminkontrakten, den mit Beständen beziehungsweise der Gegenwart, mit Aktien und Edelmetallen bei weitem. Nicht umsonst wird im Finanzjargon der Aktienmarkt als „kleiner Bruder" des Anleihemarktes bezeichnet. Der deutsche Volkswirt und Sachbuchautor Bruno Bandulet, selbst ein ausgesprochener Goldbug, beziffert den Markt für Derivate, der ausschließlich Handelsoperationen auf Termin umfasst, auf „ein unvorstellbares nominales Volumen von 600.000 Milliarden US-Dollar".

Selbst um die Spiegelung bereinigt – jedem Käufer eines Derivats muss ein Verkäufer gegenüberstehen, weshalb sowohl Kauf als auch Verkauf, Forderung wie Verbindlichkeit, in das Handelsvolumen einfließt – übertrifft damit das Volumen der weltweit notierten Derivate, letztlich nichts anderes als zwischen Gegenwart und Zukunft angelegte Wetten, die Weltwirtschaftsleistung in gehandelten Waren und Dienstleistungen aus dem Jahr 2009 mit knapp 60.000 Milliarden US-Dollar um den Faktor fünf. Selbst an den größten Rohstoffbörsen der Welt in Chicago und London, der Chicago Mercantile Exchange und der London Metal Exchange, „wird fast ausschließlich mit Kontrakten, die zum Kauf oder Verkauf eines bestimmten Rohstoffs zu einem heute schon festgelegten Preis und an einem genau definierten Datum verpflichten" gehandelt. In London, wo ausschließlich Industrie- und Edelmetalle notiert werden, umfasst das tägliche Transaktionsvolumen aktuell 30 Milliarden US-Dollar.[21]

Der Ausgangspunkt aller von der klassischen Ökonomie wie der Österreichischen Schule inspirierten Autoren, der mit einer Erstausstattung an knappen Ressourcen wirtschaftende Akteur, der in vorteilssuchender Art und Weise Partner akquiriert, um seine Überschussproduktion, also das, was er selbst nicht konsumiert, gegen von ihm relativ höher bewertete Güter einzutauschen und so seinen subjektiven Nutzen zu mehren, ist eine ökonomische Chimäre. Da sich jede Organisation und jeder Organismus außerhalb des zeitlosen Paradieses bewegen, erfolgen Investition, Produktion, Verteilung und Konsum weder gleichzeitig noch gleich getaktet, sondern fast immer zu unterschiedlichen Terminen. Sowohl das Ökonomische als auch das spiegelbildliche Ökologische Prinzip werden von Termin- und nicht von Tauschoperationen dominiert.

2.6 Die unvollständige Regression

Wenn schon das Fundament der klassischen Lehrbuchökonomie respektive der Österreichischen Schule, die Grundoperation ökonomischen Handelns, von einer falschen Prämisse ausgeht, so liegt der Verdacht einer Schieflage der darauf aufbauenden Geld- beziehungsweise Goldwerttheorie nicht allzu fern. Denn wird das Müssen über das Können, der Fehlbetrag über den Überschuss und das Termin- über das Kassageschäft gestellt, dann kann die Bedeutung der Edelmetalle auch nicht aus einer transaktionskostenbedingten Optimierung komplexer Tauschvorgänge resultieren. Ohne Tauschhandlungen ist auch ein Tauschmedium überflüssig, existiert mithin kein Tauschwert, wie ihn Mises doch an den Anfang seiner Untersuchung stellte.

Doch auch ohne die Kritik am Tauschparadigma im letzten Abschnitt zu akzeptieren, weist die regressive Argumentationskette des 1973 verstorbenen Ökonomen eine klaffende Lücke auf. So vermag es sein Theorem zwar, die Kontinuität des bis heute ungebrochenen Glanzes der Edelmetalle über die Zeit zu erklären, verfängt sich dabei jedoch ebenfalls in einer selbstbezüglichen Erklärungsschleife. So einleuchtend der Prozess eines kulturell prägenden Aufbaus und Erhalts von Institutionen wie Währungssystemen und Geldgebrauch auch ist, sein goldgeprägter Startpunkt bleibt auch 100 Jahre nach Erstveröffentlichung der „Theorie des Geldes und der Umlaufsmittel“ unbeantwortet und allen Bemühungen zum Trotz weiterhin nebulös. Das Regressionstheorem wurde von seinem Erfinder und dessen Nachfolgern schlicht nicht zu Ende gedacht. Der Zirkelschluss ist nicht aufgehoben, sondern lediglich verschoben, anstatt um eine monetäre kreist der Blick des Betrachters nunmehr um eine ästhetische Variante desselben Problems.

Vor dem Regressionstheorem galt: Menschen fragen Geld nach, um wirtschaftliche Potenz zu erhalten, beziehungsweise wirtschaftliche Potenz wird erhalten, indem Geld nachgefragt wird. Folgt man dem Zeitstrahl in die Vergangenheit dann aber zu jenem Punkt, wo „Gold und Silber bereits als Schmuck, als religiöse Kultgegenstände und als edler Hausrat eine weitverbreitete Wertschätzung genossen haben", so gilt nunmehr: Menschen fragen Gold nach, um kulturelle Werte zu erhalten, beziehungsweise kulturelle Werte werden erhalten, indem Gold nachgefragt wird.

Das mag als Ausgangspunkt einer rein monetären Analyse genügen, beantwortet damit aber die Ausgangsfrage nach der ursprünglichen Wertschätzung der Edelmetalle nicht. Denn damit Kult- oder Schmuckgold überhaupt erst zu Tauschgold wird, muss zunächst Frei-, Fluss- oder Berggold, also auf oder unter der Erdoberfläche befindliches Edelmetall, zu Kult- oder Schmuckgold werden.

Der Rückgriff auf ein instinktives kollektiv-ästhetisches Empfinden als wesentlicher Antrieb dieses Transformationsprozesses, ein gleichsam materiell manifestierter „Goldener Schnitt",[22] ist ja sogar Mises ausdrücklich suspekt: „Schätzungen, bei denen der subjektive Tauschwert und mithin auch der objektive Tauschwert beiseite gelassen werden und die Wertung allein nach dem subjektiven Gebrauchswerte erfolgt, gehören heute zu den seltenen Ausnahmen; sie beschränken sich in der Hauptsache auf jene Fälle, wo die Schätzung nach dem sogenannten Affektionswerte, dem Werte der besonderen Vorliebe, vorgenommen wird. Sieht man aber von den Objekten ab, denen als Andenken an teuere Personen und als Sinnbilder der Erinnerung an wichtige Erlebnisse vom Einzelnen symbolische Bedeutung beigelegt wird, während sie in den Augen der Mitmenschen, denen diese persönliche Beziehung mangelt, nur einen weit niedrigeren Wert oder keinerlei Wert haben, dann kann nicht bestritten werden, dass die Güter von den Menschen nach Tauschwert geschätzt werden." Obwohl im höchsten Maße unbefriedigend, lässt sich Mises aber letztendlich genau hierauf ein, denn was ist der Schmuckwert anderes als ein „Affektionswert“?

Über genau diesen „Affektionswert“, die ursprünglich ästhetische Faszination des Menschen „für ein Stück Metall, dessen Farbe ihm gefiel“, hatte bereits über 200 Jahre zuvor der englische Philosoph John Locke (1632-1704) die ökonomische Bedeutung des Goldes hergeleitet. Beide Autoren müssen dabei anscheinend von einer zeitlich wie auch geographisch beinahe universellen „Affektion“ der Gattung Homo ausgegangen sein, da einerseits eine Affinität zu Schmuckstücken schon für das Zeitalter des Neandertalers nachgewiesen werden konnte und andererseits Gold und Silber, wie Baader schreibt, tatsächlich „in allen Kulturen“ geschätzt wurden und werden. Knappheit im Sinne eines relativ seltenen Vorkommens an sich kann dabei nicht der entscheidende Faktor sein, zieht sie doch keineswegs automatisch Wertschätzung nach sich. Diese kann allein niemals einen Wert begründen, da es hierzu überhaupt erst eines konkreten und definierbaren subjektiven (Grenz-) Nutzens bedarf.

Tatsächlich muss sich eine Betrachtung der sozioökonomischen Bedeutung des Goldes mit dem zeitlichen Phänomen auseinandersetzen, dass die Phase der Menschheitsgeschichte ohne monetäre Goldnutzung diejenige mit Gold als Zahlungsmittel quantitativ weit übersteigt. Die Etablierung und Nutzung eines mutmaßlichen Tausch-, Rechen- und Wertaufbewahrungsmittels als originäres Geld erfolgte in historischer Regelmäßigkeit lokal und revolutionär, niemals global und evolutionär. Keine dieser winzigen revolutionären Keimzellen, im Europa der Antike beispielsweise nur im Umfeld der griechischen Polis und römischen Civitas zu finden, reicht aber historisch weiter als bis in die frühe Hälfte des 1. vorchristlichen Jahrtausends zurück. Früheste monetär standardisierte Edelmetallmünzen finden sich irgendwann um das 7. vorchristliche Jahrhundert. In Rom beginnen die ersten Massenprägungen erst im Zeitalter der Punischen Kriege, also im 3. vorchristlichen Jahrhundert. Zuvor waren in den antiken Hochkulturen aller Kontinente aus Edelmetall geschlagene Münzen schlichtweg unbekannt.

Der US-amerikanische Dozent für Wirtschaftswissenschaften und ehemalige Fed-Mitarbeiter Peter L. Bernstein bemerkt hierzu ja vollkommen richtig: „Münzen waren eine kluge Erfindung, die das zeitraubende Geschäft des Wiegens und der Reinheitsfeststellung umgehen sollte, aber sie tauchten erst um 700 vor Christus auf, also mehr als 2.000 Jahre nach dem Beginn der monetaristischen Karriere [gemeint ist die Nutzung in Barrenform] des Goldes."

Dieser Übergang bleibt ja selbst den mit reichlich Fachexpertise ausgestatteten Verfassern eines bekannten Standardwerks zur Weltgeschichte – allein die Historie der „Altorientalischen Reiche" füllt drei Bände – ein Rätsel: „Das Gold, das seinen Charakter als schlechthin wertvolle und sonnenstrahlende Materie unverändert beibehält und dadurch ein Symbol stolzen Reichtums der Könige bleibt, ein Gut, das Göttern und Königen vorbehalten ist, wurde [...] auch zu einem in der Wirtschaft gültigen Wert. Wir finden das Gold – die dahin führende Entwicklung bleibt in Dunkel gehüllt – von einem bestimmten Zeitpunkt an [...] als Zahlungsmittel bezeugt [...]." Immerhin sind sich diese und andere Autoren bezüglich der historisch relativ späten monetären Nutzung der Edelmetalle absolut einig.

Zweifelsfrei erfreuten sich Gold und Silber bereits vor dem Aufkommen der Münze einer lebhaften Nachfrage, allerdings in ausschließlich nichtökonomischen Nutzungsformen wie großen, zum regulären Handel völlig ungeeigneten Barren, kultischen Schmuckstücken oder „edlem Hausrat", die jedoch ausnahmslos den jeweiligen gesellschaftlichen Eliten vorbehalten waren. Die meisten der Untertanen waren ökonomisch entrechtete Abhängige. Der vorbürgerliche Sklave und Leibeigene, dem es mit etwas Glück vergönnt war, sich zeit seines Lebens knapp oberhalb des Subsistenzniveaus zu halten, hatte gänzlich andere Sorgen als die Goldnachfrage aus einem individuellen Schmuckbedürfnis heraus, einem meist strafbewehrten Bedürfnis, dem außer der Feudalelite ohnehin niemand nachgehen durfte.

Genau das deckt sich ja auch mit der Erkenntnis von Mises bezüglich des Geldgebrauchs: „Eine Wirtschaftsverfassung, welcher der freie Austausch von Gütern und Dienstleistungen fremd ist, hat für das Geld keinen Platz. [...] [I]n einer Wirtschaftsordnung, die auf der Arbeitsteilung beruht, ist das Geld überflüssig und unmöglich, wenn die Produktionsmittel vergesellschaftet sind und die Leitung der Produktion und die Zuweisung der gebrauchsreifen Produkte an die Individuen einem gesellschaftlichen Zentralorgan obliegt." Gold war also bestenfalls eine abstrakte Sehnsucht und niemals ein Mittel für den Gütertausch, zu dem die breite Masse des Volkes in vorbürgerlicher Zeit weder berechtigt noch in der Lage war. Die tatsächlich in dieser Epoche nachgewiesenen und genutzten ungemünzten Edelmetallbarren waren hingegen für alltägliche Transaktionen viel zu groß.

Der Beginn der frühesten Hochkulturen wird auf das 5. bis 4. vorchristliche Jahrtausend datiert. Vom Auftauchen des ersten Jetztmenschen vor 50.000 Jahren bis zur Herausbildung jener Hochkulturen schließlich dauerte die Stammesgeschichte der Menschheit an, die punktuell bis heute in einigen wenigen Regionen der Welt noch fortlebt. Diese Ära der auf blutsverwandtschaftlichen Beziehungen aufbauenden Sippen- oder Hordenstrukturen markiert die historisch längste Phase sozialer Organisation.

Diese „Robinsons" der Menschheitsgeschichte, jene archaischen Familienverbände, kannten natürlich ebenfalls weder Tausch im ökonomischen Sinne geschweige denn irgendein Geld als Tauschmittel. Tauschakte beschränkten sich in der Tat auf den rein sozial motivierten Wechsel persönlichen Besitzes, der aber gerade keine ökonomische Komponente enthielt und daher auch keinerlei Tauschrelationen, also Preise, begründete.[23] „Zahlungen" im Stamm, die durch Übertragungen von Gütern erfolgten, finden sich beispielsweise häufig im Rahmen der Institutionen des Braut- und des Blut-„Geldes", denen aber gerade kein Tausch-, sondern Geschenk- beziehungsweise Schadenersatzcharakter innewohnt.

Der Sozialanthropologe Bronisław Malinowski (1884-1942) wurde Anfang des 20. Jahrhunderts durch seine langjährige und akribisch dokumentierte Feldforschung auf den Trobriand-Inseln bekannt, die von einem bis dato unbekannten, also noch unverfälscht archaisch lebenden Naturvolk von Gartenbauern bevölkert wurden. Der Wirtschaftswissenschaftler und Geldtheoretiker Karl Paul Polanyi (1886-1964) hat Malinowskis Aufzeichnungen hinsichtlich der Tauschaktivitäten der Trobriander wie folgt zusammengefasst: „Gelegentlich vollzieht sich der Tausch durch das Hin und Her ein und desselben Objekts zwischen den Tauschpartnern, wodurch dem Tauschgeschäft jeder Sinn und Zweck genommen wird! Durch die einfache Tatsache, dass das Schwein – wenngleich über Umwege – zu dem zurückkehrt, der es in den Tausch gab, erweist sich der Äquivalententausch als Garantie gegen das Eindringen von Nützlichkeitserwägungen. Das einzige Ziel des Tausches ist die Festigung des Beziehungsgeflechts durch die Stärkung reziproker Bindungen."

Der Festigung des sozialen Beziehungsgeflechts diente auch das sogenannte Kula-Ritual, bei dem Besitzer bestimmter Ketten und Reife mit sakralem Charakter verpflichtet waren, diese nach einer Weile mit einem anderen Sippenmitglied zu tauschen. Das Wort „Kula" selbst ist bezeichnenderweise das Synonym für ein rituelles Tauschobjekt ohne jeglichen außerrituellen Nutzen. Sämtliche Tauschakte der mit den Polynesiern verwandten Trobriander haben also mit ökonomischen Operationen rein gar nichts zu tun.

Ähnlichen Zwecken dient auch als ein Beispiel von vielen die Institution des „math" – wörtlich „bester Freund" – bei den afrikanischen Nuern. Die Mitglieder der im Sudan und Äthiopien beheimateten Hirtengesellschaft vollziehen den „math", wenn zwei Männer ihre Freundschaft durch den wechselseitigen Austausch von Vieh bezeugen. Und dort, wo sowohl innerhalb als auch zwischen heute noch archaisch lebenden Sippen und Stämmen tatsächlich ökonomisch relevante Transaktionen vollzogen werden, handelt es sich typischerweise nicht um vertragliche Tausch- als vielmehr um tradierte Teilungsakte. Diese wiederum entpuppen sich, so die amerikanische Ethnologin und

Feldforscherin Lorna Marshall, als lupenreine Termingeschäfte: „[D]erjenige, mit dem man teilt, wird seinerseits mit einem teilen [...]; die Menschen werden von einem Netz wechselseitiger Verbindlichkeiten zusammengehalten."

Tauschrituale wie die hier geschilderten waren im antiken Eurasien sogar zwischen professionellen Kämpfern verbreitet, wie es der deutsche Ökonom und Historiker Bernhard Laum (1884-1974) exemplarisch an einer Episode des Trojanischen Krieges erläutert: „Glaukos und Diomedes treffen sich auf dem Schlachtfelde, erkennen sich als alte Gastfreunde wieder und wechseln ihre Rüstungen gegeneinander aus. Dieser Rüstungswechsel zwischen Freunden, der auch sonst vorkommt, ist ursprünglich weiter nichts als ein Beweis der friedlichen Absicht. Man tauschte die Waffen, um zu beweisen, dass man nichts Böses ‚im Schilde führe'." Das rituell bekräftigende Band der Freundschaft vermag dabei sogar den Vernichtungswillen der Kriegsgegnerschaft zu kompensieren, denn Glaukos ist Trojaner, Diomedes Grieche. Ökonomisch relevante Tauschoperationen vermag Laum hingegen selbst in der innergriechischen Wirtschaft der homerischen Zeit nicht zu sehen: „Der Grieche selbst ist durchaus passiv gewesen; ein Güteraustausch zwischen Griechen, also ein griechischer Binnenhandel, hat nicht existiert." Daran scheint sich Jahrtausende später nichts geändert zu haben. So kommt der französische Mediävist Jacques Le Goff hinsichtlich Tauschverkehr und Edelmetallwährung zu dem Schluss, dass diese „aufgrund der Tendenz zur geschlossenen Wirtschaft und aufgrund des schwachen Volumens des internationalen Warenhandels eine nur untergeordnete Rolle gespielt" haben.

Am intensivsten dürfte jedoch Le Goffs Landsmann, der französische Soziologe und Ethnologe Marcel Mauss, die materiellen (Aus-) Tauschprozesse vorbürgerlicher Gesellschaften untersucht haben. Den Tenor seiner zwischen 1923 und 1924 angefertigten, historisch wie geographisch umfassend angelegten Metastudie fasste der seinerzeit am prestigeträchtigen Collège de France lehrende, empirisch orientierte Wissenschaftler wie folgt zusammen: „In den Wirtschafts- und Rechtsordnungen, die den unseren vorausgegangen sind, begegnet man fast niemals dem einfachen Austausch von Gütern, Reichtümern und Produkten im Rahmen eines zwischen Individuen abgeschlossenen Handels." Statt genuin ökonomischer Operationen vermag er vielmehr sogenannte „Systeme totaler Leistungen" auszuloten, die den Tauschakt als „gleichzeitig ökonomisches, juristisches, moralisches, ästhetisches, religiöses, mythologisches und sozio-morphologisches Phänomen" klassifizieren. Mauss weist zudem auf begriffliche Restriktionen diverser Sprachgruppen hin, die den lehrbuchmäßigen (Tausch-) Handel allein deshalb verunmöglichen, da die „antithetischen Operationen [...] durch ein und dasselbe Wort ausgedrückt [werden]". So kannte beispielsweise „die germanische Kultur [...] lange Zeit keine Märkte [wohl aber ein hoch entwickeltes Gütertauschsystem]. Sie blieb im wesentlichen feudal und bäuerlich; der Begriff und sogar die Termini für Preis, Kauf und Verkauf scheinen neueren [römischen] Ursprungs zu sein." Selbst in den häufigen Fällen, in denen normiertes (Edel-) Metall tatsächlich im Rahmen von Austauschprozessen zirkuliert, dient es gerade nicht als den Wirtschaftsverkehr erleichterndes Tauschmittel, sondern als in „einen Kultus und einen Mythos" eingebundene, beseelte Entität, die Mauss als „Renommiergeld" charakterisiert und am Beispiel der unter nordamerikanischen Eingeborenenstämmen weit verbreiteten Kupferplatten ausführlich erläutert.

Fazit: Der Tauschakt als konstituierende Basisoperation der Ökonomie lässt sich weder in vorgeschichtlicher Zeit, noch im Neolithikum – der Phase der Sesshaftwerdung –, den Hochkulturen der Antike, dem Mittelalter oder der Neuzeit als dominierende ökonomische Handlung identifizieren. Genau dies hat Mises selbst an anderer Stelle – im Rahmen einer Untersuchung über den Einfluss des Krieges auf Handelsbeziehungen – durchaus richtig erahnt: „Noch im Anfang des 19. Jahrhunderts zerfiel der weitaus größere Teil der bewohnten Erde in eine Reihe von kleinen Wirtschaftsgebieten, die sich im großen und ganzen selbst genügten. Selbst in den höher entwickelten Teilen Europas wurde der Bedarf eines Landstriches zum größeren Teile durch die Produktion im Landstrich selbst gedeckt. Der Handel, der über das enge Gebiet der Nachbarschaft hinausging, war verhältnismäßig gering […]. In dem weitaus größeren Teile der Welt wurde aber nahezu der ganze Bedarf eines Dorfbewohners durch die Produktion des Dorfes selbst gedeckt."

Zumindest für jene historischen Epochen, deren Bruttosozialprodukt beziehungsweise Wirtschaftsleistung zu fast 100 Prozent aus landwirtschaftlichen Erzeugnissen bestand, kann dieser Befund auch gar nicht anders ausfallen. Die ja auch von Mises anerkannte Tatsache, dass fast alle Wirtschaftssubjekte bis weit in die Neuzeit auf Basis autarker Selbst- beziehungsweise Kleingruppenversorgung über eine fast identische Produktpalette verfügten, eliminierte bereits im Ansatz jeglichen Anreiz zu umfangreichen Tauschoperationen. Weshalb auch sollten Teile der eigenen Produktion zu einer „Markt" genannten Institution ökonomischer Tauschhandlungen getragen werden, um dort wechselseitig gegen Gegenstände eingetauscht zu werden, die so oder in ähnlicher Form auch selbst produziert werden?

Da die Institution eines „Marktes" allen Teilnehmern spürbare Transaktionskosten auferlegt, darf also für die längste Phase der Menschheitsgeschichte getrost bezweifelt werden, ob diese durch potentielle Tauschvorteile kompensiert werden konnten. Im Grunde genommen erweist sich in diesem Kontext die Suche nach Marktteilnehmern und Tauschpartnern als wechselseitiges Verlust- und nicht Gewinngeschäft. Jedenfalls muss es ein Rätsel der Tauschtheoretiker bleiben, was autonom operierende Jäger-, Sammler- und Bauernsippen mit begrenztem Bewegungsradius dereinst bewegt haben soll, in vorteilssuchender Art und Weise umfängliche Tauschzirkel ins Leben zu rufen. Tauschakte waren mangels Mobilität für die Masse der Menschen in vorgeschichtlicher Zeit und Antike nur lokal möglich. Transaktionen innerhalb dieser lokalen Zentren (und zwischen ihnen) wurden aber bis wenige Jahrhunderte vor der Zeitenwende gerade nicht nach Marktgesichtspunkten unter Verwendung standardisierter

Tauschmittel organisiert, weshalb ihnen auch jedwede Münzordnung abgeht.

Die hier skizzierte Kritik des Tauschparadigmas deckt sich vollständig mit dem allgemeinen Befund der ökonomischen Ethnologie, vor allem was die menschliche Frühgeschichte angeht: „Reiner Gütertausch – im strengen Sinne eines geldlosen Markttausches – ist in Gesellschaften aus Vergangenheit und Gegenwart, über die wir zuverlässige Informationen besitzen, niemals ein quantitativ nennenswertes oder gar beherrschendes Muster für ökonomische Transaktionen gewesen. […] Geldloser Markttausch stellt keine evolutionäre Stufe […] vor dem Beginn eines geldvermittelnden Markttausches dar." Auch das hatte ja Mises eigentlich klar erkannt: „Der isolierte Wirt kennt es [Geld] ebensowenig wie ein Gesellschaftszustand, in dem die Arbeitsteilung die Schwelle des Hauses nicht überschreitet und Produktion und Konsumtion sich vollständig innerhalb der geschlossenen Hauswirtschaft abspielen." Besser kann die „Wirtschaftsverfassung" der Stammesorganisationen, die weltweit und konkurrenzlos mindestens bis in das 5. vorchristliche Jahrtausend andauerte, nicht charakterisiert werden.

Typischerweise fanden archaische Gesellschaften in Antike wie Neuzeit immer erst als von außen tributpflichtig gemachte Schuldner zum „geldvermittelnden Markttausch".[24] Und selbst dort, wo dieser tatsächlich geldlos abgewickelt wurde, handelte es sich überwiegend um herrschaftlich-feudale Arrangements, wie es Volker Seitz am Beispiel der Sklaverei in Afrika darlegt: „Dies geschah unter Mitwirkung afrikanischer Häuptlinge, die ihre Kriegsgefangenen gegen Waffen und Waren tauschten." Die Ausmaße dieses „Tauschmarktes" sind noch heute beträchtlich. Allein auf dem Schwarzen Kontinent sollen etwa 200.000 Kindersklaven pro Jahr gehandelt werden, insgesamt wird der Sklavenbestand auf circa zwölf Millionen Personen geschätzt, immerhin deutlich über ein Prozent der afrikanischen Bevölkerung.

Nun waren es aber zweifelsfrei noch egalitäre Jäger- und Sammlergesellschaften, die im Gegensatz zu den ihnen nachfolgenden Feudalherrschaften der Frühantike keine abhängigen Leibeigenen kannten, die sich im Laufe des 8. Jahrtausends vor Christus die ersten Erkenntnisse im Bereich der Metallgewinnung und Metallbearbeitung aneignen konnten. Warum sich der Frühmensch dann ausgerechnet und ausschließlich der künstlerischen Metallgestaltung gewidmet haben soll, bleibt freilich ebenso schleierhaft wie die gänzliche Ausblendung der sprichwörtlich „industriellen Brauchbarkeit“, ganz so, als ob der archaische Homo sapiens nicht doch auch praktischen Nutzen aus dem Edelmetall hätte ziehen können. Damit verliert sich das ganz und gar nicht abschließende Regressionstheorem im kulturgeschichtlichen Nirwana, irgendwo zwischen der Stein- und Eisenzeit.

Die funktionale wie historische Goldlücke, die sozioökonomische „Golden Gap“, lässt die entscheidende Frage nach wie vor offen: Welcher anscheinend universelle objektive Nutzen wurde dereinst aus dem natürlich verklumpten Bodengold gezogen? Hierzu müssen zunächst die allgemeine Charakteristik der Elemente sowie die speziellen Eigenschaften der Edelmetalle in Erinnerung gerufen werden. Die vollständige Regression muss folglich zurückgehen bis an die universale Stunde Null, den Urknall.

KAPITEL 3: Vom Urknall zum Urmetall

3.1 Der Urknall und kosmische Crashs

Die Urknalltheorie ist das aktuelle physikalische Standardmodell zur Erklärung der Entstehung aller Elemente. Es beschreibt die eruptive Umwandlung von Energie in Materie vor geschätzten 13 bis 14 Milliarden Jahren. Das expandierende Universum startete demnach aus einem unendlich kleinen Punkt heraus, in dem alles Seiende und Werdende energetisch verdichtet war. Die urplötzliche Freisetzung dieser gigantischen Energie erfolgte aufgrund der extrem hohen Temperaturen im Bereich mehrerer Billionen Kelvin zunächst in Form eines vormateriellen beziehungsweise vorelementaren Aggregats, des sogenannten Quark-Gluonen-Plasmas. Durch die schnelle Expansion und Abkühlung des jungen Universums wurde überhaupt erst die Voraussetzung zur Herausbildung der ersten Elementarteilchen geschaffen.

Die Paarbildung oder Paarerzeugung, also die Entstehung der ersten Protonen, Neutronen, Elektronen und ihrer entsprechenden Antiteilchen, erfolgte durch das Zusammenklumpen des abkühlenden Plasmas. Diese ersten, „richtigen“ Teilchen – ein winziger Anteil im Verhältnis zum gesamten Plasmavolumen – bildeten die Grundlage für sämtliche im Universum enthaltene Materie. Sie formten im Zuge der weiteren Abkühlung und Expansion des Universums via Fusion von Protonen und Neutronen die ersten einfachen Atomkerne.

Nach Unterschreitung der Schwelle von 3.000 Kelvin existierten schließlich die physikalisch notwendigen Rahmenbedingungen für die gegenseitige Anziehung von Atomkernen und Elektronen; es bildeten sich im Verhältnis von drei zu eins Wasserstoff- und Heliumatome, die ersten Gase und bis heute häufigsten Elemente im Universum. Die Wasserstoff- und Heliumatome verteilten sich dabei jedoch nicht gleichmäßig über den Raum, sondern bildeten lokale Gaskonzentrationen aus sich im Zuge der fortschreitenden Auskühlung mehr oder weniger verdichtenden Teilchen. Diese ungleiche Verteilung war letztlich für die Ausformung der späteren Galaxien verantwortlich. Die Heterogenität der Gasverteilung setzte sich auch innerhalb dieser konzentrierten Räume fort, die damit auch die Grundlage für die verästelte, selbstähnliche oder fraktale Struktur des Universums schuf.[25]

Der enorme Druck verdichtete schließlich die im Zentrum lokaler Gaskonzentrationen befindliche Materie so stark, dass diese wieder zu extrem heißem Plasma zerfiel. Unter diesen Bedingungen konnten die (Gas-) Atome unter Freisetzung von Energie fusionieren und sich zu den ersten Sternen des Universums formieren. Neben Wasserstoff, der zu Helium fusionierte, entstand bei Temperaturen über 100 Millionen Kelvin aus Helium Kohlenstoff und aus diesem wiederum Stickstoff, Sauerstoff und weitere leichtere Elemente.

Bei noch höheren Temperaturen fusionierten diese leichten Elemente wiederum zu schweren Elementen, beispielsweise zu Aluminium, Magnesium und Silizium, weiterhin unter stetiger Freisetzung zusätzlicher Energie, wobei die aufeinanderfolgenden Fusionsstufen immer schneller in Form eines exponentiellen Prozesses abliefen. Diese positive Rückkopplung des Fusionsprozesses aus Materieverdichtung und Energiefreisetzung in der kernischen Sphäre der Sterne kann aber lediglich bis einschließlich zum Element Eisen fortgesetzt werden, da bei der Verdichtung von Atomkernen mit mehr als 26 Protonen, also positiv geladenen Elementarteilchen, keine Energie mehr erzeugt, sondern im Gegenteil zusätzlich aufgewandt werden muss. Das

Eisen bildet somit den fusionsenergetischen Scheitelpunkt der Elementenbildung. Der Materiebildungsprozess im Sternenkern bricht an dieser Stelle, die chemischen Elemente des Periodensystems bis einschließlich Ordnungszahl 26 hinterlassend, ab.

Alle Elemente mit darüber hinausgehender Ordnungszahl, so auch Silber und Gold mit den Ordnungszahlen 47 und 79, benötigen zu ihrer Entstehung einen zusätzlichen Schub an Energie. Der für die Formung dieser Elemente – neben Gold und Silber beispielsweise auch Kupfer, Blei, Titan und Uran – notwendige, extrem hohe Energiebedarf ist aller Wahrscheinlichkeit nach das Nebenprodukt kosmischer Zerstörungen. Denn es kommen nach aktuellem Kenntnisstand nur zwei Ereignisse in Frage, die jene Energien zu liefern tatsächlich in der Lage sind, nämlich eine Sternenexplosion und eine Sternenkollision, die ihren Niederschlag in einer Supernova- und einer Neutronenstern-Theorie gefunden haben. Eine abschließende Klärung in dieser Frage konnte allerdings noch nicht erzielt werden.

Zu einer Supernova kommt es regelmäßig dann, wenn der Fusionsgenerator eines Sterns erschöpft ist, der Wasserstoff- beziehungsweise Heliumvorrat somit zur Neige geht und den gesamten Kern damit destabilisiert. Dieser fällt innerhalb von Millisekunden in sich zusammen, wobei die um den Kern herum angeordneten äußeren Materieschichten schlagartig in das Zentrum einfallen, dieses bis zur physikalischen Grenze verdichten, um schließlich explosionsartig umgekehrt in das All geschleudert zu werden. Hierbei, so die Theorie, werden Geschwindigkeiten im Bereich von Millionen von Kilometern pro Stunde erreicht.

Im Rahmen dieser Explosionen sollen sich nun Bedingungen ergeben, unter denen schwere Elemente entstehen können, indem die im sterbenden Stern enthaltenen und nun freigesetzten leichteren Elemente durch die gleichzeitige Energiefreisetzung zu schweren Elementen verdichtet werden. Supernovae sollen damit nicht nur zur Bildung schwerer Elemente, sondern auch zur interstellaren Dynamik, der Entstehung neuer Sterne, beitragen. Zumindest die Hälfte der auf Planeten vorkommenden, das Eisen in der Ordnungszahl übersteigenden Elemente soll aus derartigen Explosionen stammen.

Im zweiten Fall der Neutronenstern-Theorie, einer jüngeren Hypothese, wird davon ausgegangen, dass selbst die bei einer Supernova freigesetzte Energie nicht oder nicht immer ausreicht, um leichte Elemente zu schweren zu verdichten. Selbst in denjenigen Fällen, in denen die Erzeugung schwerer Elemente gelingen sollte, wagen die Kritiker der Supernova-Theorie zu bezweifeln, ob die Wucht der Explosion ausreichen würde, die geschaffene und in den Weiten des Weltalls zweifelsfrei nachweisbare Materie im erforderlichen Maß zu dislozieren. Das einzige bekannte kosmische Ereignis, das eine derart umfängliche Verteilung bewerkstelligen könnte, wäre dann ein Zusammenstoß zweier Sterne mit extrem hoher Dichte, sogenannter Neutronensterne.

Dieser sehr seltene Sternentyp kann beispielsweise auf wenigen Kilometern Durchmesser mehr Masse als die Sonne des irdischen Planetensystems vereinigen. Ein Zusammenstoß zweier solcher Objekte könnte einerseits den notwendigen Druck sowie Temperaturen im Bereich von Milliarden Grad Celsius als auch andererseits eine ausreichende Wucht erzeugen, um eine weite Verteilung schwerer Materie im Weltall zu bewirken. Allerdings ist die Wahrscheinlichkeit eines solchen Ereignisses aufgrund des sehr seltenen Vorkommens von Neutronensternen im Universum äußerst gering. Auf der anderen Seite nimmt selbst die kleine Eintrittswahrscheinlichkeit eines solchen Ereignisses im Zeitverlauf stetig zu, strebt Richtung Unendlichkeit gegen 100 Prozent. Dieser zeitlichen Dimension kommt das Alter des Universums mit mehreren Milliarden Jahren schon recht nahe.

3.2 Das geerdete Edelmetall

Auch bezüglich der Frage, wie diese schweren Elemente auf beziehungsweise in die Erde gelangten, besteht in Fachkreisen keine abschließende Klarheit. Die meisten Physiker vermuten, dass die im Weltall verdichtete Materie vor circa viereinhalb Milliarden Jahren auf die noch flüssige Erde niederging und sich zwischen Planetenkern und Oberfläche absetzte, um schließlich während des Abkühlungsprozesses in die aktuellen Positionen und Konzentrationen gebracht zu werden. Demnach sanken im Anschluss an den Niedergang die verflüssigten schweren Elemente, so auch das Gold, in Richtung des Erdkerns, während die leichteren Stoffe an der Oberfläche blieben beziehungsweise diese bildeten. Während des anschließenden Abkühlungsprozesses geriet das innere, unter der Erdkruste befindliche Material in Bewegung, faltete sich zu Gebirgen auf oder senkte sich zu Tälern ab und transportierte so Teile der schwereren Elemente wieder in oberflächennahe Schichten.

Das trifft auch mit Sicherheit auf eine Vielzahl von Elementen und Metallen zu, deren Konzentration vom Erdkern in Richtung Erdkruste logischerweise sukzessive abnimmt. Allerdings hätten dann die edleren Metalle zusammen mit den weniger edlen wie beispielsweise Eisen, für das diese Verteilung zweifelsfrei gilt, in das Erdzentrum absinken und dort einen Schwerpunkt bilden müssen. Umgekehrt sollte in Richtung Oberfläche die Konzentration in Form von Erzmineralien, also metallhaltigen Gesteinsverbindungen, nach und nach abnehmen. Die Erde sollte sich also grob in einen metallischen Erdkern und einen nichtmetallischen beziehungsweise silikatischen Erdmantel unterteilen lassen können. Ausgerechnet bei den Edelmetallen verhält es sich jedoch genau umgekehrt. Völlig unabhängig von der kosmischen Entstehung und dem irdischen Niedergang von Goldpartikeln ist die Verteilung des Elements sowohl horizontal als auch vertikal nachweislich in höchstem Maße diskontinuierlich.

Horizontal finden sich trotz des Einsatzes modernster Technologien lediglich punktuell gehäufte Vorkommen, die wirtschaftlich als Abbaugebiet überhaupt in Frage kommen. Aktuell produzieren die vier bedeutendsten Goldförderländer – Südafrika, USA, Australien und Russland – rund 40 Prozent der jährlich circa 2.500 Tonnen des Edelmetalls.[26] Die weiteren acht nach Fördermenge bedeutendsten Staaten erhöhen die Quote lediglich um weitere 26 Prozentpunkte. Vertikal dünnen die Fund- und Lagerstätten quantitativ in die Tiefe hin aus, weswegen nach Verwertung des Oberflächengoldes, also makroskopisch sichtbarer Körner oder Nuggets, auf immer mühsamer zu gewinnendes Grab- und schließlich äußerst kostspieliges Minengold ausgewichen werden musste.

Gerade die spektakulären Neufunde von Oberflächengold, große, sichtbare Nuggets in Bodennähe noch nicht erschlossener, da weitgehend unbewohnter Regionen, zog in historischer Zeit unmittelbar massive Wanderungsbewegungen bis hin zu umfänglichen Stadtgründungen nach sich, forciert durch regelrechte Goldfieber, die in der Tat die immense Wertschätzung des Edelmetalls über die Jahrtausende hinweg demonstrieren. Die zunehmende Seltenheit dieser Ereignisse, heute vor allem mangels unerschlossener Gebiete, unterstreicht ganz klar die überaus ungleiche Dislozierung der oberflächennah abbaubaren Edelmetallvorkommen. Dieser Befund lässt sich geologisch problemlos ebenso für die Tiefenregionen der Erde erheben. Aus diesem Grund sinkt aktuell, trotz nunmehr gut zehnjähriger Preishausse am Goldmarkt gepaart mit den technologischen Fortschritten in der Bergbautechnik, die jährliche Fördermenge kontinuierlich.

In manchen Regionen konnten noch bis zum Ende des 19. Jahrhunderts Nuggets von im größten bekannten Fall über einem Meter Durchmesser und 200 Kilogramm Gewicht auf und an der Erdoberfläche identifiziert werden.[27] Die letzten vier bekannten Goldrausche ereigneten sich gemäß der horizontalen Regel in geographisch eng umrissenen Regionen innerhalb drei der vier aktuell größten Förderländer: Kalifornien, Alaska, Australien und Südafrika. Das Land am Kap der guten Hoffnung selbst stellt gewissermaßen den Archetyp der vertikalen und horizontalen Goldkonzentration auf der Erde dar: Schätzungsweise ein Drittel aller weltweit bekannten, abbaubaren Vorräte werden im südlichsten Zipfel Afrikas vermutet, gleichzeitig wurden nirgendwo sonst die Minen so tief in das Erdreich getrieben, nämlich aktuell bis zu 4.000 Meter.[28] Angesichts dieser auffälligen Verteilungsunterschiede scheint die Hypothese der flüssigen Vermengung von junger Erde und schweren Teilchen, zumindest was Edelmetalle angeht, fraglich.

Einer international und interdisziplinär besetzten Forschergruppe unter Federführung der deutschen Mineralogin Astrid Holzheid von der Universität Münster gelang allerdings im Jahr 2000 der Durchbruch bei der Widerlegung der traditionellen Vermengungstheorie, wobei gleichzeitig ein alternativer Erklärungsansatz bestätigt wurde: „Die erste [Theorie] besagt, dass während der Kern-Bildung der [noch nicht erstarrten] Erde ein gewisser Teil von diesen Platin- und Goldkonzentrationen im Erdmantel übriggeblieben ist. Die zweite besagt, dass die Metalle erst nach der Entstehung des Kerns auf die Erde gekommen sind, also nachdem sich Erdkern und Erdmantel gebildet hatten.“

Das Team von Wissenschaftlern aus Australien, Deutschland und Kanada simulierte hierzu in einem speziellen Hochdrucklabor in Bayreuth jene Temperaturen und Drücke, die in tieferen Schichten des Erdmantels herrschen, sowie die Auswirkung dieser Parameter auf das Verhalten verschiedener chemischer Elemente. Die so erzeugten, zum Teil weniger als ein Quadratmillimeter großen Materialproben wurden unter Zuhilfenahme spezieller Analysetechniken von den australischen und kanadischen Kollegen hinsichtlich ihrer Konzentrationen chemischer Elemente untersucht. Anschließend wurde die Zusammensetzung dieser künstlich geschaffenen Materialproben mit der natürlichen Zusammensetzung im heutigen Erdmantel verglichen.

Das Ergebnis des Vergleichs der im Labor hergestellten Proben mit der natürlichen Edelmetallkonzentration im Erdmantel lieferte eine erhebliche Diskrepanz. Anhand der Simulation der geophysikalischen Gesetzmäßigkeiten wurde nachgewiesen, dass im Bereich der Erdoberfläche mehr Gold existiert, als es nach der traditionellen, der „ersten“ Theorie überhaupt geben dürfte.

Diese „Überanreicherung“ ist demnach für die Wissenschaftler „eine späte Zugabe von Material, das die Elemente in relativ hohen Konzentrationen enthält“. Die tatsächliche Verteilung der Edelmetalle kann somit nicht in der Phase der Erdentstehung, bevor also der Planet erkaltete, erfolgt sein. Nach der Erkaltung der Erde war jedoch eine weitere Verteilung beziehungsweise hinreichende Verschiebung der Konzentration ebenfalls nicht mehr möglich, da die Temperatur der abgekühlten Erde nicht mehr ausreichte, um die Edelmetalle im Erdmantel zu schmelzen. Genau das wäre jedoch die Voraussetzung gewesen, um diese in Richtung Erdkern absinken zu lassen.

Der einzige mögliche Weg, über den edelmetallhaltiges Material nun noch auf die Erde gelangen konnte, waren kosmische Niederschläge. Auch die notwendige Intensität dieser Impakte konnte mit Hilfe des Forschergruppenmodells berechnet werden. Lediglich weniger als ein Prozent der heutigen Gesamtmasse der Erde würde demnach genügen, um die besagte „Überanreicherung“ im Erdmantel erklären zu können. Für die zeitgeschichtliche Konzentration an Edelmetallen reicht also ein „Bombardement der Erde mit circa 1.000 Tonnen außerirdischen Materials pro Jahr“. Zum Vergleich: Täglich dringen außerirdische Objekte mit einer Gesamtmasse von circa 40 Tonnen in die Atmosphäre ein, wovon jedoch die meisten aufgrund ihrer Größe gänzlich verglühen. Doch allein der auf den Namen „Apophis“ getaufte, erdnah umlaufende Asteorid, der am Freitag, den 13. April 2029 die Erde in der kosmisch gesehen rasiermesserdünnen Entfernung von geschätzten 30.000 Kilometern passieren soll, kommt auf einen Durchmesser von 270 Metern und eine Masse von 27 Millionen Tonnen.

Dass es im Laufe der Erdgeschichte zahlreiche solcher Einschläge gegeben hat, ist ebenfalls unstrittig. Gemäß der Kollisionstheorie der Mondentstehung soll bereits die Existenz des Erdtrabanten einem gewaltigen Zusammenstoß der noch jungen Erde mit einem inoffiziell auf den Namen „Theia" getauften Protoplaneten vor über vier Milliarden Jahren geschuldet sein. Aktuell sind allein über 160 Großkrater auf der Erdoberfläche bekannt, die aller Wahrscheinlichkeit nach auf Kollisionen mit Himmelskörpern von mehr als einem Kilometer Durchmesser zurückzuführen sind. Sofern das Atommodell, wie in Endnote 25 dargestellt, tatsächlich Pate für das Sonnensystem steht, ist diese Annahme nur konsequent, zeichnet sich der molekulare Mikrokosmos doch ebenfalls durch im Zeitverlauf dramatische Strukturbrüche als Folge von Kollisionen aus.

Zugleich wird ja die Tatsache, dass der Makrokosmos eben nicht mit der reibungslosen Präzision eines mechanischen Räderwerks rotiert, als Ursache des katastrophenbedingten Untergangs der Dinosaurier vor circa 60 Millionen Jahren interpretiert, als ein Meteorit vor der Küste Mexikos eingeschlagen und ihr Schicksal zumindest mitbesiegelt haben soll. Der letzte bekannte, allerdings vergleichsweise harmlose Einschlag war vermutlich das sogenannte Tunguska-Ereignis, ein Niedergang, der sich in einer gewaltigen Explosion inmitten der sibirischen Weiten am 30. Juni 1908 entlud, deren gigantischer Lichtblitz bis England und die USA zu sehen war. Im Umkreis von 50 Kilometern um das Explosionszentrum wurde der Boden regelrecht umgepflügt, die Erde verbrannt und Millionen von Bäumen wurden entwurzelt. Die vermutete Ursache: Ein Komet oder Meteorit mit gerade einmal 60 Metern Umfang, aber der tausendfachen Wirkung der Hiroshimabombe.

Daher konnte das Forscherteam auch auf ausreichendes Vergleichsmaterial, Überreste vergangener Kollisionen, zurückgreifen. Astrid Holzheid fühlt sich durch die Funde, in diesem Fall aus der Antarktis, zusätzlich bestätigt: „Diese Meteoriten haben teilweise die gleichen Verhältnisse von den Elementen Platin, Iridium und Gold, die wir auch heute im Erdmantel sehen. Dies ist ein zusätzlicher Beweis, dass unser Gold aufgrund von Meteoriteneinschlägen auf die Erde gekommen ist." Später durchgeführte Untersuchungen mit Raumsonden und Teleskopen untermauern diesen Befund. Demnach bestehen Meteoriten beziehungsweise Asteroiden zu circa 30 Prozent aus Metallen, die zum Teil eine tausendfach stärkere Konzentration als in der Erdkruste aufweisen. Bereits ein solcher Kleinkörper von wenigen hundert Metern Durchmesser könnte demnach weit mehr Edelmetall enthalten, als jemals in der Menschheitsgeschichte gefördert wurde.

Aufgrund dieser Erkenntnisse arbeiten inzwischen weltweit öffentliche und private Institutionen an der Umsetzung robotergesteuerter Raumgleiter, die ausschließlich zum Einfangen geeigneter Himmelskörper sowie deren Ausbeutung eingesetzt werden sollen. Parallel dazu wurden bereits über 1.000 erdnah umlaufende Meteoriten mit jeweils wenigen Metern Durchmesser identifiziert, die als Zielobjekte eines solchen Projekts in Frage kommen könnten. Die prinzipielle Realisierbarkeit wiederum stellte eine japanische Raumfahrtagentur unter Beweis, der es im Jahr 2005 gelang, eine kleine Raumsonde ins Weltall zu schicken und ein halbes Jahrzehnt später mit Meteoritenkörnern beladen erfolgreich zur Erde zurück zu manövrieren. Gut möglich also, dass der nächste Goldrausch im All stattfindet und die seit Jahrzehnten gärenden Diskussionen um eventuelle Rohstoffverknappungen und Preisexplosionen schlagartig beendet.

Der größte Teil der irdischen Vorkommen an Edelmetallen scheint also tatsächlich das Produkt eines kosmischen Bombardements zu sein, ein Umstand, der auch in heutiger Zeit die Ausweitung der Angebotsseite ebenso schlagartig beschleunigen könnte wie ein erfolgreich abgeschlossenes Meteoritenabbauprojekt. Immerhin sind aktuell mehr als 100 erdnahe Asteroiden eindeutig bekannt, wobei ihre vermutete Anzahl jedoch um den Faktor zehn bis 50 höher geschätzt wird.[29] Jüngeren astrophysikalischen Schätzungen zufolge könnte sich jedenfalls ein Tunguska-Ereignis alle 300 bis 1.000 Jahre wiederholen, je nach Zusammensetzung verbunden mit einem, ökonomisch gesprochen, massiven Angebotsschock am Goldmarkt.

Die Meteoritentheorie deckt sich ebenfalls mit den tatsächlichen bergmännischen Befunden und würde die horizontale und vertikale Verteilungshäufigkeit erklären. Allein in den beiden Hauptabbauregionen Australien und Nordamerika sank seit 1950, dem Beginn des modernen Bergbaus, die Goldkonzentration des erzhaltigen Abbaumaterials von zwölf auf drei Gramm je Tonne geförderten Gesteins. Und auch in Südafrika sank die Gesamtfördermenge trotz Einsatzes zunehmend moderner Technik seit 1970 von 1.000 Tonnen auf nunmehr 200 Tonnen pro Jahr. Damit nahm das Land am Kap lediglich einen globalen Trend vorweg, denn wie bereits erwähnt sinkt seit dem Jahr 2000 die weltweite Jahresfördermenge des gelben Edelmetalls beständig.[30]

Das einmal geerdete Gold zeichnet sich allerdings durch eine höchst seltene Eigenschaft aus, über die glücklicherweise nicht weiter spekuliert zu werden braucht. Als eines von 21 Metallen kommt es in der Natur in gediegener oder reiner Form, also nicht im Verbund mit anderen Elementen vor. Diese Erscheinungsform weisen neben Gold ausschließlich die Metalle Blei, Cadmium, Chrom, Eisen, Indium, Iridium, Kupfer, Nickel, Osmium, Palladium, Platin, Quecksilber, Rhodium, Ruthenium, Silber, Tellur, Titan, Wismut, Zink und Zinn auf. Allerdings kommen nur Gold, Kupfer und Silber sowie die sogenannten Platin-Metalle Iridium, Osmium, Palladium, Platin, Rhodium und Ruthenium auch in größeren, makroskopisch sichtbaren Mengen in gediegenem Zustand vor, wobei alle Platin-Metalle mit Ausnahme von Platin selbst erst in der Neuzeit entdeckt wurden.

Gold, Kupfer, Platin und Silber sind respektive waren demnach also die ersten dem menschlichen Gebrauch überhaupt erschließbaren Oberflächenmetalle, jene also, die direkt und ohne technologische Umwege gewonnen werden konnten. Doch neben der reinen Entdeckung musste die Nutzung und Verwendung dieser Metalle erlernt werden, um sie vom natürlichen Urzustand in einen künstlichen Gegenstand transformieren zu können.

3.3 Das Gesetz der allmählichen Verfeinerung

Jeder von Menschenhand geschaffene Gegenstand erfährt seine Veränderungen im Zuge einer sukzessiven Verbesserung durch geplante oder ungeplante Weiterentwicklungen auf Basis des vorhandenen Wissens in evolutionären Abstufungen oder revolutionären Schüben. Letztere sind als technologische Quantensprünge äußerst rar, haben ihren Ursprung aber ebenfalls immer in einer Vorgängertechnologie, die zumindest als defizitäres und damit verbesserungswürdiges Vergleichsmodell herhalten muss. Diese Quantensprünge führen dabei regelmäßig zu strukturellen und oft auch sozioökonomischen Brüchen, da sie radikal die bestehenden Standardtechnologien entwerten und damit etablierte Strukturen zu vielschichtigen Anpassungen zwingen.

Technologische Kenntnisse und Erfahrungen werden in Wissen konserviert und durch dessen Vermittlung zeitlich und räumlich weitergegeben. Ein totales Versiegen und gegebenenfalls späteres Wiederentdecken einmal geschaffener und in der Praxis bewährter Gegenstände ist daher äußerst selten, da hierzu die gesamten Wissensträger, ihr Netzwerk sowie alle gegebenenfalls vorhandenen und damit eventuell reproduzierbaren Werke untergehen müssten. Was einmal erdacht und erprobt wurde, kann kaum wieder völlig eliminiert werden. Das gilt insbesondere deshalb, da einmal erdachte und umgesetzte Technologien in aller Regel zu einer oftmals beträchtlichen Minderung des Leidensdrucks führen, also in erheblichem Maße das existentielle Energieproblem zu bewältigen helfen, weswegen diese Kenntnisse in aller Regel gut gegen Verlust geschützt sind.

Auf dieses „Gesetz der allmählichen Verfeinerung" lässt sich letztendlich auch die hierarchische Gliederung der nach dem US-amerikanischen Psychologen Maslow benannten „Bedürfnispyramide" zurückführen: Existenzbedürfnisse, Sicherheitsbedürfnisse, soziale Bedürfnisse und das Bedürfnis der Selbstverwirklichung sind in aufsteigender Reihenfolge dem Primat des Leidensdrucks geschuldet. Dabei werden Defizite stets in existentieller Reihenfolge, mit Nahrung, Kleidung, Unterkunft und Wärme beginnend, wahrgenommen und angegangen. Diesen Prozess unterstützen moderne Konsumgüter dabei lediglich als effizienzsteigernde Maßnahmen bei der Bewältigung des Energieproblems. So dienen zum Beispiel Kühlschränke der Bevorratung und Haltbarmachung von Lebensmitteln, Kraftfahrzeuge der mobilitätsbedingten Optimierung der Versorgung und Kraftwerke der effizienten Zuführung von (Wärme-) Energie.

Selbst der Rückgriff auf Umweltressourcen wird konsequenterweise erst dann problematisiert, wenn alle anderen, vorgeschalteten Probleme beseitigt respektive ein bestimmtes Energieeffizienzniveau erklommen werden konnte. Hier lassen sich Stufen der Maslowschen Gliederung respektive Verfeinerungsstufen sogar monetär beziffern. Dies ist zumindest das Ergebnis einer internationalen vergleichenden Studie, die Mitte der 90er-Jahre von der Weltbank veröffentlicht wurde. Mit zunehmendem Grad der unmittelbaren Existenzbewältigung wird die mittelbare immer wichtiger. Maßnahmen zur Verbesserung der Wasserqualität erlangen ab einem durchschnittlichen jährlichen Pro-Kopf-Einkommen von circa 1.400 US-Dollar Bedeutung, die Steigerung der Reinheit und damit Qualität zuvor industriell belasteter Luft beginnt ab circa 3.700 US-Dollar durchschnittlichen jährlichen Pro-Kopf-Einkommens virulent zu werden.

Die Verwirklichung besagter Bedürfnisse läuft nicht nur auf mikroökonomischer, sondern auch auf makroökonomischer Ebene exakt nach diesem Muster ab, wie die Wirtschaftshistorie der meisten Nationen und ihrer jeweils wachstumstragenden ökonomischen Sektoren klar aufzeigt: Von der Agrar- und Bauwirtschaft über die Textil- und Schwerindustrie hin zur Umwelt- und Medizintechnik und gipfelnd in den Sozial- und Beratungsdienstleistungen zieht es sich wie ein roter Faden durch die jeweiligen Volkswirtschaften. Auch innerhalb von Produktlebenszyklen greift diese Systematik. Angefangen beim klobigen

Prototyp über die aufwendige Einzel- und industrielle Massenfertigung hin zur technischen Perfektionierung und letztendlich den produktbezogenen Services verändert sich der ökonomische Schwerpunkt mit zunehmendem Sättigungs- und Verfeinerungsgrad und dem damit einhergehenden Wertschöpfungspotential, bis schließlich ein struktureller Bruch erfolgt und das Produkt in dieser Form aus dem Angebot mangels Nachfrage ausscheidet.

Dieses Muster schlägt sich schließlich volkswirtschaftlich in den nach ihrem Entdecker benannten Kondratjew-Zyklen, langen konjunkturellen Wellenbewegungen, nieder. Dem russischen Statistiker Nikolai Kondratjew (1892-1938) war Anfang der 20er-Jahre des 20. Jahrhunderts der zyklische Charakter wesentlicher Kennzahlen der Volkswirtschaften von England, Frankreich und den USA aufgefallen, die jeweils im Zusammenhang mit einer Basisinnovation standen, der stets die oben aufgeführten sozioökonomischen Quantensprünge folgten, die dann innerhalb der Zyklen ihre graduelle Verfeinerung erfuhren. Solche Innovationen waren zu Beginn der Industrialisierung vor allem die Dampfmaschine und der mechanische Webstuhl, Mitte des 19. Jahrhunderts die Eisenbahn sowie am Ende desselben die elektrische Energie, zu Beginn des 20. Jahrhunderts die chemische Industrie und schließlich die Massenmotorisierung.

Für Kondratjew war die Kommerzialisierung dieser Innovationen keineswegs zufällig, entsprachen sie doch exakt effizienten Lösungsansätzen zur Überwindung der die jeweilige Periode limitierenden Faktoren. Der Bedarf an Energie zur Versorgung der demographisch massiv expandierenden Völker Europas beispielsweise ließ sich nicht mehr durch die Nutzung von menschlicher und tierischer Muskelkraft decken – die Dampfmaschine war die Antwort auf das zentrale Energieproblem des ausgehenden 18. Jahrhunderts, die Automatisierung der Textilherstellung einer der ersten Anwendungsbereiche der neuen Technik zur schnellen Versorgung breiter Massen.

Jahrzehnte später jedoch stieß die Verteilungskapazität der auf diese Weise neu gewonnenen Produktivität an ihre logistischen Grenzen, die Eisenbahn wurde zum Transportmedium der auf Massenproduktion angewiesenen Volksmassen. Die nochmalige Notwendigkeit zur Steigerung der Energieeffizienz wiederum führte weitere 50 Jahre später zum Durchbruch der Elektrizität. Kondratjew belegte seine These empirisch unter anderem damit, dass zahlreiche Erfindungen in jeweils gleichen Zeiträumen an verschiedenen Orten und unabhängig voneinander entwickelt wurden und zur Anwendung kamen, auch wenn die meisten dieser Innovationen heute mit dem Namen nur einer Person verbunden werden.

Den Motor des Strebens nach Verbesserungen verortete er allerdings in der ökonomischen Realität der zweiten, nicht der ersten Ordnung. Ausgeblendet blieb auch bei Kondratjew die immer dominierende Vermeidung von Leid, die Linderung des existentiellen Drucks, dem Menschen und Organisationen ausgesetzt sind. Doch gerade der Leidensdruck in Form äußerst knapper und daher limitierender Faktoren kanalisiert durch die Aussicht auf Pioniergewinne die Investitionstätigkeit der ihrerseits selbst unter ökonomischem Druck stehenden Unternehmen in Richtung innovativer Güter. Sie ermöglichen erst jene Produktivitätsschübe, die über quantitatives wie qualitatives Wachstum eine neue Stufe des Wohlstands hervorzubringen in der Lage sind. Dies gilt umso mehr für ein wettbewerbliches Umfeld, in dem Innovationen beständig den Kapitalstock der nichtinnovativen Unternehmen zu entwerten drohen und sich damit unmittelbar existentiell auswirken.[31]

Entwicklungsgeschichtlich lassen sich anhand dieses „Gesetzes der allmählichen Verfeinerung“ aus kategorisierten Gegenständen sogenannte typologische Reihen erstellen, die zumindest relative Datierungen beziehungsweise historische Abfolgen ermöglichen, beispielsweise, überspitzt formuliert, vom grob geschlagenen Faustkeil hin zum chirurgischen Präzisionsskalpell.

3.4 Evolution und Revolution in der Metallurgie

Ein solcher Pfad kontinuierlicher Entwicklung führt geradezu lehrbuchmäßig idealisiert von der Stein- über die Kupfer-, Bronze- und Eisenzeit bis in die stahldominierte Moderne. In der Tat ist die Metallurgie ein Paradebeispiel für die Anwendung der typologischen Reihe. Stahl ist heute ein Hightech-Material, Resultat eines komplexen Herstellungsprozesses mit je nach Verwendungszweck weit über 2.000 verschiedenen, nutzenoptimierten Sorten, zu deren Produktion auf hochgradig arbeitsteilige Prozesse in vielfältigen technischen Anlagen zurückgegriffen werden muss.

Die Basis dieses weltweit bedeutendsten metallischen Werkstoffs ist jedoch stets die gleiche, nämlich eine Eisen-Kohlenstoff-Legierung. Diese setzt bereits technisch anspruchsvolle Kenntnisse des Bergbaus und der Verhüttung von Metallen voraus. Kohle und Eisenerz müssen im Tage- und Tiefbau gewonnen und anschließend in einem Hochofen zu reinem Roheisen verarbeitet werden. Erkaltetes Roheisen ist jedoch aufgrund seines Kohlenstoffgehalts und weiterer Begleitelemente sehr spröde und kann daher nicht zu belastbaren Gebrauchsgegenständen weiterverarbeitet werden. Die Veredlung des Roheisens durch Eliminierung beziehungsweise Reduktion der Verunreinigungen erfolgt unter Zuhilfenahme verschiedener Verfahren in einem Konverter. Das Resultat ist flüssiger Rohstahl, der gegebenenfalls weitere Prozessschritte bis zur optimalen Zusammensetzung durchlaufen muss.

Hochofen- und Konvertertechnologie finden ihre frühesten typologischen Vorläufer zu Anbeginn der namensgebenden Eisenzeit um 1.000 bis 1.500 vor Christus im sogenannten Rennofen und der Schmiede. Nur mit Hilfe dieser beiden damals noch relativ primitiven technischen Einrichtungen war es möglich, Eisenerz gebrauchsfähig zu veredeln. Hierzu mussten allein zum Verflüssigen des Eisens Temperaturen von mindestens 1.538 Grad Celsius erreicht werden. Das konnte weder mit einem maximal 1.000 bis 1.200 Grad Celsius liefernden Holz- oder Kohlefeuer noch mit einfachen Tonbehältern gelingen.

Nur mit Hilfe extrem kohlenstoffhaltiger, durch professionelle Köhlerei gewonnener (Holz-) Kohle konnte aus dem zuvor geschürften Eisenerz in mannshohen, speziellen Lehm- beziehungsweise Steinöfen unter Zuhilfenahme ausgefeilter Befeuerungstechniken sowie feuerfester Keramik unter Sauerstoffzufuhr Eisenschwamm, ein durch Schlacke verunreinigtes und sprödes Material, hergestellt werden. Nach diesem als „Direktreduktion" bezeichneten Prozess musste der Eisenschwamm in einem aufwendigen Schmiedeverfahren unter hohen Temperaturen und Drücken nachbearbeitet werden, um den Grad der Verunreinigung auf akzeptable Grenzwerte zu senken. Erst durch diesen Veredlungsprozess entstand ein verwertbares Metall, das in Elastizität und Härte der Bronze als dem vorherigen technologischen beziehungsweise metallurgischen Spitzenprodukt überlegen war.

Dies konnte den ersten Stahlproduzenten nur durch Rückgriff auf die 1.000 bis 1.500 Jahre ältere aber nichtsdestotrotz anspruchsvolle Technik der Bronzeherstellung gelingen. Der Hauptrohstoff, das Kupfer, kam zwar in gediegener Form vor und konnte in den entsprechenden Verbreitungsgebieten oberflächennah gewonnen werden. Das extrem selten natürlich anzutreffende Härtungsmittel Zinn jedoch musste, ebenso wie das grundsätzlich nicht in gediegener Form vorkommende Eisen, regelmäßig als schwarzer Zinnstein bergwerkstechnisch gewonnen, von Verbindungselementen geschieden und anschließend mit Kohlenstoff, also fossilen Brennstoffen, reduziert werden, was angesichts des sehr niedrigen Schmelzpunkts im Vergleich zu Eisen noch relativ einfach zu bewerkstelligen war.

Die anschließende, sprichwörtliche Handwerkskunst bestand darin, Kupfer und Zinn im Verhältnis von neun zu eins fest zu verbinden. Hierzu mussten beide Metalle stark erhitzt werden, um anschließend das Zinn dem Kupfer hinzuzufügen. Dabei blieben nur wenige Sekunden Zeit, um Verunreinigungen und Schlacke zu entfernen und die Bronze in eine entsprechende Form zu gießen. Nach dem Auskühlen konnte eine Nachbehandlung durch fachgerechtes Hämmern und Schleifen erfolgen.

Gegenüber reinem Kupfer hat Bronze den Vorteil eines höheren Härtegrades und einer höheren Korrosionsbeständigkeit, was die Lebenszeit von Bronzeobjekten verlängert beziehungsweise deren Verschleiß mindert. Der relativ knappe materielle Rohstoff war das Zinn, um dessen Lagerstätten in der Bronzezeit zum Teil heftige Kämpfe entbrannten, ebenso wie um die Bronzegießer selbst. Die Entdeckung beziehungsweise Herstellung des Eisens düfte daher mutmaßlich der Suche nach und den Experimenten mit einem Zinnsubstitut geschuldet sein.

Die sehr viel häufigeren Vorkommen, also der relativ geringe Knappheitsgrad von Eisenerz und die überlegenen Eigenschaften hinreichend weiterentwickelten und geschmiedeten Stahls sollten schließlich das Schicksal der Bronze besiegeln. Des weiteren muss davon ausgegangen werden, dass Bronze selbst das vorläufig beste Resultat von Veredlungsexperimenten mit reinem Kupfer darstellt, das nämlich, wie Funde belegen, zeitweilig auch mit Arsen, Blei und anderen Metallen gehärtet wurde. Solche Experimente mit Kupferlegierungen waren natürlich nur deshalb möglich, weil bereits auf die Bearbeitung reinen Kupfers zurückgegriffen werden konnte, das als Werkstoff schließlich im 3. vorchristlichen Jahrtausend gänzlich von Bronze verdrängt wurde.

Das führt dann unmittelbar in das angeblich erste Metallzeitalter, die Kupfer- oder auch Kupfersteinzeit, da das Kupfer unmittelbar den (Feuer-) Stein und mit ihm organische Materialien wie Holz, Horn und Knochen als Standardwerkstoff abgelöst haben soll. „Die weitaus längste Zeit seiner Geschichte ist der Mensch ohne Metalle ausgekommen, hat er seine lebensnotwendigen Gerätschaften aus organischen (zum Beispiel Holz, Knochen) und mineralischen Rohstoffen (zum Beispiel Quarzit oder Silex) angefertigt.“ Der deutsche Historiker und Fachmann für Ur- und Frühgeschichte Ulrich Zimmermann betont dabei ausdrücklich, dass die Ablösung dieses Zeitalters sowie „das heutige hohe metallurgische Wissen nur mit der kontinuierlichen, Jahrtausende währenden Anreicherung von Erfahrungen erklärt werden kann, deren Anfänge bei den ältesten Metallfunden im Vorderen Orient zu suchen sind".

Die ältesten Kupfergegenstände werden je nach Quelle in das 9. bis 7. vorchristliche Jahrtausend datiert und sollen aus kleinasiatischer Produktion stammen. Zimmermann bemerkt dazu: „Das bisher älteste von Menschenhand geformte Objekt aus Kupfererz, ein 2,5 Zentimeter langer Schmuckanhänger aus Malachit [ein kupferhaltiges Mineral], stammt aus einer Höhle bei Shanidar im Nordirak und datiert in das 9. Jahrtausend vor Christus Der Anhänger ist leider verlorengegangen, sodass nicht mehr zu überprüfen ist, ob er aus Malachit oder aber aus Kupfer, das im Laufe der Jahrtausende durchoxidiert ist, hergestellt wurde." Gesichert scheint hingegen, dass an Siedlungsplätzen „im östlichen Anatolien aus der Zeit um 7000 vor Christus [...] über 100 kleinere, aus gediegenem Kupfer sowie aus Malachit gefertigte Metallartefakte gefunden [wurden]. Ebenfalls etwa 9.000 Jahre alt sind kalt gehämmerte Kupferperlen aus Ali Kosch im Westiran." Sie gelten als erste von Menschenhand geschaffene Metallgegenstände überhaupt.

Das ist nach dem Gesetz der allmählichen Verfeinerung bis hierhin auch nur konsequent. Kupfer kommt beziehungsweise kam, wie oben gesehen, in gediegener Form vor, musste also nicht erst mühsam durch Reduktion aus Erzen gewonnen, sondern konnte gesammelt oder mechanisch aus einem Trägergestein herausgebrochen werden. Dass die Verarbeitung von Erzen erst viel später angesetzt haben kann, machen wiederum die Ausführungen von Christian Strahm, Professor für kulturelle Evolution und ein Kenner der frühen Metallurgie, deutlich: „Die Herstellung von Kupferobjekten war an verschiedene Voraussetzungen gebunden und mit einschneidenden Veränderungen der Wirtschaftsweise verknüpft. Einige theoretische Überlegungen machen dies deutlich. Zur Erkennung geeigneter Lagerstätten waren Spezialisten (‚Prospektoren')[32] mit großer Erfahrung und entsprechenden Kenntnissen nötig. Das entsprechende Gelände musste in Besitz genommen werden. Es war dann teilweise zu roden und für den eigentlichen Erzabbau vorzubereiten, unter anderem durch Anlage von Schächten. Der Erzabbau schließlich erforderte einen fortgesetzten Ausbau der Stollen, verbunden hiermit waren Tätigkeiten wie Wasserbewirtschaftung und Köhlerei. Dies alles erforderte zahlreiche Arbeitskräfte und umfangreiche Materialmengen, vor allem Holz. Es folgte die Aufbereitung der Erze und deren Verhüttung, schließlich der Transport des Rohkupfers. Dessen darauf folgende Verarbeitung, die Produktion der fertigen Geräte und der nun stark intensivierte Handel erforderten zwar nur wenige, dafür aber hoch spezialisierte Arbeitskräfte. Voraussetzung für die Einführung der Metallurgie waren somit die Verfügbarkeit ausreichender Materialmengen, durch Überlieferung über Generationen hinweg entwickeltes Spezialwissen, vor allem aber eine ausreichende Zahl an Arbeitskräften, die für die Erfüllung der neuen Aufgaben von der Subsistenzwirtschaft freigestellt werden mussten."

Eben weil jene notwendige „große Erfahrung" gepaart mit „entsprechenden Kenntnissen" überhaupt notwendig war, muss diese bereits extrem anspruchsvolle Kupfermetallurgie ganz im Sinne der typologischen Reihe auf weniger komplexe Vorgängertechnologien zurückgegriffen haben. Dies umso mehr, als dass Gelände in Besitz zu nehmen, zu roden und vorzubereiten Sesshaftigkeit bereits unabdingbar voraussetzt. Daher folgert schon Zimmermann, dass der Mensch zunächst Anstrengungen unternahm, „Metallerze an der Oberfläche zu sammeln", denn lassen „wir an dieser Stelle einmal die seltenen Vorkommen von gediegenem Kupfer außer acht, so müssen Kupfer-, Zinn- und Eisenerze durch mechanische, physikalische und chemische Vorgänge lediglich so weit angereichert werden, bis das jeweilige Metall nahezu hundertprozentig rein vorliegt."

Doch bereits die Gewinnung nahezu hundertprozentig reinen Kupfers aus verunreinigtem Kupfererz stellte, wie bereits gesehen, eine wesentliche Herausforderung dar, der allein (verhüttungs-) technisch erst mit dem Aufkommen der frühesten nachgewiesenen Schmelzöfen um 4500 vor Christus begegnet werden konnte. Die Entwicklung der Techniken zur Verhüttung von Kupfererzen diente daher vermutlich selbst zunächst dazu, den Engpass an seltenen, aber – wie die frühesten Fundstücke bereits sesshaft gewordener Menschengruppen aus Anatolien und dem Iran belegen – eben doch vorhandenen, gediegenen Kupfervorkommen zu entschärfen. Solange das Rotmetall also in gediegenem Zustand gewonnen werden konnte, gab es für eine fortschreitende metallurgische Entwicklung keine Veranlassung.

Die günstigen Werkstoffeigenschaften ohne aufwendige Exploration an der Oberfläche entdeckter Vorkommen gediegenen Kupfers dürften sich experimentell rasch erschlossen haben. Das gilt insbesondere für die Möglichkeit einer Bearbeitung durch einfaches Hämmern und Schleifen bei niedrigen Temperaturen, aus der heraus dann später bei höheren Temperaturen – der Schmelzpunkt von Kupfer liegt bei 1.083 Grad Celsius – die Gusstechnik entstanden sein soll. Sie erlaubte erstmals die Serienfertigung gleicher Objekte durch einheitliche Formenverwendung. Der bekannteste Europäer jener Epoche, die Gletschermumie „Ötzi" aus dem namensgebenden Alpenabschnitt des Ötztals, führte just ein derart gefertigtes Beil aus nahezu hundertprozentigem Kupfer mit sich. Qualitativ war es hochwertig genug, um damit Bäume fällen zu können.

Diese Entwicklungslinie zeichnet auch Strahm nach: „Zunächst muss man von den vereinzelt sehr früh auftretenden Metallobjekten, die im Vorderen Orient schon seit dem 9. Jahrtausend vor Christus zu finden sind, absehen. Hierbei handelte es sich zunächst lediglich um aus gediegenem Kupfer gearbeitete Stücke, die durch Hämmern und Schlagen zu Schmuckformen umgestaltet wurden. Später verbesserte man dann […] die Verarbeitung gediegenen Kupfers durch Erwärmen und Schmelzen. In dieser als ‚Initialphase' bezeichneten Periode erkannte man die Eigenschaften des neuen Werkstoffs und begann, ihn materialgerecht zu verarbeiten. In der folgenden ‚Experimentierphase‘, die im Umfeld einer entwickelten, mit hohen Temperaturen arbeitenden Keramiktechnologie zu sehen ist, versuchte man es auch mit einer ersten Verhüttung von Erzen, wie wir dies aus Çatalhöyük aus dem 6. und aus Südeuropa aus dem 5. vorchristlichen Jahrtausend kennen.“

Ist also das Kupfer tatsächlich der legitime Nachfolger des Hartsteins? Drei Konkurrenten könnten dem Rotmetall den Posten des Urmetalls streitig gemacht haben. Jene drei Metalle, die alle hier erwähnten Eigenschaften mit eben diesem eins zu eins teilen: Gold, Silber sowie mit Abstrichen Platin.

3.5 Urmetall Gold und Goldzeitalter

Auch Gold, Silber und Platin kommen in der Natur gediegen vor, insbesondere Gold zum Teil in Form örtlich stark konzentrierter, großer und reiner Nuggets, meist als natürliches Elektrum unmittelbar an beziehungsweise sogar auf der Erdoberfläche.[33] Gold, Silber und Elektrum lassen sich darüber hinaus kalt, das heißt ohne die Notwendigkeit einer Wärmezufuhr, bearbeiten, im wesentlichen durch Hämmern sowie anschließendes Schleifen. Ferner eignen sie sich ihrer Schmelztemperaturen wegen ebenfalls hervorragend für gusstechnische Anwendungen, Gold schmilzt bei 1.063, Elektrum bei 961 Grad Celsius. Zumindest für letzteres Verfahren ist Platin aufgrund der bedeutend höheren Schmelztemperatur von 1.772 Grad Celsius wesentlich ungeeigneter.

Die entscheidende Frage ist nun, welches der gediegenen Elemente ursprünglich als erster nichtorganischer und nichtsteinerner Werkstoff einerseits entdeckt wurde und andererseits verarbeitet werden konnte. Ging die Entdekkung und Verwendung des Kupfers historisch der des Goldes voraus oder folgte sie nach? Gemäß dem Argumentationsmuster, das bereits hinsichtlich der Entdeckung von Kupfer zur Anwendung kam, so spricht alles für das Edel- als zuerst genutztes Urmetall. Denn was für das Kupfer angenommen wurde, muss ja in logischer Konsequenz auch für die Edelmetalle gelten. Gold beziehungsweise Goldmetalle wie das Elektrum kamen im Verhältnis zum Konkurrenten Kupfer in Bodennähe relativ gesehen wesentlich häufiger und zudem in kaum zu übersehenden Konzentrationen von, siehe Endnote 27, noch für die Neuzeit dokumentiert bis zu 200 Kilogramm schweren Nuggets direkt auf der Erdoberfläche vor. Natürliche oberirdische Verklumpungen auch nur annähernd dieser

Größenordnung sind für kein anderes Edel- oder Industriemetall bekannt.[34]

Insbesondere lieferten diese Nuggets aufgrund ihrer Ausmaße unmittelbar ausreichend Material zur Herstellung selbst größerer oder mehrerer Werkstücke, die im Gussverfahren sogar gleich als Serie aufgelegt werden konnten. Letzteres war vor allem mit Elektrum aufgrund des niedrigen Schmelzpunkts von unter 1.000 Grad Celsius auch unter technologisch primitiven Bedingungen – einfache Holz- oder Kohlefeuer sowie Tongefäße reichten hierfür aus – problemlos möglich. Im Gegensatz dazu waren weder Silber, noch Platin oder Kupfer gediegen in derart konzentrierten Mengen vorhanden, erforderten also die Entdeckung und Ausbeutung mehrerer Fundstellen, um eine im Vergleich zu Gold- oder Elektrumnuggets entsprechende Menge Metall zu gewinnen, die insbesondere im Falle des Kupfers nicht nur wesentlich kleiner, sondern in Oberflächennähe wesentlich seltener waren.

Auch deshalb dürfte es sich bei den oben aufgeführten ersten Kupfergegenständen um winzige Perlen und kleine Schmuck- und nicht um große Werkstücke gehandelt haben, für die zahlreiche Kupfernuggets hätten eingeschmolzen werden müssen. Ebenfalls aus diesem Grund dürften die meisten der Platin-Metalle – Iridium, Osmium, Palladium, Rhodium und Ruthenium – erst in der Neuzeit entdeckt worden sein. Ihre oberflächennahen Lagerstätten waren nicht nur höchst selten und ungleichmäßig verteilt, die wenigen gediegenen Vorkommen in Form kleiner Körner entgingen aufgrund ihrer Konzentrationen schlichtweg der menschlichen Wahrnehmung. Bezeichnenderweise wurden die meisten dieser Metalle daher zufällig bei der experimentellen Bearbeitung von Edelmetallerzen als bis dato unbekannte Rückstände oder Abfallprodukte entdeckt.

Noch ein weiterer Umstand erschwerte die ursprüngliche Kupfergewinnung im Gegensatz zur Goldgewinnung: „Gold ist gegen chemische Einflüsse resistent, sogar gegen Salzsäure. Es hält sich über Jahrtausende, ohne an Substanz zu verlieren […]“, betont Goldexperte Gburek die tatsächlich einmalige chemische

Inaktivität des Goldes, die jeden Oxidationsprozess des Edelmetalls mit seiner Umwelt unterbindet. Hingegen ist die Oberfläche des chemisch aktiven Kupfers natürlichen, verfärbenden Korrosionsprozessen ausgesetzt. Bis zum Beginn der Prähistorie betrug dieser Zeitraum Jahrmillionen, weshalb das in menschlicher Vorzeit bereits mit Patina überzogene oder gar durchoxidierte und damit ohnehin wertlose Oberflächenkupfer keinerlei Licht reflektieren konnte.

Hierzu führt Zimmermann aus, dass mit gediegenem Kupfer vor allem in „Grenzlagerstätten, die an der Oberfläche ausstreichen und somit der physikalischen und chemischen Verwitterung unterliegen" zu rechnen ist, denn an „der Oberfläche und bis zum Grundwasserspiegel, in der ‚Oxidationszone', bilden sich unter Einfluss von Wasser, Sauerstoff und Kohlensäure neue, sekundäre Kupfererze […]." Erst unter diesem verwitterten, mit einem schwarzen oder rostfarbenen „eisernen Hut" bedeckten und von der Umwelt meist kaum zu unterscheidenden Kupfererz finden sich Anreicherungen reinen Kupfers. Genau deshalb waren ja zur Identifikation von Lagerstätten überhaupt besagte „Prospektoren", also professionelle Erkunder potentieller Rohstofflagerstätten, erforderlich. Gediegenes, ohne Verhüttung zu verarbeitendes Kupfer muss also für den Menschen nicht nur optisch wesentlich schwieriger zu entdecken gewesen sein als Gold, die Oxidationsfähigkeit des Halbedelmetalls bewirkte zudem einen sukzessiven Zerfall der genau aus diesem Grund so extrem seltenen, direkt zugänglichen Oberflächenbestände.

Der Vollständigkeit halber sei noch erwähnt, dass Silber – sofern nicht natürlich mit Gold zu Elektrum legiert – gediegen nur als dunkel angelaufenes, haar- oder drahtförmiges Geflecht vorkommt, das sogenannte Silberbäumchen oder Lockensilber. Mithin also ebenfalls in viel zu geringen und farbunauffälligen Konzentrationen, um allein als potentiell in Frage kommender Werkstoff das ursprüngliche Interesse auf sich ziehen zu können.

Nur Goldmetalle und Platin, das selbst jedoch wiederum wesentlich seltener war und ist als Gold, sind unter den gediegenen

Metallen korrosionsbeständig, behielten ihren bis heute in der Tat legendären Glanz auch in der freien Natur über Millionen von Jahren bei, wohingegen natürlich vorkommendes Kupfer oxidiert und reines Silber anläuft, diese Metalle ihren typischen und so markanten Farbton also im Laufe der Zeit gänzlich verlieren. Gerade aufgrund der Oxidationsfähigkeit wurde Kupfer schließlich experimentellen Legierungsprozessen unterzogen. Diese Veredlungstechnik diente also nicht nur der Härtung des Werkstoffs, sondern verbesserte die Korrosionsbeständigkeit und damit Lebensdauer des Materials.

Kupfer hat ferner – vor Erfindung der Gusstechnik – noch einen weiteren entscheidenden Mangel, der das Metall zwar nicht als Schmuckmaterial, aber als Werkstoff für belastbare Gebrauchsgegenstände disqualifiziert, wie Zimmermann ausführt: „Seine unangenehme Eigenschaft, als insgesamt sprödes Rohmaterial bei mechanischer Beanspruchung schnell zu reißen oder zu brechen, verliert sich teilweise, wenn das Kupfer in einem Tontiegel geschmolzen und in Formen gegossen wird."

Gold hingegen weist diesen gravierenden Nachteil gerade nicht auf, war ganz im Gegenteil ein unbehandelt bearbeit- und gebrauchbarer Werkstoff, der sich zudem perfekt wiederverwerten ließ. Der US-Ökonom Peter L. Bernstein schlussfolgert daher völlig zu Recht, dass Gold leicht „in jede gewünschte Form gebracht werden kann und selbst die primitivsten Völker dazu fähig [sind], aus Gold unvergänglich schöne Objekte zu machen". Im Gegensatz zum unbehandelt spröden und gediegenen Kupfer kann man sogar „eine Unze Gold zu […] einem Blech schlagen, das eine Fläche von mehr als 30 Quadratmetern bedecken würde".

Nur Goldmetalle waren also aufgrund ihrer einzigartigen physikalischen und chemischen Eigenschaften den Menschen überhaupt ohne aufwendige Untersuchung unmittelbar zugänglich, sowohl was Quantität beziehungsweise Konzentration als auch Qualität respektive Glanz und Farbe angeht. Nur Elektrum und Gold ließen sich unter einfachsten Bedingungen formen, bearbeiten und jenseits der Schmuckgestaltung nutzen, da sie die nachteiligen Eigenschaften des Rohkupfers nicht aufwiesen. Vor allem mussten sie nicht erst durch Schmelzen und Gießen werkstofftauglich gemacht werden, sind also von Natur aus belastbar und ersparen damit eine wesentliche metallurgische Innovations- und Produktionsstufe.

Ausgehend von der Gültigkeit der typologischen Reihe einerseits sowie der physikalisch-chemischen Eigenschaften der Metalle und metallhaltigen Erze andererseits darf also keinesfalls retrospektiv vom Kupfer zum Stein gesprungen, es muss vielmehr vorkommensabhängig mindestens ein wortwörtlich zu nehmendes „goldenes Zeitalter" dazwischen eingeschoben werden. Am Urmetallstatus des Goldes zweifelt noch nicht einmal die etablierte Geologie, wie es zum Beispiel die Ausführungen des Münchner Wissenschaftlers Gerhard Lehrberger dokumentieren, freilich ohne die notwendigen historischen Konsequenzen zu ziehen: „Gold ist eines der wenigen Metalle, das in gediegener, also reiner Form in der Natur vorkommt und somit grundsätzlich keiner Verhüttung bedarf. Es ist wegen seines unverwechselbaren Sonnenglanzes an der Erdoberfläche gefunden worden und faszinierte die Menschen vermutlich vor allen anderen Metallen."

Letztlich verfängt sich der nüchterne Geologe, hierin ganz den ökonomischen Fachkollegen folgend, im Reich der Ästhetik. Doch nicht die Faszination, sondern die Werkstoffeignung dürfte sich als der ursprünglich entscheidende Faktor der Edelmetallnutzung erwiesen haben, der heute, da Gold sichtbar nur noch als Schmuckmetall Verwendung findet, völlig in Vergessenheit geraten ist.

Denn ganz im Gegensatz zu den der ökonomischen Realität zweiter Ordnung zuzuordnenden Schmuck- erweisen sich Werkstücke seit jeher als unabdingbar zur Bewältigung der ökonomischen Realität erster Ordnung. Das gilt insbesondere für jene frühe, stammesgeschichtlich geprägte Phase der Menschheit, in der ja nicht nur die gediegenen oder im Erz gebunden Metall- sondern auch die Gesteinsvorkommen als unverzichtbare Rohstoffe zur Herstellung hochwertiger Kapitalgüter ungleichmäßig verteilt waren. Gerade in jenen Regionen, wo verarbeitungsfähiges Gestein selten war und überwiegend auf die zwar weltweit verfügbaren jedoch weniger belastbaren Ressourcen Holz und Knochen zurückgegriffen werden musste, dürfte dieser Umstand die Suche nach einem geeigneten Substitut beschleunigt haben.

Analog zur Erfindung der Bronze durch experimentelles Legieren reinen Kupfers dürfte die Entdeckung des Kupfers dann auch der Suche nach weiterem Gold beziehungsweise Veredlungsmöglichkeiten des Edelmetalls geschuldet gewesen sein. Durch Kupfer gestrecktes Gold zeichnet sich nicht nur durch einen rötlichen Schimmer, sondern auch durch eine niedrigere Schmelztemperatur und einen höheren Härtegrad aus.[35] Daher spricht allein die Tatsache, dass Goldlegierungen frühzeitig entwickelt wurden und in Gebrauch waren, typologisch für ein erstes, durch Gold geprägtes und die typologische Reihe begründendes Metallzeitalter. Umgekehrt hätte eine Verwendung des gelben Edelmetalls als historisch auf das Kupfer folgendem Werkstoff eine in jeder Hinsicht und historisch einmalige Umkehrung des Gesetzes der allmählichen Verfeinerung, von der schweren zur einfachen Prospektion, vom anspruchsvollen zum anspruchslosen Werkstoff sowie von der komplexen zur simplen Technologie, nach sich ziehen müssen.

Im Fall einer dem Kupfer nachgelagerten Entdeckung des Goldes wäre diesem in der Tat bestenfalls ein rein ästhetischer Wert beigemessen worden, zumal Kupfer an der Oberfläche zwar seltener, unterhalb dieser in Erz gebunden jedoch weitaus häufiger vorkommt als Gold. Es erscheint vor diesem Hintergrund nahezu ausgeschlossen, dass die Frühmenschen zunächst die extrem mageren Vorkommen gediegenen und zudem patinierten Kupfers auf der Oberfläche ausgebeutet haben, um diese anschließend mit den Funden aus häufigeren und zudem auffällig glänzenden Goldnuggets zu substituieren und zwecks Härtung relativ große Gold- mit relativ kleinen Kupfermengen zu strecken. Vor allem: Zu welchem Zweck überhaupt hätte ein reines Schmuckmetall unter derartigen

Knappheitsverhältnissen zusätzlich gehärtet werden sollen? Erst in der historischen Umkehrung lösen sich diese Ungereimtheiten auf.

Dafür spricht auch ein ganz wesentliches Indiz, das mit der kontrollierten künstlichen Entfachung des Feuers durch den Menschen in Zusammenhang steht und ebenso im nächsten Kapitel thematisiert wird wie die Tatsache, dass Gold zum Anbeginn des Metall-, genauer Goldzeitalters keineswegs aufgrund ästhetischer, sondern äußerst praktischer Eigenschaften geschätzt und genau deshalb auch mit Kupfer gehärtet wurde. Die Möglichkeit, dass Gold nicht als Schmuck, sondern als Werkstoff seinen Urwert begründet, scheint selbst ausgewiesene Goldbugs zu befremden, ebenso wie die Verdrängung der sich geradezu aufzwingenden Vermutung, dass die weiteren Metalle historisch dem Gold und nicht das Gold den Metallen folgte. Symptomatisch hierfür leitet Ulrich Zimmermann in fast schon unzweifelhafter Selbstverständlichkeit den Gang einer seiner Untersuchungen zum Thema ein: „Neben Kupfer ist Gold eines der ältesten vom Menschen genutzten Metalle. Da es aber nicht zu den eigentlichen Gebrauchsmetallen gehört, spielt es in dieser Abhandlung nur eine Nebenrolle."

Ein Blick nach Warna am Schwarzen Meer soll die bis hierhin entwickelte These archäologisch untermauern. Fünf Kilometer vor den Toren des beliebten bulgarischen Badeorts wurde im Jahr 1972 ein bis dato unentdecktes und damit über die Zeit ungeplündert gebliebenes Gräberfeld entdeckt. Auf über 7.500 Quadratmetern konnten bisher knapp 300 Begräbnisstätten identifiziert werden. Als geradezu spektakulär sind die unangetasteten Grabbeilagen einzustufen: Tausende von metallischen, keramischen und steinernen Gegenständen sowie Perlen und Muscheln finden sich, höchst ungleichmäßig verteilt, zwischen den Gebeinen der Bestatteten. Allein ein flüchtiger Blick in die besser ausgestatteten Gräber offenbart die Unvergänglichkeit der Edelmetalle. Inmitten des morbiden, braun-schwarzen Kolorits, das sämtliche Kupfergegenstände vollständig hat überziehen können, sticht einzig und allein das Gold optisch hervor, konnte also seinen Glanz selbst unter der Erde über die Jahrtausende bewahren.

Das Alter der Anlage wurde im Jahr 2004 mit Hilfe der Radiokarbonmethode auf das 5. vorchristliche Jahrtausend datiert. Das entspricht in etwa jenem Zeitalter, in dem sich erstmals Schmelzofen und Kupferguss nachweisen lassen, sprödes Rohkupfer also als Werk- und nicht nur kleinstteiliges Schmuckmetall Verwendung fand. Hierzu ist anzumerken, dass diese wohl bekannteste Datierungsmethode selbst nach Meinung ihrer Fürsprecher keine absoluten und punktuellen, sondern bestenfalls relative und breit gestreute Ergebnisse liefert, die schon einmal Spannen von mehreren Jahrhunderten und mehr betragen können. Je älter die Fundstätte und der Gegenstand, desto weiter kann diese Spanne tendenziell ausfallen. Die nachträglichen Datierungsversuche haben also bezüglich der Identifikation des gesuchten Urmetalls nur eine bedingte Aussagekraft. Doch letztlich gibt das Gräberfeld selbst genügend Hinweise zu seiner historischen Einordnung.

Eine Kommentierung des Fundes durch das archäologische Museum vor Ort gibt hierüber nähere Auskunft: „Die Bedeutung des Gräberfeldes von Warna ist nicht allein der Vielfalt an Bestattungsritualen geschuldet, sondern genauso dem Reichtum und der Menge an Fundstücken. Allein an Goldobjekten existieren über 3.000 Stück mit einem Gesamtgewicht von gut sechs Kilogramm und verblüffender Vielfalt – über 38 verschiedenen Typen. Die Quantität der anderen Fundstücke ist ebenfalls bedeutsam – es sind über 160 Kupfer- und über 230 Feuersteinwerkzeuge, fast 90 Werkzeuge sind aus Stein oder Marmor."

Über 3.000 Goldobjekte, alle aus fast reinem, vermutlich gediegenem Gold, gegen gut 160 Kupferstücke, jeweils verschiedenster Kategorien, sprechen eine deutliche Sprache. Es fanden sich sogar mehr Objekte aus Feuerstein als aus Kupfer. Das ganz frühe Zeitalter, aus dem die Funde von Warna stammen, war vermutlich ein Zeitalter des Goldes, die Kupferproduktion und -verwendung befand sich – eventuell aufgrund einer sich bereits abzeichnenden Goldknappheit – noch in den

Kinderschuhen. Ferner belegen die Fundstücke, dass bereits die Grundlagen der Metallschmelz- und Metallgusstechnik zumindest bekannt gewesen sein müssen, ohne die eine Herstellung belastbarer Kupferwerkzeuge nicht möglich gewesen wäre.

Es war also keineswegs das Gold, das im Kupferzeitalter entdeckt wurde, vielmehr begann die Kupfergewinnung in der Goldzeit, einer Goldzeit, die angesichts der Metallbearbeitungstechniken bereits Generationen angedauert haben muss, wie die für die Herstellung der Goldobjekte in Warna vorauszusetzenden Kenntnisse und Erfahrungen belegen. Es wurden daher zunächst nur die ohnehin kleinen Mengen gediegenen Kupfers so verarbeitet, wie es vom Gold her bereits bekannt war.

Erst durch spätere Entdeckungen, bergbauliche Innovationen und metallurgische sowie keramische Weiterentwicklungen konnte durch die Gewinnung und Verarbeitung von Kupfererzen die Goldknappheit, die spätestens nach Ausbeutung der Oberflächenvorkommen in Form von Nuggets akut wurde, überwunden werden. Während Gold vom Boden in die Tiefe relativ betrachtet immer seltener wurde, nahmen umgekehrt die unter Tage erzielbaren Kupfervolumina zunächst zu, da die Oberflächenbestände mit der Zeit verwitterten beziehungsweise sukzessive durchoxidierten, was wiederum die ausgesprochene Seltenheit gediegenen Kupfers erklärt. Mit dem Substitut und Massengut Eisenerz und dessen technologischer Veredelung konnte schließlich die Grundlage für das globale Stahlzeitalter gelegt werden.

Die tatsächliche Existenz einer Goldzeit belegt auch der Umstand, dass allein Grab Nummer 43 des Feldes in Warna mehr Gold beinhaltet als im gesamten Rest der Welt aus jener Epoche vorhanden ist. Zweifelsfrei hat es aber weltweit verstreut (Oberflächen-) Gold gegeben, das auch außerhalb Warnas tatsächlich genutzt wurde und die Basis der Metallurgie schuf. Nicht umsonst betont Zimmermann, dass in Europa „die ersten Metallkulturen auf der südöstlichen Balkanhalbinsel“ zu finden sind, wo „die Entwicklung ähnlich wie im Vorderen Orient“ verlief.

Dort aber, im Vorderen Orient, so Bernstein, „scheint Gold in der Antike, insbesondere in Ägypten und im Nahen Osten, in größeren Mengen vorhanden gewesen zu sein als seit der Römerzeit".[36] Auch das lässt sich bereits für die Frühantike zweifelsfrei belegen, wie in Kapitel 5 ausgeführt werden wird. Wenn also den Einwohnern Warnas kein Exklusivitätsanspruch auf die prähistorische Goldnutzung zugebilligt wird, so liegt es nahe, den Mangel an frühzeitlichen Goldobjekten dem Wert und den Eigenschaften des Metalls über die Jahrtausende selbst zuzuschreiben. Allein dem Zufall, dass das Gräberfeld von Warna unentdeckt und somit sein Gold vergraben blieb, ist es zu verdanken, dass es nicht wie andere Relikte jener und späterer Epochen in den Metallschmelzen der jeweiligen Entdecker landete.

Der zeitliche Aspekt der Regression ist damit abgeschlossen. Historisch folgte das Goldzeitalter dort, wo kosmische Niedergänge entsprechende Oberflächenfunde erlaubten, der Ära der Nichtmetalle, deren Protagonisten sich auf die Verwendung von Feuerstein, Holz und Knochen als Werkstoffe stützten. Das Urmetall Gold wurde erst im Zuge des technologischen Wandels durch quantitativ weiter verbreitete und qualitativ höherwertige Materialien ersetzt. Als einziges Metall jedoch konnte Gold neben der Schmuckmetallfunktion den Status als Geldmetall erringen und bis in die Gegenwart faktisch bewahren. Das heißt im Umkehrschluss, dass eine funktionale Regression nicht nur den Urnutzen, sondern auch den Folgenutzen dieses Urmetalls bis hin zu seiner monetären Vereinnahmung offenlegen muss.

Mag das Gold als Urmetall noch ein äußerst vorteilhafter Werkstoff für Dutzende von Gerätschaften gewesen sein, spätestens mit dem Aufkommen der härteren, leichteren und nach Ausbeutung der Oberflächenfunde verfügbareren Bronze hätte es auf das Niveau eines Nischenmaterials absinken müssen. Bis zur monetären Nutzung im 1. vorchristlichen Jahrtausend bleiben dann immerhin noch konservativ geschätzte 2.000 Jahre. Die relative und zunehmende Seltenheit in Kombination mit dem in der Tat einzigartigen natürlichen Glanz kann allein als Erklärungsansatz nach wie vor nicht zufriedenstellen. Selten waren auch andere Metalle und Materialien. Glanz versprühte auch gereinigtes und aufgearbeitetes Kupfer, ebenso wie polierte Bronze oder Stahl.

Die epochenverbindende Klammer des subjektiven Nutzens durch Befriedigung ästhetischer Bedürfnisse bleibt ein weiterhin unzureichender und zirkulärer Erklärungsansatz. Er ist nur durch die Identifikation der ersten Goldfinder und -nutzer zu durchbrechen. Die weitere Spurensuche führt daher von Warna am Schwarzen Meer des 5. nach Castellón am Mittelmeer des 11. vorchristlichen Jahrtausends.

KAPITEL 4: Der Urwert des Goldes

4.1 Der Ursprung zwischenmenschlicher Gewalt

In der spanischen Provinz Castellón, unweit massentouristisch erschlossener Mittelmeerstädte, befinden sich zwei der bedeutsamsten prähistorischen Felszeichnungen der Menschheitsgeschichte. Sie dokumentieren und markieren einen Paradigmenwechsel im Zusammenleben der Menschen, der sich bis in die Gegenwart als Geißel der ganzen Gattung erweisen sollte. Die Zeichnungen zeigen diverse Gruppen von Strichmännchen, die mit den traditionellen Jagdwaffen der Epoche, Speer, Pfeil und Bogen, auf ihresgleichen losgehen. Es sind die ältesten Zeugnisse kriegerischer Aktivitäten und werden auf das 9. bis 11. vorchristliche Jahrtausend datiert. Einigkeit besteht indes darin, dass die in Gasulla und Morella von unbekannten Künstlern festgehaltenen dramatischen Szenen zum Ausklang des Mesolithikums stattgefunden haben sollen, also noch vor der sogenannten Neolithischen Revolution, als sich weltweit nach und nach eine Handvoll landwirtschaftlicher Zentren unabhängig voneinander etablieren konnte.

Nicht nur die Bewaffnung, auch die Anzahl und der Organisationsgrad der Kämpfer verdeutlichen, dass sich hier Kleingruppen von Wildbeutern oder Pirschjägern bekriegen. Damit lässt sich auch die hinter diesen ersten Jägerkriegern stehende soziale Ordnung identifizieren, denn, so der US-amerikanische Anthropologe Harold Barclay, „Wildbeutergesellschaften sind immer in Horden organisiert. Das bedeutet, dass die feste territoriale Hauptgruppe verhältnismäßig klein ist und gewöhnlich aus weniger als 100 Personen besteht. Sie enthält wenigstens einen Kern miteinander verwandter Individuen, in den meisten Fällen sind in einer Horde alle miteinander verwandt. Die Gruppe identifiziert sich mit einem bestimmten Territorium, zu welchem sie sich, wie das auch bei anderen Gesellschaften der Fall ist, zugehörig fühlt."

Dieses Territorium ist natürlich die Nahrung respektive Energie und damit Leben spendende Ökumene einer jeden Horde, deren überschaubare Zahl an Mitgliedern durch blutsverwandtschaftliche Beziehungen fest an einander gebunden ist. Sie repräsentieren, wenn auch unter gänzlich anderen Rahmenbedingungen als in der klassischen Antike, dem Mittelalter und der Neuzeit, den archaischen Prototyp der (Groß-) Familie, deren Angehörige wechselseitig einem strengen, da überlebenswichtigen vertikalen Fürsorge- und horizontalen Solidaritätsgebot unterliegen.[37] Das ist „offensichtlich die älteste Art der menschlichen Gesellschaft, und sie ist für die menschliche Lebensweise von ihren kulturellen Anfängen her und für etwa 99 Prozent der Folgezeit charakteristisch".

Ferner sind diese Gruppen „auf die Nutzung wilder, ungezähmter oder unkultivierter Nahrungsquellen angewiesen: Wild, Fisch und Pflanzen". Es handelt sich also, Mises folgend, um exakt jenen „Gesellschaftszustand, in dem die Arbeitsteilung die Schwelle des Hauses nicht überschreitet und Produktion und Konsumtion sich vollständig innerhalb der geschlossenen Hauswirtschaft abspielen". Mises' Schüler Friedrich August von Hayek (1899-1992) fasste diesen universellen Befund bereits vor Jahrzehnten absolut korrekt zusammen: „Die Urgeschichte der Menschheit ist eine der Stammeszugehörigkeit." Es kann daher auch nicht weiter verwundern, wenn, wie in Kapitel 2.6 dargelegt, in keiner der archaischen Gesellschaften die elementaren ökonomischen Lehrbuchoperationen gefunden werden konnten,[38] denn, so der US-amerikanische Anthropologe Marvin Harris, „[b]eim Austausch, der auf dem Prinzip der Gegenseitigkeit beruht, klären die Betreffenden nicht, wie viel oder was sie wiederbekommen oder wann sie es zurückhaben wollen".

Die terminologischen Spezifikationen aus dem 18. bis 20. Jahrhundert sind damit aber in der prähistorischen Horde schlichtweg gegenstandslos, die in der Neuzeit entwickelten ökonomischen Modelle können für die längste Phase der realen menschlichen Existenz keine Gültigkeit beanspruchen. Eigentum als Rechtsherrschaft (im Gegensatz zu Besitz als Tatherrschaft), Vertrag, Markt und Geld hatten in dieser Gesellschaftsform keinen Platz, die Hordenmitglieder hierüber keinerlei Vorstellungen. Das sich diesen Kategorien entziehende Gegenseitigkeitsprinzip war ihre optimale und letztendlich auch erfolgreiche Überlebensstrategie in einer mit hoher (Lebens-) Unsicherheit behafteten Umwelt. Als solches ist es innerhalb familiärer Institutionen lebendig geblieben, die besagte ökonomische Operationen eben nur aus den Beziehungen zur Außenwelt kennen und ansonsten nach wie vor interpersonelle Transaktionen ausschließlich über das in der Tat zeitlich und örtlich universelle vertikale Fürsorge- und horizontale Solidaritätsgebot, eben die Tradition eines familiären Wertesystems, regulieren.

Für die menschliche Frühgeschichte erläutert die Matriarchatsforscherin Heide Göttner-Abendroth diesen institutionellen Rahmen wie folgt: „Mehrere Sippen bilden nach genauen Regeln einen Stamm, und mehrere Stämme wiederum nach genauen Regeln ein Volk. Bei diesen Regeln handelt es sich um Heiratsregeln. So ist es für die Stammesgesellschaften kennzeichnend, dass sie keine Trennung von gesellschaftlicher und politischer Organisation kennen. […] Mit der Identität von Verwandtschaftslinie und politischer Entscheidung ist die Stammesgesellschaft eine ‚homogene', nicht durch den Einbruch von Fremden zerrissene Gesellschaft. […] Sie war das Werkzeug, durch das die frühe Gesellschaft organisiert und zusammengehalten wurde, und zwar ohne politische Herrschaft. Damals waren alle Menschen tatsächlich noch Geschwister."

Dort, wo die Hordengesellschaften jenseits der westlichen Zivilisation weiterhin an ihrer tradierten Lebensweise festhalten konnten, hat sich an diesem Befund auch bis heute nichts geändert. Der ökonomische Vierklang aus nicht benötigter Überproduktion, Nutzensteigerung durch Vorteilssuche, marktbasierten Tauschvorgängen sowie Einführung eines Standardtauschmittels kann bei den „Naturvölkern" der Frühgeschichte bis in die Gegenwart – mit zwangsläufiger Ausnahme punktueller Außenkontakte in einer territorial weitestgehend vollständig „zivilisierten" Welt der „großen, anonymen und arbeitsteiligen Gesellschaft" – nicht nachgewiesen werden. Denn, so Bernhard Laum, „[d]as bluthafte Gefühl ist stärker als wirtschaftliches Kalkül; entwickelte Tauschbeziehungen zwischen derartigen Verbänden sind nicht möglich".

Und das gilt eben nicht nur für bürgerlich-ökonomische, sondern auch für herrschaftlich-politische Institutionen, wie der spanische Kulturphilosoph José Ortega y Gasset (1883-1955) feststellt: „Die ‚paläolithischen' Stämme [...] stellen die primitivste Gattung des Menschen dar, die es gibt. Sie haben keine sichtbare Form des Staates, der Gesetzgebung, der Autorität." Beides kann keineswegs verwundern, denn, so Barclay, die in Horden organisierten Menschen „zeichnen sich gewöhnlich durch Nomadentum aus, was jedoch nicht gleichgesetzt werden darf mit ziellosem Umherwandern. Das Wechseln von einem Lagerplatz zum anderen geschieht regelmäßig nach einem vernunftmäßigen Plan."

Diese Wanderschaft wiederum impliziert eine äußerst angespannte Knappheit bezüglich der zur Verfügung stehenden Transport- und Lagerkapazitäten, ganz ohne domestizierte Lasttiere und radgestützte Lastträger, weswegen Barclay stellvertretend für viele seiner Kollegen auch konstatieren kann: „Nomadisierende Jäger haben kaum Besitz, da man nur schwerlich einen Haufen entbehrlichen Hausrats von einem Lagerplatz zum anderen tragen kann." Und derjenige Besitz, der tatsächlich mitgeführt wurde, war überlebenswichtig. Neben Proviant und den Mitteln zu dessen Produktion, dem Waffen- und Werkzeugvorrat, war es ja auch die Reproduktion, der Nachwuchs, den es zu transportieren galt. Wo und wie also sollten ökonomisch tauschfähige oder politisch beherrschbare Besitzüberschüsse akkumuliert werden?

Kaum jemand war dem Primat des Leidensdrucks in so existentieller Reinheit ausgeliefert wie der Mensch der frühen Prähistorie. Diesem permanent um seine Existenz kämpfenden Homo sapiens, dessen Ringen um Energie ihn bestenfalls auf die Erfüllungsstufe der Maslowschen Existenz- und Sicherheitsbedürfnisse hieven konnte, soll eine wie auch immer geartete Vorteilhaftigkeit potentieller Tauschbeziehungen schon irgendwie bewusst geworden sein, die dann zum selbstdurchsetzenden (Markt-) Prinzip zwischenmenschlicher und vor allem zwischenstämmischer Beziehungen avancierte? Die in Fels verewigte Geschichtsschreibung des ausgehenden Mesolithikums, wo ja in der Tat erstmals regelmäßig soziale Interaktionen die Grenze der familiären Horden überwanden, spricht eine ganz andere Sprache.

Denn dort, wo die noch archaischen Wildbeuter aufeinandertrafen, an den gemeinsamen Grenzen ihrer Ökumenen, da entwickelten sich eben nicht produktive Tauschbeziehungen, sondern – mindestens für den Verlierer – unproduktive Kampfbeziehungen. Auch dieses Muster lebt in den verbliebenen Jägerkulturen der Gegenwart fort, wie es beispielsweise der US-amerikanische Anthropologe und Biologe Jared Diamond dokumentiert. Neben der Klärung etwaiger blutsverwandtschaftlicher Beziehungen ist Gewalt – speziell in existentiellen Notlagen – an den Reviernahtstellen das gängige Interaktionsmuster und eine der häufigsten nicht natürlichen Todesursachen der männlichen Bevölkerung.[39]

Vereinfacht auf das Rothbardsche Basismodell sozialer Interaktionen übertragen bedeutet das: Ein Aufeinandertreffen von Robinson und Freitag mündete regelmäßig dann in gewalttätigen Konflikten und nicht im gewaltlosen Tausch, wenn diese Option zur Gewinnung wichtiger Ressourcen im Kosten-Nutzen-Kalkül das maximale Risiko minimierte, was bei drohendem Hunger- oder Kältetod regelmäßig der Fall war. Interessanterweise hat diesen Aspekt der Daseinsbewältigung der Romanheld Daniel Defoes auch anstandslos vorweggenommen. Denn unmittelbar nach seiner Strandung und der Sicherstellung der Nahrungs-

und Trinkwasserversorgung baut sich der Einsiedler an strategisch günstiger Stelle ein kleines Fort. Und selbstverständlich verstärkt Robinson dieses mit der Feuerkraft mehrerer Musketen, die er mit als Erstes aus dem sturmgeschädigten Wrack des Schiffes, das ihn erst in seine missliche Lage gebracht hatte, retten kann.

Jahre später erlebt er seine eigene Variante des Gasulla- oder Morella-Ereignisses, als er zwei Kannibalen eines archaischen Stammes tötet und ihr vorgesehenes Schlachtopfer, eben jenen Freitag, befreien kann, den er in legerer Guts- respektive Feudalherrenart von nun an protegiert. Das soziale Verhältnis zwischen Robinson und Freitag selbst resultiert also aus einem kriegerischen Akt, der sich in der literarischen Vorlage auch nochmals wiederholen soll. Weder im Roman noch in der Realität findet sich also die Spur von einem „Ausgleich zwischen Produktion und Konsumtion“, der sich „auf dem Markte, wo die verschiedenen Produzenten zusammentreffen, um in freiem Verkehr Güter und Dienstleistungen auszutauschen“ vollzieht.

Der naheliegende Einwand, die Jägerkrieger der Levante als historische Ausnahmetatbestände zwischen ansonsten tauschwilligen und -fähigen prähistorischen Sippen einzuordnen, kann ebenfalls nicht überzeugen. Denn nicht nur hier, sondern im gesamten prähistorischen Eurasien setzte im Zuge jener Epoche die Kriegswaffenproduktion ein. Wie der Prähistoriker Hermann Müller-Karpe bemerkt, kamen noch im Mesolithikum erstmals scharfe Steine als „Bestandteile von Waffen speer- oder dolchartigen Charakters“ auf. Allerdings handelte es sich dabei keineswegs um Jagdwerkzeuge, sondern „offenbar erstmalig um Typen, die eigens als Waffen ersonnen und ausgesprochen mit dieser Zweckbestimmung weithin im altweltlichen Raum bekannt wurden“. Es waren die ersten Werkzeuge zur gezielten Tötung nicht mehr von Tieren, sondern von Menschen.

Bis diese allerdings für interpersonelle Konflikte gewetzt werden konnten, hatte die Menschheit die längste und wichtigste Schlacht ihrer Geschichte – die gegen das Tier – bereits geschlagen.

4.2 Im Schutz des Dschungels

Es gehört zum fast schon naturgesetzlichen Grundkanon der Urgeschichte, den Auftakt der Gattung Homo auf der Weltbühne mit dem Status des Jägers und Sammlers beginnen zu lassen und diesem Archetyp bis zur Gasulla-Epoche und der ihr nachfolgenden Neolithischen Revolution eine Konstanz über mehrere Jahrzehntausende zu unterstellen. Geradezu konsequent wurde die Aufforderung der Genesis, der Mensch möge sich die Natur untertan machen, an den Anbeginn der Menschheitsgeschichte gestellt und dabei das erzielte Ergebnis des Jetztmenschentums lediglich graduell heruntergebrochen.[40]

Realiter lässt sich der Status des dominanten Wildbeuters a priori freilich durch nichts begründen. Er ist vielmehr das Resultat eines evolutionären Prozesses, der aufgrund erst dabei gewonnener Kenntnisse und Erfahrungen in der Produktion jener Kapitalgüter, vulgo Werkzeuge, kulminierte, mit denen dann überhaupt erst eine fulminante kopernikanische Wende der Hominiden im Verhältnis zu ihrer Umwelt begründet werden konnte. Denn als generalistische Allesfresser sind sie zwar prinzipiell hervorragend für die Bewältigung des biophysikalischen Energieproblems gerüstet, haben ohne Hilfsmittel aber ihren Nahrungs- und Territorialkonkurrenten kaum etwas entgegenzusetzen.

Egal ob Angriff, Verteidigung oder Flucht, für jedes dieser drei klassischen Aktionsmuster der Gefahrenabwehr ist wohl niemand im Reich der Säugetiere schlechter gerüstet als die Hominiden. In puncto Kraft, Geschwindigkeit, Geschicklichkeit, Ausdauer und Robustheit ist ihnen jeder andere Vertreter aus der Kategorie der Flucht-, Verteidigungs- und Raubtiere in den jeweils entscheidenden Fähigkeiten voraus. Wenn der Urmensch aber im notwendigerweise werkzeuglosen Naturzustand einerseits nicht zur ressourcenintensiven Jagd fähig war und andererseits nur über schwache Verteidigungsmöglichkeiten und bescheidene Fluchtoptionen verfügte, war er für seine unbarmherzige Umwelt vor allem eine nahezu ideale Beute. Dieser Beutestatus muss sich insbesondere zu jenem Zeitpunkt schlagartig ausgewirkt haben, als vor einigen Millionen Jahren die Trennung von Urwald und Savanne erfolgte.

Die Temperaturen sollen zu jener Zeit weltweit abgesackt sein, Europa wurde von der bisher letzten erdgeschichtlichen Eiszeit heimgesucht, während vor allem in Afrika und Asien die tropischen Regenwälder zugunsten karger Steppengebiete schrumpften. Zudem sollen geologische Aktivitäten zur Auffaltung von Hügel- und Berglandschaften in jenen Kontinenten geführt haben, was ausgeprägte Wetterscheiden nach sich zog. Diese könnten als mit ursächlich für die dann einsetzenden, zyklischen Wetterperioden gewesen sein, die die Dschungel- und Steppenvegetation bis in die heutige Zeit prägen.

Hierin, in der tendenziellen Öffnung der Vegetation, wird ja nach wie vor die lehrbuchmäßige Begründung für die Anfänge des aufrechten Ganges gesehen, den die Vorfahren des Jetztmenschen annahmen.[41] Üblicherweise wird dieser Umstand mit dem besseren Überblick über die offene Savanne im Gegensatz zum geschlossenen Urwald begründet, was insbesondere einer schnelleren Identifizierung von Fressfeinden dienen sollte, gepaart mit der Möglichkeit, mehr Nahrung durch den Einsatz der nun freien Hände transportieren sowie Werkzeuge benutzen zu können. Hingegen soll sich der aufrechte Gang im Dickicht des Dschungels aufgrund der zahlreichen Äste und Schlingen ausschließlich als hinderlich erwiesen haben, weshalb die menschlichen Vorfahren letztlich der Savanne gegenüber dem Dschungel den Vorzug gaben. Diese Vorstellung blendet allerdings die Überlegung völlig aus, dass der Urwald auch für den bereits aufrecht gehenden Urmenschen die wesentlich vorteilhaftere Lebensumgebung gewesen sein muss, völlig unabhängig von Werkzeugnutzung und Tragevermögen.

Im Gegensatz zur Savanne, wo ja gerade das überwiegende Gros der Fressfeinde lauerte, bildete der Urwald eben bedingt durch die üppige Vegetation, die Äste und Schlingen, einen relativ sicheren Schutzraum, der das maximale Risiko minimierte, getötet zu werden. Seit jeher dienten daher neben den gebirgigen die stark bewaldeten Regionen als Rückzugsgebiete für im offenen Kampf unterlegene Parteien, in denen die überlegenen Gegner dann ihre Vorteile nicht oder nicht im gewohnten Maße auszuspielen vermochten. Daran hat sich selbst im Zeitalter der modernen Kriegsführung nichts geändert. Und auch heute noch finden sich die letzten archaischen Naturvölker vorwiegend dort, wo der undurchdringliche Dschungel die Kriegsgeschichte der Menschheit zu einer geographischen Umgehung zwang.

Es ist daher nicht weiter verwunderlich, dass sich mittlerweile auch in Dschungelgebieten aufrecht gehende vor- und frühgeschichtliche Hominidenpopulationen haben nachweisen lassen. Die Mitglieder dieser Gruppen überlebten trotz des mutmaßlichen Nachteils eines aufrechten Ganges vor allem deshalb, weil sie hier auf üppige, relativ leicht und risikolos zu erlangende Mischkost aus pflanzlichen und tierischen Nahrungsquellen zurückgreifen konnten.

Zu einem radikalen Bruch sollte es kommen, als die ersten Urmenschen ihre angestammte Umgebung, ihr relativ sicheres Terrain, verlassen mussten. Die ökonomische Realität erster Ordnung bahnte sich im Zuge der oben erwähnten klimatischen Veränderungen via Schrumpfung dieses Lebensraumes unbarmherzig ihren Weg. Als schwache Generalisten war es als Erstes an den Hominiden, sich zwischen schwindender Versorgung im Urwald oder aber gefährlicher Nahrungsbeschaffung in der Savanne zu entscheiden. Auf der Suche nach energetischen Ressourcen musste der Urmensch den aufrechten Opfergang in die wohl größte Demütigung seiner Geschichte antreten und den Savannenboden als neuen dauerhaften Lebensraum betreten.

4.3 Das Trauma der Beuteerfahrung

Einmal zu einer zumindest temporären Existenz in der Savanne oder Steppe verdammt, musste sich die Gattung Homo unter Würdigung der Gesamtumstände also als letztes Glied in der Nahrungskette einreihen. Inmitten einer variationsreichen Raubtierwelt, die selbst dem aus Energiegewinnungszwängen resultierenden (Jagdeffizienz-) Druck ausgesetzt war, stellte der Urmensch aus Kosten-Nutzen-Relationen ein geradezu ideales Beuteobjekt dar. Das gilt übrigens nach wie vor für seine nächsten Verwandten.

Die US-amerikanische Sachbuchautorin Barbara Ehrenreich hat entsprechende Feldstudien wie folgt zusammengefasst: „Durch genaue Beobachtungen [...] steht inzwischen fest, dass heutige Primaten von Raubtieren tatsächlich ernsthaft bedroht sind; früher dürfte es ähnlich gewesen sein. 1991 stellte man bei einer bestimmten Waldschimpansenpopulation die häufigste Todesursache fest: In einem Zeitraum von fünf Jahren gingen 39 Prozent der Todesfälle auf das Konto von Leoparden." Bei Pavianen, die sich aufgrund ihrer Krallen und Zähne bereits erheblich besser wehren können, sind es immerhin noch 25 Prozent. Zahlreiche weniger wehrhafte Primatengattungen, beispielsweise der toskanische Oreopithecus bambolii, wurden hingegen von Raubtieren ausgerottet.

Selbst heute noch fallen in Asien, Afrika und Südamerika zahlreiche Menschen einer mittlerweile stark geschrumpften Raubtierpopulation zum Opfer. Und auch in Europa und Nordamerika werden sporadische Angriffe von Wölfen und Bären mit zum Teil tödlichem Ausgang verzeichnet, ebenso Attacken eigentlich domestizierter Hunde in verstädterten Kulturkreisen, die sich gezielt gegen Menschen richten.

Ohne ihre herausragenden geistigen Anlagen wären die frühen Hominiden also zum Aussterben geradezu prädestiniert gewesen. Diese geistigen Fähigkeiten müssen sich dabei zugleich als Fluch und Segen erwiesen haben. Ein Fluch deswegen, da der Mensch als vermutlich einziges Lebewesen mit Reflexionsvermögen sich seiner permanenten, ausweglosen Todesgegenwart vollauf bewusst gewesen sein muss. Er dürfte ein Leben in dauernder Angst geführt haben, der Angst, einem der zahlreichen Savannenräuber als Nahrung anheimzufallen, Angst, zu viele aus der selbst kollektiv kaum zu verteidigenden Sippe zu verlieren; ein Leben in steter Vorsicht und auf dauernder Flucht.

Insbesondere die Nächte wurden zum schicksalhaften Alptraum, der nur fatalistisch erduldet und mit ein wenig Glück lange überlebt werden konnte. Denn einerseits ist die Phase der Dunkelheit für die meisten tierischen Räuber Jagdzeit, andererseits tendieren in dieser Phase mangels optischer Reize und damit Möglichkeiten der Sinneswahrnehmung die menschlichen Handlungs- und Reaktionsoptionen gegen Null. Die Bedeutung von Mond und Sternen als nächtliche Licht- und damit Überlebensquellen dürfte hierin ebenso ihren Ursprung haben wie die bis heute nachwirkende Angst vor Dunkelheit.[42]

Eine solche Existenz konnte nicht ohne Folgen bleiben. Die Erfahrungen als Beuteobjekt dürften den Frühmenschen tief traumatisiert und soziokulturell über viele Generationen – eventuell bis heute – beeinträchtigt haben.[43] Dabei war der Urmensch sogar ein Stück weit gezwungen, ein durchaus ambivalentes Verhältnis zu seinen tödlichsten Feinden zu entwickeln. Denn im Vergleich zum üppigen Dschungel warf die aktive Suche nach fett- und proteinhaltiger Nahrung, so zum Beispiel nach Knollen, Muscheln und Schnecken, in der kargen Savanne nur bescheidene Erträge ab. Aus pflanzlicher Kost war der fällige Kalorienbedarf ohnehin kaum zu decken, da die dafür nötigen Mengen schlicht zu hoch waren.

So liefert beispielsweise ein Kilogramm verwertbarer Wurzelknollen je nach Art gerade einmal um die 1.000 Kilokalorien.[44] Selbst die faserige Pflanzen wesentlich besser verwertenden Schimpansen reichern ihre Nahrung um circa zehn Prozent fleischliche Kost an – ein Anteil, der in Notzeiten auch schon einmal auf bis zu 25 Prozent erhöht wird und für den etwa ein Zehntel der für die Nahrungssuche veranschlagten Zeit aufgewendet wird. Experimente in jüngerer Zeit belegen sogar, dass zahlreiche Affenarten, sofern vor die Wahl gestellt, tierische Nahrung gegenüber pflanzlicher tendenziell bevorzugen.

Der Evolutionsmediziner Loren Cordain kommt nicht zuletzt auf Basis der Auswertung fossiler Funde von Primaten und Frühmenschen sowie ethnographischer Studien zu dem Schluss, dass Hominiden genetisch an Fleischnahrung angepasst sind. Daher ist es auch naheliegend, dass, so Ehrenreich, „sorgfältige Nachuntersuchungen archäologischer Funde aus einer Reihe von Grabungen zu dem Ergebnis geführt [haben], dass die Hominiden und selbst der frühe Homo sapiens eher als Aasfresser an Fleisch kamen als durch eigenes Jagen; sie bedienten sich an der Beute geschickterer Raubtiere wie Großkatzen". Die Suche nach Fleisch in Form von Aas führte den Frühmenschen daher notwendigerweise an jene Stellen, wo ihm seine todbringenden Peiniger Beutereste hinterließen.

Als schwächstes, aber klügstes Glied in der Kette der Verwerter konnte er sich aber zumindest an den ansonsten fast unzugänglichen Beutebestandteilen gütig tun: Knochenmark und Hirn. Allein diesem Umstand, der Versorgung mit konzentrierten Fettsäuren und Proteinen, so Cordain, verdankt der Jetztmensch seine Existenz: „Ohne Fleisch, Knochenmark und Innereien in der Ernährung unserer historischen Vorfahren wären wir heute buchstäblich nicht vorhanden." Denn das Gehirn als stoffwechselaktivstes Organ des menschlichen Körpers verbraucht selbst im Ruhezustand mindestens neunmal mehr Energie als jedes andere Organ, insgesamt circa 20 Prozent bei gerade einmal zwei Prozent des gesamten Körpergewichts. Dies ließ sich nur durch den Ersatz pflanzlicher durch tierische Kost bewerkstelligen, weshalb zunehmender Fleischkonsum mit Gehirnwachstum einherging. Bereits der Homo habilis bezog im Gegensatz zum (Menschen-) Affen circa 40 Prozent seiner

Nahrungskalorien aus Fleisch, wahrscheinlich überwiegend aus Tierkadavern.

Das Raubtier forderte also nicht nur lebende Opfer, sondern war gleichzeitig Nahrungsspender, ermöglichte überhaupt erst das qualitative Wachstum der Nutznießer seiner Hinterlassenschaften. So gelangt dann auch der englische Archäologe und Kulturforscher Nigel Davies zu folgender Feststellung: „Für primitive Menschen verkörpert das Raubtier oft eine dem Menschen überlegene Daseinsform.“[45]

Nichtsdestotrotz waren aber Verteidigungsmaßnahmen zur Erhöhung der Überlebenswahrscheinlichkeit Einzelner und damit auch der Kleingruppen unumgänglich. Auch das demonstrieren zum Beispiel Pavianpopulationen recht eindringlich. Sie nehmen beim Betreten der Savanne defensive Marschordnungen ein, bilden bei Raubtierkontakt Abwehrformationen – die wehrfähigsten Gruppenmitglieder bilden einen Ring um den Rest – und versuchen um jeden Preis, die Gruppe zusammenzuhalten. Wer einmal den Anschluss verliert, sei es wegen Alter, Krankheit oder Unfall, hat faktisch keine Überlebenschance mehr.[46] Ganz ähnliche Verhaltensweisen und Konsequenzen sind für fast alle nicht jagenden, in Gruppen organisierten Säugetierarten zu beobachten.

Umgekehrt versuchen Raubtiere möglichst immer, schwache Tiere zu isolieren und zu schlagen. Denn auch für Raubtiere erweisen sich Verletzungen als regelmäßig tödlich, weil sie entweder selbst zu leichten Opfern ihrer Nahrungskonkurrenten werden oder aber die Jagdfähigkeit einbüßen und damit zum Verhungern verdammt sind. Sie greifen daher konsequent auf die unter Kosten-Nutzen-Gesichtspunkten effizienteste Methode der Energiegewinnung zurück.

Menschliche Robinsons als „isolierte Wirte“ waren unter diesen Rahmenbedingungen vor allem leicht zu schlagende Opfer. Die sprichwörtliche Geselligkeit des Menschen erweist sich damit als notwendiger Tribut an die feindliche Natur. Die in jedem Menschen ab der Geburt offensichtlich fest verwurzelten und lebenslang wirkenden Urängste vor Liebes- und damit Nahrungsentzug als Quelle fundamentalen Leids schlechthin finden hier einen möglichen historischen Anker. Geselligkeit allein konnte aber für ein Leben jenseits der nackten Existenz nicht ausreichen. In dieser historischen Phase verankerte sich jene dem Menschen innewohnende Verlustaversion und Risikoscheu im bewussten Denken und damit im tradierten soziokulturellen Erbe, da der Schadenseintrittsfall mit an Sicherheit grenzender Wahrscheinlichkeit immer maximal war.

4.4 Die Überwindung des Opferstatus

Der Segen der (ur-) menschlichen, geistigen Kapazitäten beruhte darauf, dass im Gegensatz zum instinktgeleiteten Beutetier der reflexionsfähige Beutemensch sich eben nicht seiner Umwelt auslieferte, sondern zur Herstellung komplexer Kausalbeziehungen fähig war. Dies erlaubte ihm im Gegensatz zum passiv erduldenden Objekt die aktive Gestaltung seiner Umweltbeziehungen. Er war in der Lage, nicht nur seine Urschuld, sondern auch hiermit im Zusammenhang stehende Ursache-Wirkungs-Ketten erkennen und aktiv das Leid minimierend modifizieren zu können. Diese aktive Gestaltung der Natur zeichnet sich durch die sukzessive Ausdehnung des individuellen Kontroll- und Einflussbereichs aus. In der prähistorischen, räuberdominierten Welt konnte das in erster Linie nur bedeuten, den Beutestatus zu überwinden, indem das eigene Gewaltpotential – notwendigerweise technisch – erhöht wurde. Das wiederum konnte mangels naturgegebener Ausstattung nur durch den Einsatz von, ökonomisch gesprochen, Kapitalgütern gelingen, konkret durch den Griff zur Waffe.

Hier erfolgte wohl erstmals die bewusste, bis heute in diesem Bereich fortgeführte Anwendung des „Gesetzes der allmählichen Verfeinerung". Die Grundlage legte bereits vor geschätzten zwei Millionen Jahren der Homo erectus, der auf erste Stein- und Holzwerkzeuge seines Vorgängers Australopithecus zurückgreifen konnte. Sie dienten – mehr schlecht als recht – der Vertreibung und Abwehr von Raubtieren im näheren Umkreis einerseits und andererseits dem Aufbrechen von Knochen und Schädeln, der Extraktion von Mark und Hirn sowie zum Abschaben fleischlicher Überreste von unsauber abgenagten Knochen.[47] Noch heute nutzen beispielsweise die Schimpansen Afrikas etwa 20 verschiedene hölzerne und steinerne Werkzeuge, die vor allem der Nahrungsbeschaffung dienen. Als erster (Waffen-) Standard überhaupt konnte der Faustkeil als Universalwerkzeug der Frühgeschichte etabliert werden, der sukzessive zum Feuersteinmesser weiterentwickelt wurde.

Ebenso ließen sich mit Hilfe scharfkantiger Steine Stökke anspitzen, die als erste primitive Speere vermutlich ausschließlich defensiv verwendet wurden. Es waren die ersten Distanzwaffen, die diesen Namen auch verdienten, indem sie als Abwehr- oder Stoßspeer tierische Gegner auf Abstand hielten. Erst später wurden die klobigen Verteidigungs- zu effizienteren Angriffswaffen fortentwickelt, die Jagd entwickelte sich also erst aus der Verteidigungsnotwendigkeit gegen das Raubtier beziehungsweise fand hierin ihre technologische Basis. Bereits in archaischer Zeit hatte die Verhinderung von (Lebensenergie-) Defiziten Vorrang vor der Erwirtschaftung von (Beuteenergie-) Überschüssen, musste dieser historisch vorausgehen. Die Verwendung von Defensivspeeren im Rahmen einer ganzen Hominidengruppe ermöglichte zumindest gegen offen agierende Raubtiere effiziente Verteidigungsformationen, analog zu den Beispielen aus der Tierwelt, wobei die Schutzbedürftigen mittig und die Kampfstärksten um Waffenkraft ergänzt außen herum plaziert werden konnten.[48]

Dieser Umstand ermöglichte erstmals relativ sichere, kontrollierte Gruppenbewegungen über Steppenlandschaften zumindest bei Tag. Für die Sicherheit bei Nacht sollte schließlich ein in den gleichen Zeitraum fallender technologischer Quantensprung sorgen, nämlich die Fähigkeit, Feuer künstlich zu entfachen. Mit dem Feuer gelang es dem Menschen erstmals, eine externe Energiequelle gezielt der eigenen Existenzbewältigung als (Kapital-) Gut dienstbar zu machen. Feuer erleuchtete einerseits die bis dato tödliche und bisweilen frostige Nacht, bot also Schutz vor Tieren wie auch Kälte. Andererseits ermöglichte es die Vorbehandlung der Nahrung außerhalb des menschlichen Körpers und damit deren wesentlich effizienteren Konsum beziehungsweise Befreiung von zum Teil tödlichen Keimen. Darüber hinaus ließen sich durch Räucherung wertvolle Proteinvorräte haltbar machen. Erstmals gelang es so, menschliche Handlungen auf Güterebene planmäßig zugunsten von Konsum und Investition aufzuspalten.

Investiv ließ sich Feuer allerdings auch zur Härtung hölzerner Waffen (-spitzen) sowie Organisation und Durchführung der Jagd bei gleichzeitiger Reduktion des damit einhergehenden Risikos einsetzen. Vor allem konnte die instinktive Furcht und daraus resultierende Panikreaktionen ganzer Tierherden vor dem in der natürlichen Umgebung todbringenden Element auf vortreffliche Art und Weise instrumentalisiert und via Treibjagd in entsprechende Bewegungsbahnen gelenkt werden.

Nicht zuletzt verhalfen diese Umstände dem Urmenschen, die Savanne in Richtung kälterer, raubtierärmerer Regionen, zum Beispiel das Europa der Eiszeit, zu verlassen und andererseits einen höheren Nahrungsanteil aus Proteinen und Fetten zu gewinnen.

4.5 Der Einzug in das Jägerparadies

Es war vor allem die Möglichkeit, Großsäugetiere wie zum Beispiel Riesenfaultiere, Elefanten, Nashörner, Riesenantilopen und den Höhlenbär sowie flugunfähige Großvogelarten mehr oder weniger risikolos erlegen zu können, die jegliche alternative Strategie der Nahrungsbeschaffung obsolet werden ließ. Einzig aus diesem Grund konnten unter den arktischen Bedingungen des frühen Europas Neandertaler und Jetztmensch überleben. Sie stellten ihre Existenz vor allem durch umfängliche Verwertung von Wollnashorn und Mammut sicher.

Angesichts der noch in den Kinderschuhen steckenden Waffentechnik darf jedoch im Gegensatz zur modernen Großwildjagd davon ausgegangen werden, dass Jäger und Gejagte ihre Kräfte nicht auf offenem Feld maßen. Einer Herde Riesensäuger quantitativ und trotz Faustkeil sowie Speer auch qualitativ unterlegen entgegenzutreten, wäre glatter Suizid gewesen. Die Notwendigkeit zur Nahrungsgewinnung zwang den Menschen zur Anwendung seiner effizientesten Waffe schlechthin, seiner Ratio. Die Kanalisierung des Herden- und damit Bewegungsverhaltens unter Ausnutzung von Geländevorzügen, Klippen, Tälern, Schluchten, Sümpfen, verbarrikadierbaren und um Fallen verstärkten Geländeabschnitten ermöglichte nun das unter Kosten-Nutzen-Gesichtspunkten kurz- bis mittelfristig erzielbare Jagdoptimum.

Mit den beiden wichtigsten Waffen der prähistorischen Treibjagden, dem Feuer für den Fern- und dem (Stoß-) Speer für den Nahkampf, konnte nunmehr der Zugriff auf eine mit leicht zu erlegenden Riesensäugern ausgestattete Fauna erfolgen. Er lieferte eine quantitative und qualitative Basis an konzentrierten Proteinen, siehe Endnote 44, die auf pflanzlichem Wege nie erreichbar gewesen wäre. Gleiches gilt für den in tierischen Fetten und Muskeln konzentrierten Kalorienvorrat. So belegen Knochenuntersuchungen von Neandertalern einen regelmäßigen Fleischanteil an der Gesamternährung von über 90 Prozent.

Mit tierischer Nahrung ließ sich freilich auch am ehesten ihr enormer, im Vergleich zu Jetztmenschen vermutlich doppelt so hoher Tagesenergieverbrauch decken. Ferner schätzt der Evolutionsmediziner Loren Cordain, dass in jener Treibjagd-Epoche etwa 65 Prozent der vom Jetztmenschen aufgenommenen Kalorien aus Wildfleisch, die restlichen 35 Prozent aus Obst, Gemüse und Knollen gewonnen wurden. Letztere sollen weniger der Diversifizierung des Speiseplans als vielmehr der Verhinderung einer Eiweißvergiftung gedient haben. Nie wieder, auch nicht in der gegenwärtigen Ersten Welt, sollte ein so hoher Anteil an tierischen Nahrungskomponenten erreicht werden.

Allerdings scheint, wie Ehrenreich anmerkt, die Großwildjagd „gegenüber dem Aasfressen eine relativ späte Neuerung gewesen sein; der Paläoanthropologe Lewis Binord schätzt, dass sie erst 70.000 bis 90.000 Jahre alt ist." Vermutlich verfügte der Homo erectus noch nicht über die planerischen und kommunikativen Fähigkeiten, die eine professionelle Treibjagd im Gegensatz zu einer mühsamen Einzeljagd erforderte. Deswegen blieb die Treibjagd dem Neandertaler und Jetztmenschen vorbehalten, während der Homo erectus auf die wesentlich ineffizienter im direkten und gefährlichen Kampf zu erlegenden, vereinzelten Beutetiere ausweichen musste.

Dass dabei dennoch der Beherrschbarkeit von Fressfeinden Beachtung geschenkt wurde, demonstriert die nach wie vor vorangetriebene Waffentechnik. Die Synthese aus Faustkeil und Holzspeer zum Steinspeer als noch effizienterem Tötungswerkzeug ließ die Dominanz der Hominiden unter den Lebewesen unumkehrbar anwachsen. Die steinerne Waffe konnte als Stoßspeer oder in der ganz kurzen Variante als Steinmesser sogar im Nahkampf beziehungsweise zum Töten der mit Feuer in die Falle getriebenen und nur noch bedingt zur Verteidigung fähigen Beute genutzt werden.

Vor etwa 25.000 Jahren soll die Verwandlung des (Jetzt-) Menschen von der Beute zum Jäger abgeschlossen gewesen sein. Das Tier wurde nie wieder zur Bedrohung der Gattung Homo.[49] Nigel Davies legt ausführlich den kultischen Einfluss des überstandenen und überwundenen Raubtierdramas durch übererfolgreiches Kopieren des einstigen Gegners auf weltweit zelebrierte Riten in der archaischen Welt dar: „[S]chon das Benehmen gleich einem Raubtier, ob Wolf, Bär oder Leopard, hat eine allgemeine religiöse Bedeutung. Es bezeugt, dass man nicht nur ein Mensch ist, dass man eine magische Macht verkörpert und im gewissen Grade zum Gott wurde." Dem deutschen Historiker und Militärfachmann Frank Westenfelder folgend ist es daher „vielleicht kein Zufall, wenn Söldner im Englischen noch heute als ‚Hunde des Krieges' bezeichnet werden".

Es war das Zeitalter der mythischen Verklärung dieses großen Sieges der Menschheit über die Tierwelt, das die ersten kulturprägenden und bis heute nachwirkenden Sagengestalten hervorbrachte.[50] Exemplarisch sei hier nur auf den Archetypen des europäischen Heldentums schlechthin verwiesen. Der griechisch-römische Halbgott und Urheld Herakles respektive Herkules ist vermutlich ebenso wie die später domestizierte Jagd- und damit Urgottheit, römisch Diana, griechisch Artemis, entstehungsgeschichtlich in diese Epoche zu datieren. Von seinen legendären zwölf Arbeiten können allein acht Projekte als eindeutig jagdnah eingestuft werden.[51]

Der endgültige Sieg über das Tier dürfte für einen Wimpernschlag der Menschheitsgeschichte den nunmehr treibjagenden Neandertalern und Jetztmenschen eine – zumindest in Bezug zur bisherigen Erlebniswelt – relative „Überflussgesellschaft" beschert haben. Die (Treib-) Jagd von auf gut kalkulierbaren Routen wandernden Großsäugern, deren massenhafte Erlegung und die teilweise Haltbarmachung des Fleisches zeugen von einem hohen Saturierungsgrad, die zu Steinwaffen technologisch weiterentwickelten hölzernen Vorgängerwaffen schufen in Verbindung mit der Beherrschung des Feuers Tag und Nacht eine Aura der Sicherheit.

Doch diese Ära erfuhr einen strukturellen Bruch. Der Mensch wurde zumindest lokal auf fast allen Kontinenten gezwungen, seine prosperierende Lebensweise aufzugeben. Es war die Nahrung selbst, beziehungsweise das Versiegen ihrer Quellen, die ihn zu einer Änderung der Lebensgewohnheiten und damit ihrer Institutionen überhaupt nötigen sollte. Ob der Schwund der Versorgungsbasis, der Großsäugetiere, nun in weiten Teilen der Welt durch intensive Jagd, durch von Menschen verursachte Brände, klimatische Veränderungen oder eine Mischung aus diesen und weiteren Faktoren verursacht wurde, ist nicht genau bekannt. Fest scheint jedenfalls zu stehen, dass mit der Entdeckung und vor allem Kapitalisierung des Feuers nicht nur im Rahmen der Nahrungsverarbeitung, sondern vor allem durch dessen Nutzung zur Maximierung des Treibjagderfolgs zeitgleich der Niedergang der Population zahlreicher Großsäugetierarten einsetzte. Die Vorteile des Einsatzes dieser Waffe, die Wandlung der Jagd vom Einzel- zum Massenfall, richteten sich schließlich gegen die Jäger selbst.

Denn der große Nachteil der Methode bestand gewissermaßen in ihrer Übereffizienz, der Tatsache, dass eine Selektion innerhalb der Beutepopulation schlichtweg nicht möglich war. Die Unmöglichkeit jedweder Feinsteuerung bei der Jagd auf ausgerechnet jene Tiergattungen, die sich ohnehin durch relativ lange Reproduktionszyklen sowie zahlenmäßig niedrige oder gar keine Mehrlingsgeburten auszeichneten, dürfte zu einer Erlegungsrate geführt haben, die fast durchgehend über der Reproduktionsfähigkeit entsprechender Bestände lag. Allein aufgrund der Transport- und Lagerkapazitäten konnte nur ein kleiner Anteil der so erlegten Tiere zu Nahrung verarbeitet und konserviert werden. Von diesem Umstand zeugen noch heute weltweit zahlreiche prähistorische Großsäugerfriedhöfe, wo die versteinerten Knochen der gehetzten und massenhaft verendeten Tiere den Boden auf mehreren hundert Quadratmetern meterhoch bedecken.[52]

Die Professionalisierung der menschlichen Jagdtechniken korrelierte daher in allen Regionen, wo sie angewendet wurde, negativ mit der Bestandsentwicklung der bevorzugten Beutetiere, den am leichtesten zu erlegenden, in der Kosten-Nutzen-Kalkulation günstigsten Proteinlieferanten. Gerade diese hatten zudem die höchst unangenehme Eigenschaft, sich nicht domestizieren zu lassen und sich der künstlichen Reproduzierbarkeit zu entziehen. Über diese für den Menschen so bedeutende Eigenschaft verfügt in der Tat nur ein winziger Bruchteil der gesamten Fauna.

Riesenfaultiere, Elefanten, Nashörner, Riesenantilopen, Höhlenbären und Großvögel eignen sich hierzu aufgrund ihrer naturgegebenen Aggressivität sowie infolge Stressresistenz in Gefangenschaft ausdrücklich nicht, wie es ja auch die gegenwärtigen Probleme bei Nachzüchtungsversuchen von Wildtieren – heutzutage im Namen des Erhalts der Arten – unter Beweis stellen.[53] Diese Umstände vermögen jedenfalls schlüssig zu erklären, warum ein Großteil der Riesensäuger ausstarb, während ihre kleineren Artverwandten überlebten beziehungsweise bestimmte Tiergattungen in von Menschen bewohnten Gegenden untergingen und in menschenleeren Regionen ein weiterhin unbehelligtes Dasein fristen konnten.

Andererseits fällt genau in diese Periode vermutlich auch die letzte klimatische Umwälzung mit massiven globalen Auswirkungen. „Vor etwa 13.000 Jahren wechselte der Planet von einer Eiszeit in eine Warmzeit, und dieser Übergang endete vor etwa 8.000 Jahren“, schreibt etwa der brasilianische Historiker Fabio Ribeiro de Araujo. Er weist sogar auf eine unter anderem von der NASA finanzierte Studie aus den 90er-Jahren hin, die zu dem Ergebnis kommt, „dass plötzliche [natürliche] Klimawechsel nicht nur denkbar, sondern in der Zukunft auch sehr wahrscheinlich sind, möglicherweise mit großen Auswirkungen auf Ökosysteme und gesellschaftliche Verhältnisse“.

Hier gibt es in der Tat keinen Grund, anzunehmen, dass besagte „Auswirkungen auf Ökosysteme“ in der Vergangenheit keine entscheidenden Einflüsse auf die „gesellschaftlichen Verhältnisse“ gehabt hätten. Immerhin wird der relativ abrupte und regelmäßige Wechsel von Eis- zu Warmzeiten durch zahlreiche archäologische und paläontologische Funde gestützt. Ribeiro de Araujo berichtet von Felsmalereien, aus denen hervorgeht, dass heutige Wüstenlandschaften einst zur fruchtbaren Ökumene gehörten: „Als Sibirien vor 10.000 Jahren abkühlte, war die Sahara grün und von Wäldern mit Flüssen und mehreren Seen bedeckt."

Zumindest dieser letzte große Wechsel scheint sich zudem ebenfalls fest in das soziokulturelle Bewusstsein der Menschen gebrannt zu haben. So existiert ein Dialog Platons (428/427 bis 348/347 vor Christus), der genau dieses zu jenem Zeitpunkt circa 10.000 Jahre zurückliegende Ereignis thematisiert, inklusive dem damit verbundenen, plötzlichen Verschwinden großer Tierrassen. Orientieren konnte sich Platon am tatsächlich so betitelten „Mythos vom Goldenen Zeitalter", jenem Zeitalter, von dessen leider undatiertem Ende der griechische Dichter und Historiker Hesiod (um 740 bis 670 vor Christus) berichtete und das ebenfalls durch Klima- und Umweltveränderungen eingeläutet worden sein soll.[54] Dieser teilweise in existentielle Mangelsituationen mündende Umbruch macht wiederum die Aspekte der kultischen Jagdtierverehrung plausibel.[55]

4.6 Der Auszug aus dem Jägerparadies

Sozioökonomische Revolutionen, egal ob nun vorantik prähistorisch oder modern industriell geprägt, entsprangen dem aus limitierenden Faktoren resultierenden, existentiellen Druck und dessen Überwindung. Dreh- und Angelpunkt war die Notwendigkeit zur Steigerung der Energieeffizienz, im ersten Fall die der Nahrungsenergie, im zweiten Fall die der Maschinenenergie. Die Ursachen waren die gleichen. Die Steigerungsnotwendigkeit wurde von sogenannten ökonomischen (Angebots-) Schocks ausgelöst, die sich letztlich aus dem Verhältnis zwischen Populations- und Produktivitätsentwicklung speisten.

So erzwangen bereits im Mesolithikum die sinkenden Bestände eine zunehmend gezieltere Jagdmethodik, also weitgehend ein Umschlagen der Treib- in die Pirschjagd. Ganz wesentlich hierfür spricht die Weiterentwicklung des Speers zunächst zur Speerschleuder und schließlich vor gut 15.000 Jahren zum historisch wohl bedeutendsten Distanzwaffensystem überhaupt. Pfeil und Bogen waren technisch auf maximale Reichweite, schnelle Schussfolge und präzises Zielen ausgelegt, wobei zum Bogenbau bereits spezielle Hölzer verwendet werden mussten, was wiederum auf Experimenten basierende, technologische Kenntnisse und Erfahrungen voraussetzte. Pfeil und Bogen blieben bis weit in die Neuzeit aufgrund ihrer herausragenden Effizienz die Fernwaffe schlechthin und letztlich ein grundlegendes Instrument erfolgreicher Pirschjagd.

Eine tendenziell abnehmende Beutedichte führt aber selbst bei konstanter Bevölkerungsdichte zu einer abnehmenden Produktivität pro Jäger, die durch zunehmend ausgefeiltere Waffentechnik letztlich nicht ausgeglichen werden kann, ja durch diese sogar negativ verstärkt wird. In so einem Szenario vermögen es die Zunahme des Kapitalstocks und dessen intensivere Nutzung nicht, die Abnahme der (natur-) wirtschaftlichen Basis auszugleichen.

Die Jagd- und Sammelwirtschaft der Frühgeschichte versank weltweit – mit punktuellen Ausnahmen – in einer angebotsseitigen Depression. Sie konnte sich, so der Wirtschaftshistoriker Carlo M. Cipolla, regelmäßig „nur bis zu dem Punkt ausdehnen, an dem die jährliche Vernichtung von Pflanzen und Tieren durch eine mindestens gleich große Neuproduktion ersetzt werden konnte“. Ein möglicher Aufschwung wiederum war zwingend auf die Überwindung des limitierenden Faktors angewiesen, im wesentlichen also des nicht revitalisierbaren Bestandes an (Groß-) Wildtieren.

Um, so Cipolla weiter, „diesen Engpass zu überwinden, musste der Mensch lernen, das Aufkommen an Pflanzen und Tieren zu beeinflussen und zu erhöhen“.[56] Das Aussterben der die Nahrungsversorgung sicherstellenden Beuteobjekte sowie die Unmöglichkeit der Haltung und Reproduktion der allermeisten Tierarten, siehe Endnote 53, nötigten den frühzeitlichen Menschen schließlich zu einer umwälzenden Kosten-Nutzen-Kalkulation. Und diese orientierte sich selbstverständlich an der Relation der einzusetzenden und hieraus zu gewinnenden Energie, mithin also an der Kalorieneffizienz.[57]

Obwohl Tiere die Träger konzentrierter Fette und Proteine sind, was den Revolutionären am Übergang vom Meso- zum Neolithikum zweifelsfrei bekannt war, wichen diese auf die viel weniger nahrhafte Pflanzenwelt aus, weil in weiten Teilen der Welt keine geeigneten Tiere, vor allem akzeptabel große Säugetiere, existierten, die sie hätten jagen respektive halten können. Wo also die regelmäßig zu erzielenden Kalorien aus der Jagd nicht als Lebensgrundlage ausreichten, musste vermehrt auf pflanzliche Kost zurückgegriffen werden, die zwar nicht so konzentrierte Proteine und Fette, dafür aber schnell und reichlich Kohlenhydrate liefern konnte.

Der Zweck, die Reduzierung möglichen Leids durch das Ziel einer Minimierung des Hungers, erforderte eine Maximierung des Kalorienertrags bei Minimierung der dafür selbst eingesetzten Kalorien – und dieses Ziel ist durch Pflanzen- anstatt Pflanzenfresserzucht um den Faktor zehn energieeffizienter, schneller und sicherer durch die direkte Verwertungsmöglichkeit zu erreichen. Dieser Wirkungsgrad ist nach Cipolla „der Hauptgrund dafür, dass arme Gesellschaften mehr pflanzliche Nahrung als tierisches Eiweiß verzehren" sowie verantwortlich für den Umstand, dass die noch energieintensivere Züchtung von Fleischfressern zum Verzehr, so zum Beispiel Hunden, bis heute ein äußerst seltenes und lokales Luxusphänomen geblieben ist.[58]

Dort, wo die Großsäuger vollständig von der Bildfläche verschwanden, wo also auf kleinere, weniger ertragreiche Beuteobjekte ausgewichen werden musste, die es in tage- oder wochenlangen Jagdzügen zu erlegen galt, musste parallel zur Stabilisierung der Energieressourcen auf pflanzliche Nahrungskomponenten zurückgegriffen werden; zunächst noch durch vermehrtes Sammeln, nach Verknappung des Wildbestandes vermehrt durch gezielte Züchtung. Dieser Übergang war von vornherein nicht potentiellen Überschüssen, sondern drohenden Defiziten geschuldet und nach allen vorliegenden Indizien eindeutig Ausfluss der Not.[59]

Die nicht mehr vollnomadischen Mitglieder jener ersten Gartenkulturen bestritten laut Barclay „ihren Lebensunterhalt hauptsächlich durch pflanzerische Tätigkeit. Diese unterscheidet sich von der Landwirtschaft, die weite Gebiete urbar macht, indem sie durch tierische oder mechanische Zugkraft große Felder bestellt. Beim Pflanzen- beziehungsweise Gartenbau wird nur menschliche Arbeitskraft eingesetzt, und die Hauptwerkzeuge sind der Grabstock oder die Hacke und nicht der Pflug. Pflanzervölker betreiben Kahlschlag und Brandrodung oder sie praktizieren Schwendwirtschaft, das heißt eine Art Wanderfeldbau, bei dem ein Gebiet durch Brand von Gestrüpp und Wald gerodet wird. Das Feld wird dann Jahr für Jahr bestellt, bis der ungedüngte Boden keine guten Erträge mehr hergibt." Dazu passt, dass mit der Axt vor circa 12.000 Jahren auch das erste spezielle Werkzeug zur Rodung respektive Holzgewinnung aufkam, das ja bereits der als „Ötzi“ bekannte Similaun-Mann zu Lebzeiten mit sich führte.

Die ersten Gartenbauer konnten dabei auf die letztlich ihr Überleben sichernden Pflanzenkenntnisse ihrer nomadischen Vorfahren zurückgreifen, die zweifellos vorhanden waren, aber mangels Notwendigkeit bis dato nicht angewendet wurden. So ernteten zahlreiche nicht Landwirtschaft treibende Urvölker Wurzelgewächse, ohne jedoch die Wurzeln selbst zu beschädigen, wohl wissend, dass diese als Grundlage für neue Triebe dienten. Teilweise wurde nach der Wildernte zwecks Ertragserhalts sogar der in der Erde verbliebene Teil der Knolle wieder bedeckt und gedüngt. Trotz umfänglicher biologischer Kenntnisse fanden aber bestimmte Jäger- und Sammlergesellschaften, so zum Beispiel die Aborigines, dennoch nie zur Landwirtschaft. Es kann daher getrost davon ausgegangen werden, dass diese Völker zwar das nötige Wissen und Können verinnerlicht hatten, eine Anwendung sich für sie aber im Vergleich zu ihrer archaischen Lebensweise aufgrund der resultierenden Input-Output-Relation schlichtweg nicht lohnte.

Dort aber, wo weder Fauna noch Flora eine auskömmliche Lebensgrundlage boten, erzwang der Ressourcenmangel hochriskante Wanderungsbewegungen, die zu den ersten nachweisbaren Siedlungsgründungen Nordafrikas, des Nahen Ostens, Zentralasiens und Teilen Amerikas im Dunstkreis gewässerreicher Landstriche geführt haben. Diese ersten Siedler konnten nur dort auf Basis ihrer umfassend vorhandenen Pflanzenkenntnisse zum künstlichen Gartenbau übergehen, wo die Erde überhaupt hinreichend fruchtbar war, das heißt neben der Bodenqualität auch eine ausreichende Wasserversorgung gewährleistet war.[60] Denn, so Barclay, „die Landwirtschaft [war] von ihren Anfängen an weitgehend von der Bewässerung abhängig, und sie ist es auch heute noch“.

Umgekehrt führte jede Knappheit an Feuchtigkeit, an Wasser, über die konsequent folgende Knappheit an Pflanzen und damit auch an Tieren letztlich zu versiegenden Energiequellen. Als Faustregel gilt hierbei, dass es zur Produktion einer pflanzlichen Nahrungskalorie eines Liters Wasser bedarf. Das heißt, dass für die dauerhafte Besiedelung rund 80 Prozent der Erdoberfläche erst gar nicht in Frage kamen. Für die Bewohner dieser 80 Prozent blieb mit dem Aussterben der Großsäugetierarten damit neben der Auswanderung nur die Alternative einer auf alle noch verfügbaren Tierarten ausgedehnten Jagdwirtschaft. Lediglich die verbleibenden 20 Prozent, etwa 3,2 Milliarden Hektar, der fruchtbare Teil des Erdkreises, eigneten sich für eine landwirtschaftliche Nutzung. Von dieser Fläche wird bis heute ein gutes Drittel auch tatsächlich dafür verwendet.

Der sukzessive Übergang von der sammelergänzten Treibjagd zur pirschjagdergänzten Gartenkultivierung und damit vom passiven Konsum zur aktiven Investition erforderte als revolutionäres Element eine Anpassung an neue Jahres- und damit Bewirtschaftungszyklen. Da nur in einem eng begrenzten Zeitraum eine in hohem Grad zufallsabhängige Ernte eingefahren werden kann, die aber über das gesamte Jahr konsumierbar bleiben muss, erzwingt diese Lebensweise neben Reservebevorratung beziehungsweise Lagerhaltung zusätzliche Methoden der Konservierung von Lebensmitteln, die insbesondere lang haltbare Gemüsesorten und Knollenfrüchte einerseits und die bereits bekannten geräucherten beziehungsweise anderweitig konservierten tierischen Produkte andererseits umfasst haben dürfte.

Dies wiederum erforderte technische Neuerungen wie die zu diesem Zeitpunkt tatsächlich aufkommende Töpferei und Keramikherstellung, die wiederum ebenso wie das Räuchern nur mit Hilfe des Feuers möglich waren. Zusätzlich müssen über die jahreszeitlichen Schwankungen hinaus weitere Überschüsse erzielt werden, um vor allem Ernteausfälle kompensieren zu können, also für schlechte Zeiten, mindestens einen Anbau- und Erntezyklus, vorzusorgen.

Die im Vergleich zur nomadischen Treibjagd auf üppige Herden mit hoher Unsicherheit bezüglich der komplexen Umwelt- und vor allem Wettereinflüsse behaftete Gartenwirtschaft nötigte geradezu zum Bemühen um eine Steigerung der erzielbaren Erträge. Diese bereits sehr frühe Form des Gewinnstrebens war das Nebenprodukt der Tatsache, dass nicht nur die Kosten der Lebensführung, sondern auch die potentiellen Kosten, um künftig am Leben bleiben zu können, in die Kalkulation mit einfließen mussten – ganz im Einklang mit Maliks Gewinn-Kosten-Analogie aus Kapitel 2.5. Der französische Anthropologe Pierre Clastres führt hierzu aus, dass es bei Vorliegen günstiger natürlicher Rahmenbedingungen „in den primitiven Gesellschaften [von Gartenbauern] tatsächlich eine Produktion von Mehrwert gibt: Die Quantität der produzierten Kulturpflanzen (Maniok, Mais, Tabak, Baumwolle und so weiter) übersteigt stets das für den Gebrauch der Gruppe Notwendige, wobei dieser Produktionsüberschuss [für Notzeiten, Feste und Wiederaussaat] selbstverständlich in der normalen Arbeitszeit enthalten ist.“

Dafür bot die Sesshaftigkeit einen zentralen Vorteil: Sie wurde die Grundlage für erstmals mögliche Kapitalisierungsprozesse, da sie vor allem räumliche Voraussetzungen schuf, die reinen Jägern und Sammlern respektive Nomaden notwendigerweise versagt bleiben mussten. Zumindest konnten letztere ja tatsächlich nur in der Menge Güter ansammeln, verbessern und weiterentwickeln, in der sie beziehungsweise ihre Lasttiere sie zu tragen in der Lage waren.[61]

Die Möglichkeit der Anhäufung von Kapital schloss selbstverständlich das „Humankapital“ mit ein. Der große Vorteil eines stationären Heims ist ja gerade, dass für den Nachwuchs ein sicherbarer Fixpunkt existiert und gerade Kleinkinder nicht mehr beständig mitgeführt werden müssen. Im Schnitt konnte also die sesshafte Bevölkerung mehr Kinder je Frauenleben aufziehen, als das bei Jägern und Sammlern der Fall war. Dies war wiederum nur möglich, da sich das zur landwirtschaftlichen Energiegewinnung nötige Territorium um ein Vielfaches kleiner als die entsprechenden Reviere der auf Jagderfolg angewiesenen nichtsesshaften Stämme erweist.

Solange fruchtbare Böden eine Landnahme lukrativ erscheinen ließen, war auch die Basis der materiellen Versorgung des nun zahlreicher aufgezogenen Nachwuchses gesichert. Sesshaftigkeit ermöglichte ferner die Errichtung fester, sicherer Schutzbauten mit für Raubtiere schwer zugänglichen Einstiegen, wie sie zum Beispiel von den frühesten indianischen Pueblos Amerikas oder den Dörfern Anatoliens bekannt sind. So kann auch Karen Armstrong in diesem Zusammenhang darüber berichten, die Urbanisierung habe den Menschen „eine weitreichende Kontrolle über ihre Umwelt [ermöglicht] und machte sie zunehmend unabhängiger von der Natur. Es war eine aufregende Zeit der Befreiung und des Stolzes."

Durch die Sicherstellung der Versorgung und Sicherheit der Bewohner konnten es sich die Sippen gleichzeitig leisten, Kleingruppen auf die langwierige Pirschjagd zu schicken. Der Preis dafür dürfte eine erste bewusste geschlechtsspezifische Arbeitsteilung gewesen sein.[62] Für den Part des Jägers war in einer weitgehend sesshaften Gesellschaft konsequenterweise der Mann prädestiniert, wie es auch die empirische Überprüfung nahelegt, die weltweit so gut wie keine pirschjagenden Frauen nachweisen konnte.[63] In seiner Habilitationsschrift betont der deutsche Soziologe Gunnar Heinsohn die ausgezeichneten Jagd- und Kampfqualitäten der Männer matrilinear organisierter Stämme, „weil sie auf ihren Streifzügen ohne Sorge darüber operieren können, was mit ‚ihrem' Hause geschieht. Die Frauen aber, denen es gehört, gehen wiederum nicht auf Kriegszüge [beziehungsweise Jagdzüge], sondern halten ihren Platz und ermöglichen so den Männern großräumige Aktionen."

Im Gegenzug war also die Dominanz der Frauen über den Haushalt im umfassenden Sinne Folge dieser Arbeitsteilung. Sie waren damit das Zentrum der sesshaften Sippe, Hüter der buchstäblichen „Hausgesetze", griechisch „oikos nomos", wovon sich etymologisch der Begriff „Ökonomie" ableitet. Als maßgebliche Träger der Reproduktion, ausgestattet also mit der Fähigkeit, Leben zu schenken, oblag ihnen die urökonomisch herausragende Aufgabe, den für das Überleben der Sippe notwendigen Nachwuchs so zeitgerecht zu gebären, dass die eigene mittel- und langfristige Versorgung via materiellen Ausgleich innerhalb der Sippe über eine tragfähige Basis verfügte. Nur sie konnten sich intensiv darum kümmern, das häusliche und humane Kapital in Abwesenheit der auf der Jagd befindlichen männlichen Familienmitglieder zu erhalten und zu steigern.

Die Tatsache, dass diese Einschätzung der bereits früh einsetzenden Produktion materieller Überschüsse von vielen Anthropologen und Historikern geteilt wird, darf jedoch nicht darüber hinwegtäuschen, dass dies eben nicht immer und überall der Fall war. Im Gegenteil, klimatische Wechsel, ausgelaugte Böden, vor allem aber umwälzende Naturkatastrophen konnten stets lokal zu Unterproduktion respektive Überbevölkerung führen. So führt Göttner-Abendroth einerseits aus, dass die ersten Gartenbauer zwar generell „keine Hungergesellschaften, sondern die ersten Überflussgesellschaften“ gewesen seien, was hinsichtlich der Vorratshaltung, also sichtbarer Überschüsse, auch stimmen mag. Andererseits betont auch sie, dass existentieller äußerer Druck „durch drastische Veränderung der Umweltbedingungen entstehen [kann], wie das Austrocknen ganzer Landstriche, welches die Stämme zu langen Wanderungen unter extremen Bedingungen zwingt. […] Bedenken wir aber die Länge der menschlichen Geschichte, so kommt eine gewisse Anzahl solcher Ausnahmesituationen zusammen.“

Auch Clastres bestätigt dieses Überfluss-Mangel-Muster stellvertretend am Beispiel der indianischen, nord- und südamerikanischen Gartenbaukulturen: „[D]ie Subsistenzwirtschaft der Indianerstämme [implizierte] keineswegs die ängstliche und den ganzen Tag ausfüllende Suche nach Nahrungsmitteln. […] Ein und derselbe Garten wurde vier bis sechs Jahre hintereinander bepflanzt. Dann gab man ihn auf, weil der Boden erschöpft war, oder wahrscheinlicher deshalb, weil eine schwer zu beseitigende parasitäre Vegetation den gerodeten Raum überwuchert hatte.“ Allerdings „kennen wir keine Gesellschaft, die sich an einem Ort niedergelassen hätte, der von Natur aus nicht zu beherrschen war, es sei denn durch Zwang und äußere Gewalt […]“. Genau im letzten Fall aber, der selbstverständlich auch natürliche Umwälzungen mit einschließt, „verschwindet sie oder sie wechselt das Territorium“.

Die ständig pressierende Urschuld schlug sich allen Überschüssen zum Trotz, wie Karen Armstrong ausführt, auch unmittelbar in den überlieferten Erzählungen jener Epoche nieder: „Die neuen neolithischen Mythen zwangen die Menschen auch weiterhin, sich der Realität des Todes zu stellen. Sie schilderten keine ländliche Idylle, und die Muttergöttin war keine sanfte, tröstende Gottheit, da Landwirtschaft nicht als friedliche, kontemplative Tätigkeit erlebt wurde. Vielmehr war sie ein ständiger, verzweifelter Kampf gegen Unfruchtbarkeit, Dürre, Hunger und die Naturgewalten, die ebenfalls Manifestationen geheiligter Macht darstellten.“

Wirtschaftskrisen früherer Epochen dürften denen der heutigen Dritten Welt entsprochen haben, nur ohne jegliche Chance auf Hilfe von außen. „Die Agrarkrisen vor der Mitte des 19. Jahrhunderts waren auch nicht so rhythmisch, sondern hingen von der Witterung ab.“ Der deutsche Wirtschaftshistoriker Werner Plumpe beschreibt die apokalyptische Wirkung starker exogener Schocks wie folgt: „Die Menschen waren fast ausschließlich mit der Beschaffung von Nahrung, Kleidung und Behausung beschäftigt; jede in der Regel durch Witterungsschwankungen ausgelöste Erntekrise hatte in einer an der Subsistenzgrenze lebenden Welt verheerende Folgen. Hunger, Epidemien, Tod waren an der Tagesordnung.“

Zwar ermöglicht, wie Clastres ausführt, die Kultivierung vorteilhafter Böden der Ökumene bei günstigen Witterungsbedingungen respektable Erträge, was allerdings katastrophale Einzelereignisse nicht ausschließt. Gerade die „ungenügende Umweltbeherrschung“ insbesondere der frühen Agrargesellschaft macht Carlo M. Cipolla für die typischerweise stark schwankenden Sterblichkeitsziffern verantwortlich, die regional „periodisch plötzliche Sterblichkeitsgipfel aufweisen, die 150 bis 300 und sogar 500 Todesfälle je 1.000 Einwohner anzeigen“ und ganz überwiegend durch Hungerkatastrophen „einen Großteil der Bevölkerung auslöschten“. Lokal konzentrierte Überschüsse einerseits und entsprechend spiegelbildliche Defizite andererseits waren natürliche

Erscheinungen, die, wie in jeder Bilanz, nach Ausgleich verlangten.

Demographische Expansion sesshafter Menschen, territoriale Konzentration auf die relativ knappe Ökumene und sinkende Bestände an Jagdvieh – der Übergang von der Treibjagd- zur Gartenwirtschaft in Kombination mit Wanderungsbewegungen konnte langfristig nicht ohne Folgen für die Art und Weise zwischenmenschlicher Sozialbeziehungen bleiben.

4.7 Von der Jagd zum Krieg

Nahrungsmittel verknappende Faktoren münden ja seit jeher nicht einfach nur in Migrationswellen und der Suche nach nutritiven Quellen. Sie sorgen in aller Regel auch für eine Übertragung der nun härteren Umweltbedingungen auf die Kulturbedingungen, die sich nur allzu oft in einer Brutalisierung menschlicher Sozialbeziehungen niederschlägt. Noch für die jüngste Vergangenheit kann Harris diesen Zusammenhang belegen: „Neuere Untersuchungen zeigen, dass das Problem schwindender tierischer Nahrungsquellen vielen der kriegerischen Auseinandersetzungen zugrundeliegt, die unter den Eingeborenen des Amazonasgebiets und anderer tropischer Urwaldgebiete endemisch auftreten."

Da liegt es nicht fern, für die prähistorische, aus der Not geborene Umwälzung am Vorabend der Neolithischen Revolution, die den Übergang von einer relativ friedlichen zu einer kriegerischen Epoche markiert, zumindest ähnliche Auswirkungen für das menschliche Selbstverständnis zu unterstellen. Dieses dürfte sowohl nach innen als auch nach außen gewirkt haben. Neben der Bevölkerungsregulierung durch aktive Tötung dürfte es in Not- und Katastrophenzeiten auch zum Verstoß Einzelner und von Kleingruppen aus dem Sippen- oder Stammesverband gekommen sein. Allein aus demographischen Gründen kamen hierfür überwiegend Männer in Betracht.[64]

„Die Rede von vaterlosen Männern, die schließlich auch von ihren Müttern getrennt und verstoßen worden sind und sich gar aktiv gegen diese wenden, taucht in vielen Heroenbiographien auf [...]. Soweit diese sozialrevolutionären Giganten – also Söhne der weiblichen Erde – aus matrilinearen Stämmen kommen, können sie Väter im legalen Sinn tatsächlich auch noch nicht haben." Hier beschränkt sich Heinsohn allerdings zunächst auf die nicht direkt blutsverwandten männlichen Sippenmitglieder – jene, die laut Göttner-Abendroth durch das „Band der Heiratsregeln“, den „gelegentlichen ‚Austausch‘ von Menschen“ und nicht durch Blut an die Horde gebunden waren –, was den tradierten Solidaritätsgeboten folgend auch nur konsequent ist.

„Der in eine Notlage geratene Stamm könnte durchaus zum Verstoß von eingeheirateten Männern übergegangen sein. Bei der nun zu bewältigenden Schwierigkeit der Nahrungsbeschaffung dürften als ‚überflüssige‘ Esser […] erst einmal die Stammesfremden […] gegolten haben. Zwecks Erhaltung des sozialen Friedens im noch sesshaften Stamm könnten […] Frauen gegen ihre Männer nun zur vermehrten Anwendung des Verstoßungsrechtes geführt haben. […] Sie [die verstoßenen Männer] wären tatsächlich heimatlos und dem Untergang ausgeliefert gewesen. Beim Zusammenschluss etlicher Schicksalsgenossen hätten sich besagte Männergruppen formieren können.“

Barclay schließt hierbei nicht weiter differenzierend alle „Personen, die in Kriegs- oder Hungerzeiten von ihrem eigenen Zuhause geflohen sind oder wegen irgendeines Vergehens von dort ausgestoßen wurden“ ein. Die historische Konstanz dieses Umstandes wiederum belegt die Institution des „ver sacrum“, lateinisch für „heiliger Frühling“, ein noch in der Antike vor allem bei italienischen und keltischen Völkern gut dokumentierter und bei den Germanen vermuteter Brauch, bei dem „eine Mannschaft junger Männer, oft ein gesamter Jahrgang, aus dem Stammesverband ausgestoßen oder auch nur ausgesandt wurde, um neues Land für ihren eigenen Unterhalt zu erobern und so einen neuen Stamm zu gründen. Manchmal wurde dieser Brauch in Notzeiten durchgeführt.“[65] Als „Fianna“ beziehungsweise „umherziehende Kriegerschar“ haben sie es sogar in den klassischen Kanon der mittelalterlichen irischen Literatur geschafft. So thematisiert der Finn-Zyklus, eine frühmittelalterliche Gedichtsammlung aus der irischen Mythologie, die Wanderung einer wohnsitzlosen Männergruppe, die sich der Jagd widmet und zuweilen – bei ausbleibendem Jagderfolg? – als Söldner verdingt. Neben diesen Gruppen verstoßener Männer könnten natürlich ganze Sippen im Ringen um die eigene Existenz auf risikoreiche Wanderschaft gegangen sein. Denn als letzte Option musste die

Aufgabe des Siedlungsplatzes durch alle Sippenmitglieder mit jeglichen damit verbundenen Risiken, vor allem einer höchst ungewissen künftigen Versorgungssituation, in Betracht gezogen werden.

Neben die Nahrungs- trat immer dann die Notwendigkeit der Menschenbeschaffung, wenn die demographischen Reserven zu ausgedünnt waren, um mittelfristig eine ausbalancierte Gruppenstruktur und damit ein Überleben der Sippe sicherstellen zu können. Dies konnte aufgrund des limitierenden Faktors der Reproduktion (siehe Endnote 64) regelmäßig nur über die Vereinnahmung von Frauen gelingen.[66] Der Krieg Mensch gegen Mensch um Nahrungs- und Humanressourcen war die prähistorische Entschuldungsoption bei sich abzeichnender Nichtbedienbarkeit der Urschuld. Die Hobbessche Theorie vom Krieg aller gegen alle erweist sich mithin, siehe auch Endnote 39, keineswegs als ein der Menschheit in die Wiege gelegter Naturzustand, sondern als Resultat ganz spezifischer Rahmenbedingungen.

Das Gasulla-Ereignis, die erste festgehaltene kriegerische Auseinandersetzung der Menschheitsgeschichte, fiel daher vermutlich keineswegs zufällig in genau die oben skizzierte revolutionäre Übergangsperiode zwischen Meso- und Neolithikum. Ihre der Versorgung beraubten Protagonisten markieren, so der französische Soziologe und Kriegsforscher Gaston Bouthoul, den Beginn der Ära gewaltsamer Migration: „Die großen Linien der Vorgeschichte, soweit wir sie kennen, geben die Bewegungen der Stammesgruppen wieder, die sich gegenseitig auf der Suche nach günstigen Siedlungszonen oder auf der Suche nach Sicherheit verdrängten, wenn sie selbst vor einem Eroberer flohen. So kam es [später] zu den Wanderungen der Kelten in Europa, der Arier in Indien, der Achäer, der Mongolen, der Semiten, der Wikinger und so weiter!“

Bereits die Zeichnungen in der Schlucht in Castellón zeigen organisiert marschierende Kriegerkolonnen eindeutig männlicher Kämpfer – Heinsohn würde von „frauenlosen Kriegerhaufen“ sprechen –, was in der Tat auf die Durchführung gezielter, eventuell im Vorfeld ausgekundschafteter Kriegszüge hindeutet.[67] Diese erfordern aufgrund des offensichtlich koordinierten Charakters der Jagd- respektive Kampfoperationen, der natürlich wesentlich zum Erfolg derselben beiträgt, so etwas wie klare Führungs- und Organisationsstrukturen, was sich ebenfalls am stilisierten Kopfschmuck exponierter Einzelpersonen andeutet.

Göttner-Abendroth weist darauf hin, dass solche „Gefolgschaftsverhältnisse sich erst bei dauerhaften Wanderzügen [verfestigt haben], die aber nicht die Regel, sondern die seltene Ausnahme sind. Sie treten bei der Suche nach neuem Land auf, falls die Existenzgrundlage auf dem alten Gebiet bedroht ist. Sie haben also nicht ‚normalen', sondern ‚katastrophalen' Charakter." Auch die Untersuchung von insgesamt 186 agrarisch geprägten Gesellschaften durch die US-amerikanischen Anthropologen Carol und Melvin Ember kam zu dem Ergebnis, dass diese vor allem Krieg führten, „um die Auswirkung unvorhergesehener (und nicht so sehr chronisch auftretender) Nahrungsmittelknappheit abzumildern [...]".

Die Jagdwaffen mussten sich im Zuge des Gasulla-Ereignisses dem Gesetz der allmählichen Verfeinerung folgend zu Kriegswaffen wandeln. Sie gründeten sich, wie umfänglich beschrieben, auf die vorhandenen Technologien der Wildbeuter, den „Gebrauch von Stein-, Holz-, Knochen- oder Elfenbeinwerkzeugen". Denn, so Barclay weiter, „die Kunst der Metallbearbeitung kennen sie nicht". Genau das muss aber bereits für die Frühphase der Menschheit stark in Zweifel gezogen werden. Wie die Ausführungen dieses Kapitels eindringlich darlegen, befand sich die Gattung Homo faktisch vom ersten Augenblick ihrer Existenz an in einem permanenten Überlebenskampf.

Spätestens vor 25.000 Jahren, mit dem Übergang von der Treib- zur Pirschjagd, musste dem zeitgleich einsetzenden, massiven Technologieschub zwangsläufig die Suche nach innovativen Werkstoffen und Bearbeitungsverfahren vorausgehen, ohne die dieser gar nicht möglich gewesen wäre. Letztlich mussten diese Werkstoffe überhaupt erst gefunden, untersucht und bearbeitet werden; die Verwendung geeigneter Steine und Hölzer, vor allem für die komplexen Verfahren zur Herstellung immer ausgefeilterer Pfeile und Bögen, erforderte aktive Such- und Experimentierprozesse. Die beiden gängigsten wie auch geeignetsten Steine, Obsidian und Feuerstein, waren dabei keineswegs gleichmäßig über die Erdoberfläche verteilt.

Obsidian ist das Produkt kieselsaurer, also an Sauerstoff-Silizium-Verbindungen reicher, und wasserarmer Lava aus der Erdkruste, die nach Vulkanausbrüchen auf dem Erdboden recht schnell zu dem schwarzen Glasstein erstarrt. Dieser wertvolle Werkstoff ist also schon einmal geographisch eng an den lokalen Entstehungsort gebunden. Der Feuerstein wiederum ist vermutlich Resultat spezieller geologischer Verfestigungsprozesse. Er kommt zwar häufiger vor als Obsidian, ist jedoch ebenfalls auf bestimmte Ablagerungsgebiete konzentriert. Immerhin war auch er lokal derart ungleichmäßig konzentriert, dass beispielsweise in Europa über 100 nachgewiesene, primitive Feuersteinbergwerke existierten, die während der Steinzeit ausgebeutet wurden; eventuell mit ein Grund, weshalb die europäische Metallurgie der kleinasiatischen Entwicklung, wo werkstoffähiges Gestein in der Tat weitaus seltener war, hinterherhinkte.

Gleiches gilt für Pyrit, ein gelblich glänzendes, schwefelhaltiges Mineral.[68] Pyrit war als Konterpart zum Feuerstein unverzichtbarer Bestandteil des prähistorischen Feuerzeugs. Nur mit Feuerstein allein kann nämlich kein Funke erzeugt werden. Erst durch Schlagen von Feuerstein auf Pyrit, dessen Name sich aus dem Griechischen „pyr“ für „Feuer“ ableitet, können aus letzterem sich entzündende Splitter abgehauen werden, die wiederum Zundermaterial in Brand zu setzen in der Lage sind.[69] Die ältesten bekannten zur Feuerherstellung genutzten Pyritbrocken und -splitter lassen sich in frühzeitlichen Überresten von Feuerstellen nachweisen und werden auf ein Alter von 35.000 Jahren datiert. Sie dienten bis in die Eisenzeit als Funkenspender.

Bereichert um die Erkenntnisse zu der im letzten Kapitel dargelegten Dislozierung natürlich vorkommender Metalle kann daher mit Sicherheit ausgeschlossen werden, dass diesen professionellen Steinsuchern und Naturwerkstoffexperten die Entdeckung des Goldes und seiner Bearbeitung verborgen blieb. Im Gegenteil spricht sogar einiges dafür, dass die Entdeckung und Nutzung des Pyrits selbst auf einem derartigen Such- und Selektionsprozess beruhte, sieht doch der goldglänzende Kristall dem gelben Edelmetall derart zum Verwechseln ähnlich, dass er bis heute auch unter der volkstümlichen Bezeichnung „Falschgold" bekannt ist.

Der Münchner Archäologe Rupert Gebhard hat dieses Fundereignis wie folgt umschrieben: „Die Entdeckung des ersten Goldes, vorgestellt als naive Fiktion, veranschaulicht die Begegnung mit seinen Wesenseigenschaften. Ein Mensch entdeckt im Licht der Sonne ein Stückchen Gold. Um es zu prüfen, schlägt er mit einem Stein darauf. Zu seiner Überraschung lässt es sich selbst mit größter Gewalt nicht zerstören, es verformt sich immer weiter und behält seinen Glanz." Sowohl die Art der Entdeckung und Prüfung – hier muss Gebhard ja bereits stillschweigend von einem größeren Nugget ausgehen – als auch der Schlag mit dem Stein selbst und die Erkenntnis der überraschenden Eigenschaften sind keinesfalls eine „naive Fiktion".

Verwundern muss vielmehr die Annahme, dass diese Entdeckung nicht im Mesolithikum erfolgte, ebenso wie die Vermutung, der glückliche Fund habe seinen Entdecker dazu animiert, diese wertvolle Gabe lediglich in glänzenden Schmuck zu konvertieren. Ulrich Zimmermann geht hierbei gar so weit, ein über Jahrtausende währendes Desinteresse zu unterstellen: „Sämtliche Metallerze blieben die längste Zeit der Menschheitsgeschichte ungenutzt, auch wenn mancherorts die Lagerstätten, selbst solche mit gediegenen Metallvorkommen, sogar oberflächlich erkennbar gewesen waren." Die täglich um ihr Überleben kämpfenden und permanent unter Optimierungsdruck stehenden Menschen des Meso- und Neolithikums sollen allen Ernstes diesen innovativen und vorteilhaften Werkstoff vorsätzlich missachtet, ihn noch nicht einmal experimentell genutzt haben?

Immerhin gibt Zimmermann eine Begründung: „Erst als die Bedingungen für eine entwickelte Metallurgie geschaffen waren, als die Gesellschaft darauf vorbereitet war, die hiermit verbundenen soziokulturellen Folgen zu tragen, bildeten sich bedeutende Metallkulturen heraus." Die zahlreichen steinzeitlichen Spezialisten, die bei ihrer Suche nach neuen Werkstoffen zuerst auf Metalle gestoßen sein müssen – das stellt Zimmermann ja nicht in Abrede –, sollen demnach also als Erstes die möglichen soziokulturellen Folgen ihrer innovativen Entdekkung kalkuliert haben?

Diese müssen sie zunächst wohl als zu hoch eingeschätzt haben, weswegen sie den Mantel des Schweigens über ihre Erkenntnisse breiteten, der sich erst Generationen später, als „die Gesellschaft darauf vorbereitet war", wie von Geisterhand hob und der Metallkultur zum Durchbruch verhalf. Zimmermanns wagemutige These kann nun dadurch entschärft werden, dass von der entwickelten Metallurgie – hier müssen in der Tat ein komplexes Zusammenspiel mehrerer Basistechnologien sowie spezifische soziale Rahmenbedingungen zwingend vorausgesetzt werden – auf die wenig beziehungsweise nicht entwickelten Vorgängertechnologien geschlossen wird.

Genau hier kann bei der Gewinnung, Verarbeitung und Verwendung gediegener Edelmetallvorkommen problemlos und in Übereinstimmung mit dem Gesetz der allmählichen Verfeinerung angesetzt werden. Erst hierdurch wurde jener notwendige technische und soziale Rahmen für die entwickelte Metallurgie überhaupt erst geschaffen. Vermutlich unbeabsichtigt und dennoch unmittelbar einleuchtend ist Gebhards geschilderte Materialprobe, der Schlag mit einem (Feuer-) Stein. Dieser Entdecker des „ersten Goldes" könnte nämlich tatsächlich dem Irrtum erlegen sein, eine Pyritknolle gefunden zu haben, deren Eignung zur Erzeugung von Funkensplittern er damit prüfen wollte – oder eben umgekehrt, worauf dann die Bezeichnung des Pyrits als Katzen- beziehungsweise Ketzer-, Narren- oder Falschgold zurückgeführt werden könnte.

Andererseits dürfte vor allem dort, wo es keine hinreichend großen und geeigneten Werksteinfunde gab, wo das Material wie in Europa nicht im Tagebau gewonnen werden konnte, Gebhards „naive Fiktion“ die Suche nach und die Experimentierfreude mit alternativen Werkmaterialien, enorm beflügelt haben. Zumal im Fall des Goldes die Bearbeitungstechnologien, im wesentlichen Hämmern und Schärfen, bereits aus der vormetallenen Werkstoffbearbeitung vollständig bekannt waren.

Auch die Metallschmelze respektive Gusstechnologie dürfte sich eine zumindest teilweise sesshafte Gesellschaft mit bereits vorhandenen Kenntnissen in der Tonbrennerei und Keramikproduktion angesichts des niedrigen Schmelzpunktes von Gold beziehungsweise gediegenem Elektrum zügig angeeignet haben. Die Vermutung, dass unter diesen Rahmenbedingungen laut Baader „Gold und Silber [...] als Schmuck, als religiöse Kultgegenstände und als edler Hausrat eine weitverbreitete Wertschätzung“ erfahren haben sollen beziehungsweise nach Mises zunächst als „Material für die Herstellung von Schmuck und Zierat jeglicher Art“ verwendet wurden, kann getrost mit einem großen Fragezeichen versehen werden. Die (ur-) ökonomisch überragende Funktion dieser Metalle leitete sich konsequenterweise weder von einem ästhetischen Schmuckwert geschweige denn ominösen Tauschwert, sondern einzig und allein vom zunächst mutmaßlichen und dann tatsächlichen Werkstoff- respektive Waffenwert des neu entdeckten Materials ab.

Die ersten Nuggetfinder und Goldbearbeiter dürften, siehe Gebhard, dabei experimentell recht bald erschlossen haben, dass jenes Fundgold über besagte, ganz herausragende Eigenschaften – Formbarkeit, Teilbarkeit, Homogenität und Haltbarkeit – verfügte. Dieses bis dato in der Tat einzigartige und innovative Waffen- und Werkzeugmaterial vereinfachte zahllose bestehende und ermöglichte ebenso viele neue Anwendungen. Aufgrund seines hohen spezifischen Gewichts, auch das dürfte die praktische Erfahrung rasch gelehrt haben, taugte es jedoch ausdrücklich nicht zur Verarbeitung in Wurf- und Schusswaffen. Pfeil- oder Wurfspeerspitzen aus Gold verfügen hinsichtlich der ja relevanten Reichweite im Vergleich zur knöchernen oder steinernen Variante über nachteiligere Eigenschaften.

Diese können bei der Pirschjagd auch nicht durch die höhere Festigkeit oder Härte aufgewogen werden. Im Gegenzug eignete sich das neu entdeckte Edelmetall aber hervorragend zur Herstellung von Nahkampfwaffen. Die zwei wichtigsten unter ihnen fanden beziehungsweise finden – freilich als stählerne Varianten – bis in die Neuzeit Verwendung: Hirschfänger und Saufeder, also Spitzdolch und Stoßspeer. Mit dem Stoßspeer ließen sich bereits durch Distanzwaffen oder Fallen verletzte Tiere im Nahkampf töten – so zum Beispiel in der Tat Hirsch und Wildschwein, aber auch Riesensäuger wie Elefant und Nashorn. Mit dem Spitzdolch konnte dann der besiegten Beute schließlich der Todesstoß versetzt werden. Gleiches gilt selbstredend zur Abwehr tierischer Räuber wie beispielsweise Bären oder Wölfe im Nahkampf, wofür sich unzerbrechliche Gold- allemal besser als bruchanfällige Feuersteinklingen eigneten.

Der Urwert des Goldes war mithin kein abstrakt-ästhetischer, sondern ein konkret-vitaler, der sich letztendlich vom Zuwachs eines objektiv messbaren Überlebensvorteils ableiten ließ. Wenn die Entdeckung des Pyrits, des Katzen- oder eben Falschgoldes, nun tatsächlich mit der des zum Verwechseln ähnlichen echten Goldes zusammenfiel und werkstoffliche Entdeckung wie auch technische Entwicklung sich sogar wechselseitig positiv verstärkten, dann dürfte sich der kombinierte Einsatz dieser Schlüsseltechnologien sogar als kausal für den zeitlich relativ zügig erfolgenden Abschluss der Verwandlung des Menschen vom Opfer seiner Umwelt zum Herrscher über dieselbe erwiesen haben, der ja wenige Tausend Jahre später vollendet wurde.

Gold, in seiner „echten" wie in seiner „unechten" Erscheinungsform, als Waffe und Feuer, wurde zum effizientesten Werkzeug des Menschen gegen eine feindliche Natur, das Gold in seiner historisch gesehen ersten sozioökonomischen Funktion also zum Herrschaftsmetall über die tierisch dominierte Umwelt. Allein auf die über den Waffenwert abgeleitete Funktion als Herrschaftsmetall lassen sich demnach jene, laut Mises, „alten [Gründe] für die Wertschätzung des Metalles Gold" zurückführen.[70]

Letztendlich wird sich diese Hypothese aus Gründen, die bereits zum Ende des letzten Kapitels erläutert wurden, nicht oder kaum durch Funde stützen lassen. Das gilt allerdings auch für jede andere Theorie über die Ursprünge der menschlichen Goldnutzung. Dazu schreibt der in München lehrende Geologe Gerhard Lehrberger: „Aufgrund der Tatsache, dass bei der Goldverarbeitung weitgehend keine Überreste in Form von Schlacken et cetera bleiben und der Mensch in seiner unersättlichen Gier ganze Berge versetzt und damit frühere Abbauspuren zerstört hat, wissen wir über die Anfänge der Goldgewinnung relativ wenig."

Für letzteres dürfte nicht nur die „unersättliche Gier" des Menschen nach Gold verantwortlich sein, sondern auch die im letzten Kapitel thematisierte Dislozierung des geerdeten Goldes. Oberflächenvorkommen lassen sich nun einmal nach Verwertung des Fundes und ohne schriftliche Aufzeichnungen oder tradierte Erzählungen, die sich selbst jedoch ebenfalls kaum nachprüfen lassen, nicht mehr rekonstruieren. Aus diesem Grund sind nur die spektakulären Oberflächenfunde der Neuzeit wie das Holtermann-Nugget nachweislich bekannt.

Daher konnte „eine prähistorische Goldgewinnung [...] bisher archäologisch nirgendwo eindeutig nachgewiesen werden". Erst nach Etablierung der Bergwerkstechnik lassen sich archäologische Spuren des Metallabbaus eindeutig belegen. Die ältesten von ihnen stammen aus der Zeit der römischen Herrschaft in Siebenbürgen im heutigen Rumänien. Da Gold jedoch, siehe Warna, zweifelsfrei bereits Jahrtausende zuvor verwendet wurde und hierzu natürlich auch der Erdoberfläche oder dem Erdboden abgerungen werden musste, ist eine Goldnutzung bereits vor der systematischen Gewinnung von Bergwerksgold ebenfalls völlig unstreitig. Daher muss seine Nutzungshistorie auch zwingend in die Vergangenheit verlängert werden.

Da ferner Unvergänglichkeit und Homogenität zwei der markantesten Eigenschaften des Goldes sind, ist jeder Datierungsversuch ohne Zusatzinformationen wie dem Fundort beiliegendes organisches Material – nur hierüber lassen sich beispielsweise C14-Datierungen realisieren – zum Scheitern verurteilt. Denn selbst mit datierungsfähigen Proben lässt sich auf diese Weise nur das Mindest-, nicht jedoch das Höchstalter des verarbeiteten Goldes ermitteln. Dieses kann ja problemlos einer noch älteren Quelle entstammen und via Einschmelz- und gegebenenfalls Vermischungsprozess lediglich in seine letzte bekannte Form gebracht worden sein.

Das goldene Metall wie der goldfarbene Kristall stellen die Ursymbole der (Teil-) Überwindung natürlicher Zwänge schlechthin dar und markieren einen bedeutenden Etappenerfolg im permanenten Ringen um die Bewältigung der ökonomischen Realität erster Ordnung. Doch was für den Nahrungsbeschaffungs- und Überlebenswert des Goldes als Jagdwaffe gilt, musste für seine Verwendung als Kriegswaffe erst recht Bedeutung erlangen. Der Wert des Goldes potenzierte sich im Kampf Mann gegen Mann, geht sogar annähernd gegen Unendlich, sollte der Gegner noch nicht über diese fortschrittliche Waffentechnologie verfügen. Für ein erstes derartiges Aufeinandertreffen existiert indes ein sehr gut dokumentiertes Vorbild in der jüngeren Geschichte.

KAPITEL 5: Der Aufstieg der Edelmetalle

5.1 Asymmetrien schreiben Weltgeschichte

Am 16. November 1532 stehen sich auf einem weiten Feld vor Cajamarca, im Herzen des südamerikanischen Inkareiches, zwei militärische Verbände gegenüber, die an diesem Tag eine der asymmetrischsten Schlachten der Weltgeschichte schlagen sollten. Das gilt sowohl hinsichtlich der Ausgangslage als auch bezüglich des Resultats. Auf der einen Seite die einheimischen Verteidiger: 70.000 bis 80.000 Männer, ausgeruhte, gut versorgte und kampferprobte Krieger. Diese bis dato erfolgreichste Streitmacht des Kontinents war nicht nur gewillt, die angestammte Heimat zu verteidigen, sondern auch Macht und Ruhm des als göttlicher Abkömmling verehrten Königs zu demonstrieren. Sie kannten die Gegend, das Wetter und die Umweltbedingungen wie niemand sonst. Ohne zu zögern waren sie zur Erfüllung ihres Auftrags und zum Schutz von Herrscher, Land und Leuten bereit, ihr Leben zu geben.

Auf der anderen Seite die Angreifer: ein zerlumpter Haufen von, je nach Quelle, 110 bis 170 Männern, die meisten von ihnen Analphabeten. Nach einer wochenlangen, kraftraubenden und an Menschenleben verlustreichen Reise über Meer und Land waren sie in unbekanntes Terrain mit völlig ungewohnten Umweltbedingungen vorgestoßen. Die ausgehungerte Meute scherte sich keinen Deut um ihren Herrscher, der Tausende von Kilometern entfernt in einer anderen Welt residierte. Ihr Motiv war rein monetärer Natur, ihr Anführer bereits jenseits der 60. Jene Gestalten, Glücksritter, Söldner, Abenteurer und Heimatlose hatten noch nie in dieser Konstellation gemeinsam gekämpft, vom militärischen Grünschnabel bis zum pulverdampfergrauten Veteranen repräsentierten sie eine bunte Melange kriegerischen Wissens und Könnens.

Und dennoch, als am Abend jenes Tages die Sonne unterging, war die Ebene von Cajamarca mit den toten Leibern der Verteidiger übersät, wohingegen die Angreifer laut mehreren zeitgenössischen Berichten lediglich einige wenige Verwundete zu beklagen hatten. An jenem Tag haben die spanischen Konquistadoren ihren militärisch wohl spektakulärsten Sieg errungen und das südamerikanische Inkareich im Handstreich hinweggefegt, ein Territorium, das von Kolumbien bis Chile reichte, ein Reich mit sechs Millionen Untertanen. Sie nahmen den indianischen Gottkönig Atahualpa gefangen und erpressten mit dieser Geisel das real wohl höchste Lösegeld der Geschichte, einen Raum mit einer Grundfläche von sechs mal fünf Metern und einer Höhe von zweieinhalb Metern, bis zur Oberkante gefüllt mit Edelmetallen. Ein gigantisches Vermögen eingedenk der Tatsache, dass die gesamte Menge des in der Geschichte der Menschheit bis heute geförderten Goldes eingeschmolzen einen Würfel mit circa 20 Metern Kantenlänge ergibt.

Im Anschluss an die Zahlung sollen die Schmelzöfen vor Ort über einen Monat lang befeuert worden sein, um die gesamten Gold- und Silbergegenstände zu verflüssigen und für den Transport in die Alte Welt neu zu gießen. Zeitgenössischen Quellen zufolge soll die Ausbeute der Konquistadoren an Edelmetallen allein aus dem Inkareich 180.000 Kilogramm Gold sowie 16 Millionen Kilogramm Silber umfasst haben. Der Anführer der Konquistadoren, Francisco Pizarro (1476/1478 bis 1541), der sich bereits 1524 verpflichtete hatte, das legendäre Eldorado, das „Goldene Land“, zu finden, hatte tatsächlich sein Ziel erreicht. Allerdings in anderer Art und Weise, als seine Auftraggeber es sich vermutlich zuvor ausgemalt hatten.

Es gibt eine Vielzahl von Faktoren, die diesen so unwahrscheinlich erscheinenden Sieg ermöglicht haben und die für so viele Schlachten doch so typisch sind. Die Unterschätzung des Gegners, mangelnde Vorbereitung, arglistige Täuschung, kulturspezifische Gepflogenheiten und Schwächung durch innere Konflikte mögen alle zur Niederlage der Inka beigetragen haben und sind dennoch wohl nur sekundäre Begleiterscheinungen. Es war lediglich ein in Eurasien altbekannter, transformierter und nachbearbeiteter Rohstoff, der fast im Alleingang die Entscheidung brachte: Stahl. In Anlehnung an die berühmte Proklamation „Gold gab ich für Eisen!" vom 17. März 1813, die der preußische König Friedrich Wilhelm III. (1770-1840) landesweit verbreiten ließ, um den Widerstand gegen Napoleon Bonaparte (1769-1821) finanzieren zu können, galt für Francisco Pizarro und seinen Gewalthaufen die exakte Umkehrung: Dank Eisen erbeuteten sie eine riesige Menge an Gold.

Stählerne Rüstungen vermögen hervorragend vor nichtmetallenen Hieb- und Stichwaffen zu schützen, ebenso stellen hölzerne Knüppel und Klingen aus vulkanischem Obsidian, das in geschliffener Form Verwendung in diversen indianischen Waffen fand, keine ernsthafte Gefährdung stahlbewehrter Kämpfer dar. Umgekehrt erweisen sich stählerne Waffen, insbesondere das Schwert, im 16. Jahrhundert immer noch Standardwaffe der Infanterie, und die Lanze zur Durchdringung lederner Rüstungen und hölzerner Schilde als hochgradig effiziente (Kriegs-) Werkzeuge.

In Verbindung mit zwei weiteren importierten Militärgütern der Konquistadoren, dem Pferd und einigen Schusswaffen, half den verzweifelten Verteidigern nicht eine einzige Facette ihres außerordentlichen Heimvorteils. Die indigene Bevölkerung konnte auch in den folgenden Jahren ihre technologische Unterlegenheit nur dort ansatzweise auffangen, wo sie sich selbst Zugang zu den begehrten Kriegswaffen der Eroberer verschaffen konnte. Ergänzend sei bemerkt, dass die Schusswaffen in jener Epoche von eher psychologischer denn kampfentscheidender Bedeutung waren.

Noch bis weit in das 17. Jahrhundert hinein handelte es sich hierbei um Hakenbüchsen oder Arkebusen, klobige Vorgänger der späteren Gewehre mit Schnappschlössern, deren Bedienung das permanente Mitführen einer am Glimmen zu haltenden Lunte oder aber eine schnell aktivierbare Feuerquelle erforderlich machte. Gerade aufgrund der Wetteranfälligkeit und mangelnden Zielgenauigkeit blieben Blankwaffen, insbesondere Schwerter und Stangenwaffen, bis weit in die Neuzeit die dominierenden militärischen Instrumente. Es war also letztendlich die unterschiedliche Qualität des Waffenmaterials – ökonomisch gesprochen der Kapitalisierungsgrad – beider Konfliktparteien, die die militärische Entscheidung brachte. Geschmiedeter Stahl und dessen asymmetrische Verfügbarkeit und Nutzung waren die Voraussetzung des militärischen Sieges und der Installation dauerhafter Herrschaft einer winzigen Minderheit über eine quantitativ vielfach überlegene Mehrheit. Dieser eine Umstand führte zu einer der größten geopolitischen Verwerfungen aller Zeiten.[71]

Bei der Schlacht von Cajamarca könnte es sich nun in der Tat um eine relativ originalgetreue Wiederauflage jener Ereignisse gehandelt haben, die sich geschätzte 12.000 Jahre zuvor im kleinen Rahmen zwischen den traditionell gerüsteten Jägern und den ersten Metall- sprich Goldnutzern zugetragen haben könnten. Der Unterschied zwischen den beiden Parteien wäre dann analog zur Ausgangslage in Cajamarca kein gradueller, sondern ein prinzipieller.

Auf der einen Seite standen die noch archaischen Kriegerjäger der Jungsteinzeit, wie sie ihre Ahnen an die Felswände der spanischen und afrikanischen Mittelmeerküste gezeichnet haben. Sie glichen äußerlich in allen Belangen den klassischen Pirschjägern, die über Jahrtausende ihrer tierischen Beute nachgestellt hatten und ihre Standardjagdwerkzeuge nunmehr gegen Menschen einsetzten. Neben der aus den Höhlenzeichnungen des letzten Kapitels bekannten Fernwaffe Pfeil und Bogen sowie der Distanzwaffe Speer verfügten die Jäger für den Nahkampf vor allem über Keulen und (Stein-) Messer, die ursprünglich dem finalen Töten und Zerteilen bereits wehrunfähiger Beutetiere dienten.

Diese Waffen waren ursprünglich für die Jagd Mensch gegen Fluchttier beziehungsweise zur Abwehr gegen Raubtiere konzipiert und bestenfalls für den Kampf Mensch gegen Mensch modifiziert. Das Material dürfte je nach Verfügbarkeit variiert haben, Holz und Knochen fanden universelle Verwendung, Elfenbein, Vulkan- und Feuersteine dort, wo die regionalen Vorkommen dies zuließen. Vom Material hing letztlich die Qualität der Waffe ab. Speer- und Pfeilspitzen konnten in ihrer einfachsten Form angespitzt und über Feuer gehärtet werden, was für einen einmaligen Gebrauch in jedem Fall ausreicht. Horn- und Knochenspitzen taugen gegebenenfalls für einen mehrfachen Gebrauch, allerdings bricht zumindest Feuerstein relativ leicht, konnte also nur mit Glück mehrfach verwendet werden.

Gleiches gilt für alle anderen steinernen Nahkampfwaffen, lediglich ein hinreichend starker Knüppel erwies sich als nahezu bruchsicher. Auf Nahkampfwaffen musste es aber in den prähistorischen Mann-zu-Mann-Gefechten ankommen, sind doch Fernwaffen, insbesondere Pfeil und Bogen, im Kampf gegen einen losen, nicht in Massen auftretenden oder aber gerüsteten Gegner äußerst ineffizient. Die Pirschjagd lebt ja, wie der Name andeutet, von einer gelungenen Annäherung an ein argloses Jagdobjekt. Das ist vor allem deswegen notwendig, da nur der gezielte Schuss auf ein unbewegliches Objekt hinreichenden Jagderfolg verspricht. Selbst mit modernen Feuerwaffen bleibt die Bekämpfung eines beweglichen Feindes ein äußerst schwieriges Unterfangen, das in hohem Maße zufallsabhängig ist.

Daneben stand aber den Jägern vor allem kaum geeignetes Rüstungsmaterial zur Verfügung. Bestenfalls mit einfachem Leder oder Fellen hätten sie sich gegen feindliche Waffenwirkung schützen können, gleichwohl waren Rüstungen generell schlichtweg nicht kompatibel mit ihrer Lebensweise, stellten sie doch für klassische Pirschjagdoperationen eher ein Hindernis dar. Tatsächlich haben die Urheber der Felszeichnungen in der Levante ausschließlich Kämpfer ohne Rüstungen gezeichnet, die Darstellungen in der Gasulla-Schlucht zeigen sogar ausdrücklich nackte Gestalten, deren Geschlechtsteil sie zudem wie bereits erörtert eindeutig als Männer identifiziert.

Diesen Jägern dürfte ein ganz anderer Typus des Kämpfers gegenübergestanden haben, der Elitekrieger. Die ersten Nuggetfinder und Goldbearbeiter dürften rasch, eventuell nach einem ersten ungeplanten Erfolg, einen Paradigmenwechsel der Kampfführung eingeleitet und abhängig von der Größe der Nuggets und damit der Goldvorräte ihre jeweils erfahrensten, stärksten und besten Jäger mit der kampftechnischen Innovation ausgestattet haben. Sie wurden konsequent dem Kampf und nicht der Jagd verpflichtet. Genau hierauf dürfte ihre Ausrüstung abgestimmt worden sein. Diese war allein durch die spezifischen Eigenschaften der Edelmetalle ausdrücklich für den Nahkampf prädestiniert. Denn durch das hohe Gewicht ist, wie im letzten Kapitel dargelegt, Gold zur Ersetzung knöcherner oder steinerner Spitzen von Wurf- und Schusswaffen eher ungeeignet.

Dafür ließen sich aus dem Metall hervorragende Stichwaffen gewinnen, denen die traditionellen Werkzeuge metallos gebliebener Jäger und Gartenbauer technologisch hoffnungslos unterlegen waren. Gold war im Gegensatz zu Stein ein flexibler Werkstoff, der metallene Kriegsdolch damit die wesentliche Innovation des aufgehenden Zeitalters der Kriege.[72] Dieser konnte im Gegensatz zum Steinmesser nicht brechen, ließ sich immer wieder fast ohne Verschleiß neu schleifen und im Notfall sogar einschmelzen und neu gießen.

Bis in die Bronzezeit, stellt der gebürtige Engländer und in den USA lehrende Professor für Geschichte William H. McNeill fest, blieben ja Kriegsmaterialien nicht nur äußerst knapp, sondern fanden als dauerhafte Investitionsgüter immer wieder Verwendung: „Waffen und Rüstungen hielten lange Zeit, und selbst wenn sie im Kampf verbeult wurden, ließen sie sich ohne Mühe wieder schärfen oder zurechthämmern.“ Das ging sogar so weit, dass bis in die Eisenzeit die Kriege „normalerweise mit den vorhandenen Beständen an Waffen und Rüstungen geführt [wurden], deren Umfang sich nur durch Beute oder Verluste im Verlauf der Kampfhandlungen änderte".

Hierin deutet sich bereits die kampfentscheidende Asymmetrie in der Dislozierung des Waffen- und Rüstungsmaterials an. Durch die Härte und Schärfe (edel-) metallener Waffen konnten Hiebe schwere Schnittverletzungen zufügen, vor allem aber führte jeder tiefe Stich der spitzen Klinge in Kopf und Torso unbehandelt schnell zum Tod, in jedem Fall zum sofortigen Ausfall des Gegners. Genau diesem Stich aber hatte der traditionell schutzkleidungs- und schildlose Jäger nichts entgegenzusetzen. Denn die zweite wesentliche und ebenso entscheidende Neuerung, die die Nutzung von (Edel-) Metallen mit sich brachte, war die Möglichkeit, hochwirksame Schutzbekleidung herzustellen.

Mit Metallplatten verstärktes Fell oder Leder bot, zu Arm-, Bein-, Oberkörper- und Kopfschutzkleidung weiterverarbeitet oder als geschuppter Überwurf genutzt, einen herausragenden Schutz vor dem gesamten Waffenarsenal der Gegenseite. Ergänzt um einen (Holz-) Schild, der eine nahezu gefahrlose Annäherung an den Feind gewährleistete, konnten diese Goldkrieger von den Jägerkriegern nicht besiegt werden. Sie waren die ersten Kriegsrevolutionäre im Kampf Mensch gegen Mensch, denn sie verfügten über eine systematisch überlegene Technik, einen höheren Kapitalisierungsgrad, der selbst eine starke zahlenmäßige Unterlegenheit ausgleichen konnte. Genau dies aber muss die Grundvoraussetzung nicht nur für militärische Unterwerfung, sondern auch tributäre Ausbeutung gewesen sein, die bei einem subsistenznahen Produktionsniveau dauerhaft nur durch Kontrolle einer um ein Mehrfaches größeren Gruppe gelingen kann. Darauf wird noch zurückzukommen sein.

Sofern antike Mythen als eine Form der mündlich überlieferten Geschichtsschreibung aus schriftlosen Zeiten betrachtet werden, die im Kern auch historisch prägende Ereignisse transportieren, so findet sich für diese Vorgänge ein möglicher Niederschlag in der griechischen Sagenwelt. Der nach Herakles bedeutendste Heros derselben ist wohl Perseus, wie Herakles ein Sohn des Zeus und ebenso wie dieser meist in der typischen

Pose des siegreichen, das Raubtier durch Tötung überwindenden Jägers abgebildet. Seine Mutter war Danae, deren Vater sie zum Schutz vor Verehrern einsperren und, je nach Variante, von wilden Hunden bewachen ließ. Doch Zeus gelangte in Gestalt eines – gar kosmisch-meteoritischen – Goldregens in ihr Gemach. Nach der Niederkunft wurden Mutter und Kind von Danaes Vater ausgesetzt und dem Tod überlassen. Dennoch gelang es beiden, zu überleben. Einmal erwachsen, erkämpfte sich Perseus durch viele aufsehenerregende Taten den Heldenstatus.

Sein wohl spektakulärster Erfolg war der Sieg über Medusa, eine von drei bestienhaften Gorgonen, allein durch ihren Blick den Tod bringende, geflügelte Monster mit Schlangen anstatt Haaren. Später soll der sagenumwobene Perseus unter anderem Mykene, eine der ersten klassisch-griechischen Hochkulturen, am markanten Übergang zwischen Peloponnes und Attika gelegen, gegründet haben.[73]

Insbesondere sein Kampf gegen Medusa sollte nicht folgenlos bleiben. Denn der Sieg über das Ungeheuer gebar im wahrsten Sinne des Wortes einen neuen Mythos. Nach der Enthauptung Medusas entsprang ihrem Hals der Legende nach das ungleiche Brüderpaar Chrysaor und Pegasus. Während Pegasus, das geflügelte Pferd – eventuell bereits ein Hinweis auf die nach Überwindung des Raubtiertraumas nachgestellten flüchtigen Beutetiere –, sich durchaus noch in der Moderne einer gewissen Popularität erfreut, ist sein Bruder Chrysaor nahezu unbekannt.

Dabei ist bereits sein Name im hiesigen Kontext äußerst bedeutsam. Er setzt sich aus den griechischen Wörtern für „Gold“ und „Schwert“ zusammen, symbolisiert mithin eventuell die die Jäger ablösende Ära der metallgerüsteten Krieger, genauer gesagt der Eroberungskrieger.[74] Denn Chrysaor soll im Laufe seines Lebens einen immensen Reichtum angehäuft haben, was als Kriegsheros nur über Kampf und Beute möglich war, und je nach Variante der Sage entweder selbst König von Spanien gewesen sein beziehungsweise einen solchen mit Namen Geryon gezeugt haben. In jedem Fall begründete die Familie der Legende nach ein Reich, dessen Hauptstadt sich in Andalusien, Südspanien, befunden haben soll. Dazu passt, dass das reale und mehrfach im Alten Testament als Tarschisch Erwähnung findende Reich der auf die iberische Halbinsel eingewanderten Tartesser, denen ebenfalls ein sagenumwobener Edelmetallreichtum nachgesagt wurde, als Tartessos in Andalusien zwischen dem heutigen Cádiz und dem Fluss Guadalquivir verortet wird.

Geryon selbst soll drei an der Hüfte zusammengewachsene Leiber gehabt haben – vielleicht als numerischer Ausdruck seiner technologisch bedingten Kampfwertsteigerung – und wird bereits als klassisch gerüsteter Krieger mit je drei Schwertern und Schilden dargestellt. Seine Rinderherde, die proteinhaltige Quelle seines energetischen Wohlstandes, wurde von dem Hirten Eurytion – einem eventuell zuvor militärisch besiegten Jäger – sowie einem zweiköpfigen Hund, je nach Quelle Orthos, ein Bruder des griechischen Höllenhundes Kerberos oder gar dieser selbst, bewacht.[75]

Nun bestand Herakles' zehnte der insgeamt zwölf Aufgaben genau darin, die Rinderherde des Geryon zu stehlen. Nachdem also der Urheros den Hirten Eurythion und seinen Wachhund Orthos erschlagen hatte, stellte sich Geryon oder eben Chrysaor selbst dem Kampf. Die Begegnung spiegelt zugleich das ultimative Gefecht zwischen dem bereits sesshaften Nutztierhalter mit dem Goldschwert und dem noch halbnomadischen Pirschjäger mit der Holzkeule wider. In der Sage obsiegt Herakles, dessen Konterfei übrigens bis heute das Wappen Andalusiens ziert, bezeichnenderweise, indem er Geryon mit einem vergifteten Pfeil tötet. Das ist in der Tat bemerkenswert: Der für seine brachiale Stärke berühmte Halbgott Herakles, der bis dato noch jeden Gegner durch Gewalt niedergerungen hatte, vermochte bei dieser Aufgabe weder mit seiner Standardwaffe, der Keule, noch mit dem Pfeil selbst seinen Gegner zu töten, sondern erst durch Heimtücke und Hinterlist, mit Gift.

Dieses Ereignis dürfte im historischen Kontext jedoch eine absolute Ausnahme dargestellt haben. Ein Einzelfall, der den goldgeprägten Auftakt des metallurgischen Fortschritts wohl kaum aufzuhalten vermochte. Vielleicht begründete Wehmut,

Trauer, Rache oder ausgleichende Sympathie mit dem historischen Verlierer den Ausgang dieser Episode des Herakles-Mythos. Eine biblische Variante dieses Motivs liefert der David-Goliath-Mythos, wo Goliath, ein riesiger und schwer gerüsteter Krieger aus dem Volksstamm der Philister, von David, einem israelitischen Hirtenjungen, mit einer einfachen Schleuder getötet wird. Moderneren Ursprungs ist hingegen die Wilhelm-Tell-Legende, ebenfalls eine Version der Herakles-Sage, in der ein verhasster Feudalherr von einem Alpenjäger gestürzt wird.[76]

5.2 Auf der Suche nach Eldorado

Derart umwälzende Ereignisse dürften sich allerdings als erstes weder in Spanien noch in Griechenland zugetragen haben. Sowohl örtlich wie auch sachlich gibt das Buch Genesis im Alten Testament hierzu Auskunft: „Zur Zeit, als Gott, der Herr, Erde und Himmel machte, gab es auf der Erde noch keine Feldsträucher und wuchsen noch keine Feldpflanzen; denn Gott, der Herr, hatte es auf die Erde noch nicht regnen lassen und es gab noch keinen Menschen, der den Ackerboden bestellte; aber Feuchtigkeit stieg aus der Erde auf und tränkte die ganze Fläche des Ackerbodens. Da formte Gott, der Herr, den Menschen aus Erde vom Ackerboden und blies in seine Nase den Lebensatem. So wurde der Mensch zu einem lebendigen Wesen. Dann legte Gott, der Herr, in Eden, im Osten, einen Garten an und setzte dorthin den Menschen, den er geformt hatte. Gott, der Herr, ließ aus dem Ackerboden allerlei Bäume wachsen, verlockend anzusehen und mit köstlichen Früchten, in der Mitte des Gartens aber den Baum des Lebens und den Baum der Erkenntnis von Gut und Böse. Ein Strom entspringt in Eden, der den Garten bewässert; dort teilt er sich und wird zu vier Hauptflüssen. Der eine heißt Pischon; er ist es, der das ganze Land Hawila umfließt, wo es Gold gibt. Das Gold jenes Landes ist gut; dort gibt es auch Bdelliumharz und Karneolsteine. Der zweite Strom heißt Gihon; er ist es, der das ganze Land Kusch umfließt. Der dritte Strom heißt Tigris; er ist es, der östlich an Assur vorbeifließt. Der vierte Strom ist der Eufrat. […] Gott, der Herr, formte aus dem Ackerboden alle Tiere des Feldes und alle Vögel des Himmels und führte sie dem Menschen zu, um zu sehen, wie er sie benennen würde. Und wie der Mensch jedes lebendige Wesen benannte, so sollte es heißen. Der Mensch gab Namen allem Vieh, den Vögeln des Himmels und allen Tieren des Feldes. […] Beide,

Adam und seine Frau, waren nackt, aber sie schämten sich nicht voreinander."

Noch nackt wie Herkules ist dieser Urhorde, bestehend aus Adam und Eva, ein unbeschwerter Zustand auskömmlicher Existenz im an Flora und Fauna reichen Paradies – dem Symbol für ein existenzdruckfreies Dasein schlechthin – beschert. Doch noch innerhalb dieser Generation erfolgt die radikale Zäsur: „Zur Frau sprach er: [...] Du hast Verlangen nach deinem Mann; er aber wird über dich herrschen. Zu Adam sprach er: Weil du auf deine Frau gehört und von dem Baum gegessen hast, von dem zu essen ich dir verboten hatte: So ist verflucht der Ackerboden deinetwegen. Unter Mühsal wirst du von ihm essen alle Tage deines Lebens. Dornen und Disteln lässt er dir wachsen und die Pflanzen des Feldes musst du essen. [...] Dann sprach Gott, der Herr: Seht, der Mensch ist geworden wie wir; er erkennt Gut und Böse. Dass er jetzt nicht die Hand ausstreckt, auch vom Baum des Lebens nimmt, davon isst und ewig lebt! Gott, der Herr, schickte ihn aus dem Garten von Eden weg, damit er den Ackerboden bestellte, von dem er genommen war. Er vertrieb den Menschen und stellte östlich des Gartens von Eden die Kerubim auf und das lodernde Flammenschwert, damit sie den Weg zum Baum des Lebens bewachten."

Der erzwungene Auszug aus dem Paradies war also keineswegs die direkte Folge des Probierens einer verbotenen Frucht vom Baum der Erkenntnis, sondern diente einzig und allein dazu, den Zugang zum Baum des unbeschwerten Lebens und seinen Unsterblichkeit verleihenden Früchten zu verhindern. Die zuvor gewonnene Erkenntnis Adams und Evas, der Sündenfall durch den Verzehr jener verbotenen Frucht, war die der Existenz von Knappheit, der ökonomischen Realität erster Ordnung. Daher dann auch die plötzliche Empfindung von Mühsal und Schmerz, also Leid, von den Feldpflanzen, die nun mühsam dem Boden abgerungen werden müssen, um (über-) leben zu können, also Hunger.

Dass der Mensch „Gut und Böse erkennt", könnte in diesem Sinne auch heißen, dass er nun zwischen selbst zu verantwortender Freude und Leid beziehungsweise Leben und Tod zu unterscheiden vermochte. Leid und Tod hielt mit den ersten Kämpfen, wofür der Brudermord Kains an Abel das erste Beispiel ist, unumkehrbar Einzug in das menschliche Leben. Der Baum des Lebens, von Flammenschwerter tragenden Wächterengeln – ursprünglich handelte es sich bei den Kerubim um altorientalische Mischwesen, geflügelte Stiere mit menschlichen Köpfen – bewacht, musste von da an unerreichbar bleiben.

Herrschaft und Fluch in Verbindung mit Schweiß und Mühsal, das klingt bereits sehr nach einer gesellschaftlichen Schichtung, nach Befehlsgewalt und sie spiegelbildlich bedingender Knechtschaft. Die biblisch kolportierte Geschichte der Menschheit stellt sich ab diesem Moment, ab dem Sündenfall, als eine düstere Abfolge von Angst, Leid und Zerstörung dar: Verlust des Paradieses, innerfamiliärer Mord, Sintflut, Vertreibungen, Kriege, Besatzungen und finale Apokalypse – jedoch immer auch verbunden mit der Hoffnung auf finale, allerdings nicht mehr diesseitige Erlösung.[77]

Die Schichtung selbst war allerdings ein ganz und gar nicht abstrakt-göttliches, sondern ein sehr konkret-diesseitiges Ereignis, das sich aller Wahrscheinlichkeit nach zwischen nicht oder sehr weit verwandten Horden, Sippen oder Stämmen vollzog.[78] Das Mittel dazu könnte in der Tat das explizit erwähnte Gold des Zweistromlandes gewesen sein, eventuell eines oder mehrerer für die Bewaffnung und Rüstung eines schlagkräftigen Trupps hinreichend großer Nuggets, von dem es natürlich aus Sicht seiner kriegerischen Nutzer wie in der Genesis ausgeführt heißen muss: „Das Gold jenes Landes ist gut."[79] Insbesondere, wenn mangels (Feuer-) Steinvorkommen die (Waffen-) Kapitalisierung und damit der kriegerische Konkurrenzdruck niedrig anzusetzen war, dürfte dies die sprichwörtliche Güte des Edelmetalls stark befördert haben. Diese ausgesprochene Rohstoffknappheit hebt beispielsweise der englische Religionswissenschaftler Norman Cohn hervor. Demnach war Mesopotamien „keineswegs reich an Bodenschätzen: [Nichtedel-] Metall, Stein, Holz mussten importiert werden".

Der Urpreis des Goldes musste unter diesen Rahmenbedingungen im Krieg geradezu ins Unermessliche steigen. Die gegebenenfalls katastrophenbedingt entwurzelten, heimat- und damit land- und nahrungsressourcenlosen Gruppen und Sippen waren, Edelmetallfunde und -verwertung vorausgesetzt, in der Lage, ein letztes Kapitalgut zu aktivieren, das schon zur Unterwerfung der Tierwelt seinen Nutzen unter Beweis gestellt hatte. Die Goldwaffe allein konnte ihnen noch zur Gewinnung von Nahrung dienen, die Goldrüstung ihr Leben dabei bewahren helfen.

Mit dem Transfer von (Nahrungs-) Energie auf indirektem Weg via Mensch statt auf direktem Weg via Natur beschritten diese Wanderer Neuland. Und das nicht nur militärisch. Indem sie ihren systematischen Vorteil als Goldwaffenbesitzer voll ausspielten, wurden die ersten (Gold-) Krieger nicht nur zu Kampf-, sondern, ob gewollt oder ungewollt, auch zu Sozialrevolutionären. Den nachfolgenden Ausführungen Christian Strahms ist also vollauf zuzustimmen, sofern der Leser darin „Kupfer" durch „Gold" ersetzt: „Die Bedeutung des Kupfers [zuvor also des Goldes] lag dabei weniger in den besonderen Eigenschaften des Materials selbst als vielmehr in den weitreichenden gesellschaftlichen Folgen, die seine Gewinnung und Verwendung verursachten."

Das muss allein schon deswegen der Fall sein, da einerseits die frühesten dokumentierten Kampfhandlungen zwischen Jägern aus archaischen Sippen um das 10. vorchristliche Jahrtausend stattfanden, während andererseits am Schwarzen Meer im 5. Jahrtausend vor Christus eine vermutlich bereits geschichtete und – siehe Grab Nummer 43 in Warna – durch (Priester-) Herrscher regierte Gesellschaft längst etabliert war. Besagte „weitreichende gesellschaftliche Folgen", genauer eine erste umwälzende soziale Revolution, müssen sich also bereits vor der klassischen Kupferzeit, vor der ersten Nutzung von Schmelzöfen, die dem Kupfer die Sprödigkeit nahmen und damit dessen Waffenfähigkeit überhaupt erst herstellen konnten, ereignet haben. In Mesopotamien wurde Gold nicht nur bis 1950 tatsächlich gefördert und abgebaut, sondern nachweislich, wie noch archäologisch untermauert werden wird, noch in der Frühantike zu Waffen und Rüstungsteilen verarbeitet.

Im Gegensatz dazu mussten alle anderen bedeutenden (Waffen-) Metalle – Kupfer, Bronze und Eisen – in das Zweistromland importiert werden. Der Import bedurfte aber wiederum professioneller Handelswege und -strukturen, die sich erst in der späteren Hochantike entfalten konnten und in der frühen Phase der Sesshaftigkeit nicht zur Verfügung standen. Hier, zwischen Euphrat und Tigris, dem Land, „wo es Gold gibt“ und wo sich urplötzlich zahlreiche erstmalig in der Menschheitsgeschichte vorkommende Ereignisse wie die Erfindung der Schrift und Mathematik sowie die Entwicklung einer Verwaltung häufen, entstanden historisch auch tatsächlich die ersten geschichteten Gesellschaften, die Prototypen der Feudalgesellschaft.

Über deren zentrale Strukturmerkmale, nämlich „Ungleichheit, Sklaverei, Staatsautorität“, waren sich noch alle führenden christlichen Theologen in Spätantike und Mittelalter einig, so Norman Cohn, dass sie „keineswegs der ursprünglichen Absicht Gottes entsprächen, sondern als eine Folge des Sündenfalls [des Verlustes des Paradieses] entstanden seien“.

5.3 Der feudale Protostaat

Plündern ist seit jeher eine höchst schwankungsanfällige Form des Lebenserwerbs, die sich zudem sukzessive ihrer eigenen Grundlage beraubt, wie der Bericht eines marodierenden Söldners aus dem 14. Jahrhundert bekundet: „Wir waren alle reich und mit allem versehen. Wir säten weder aus, noch pflügten wir, noch kelterten wir Wein, noch schnitten wir die Bäume; trotzdem brachten wir jedes Jahr so viel Wein, Getreide und Hafer ein, als wir nur wollten. […] So lebten wir fünf Jahre lang von der Hand in den Mund. Die Streifzüge waren einträglicher, als man sich je vorstellen kann. […] In der Gegend von Gallipoli [in der heutigen Türkei] hatten wir auf zehn Tagesreisen weit keine Bevölkerung mehr vor uns, weil wir alle erschlagen hatten, so dass nichts mehr geerntet werden konnte; deshalb war es dringend notwendig geworden, dieses Gebiet zu verlassen."

Ein ähnliches Dilemma verortet McNeill bereits 3.500 Jahre zuvor in Mesopotamien: „Die Herrschaft Sargons von Akkad, der gegen 2250 vor Christus alles mesopotamische Gebiet im Umkreis seiner Hauptstadt Kisch ausplünderte, illustriert die Möglichkeiten und Grenzen dieser Art organisierter Räuberei." In beiden Fällen erzwingt der Mangel an Versorgung eine mit hoher Unsicherheit und ökonomisch gesehen hohen Kosten einhergehende, dauerhafte Raubwanderschaft.[80]

Das musste schließlich auch der zunächst archaisch lebende wie später feudal herrschende Dschingis Khan (um 1162-1227), wortwörtlich der „ozeangleiche Herrscher", erkennen. Der bezeichnenderweise als Staats- beziehungsweise Reichsgründer in die (Kriegs-) Geschichte eingegangene Großfürst vereinigte zunächst mongolisch-tartarische Nomadenstämme unter seiner Führung, die später sowohl die militärische Kerntruppe als auch die vom Blut abgeleitete Aristokratie des späteren Mongolenreichs bilden sollten.

Nach ihrem Einfall und Vernichtungszug quer durch China befahl er seinen Truppen, die aktive Entvölkerung der Region einzustellen, nachdem er durch seine Berater darauf aufmerksam gemacht worden war, dass tote Chinesen keine Tribute zu erwirtschaften in der Lage sind. Es war gerade diese zentrale feudale Erkenntnis, die eine völlige Auslöschung der chinesischen Kultur zu verhindern half. Bis dahin hatten bereits 30 Prozent der chinesischen Bevölkerung den Expansionsdrang des nördlichen Nachbarn mit dem Leben bezahlt. Der Drang selbst wurde anscheinend durch die ökonomische Realität erster Ordnung, nämlich eine ausgesprochene Notzeit erzwungen. Die Expansion der Nomadenstämme zielte zunächst ausschließlich auf die Gewinnung von Weideland, also fruchtbaren Lebensraum für Mensch und Tier, ab.

Die Katastrophen- und Umweltflüchtlinge des frühen Neolithikums aber, egal ob es sich nun um ganze nomadische Stämme oder einzelne verstoßene Gruppen demographischer Überhänge gehandelt haben mag, die den sofortigen maximalen Konsuminteressen zu widerstehen und diese stattdessen auf mäßigem Niveau zu verstetigen wussten, wurden zu den Gründern der ersten militärischen Feudalaristokratien, des Protostaates. Es erforderte also besondere Faktoren, die weit über den reinen und häufigen Kampf Sippe gegen Sippe, Stamm gegen Stamm inklusive Flucht, Assimilierung oder eben Tötung der Verlierer hinausgehen mussten. Es bedurfte einer asymmetrischen technologischen Situation, wie sie den Ereignissen von Cajamarca zugrundelag, also einer extremen Waffenungleichheit, um über militärische Übermacht die Voraussetzungen für eine soziale Schichtung überhaupt herstellen zu können.

Dort, wo archaische Horden bis in die Neuzeit auf Augenhöhe mit gleichen Waffen und Techniken kämpften, gelang dies regelmäßig nicht. Dort, wo es technologische Führerschaften gab, reichten wenige Dutzend Menschen zwar nicht aus, um eine neue Sippe zu gründen, wohl aber, um eine oder mehrere andere zu unterwerfen und auf diesem Humus die in Kapitel 1.4 ausgeführte Bernstein-Doktrin reifen zu lassen.

Die lukrative Zielrichtung gibt dabei der Frühhistoriker Ulrich Zimmermann vor: „Die jungsteinzeitlichen Kulturen [...] waren auf den überaus fruchtbaren Böden in den großen Flusstälern verbreitet und betrieben intensiven Ackerbau, der Grundlage für die dichte Besiedlung war." Mehr noch: „Man lebte in eng bebauten Dörfern, die so nahe beieinander lagen, dass jede Zunahme der Bevölkerung und die damit verbundenen Gebietsansprüche ein gewisses Konfliktpotential entstehen ließen." Dieses Konfliktpotential um die Nutzung der Ökumene und gegen den Hunger konnte jedoch auch jederzeit revolutionär von außen herangetragen werden.

Genau dies würde auch Zimmermanns ominösen, evolutionären Ansatz zur Entstehung von Staaten obsolet werden lassen: „Hier bedurfte es dann einer kompetenten, anerkannten und respektierten Institution, die als ‚Konfliktlösungsagentur' über mehrere Dörfer regierte und ihre Macht auch repräsentieren musste. Wir dürfen dementsprechend davon ausgehen, dass in den dicht besiedelten Flusstälern dieses Raums noch in neolithischer Zeit eine hierarchisch aufgebaute Sozialstruktur entstand."

Wie jedoch der Schritt vom freiwilligen „Respekt" zur gar nicht freiwilligen „Regierung", von bewaffneten Sippenmitgliedern und verwandten Konfliktvermittlern – die ja bei archaischen Völkern bis heute tatsächlich regelmäßig existieren und eine wichtige soziale Rolle besetzen –, zu unbewaffneten Leibeigenen und nichtverwandten Feudaladligen in einer durch selbsterhaltende Traditionen und stabilisierende Blutsbande geprägten Gesellschaft erfolgt sein soll, bleibt indes völlig unklar. Zumal, wie der Kriegsforscher Gaston Bouthoul betont, die archaische Austragung von Kämpfen eine Besonderheit aufweist: „Die Stammeskriege sind – unabhängig vom Land oder von der Rasse – im allgemeinen saisongebunden." Er nennt ihre bewaffneten Konflikte gar „unbedeutende Kriege und Expeditionen" beziehungsweise „Razzien zwischen Nachbarstämmen", die gerade nicht in Regierung und Repräsentation umschlug.

Wann immer bis in die Gegenwart unbekannte Gesellschaften entdeckt wurden, handelte es sich daher typischerweise um

Stammesgesellschaften, also gerade um nichtstaatliche Sozialwesen, denen dann meist ein staatlicher Überbau aufgepfropft wurde. Erst dort, wo Stammesgesellschaften überhaupt mit Staaten in Berührung kamen, haben erstere Merkmale von letzteren übernommen. Es bedurfte hierzu eben eines exemplarischen, bis dato nicht vorstellbaren Vorbildes, ohne das derartige Strukturen nicht denkbar waren. Es gab natürlich auch innerhalb von beziehungsweise zwischen Horden evolutionäre Entwicklungen, allein die Zusammenführung mehrerer Sippen zu Stämmen ist ein solcher Prozess hin zu einem zumindest potentiellen territorialen Gewaltmonopol, ohne dass dieses jedoch regelmäßig vollendet wurde.

So existieren, wie Barclay ausführt, bei „einigen wenigen Völkern wie zum Beispiel bei den Pygmäen [...] keinerlei Anzeichen für jedwede Staatlichkeit [...] In einigen der von uns untersuchten Fälle wie zum Beispiel in Neuguinea ist die Saat der Staatlichkeit zwar gelegt worden, sie ist aber nie wirklich aufgegangen. In anderen Fällen wie bei den Tiv oder den Ibo ist die Saat zwar aufgegangen, aber die Pflanzen sind kümmerlich geblieben, da die Bedingungen schon für die bloßen Rudimente eines Staates hier denkbar ungünstig sind."

Einer sanften Evolution innerhalb archaischer Horden jedenfalls erteilt Göttner-Abendroth aufgrund ethnologischer Fakten eine klare Absage: „Führung ohne Herrschaft heißt, dass die Anführer dieser Stämme keine soziale Kontrolle ausüben, sie haben keine Möglichkeit der offiziellen Reaktion auf Normbrüche. [...] Sie gelten dabei nur als ‚Sprecher des Volkes'. Sogar bei kleineren Händeln verändert sich die Situation nicht, denn alle Anführerschaft ist nur vorübergehend. Sie währt nur so lange, wie es durch die auszutragende Sache bedingt ist." Tatsächlich konnten die großen, heiligen, alten oder starken Männer – die vier archetypischen Führungspersönlichkeiten nichtstaatlich organisierter Völker – mit fachlicher und persönlicher Autorität aufwarten, nie jedoch mit formaler Amtsautorität.

Archaische Völker waren regelmäßig auf sogenannte zentripetale Führungsrollen konditioniert, ein Rollenbild, das seine

Träger tief in die Schuld der jeweiligen Gemeinschaft trieb und stellte. Die Missbilligung von Herrschaftsstrukturen ging sogar so weit, dass in zahlreichen Gesellschaften Häuptlinge nach Ablauf der von vornherein limitierten Zeit als Sippenvorsteher regelmäßig zeremoniell getötet und im Gegenzug als Ahnherren spirituell überhöht wurden, die Würde also eher einer Bürde gleichkam.

Der Kulturforscher Nigel Davies selbst belegt an zahllosen Beispielen die Sitte, Häuptlinge und Schamanen, später Könige und Priester zyklisch umzubringen. „[I]n vielen Gebieten wurden auch die Herrscher selbst zum Opfer", entweder, weil sie sich Herausforderern im Zweikampf stellen mussten oder weil ihre Tötung bei bestimmten Ereignissen – Krankheit oder Alter des Betroffenen, Dürren oder Epidemien, die sich auf die ganze Gemeinschaft auswirkten – beziehungsweise nach einer festgelegten Zeit integraler Bestandteil der rituellen Ordnung war.

Barclay kommt daher zu folgender Erkenntnis: „Vorkommnisse dieser Art dürfen jedoch als fruchtlose Versuche gewertet werden, ein regierungsmäßiges Staatssystem einzuführen. Dieser Versuch misslingt immer, weil die Gemeinschaft der Autorität eindeutig mit widerstreitenden Gefühlen entgegentritt, so dass die Autorität, ist sie erst einmal etabliert, gewöhnlich Rebellion hervorruft." Dementsprechend existierte zwar eine unermessliche Vielzahl geführter Gesellschaften beziehungsweise „Häuptlingsherrschaften", aber so gut wie keiner von ihnen gelang es, tragfähig protostaatliche Strukturen zu etablieren.

Insbesondere muss die zur Monopolisierung von Gewalt zwingend vorauszusetzende Entwaffnung einer großen Mehrheit durch eine kleine Minderheit innerhalb egalitärer Waffenträger auf gleichem technologischem Niveau völlig schleierhaft bleiben. Bis heute ist die ständige Bewaffnung ihrer Mitglieder ein wesentliches Kennzeichen traditionell lebender Urvölker. Beispielsweise verlangte der Jäger- und Kriegerethos der Nomadenvölker, so Norman Cohn, dass „jeder kampftaugliche Stammesangehörige männlichen Geschlechts [...] Waffen zu führen" hatte.

An diesen Umstand knüpft auch Barclay an: „Die anarchischen gartenbautreibenden Gesellschaften Afrikas sind hauptsächlich im Äquatorgebiet des Kontinents angesiedelt – einem tropischen Regenwaldgebiet. Das Grasland der Savanne nach Norden hin hat sich als geeigneter für die Errichtung und Ausdehnung von Gewaltstaaten erwiesen." Denn aufgrund der dichten Dschungelvegetation „ist es einfacher, Verteidigungskriege mit Pfeil und Bogen zu führen, die man als ‚demokratische' Kriegswaffe betrachten kann, da sie jedem zugänglich ist. So konnten anarchische Systeme bis vor kurzem neben räuberischen Staaten überleben." Die Existenz der „demokratischen" Kriegswaffe belegt dabei noch einmal anschaulich die Unwahrscheinlichkeit der Entwicklung eines Gewaltmonopols aus ein und derselben Horde heraus. Dieses konnte erst mit der „diktatorischen" Goldwaffe und ihrer asymmetrischen Verfügbarkeit von außen durch Fremde verwirklicht werden.

Das spricht auch gegen die von Ehrenreich aufgestellte These von bewaffneten „Männergeheimbünden [...] die sich auf die Jagd und die Abwehr von Raubtieren spezialisiert hatten", durch den „Rückgang der Raubtier- und Wildbestände [...] kaum noch Beschäftigung" fanden und sich daher via Schutzgelderpressung zu den Herrschern, den Regenten der eigenen Sippe aufschwangen: „Bezahlt mich (mit Nahrung und Sozialprestige), oder ich falle über euch her." Dieses Argument kann allein schon deshalb nicht zutreffen, weil diese spezielle Form der Arbeitslosigkeit zunächst nur einige, vermutlich eher junge und damit unerfahrene Jäger betroffen haben dürfte, die dann nicht nur die Stammessitten überwinden mussten, sondern auch ihre beruflich noch ausgelasteten und bewaffneten, älteren und erfahreneren Vettern, Brüder und Väter.

Zudem weist Clastres darauf hin, dass zumindest in den amerikanischen Gartenbaukulturen ohnehin fast „der gesamte übrige landwirtschaftliche Prozess – pflanzen, jäten, ernten – [...] gemäß der sexuellen Arbeitsteilung von Frauen übernommen" wurde, besagte Männerbünde also ohnehin schon mit Nahrung „bezahlt" wurden, während es Sozialprestige durch Auflehnung gegen die tradierte Sozialstruktur der Sippe ja gerade nicht zu gewinnen gab.

Doch selbst ein äußerst unwahrscheinlicher Zusammenschluss aller erwachsenen Männer innerhalb einer Sippe mit dem Ziel, eine dauerhafte, umfängliche Alimentation durch gewaltsame Erpressung sicherzustellen, wäre, wenn nicht an der Waffensymmetrie, zweifellos an den Grenzen der Nahrungsmittelproduktion selbst gescheitert. Die siegreichen Männer hätten sich demzufolge selbst in die Minderheit einer feudalen Schicht und die Mehrheit abgabenpflichtiger Acker- oder Gartenbauern zur Unterstützung der ohnehin pflanzerisch tätigen, weiblichen Arbeitskräfte aufteilen müssen, erlaubt doch eine fast ausschließlich auf landwirtschaftlicher Produktion basierende Gesellschaft um des Selbsterhalts willen nur relativ mäßige Abgabenquoten respektive eine im Verhältnis zur Basis der Abgabenpflichtigen relativ kleine Feudalaristokratie.

Gerade hierin spiegelt sich nach Carlo M. Cipolla ein das gesamte Zeitalter durchweg prägender Mechanismus wider: „Die Beschränkung der Energiequellen auf Pflanzen und Tiere setzte selbstredend der Energieversorgung einer agrarischen Gesellschaft damals Grenzen. […] Die weit verbreitete Sklaverei war eine Folge der Knappheit an anderen Energieformen.“

Mögliche Herrschaftsanwärter mussten aber nicht nur ihre soziokulturell anerzogene Konditionierung überwinden, sie stünden selbst im unwahrscheinlichen Erfolgsfall vor dem nahezu unüberwindbaren Problem, eine historisch beispiellose sich selbst reproduzierende Elite installieren zu müssen, die zwingend sämtliche Familienbande hätte kappen müssen. Aus einer temporären und projektbezogenen Führungsrolle eine dauerhafte Herrschaftsdynastie zu entwickeln, würde daher eine umwälzende Neuordnung der blutsverwandtschaftlich geprägten Sozialbeziehungen aus sich selbst heraus erfordern.

Nun belegt nicht zuletzt das Gräberfeld von Warna zweifelsfrei, dass ein solcher Übergang frühzeitig erfolgt sein muss. Hier deuten alle Indizien, vor allem die unzweifelhafte analoge Herausbildung von Feudalherrschaften in der Früh- und Hochantike, so zum Beispiel in Griechenland und der Türkei, tatsächlich auf äußere, aus zwingenden Notlagen heraus entstandene Einflüsse. „Zur Bildung von Herrschaft kommt es unter außergewöhnlichen Verhältnissen. Dabei geschieht die Zentralisierung von Macht in der Hand weniger nicht durch innere Mechanismen [...]. Vielmehr ist es stets äußerer Druck [...] welcher zur Konzentration von Macht in der Hand eines Anführers und zur Bildung der politischen Zentralinstanz führt, der das Gleichheitsgefüge der alten Gentilgesellschaft über den Haufen wirft."

Nur dass diese unter äußerem Druck stehende „Zentralinstanz", die zu formaler Herrschaft führte, sich kaum innerhalb der Sippe oder des Stammes herauskristallisiert haben dürfte, sondern viel wahrscheinlicher von außen, von nichtverwandten und damit nicht der blutsverwandtschaftlichen Sittentradition verpflichteten Horden oder Gruppen auf Basis technischer Überlegenheit herangetragen wurde. Es handelte sich, Göttner-Abendroths Feststellung aus Kapitel 4.1 folgend, um jenen sprichwörtlichen und zuvor völlig unbekannten „Einbruch von Fremden".

So geht auch Gunnar Heinsohn davon aus, dass sich Herrschaft vermutlich durch besagte verstoßene Männergruppen oder „einen matrilinearen Stamm, der sich gewaltsam zu einer Feudalkaste über einen oder mehrere fremde matrilineare Stämme gemacht hat", konstituieren konnte. Ausgehend von einer Notlage oder Naturkatastrophe sei es „zu einer geographischen Verlagerung matrilinearer Stämme" gekommen, die in der Unterwerfung anderer Stämme gemündet habe. Es bleibt lediglich zu ergänzen, dass dies im gegebenen soziokulturellen Rahmen freilich nur über den militärischen Hebel eines asymmetrischen Gewaltpotentials gelingen konnte.

Die ursprünglich universelle Verknüpfung von Rasse und Klasse beziehungsweise Kaste weist bereits deutlich auf den Umstand einer revolutionären Elitenbildung hin, deren Mitglieder dann nach Harris „[i]m Einklang mit Abstammungs- und Erbregeln, die den größtmöglichen Gewinn aus dieser Verwandtschaftsbeziehung verhießen, [...] zu rechtmäßigen Eigentümern der Welt, die ihr strahlender Ahnherr geschaffen und ihnen hinterlassen hatte“ werden sollten.

Dementsprechend kennt auch die Geschichtsschreibung keine konkrete evolutionäre, dafür jedoch zahllose revolutionär entfaltete Hierarchisierungen. Warum im kleinen Rahmen nicht gegolten haben soll, was sich später im größeren Maßstab immer wieder regelmäßig vollzog, ist völlig unplausibel. Erst der revolutionäre Erklärungsansatz, demzufolge entwurzelte Sippen oder Zusammenschlüsse Einzelner auf nichtverwandte Gruppen trafen, (Edel-) Metallnutzer auf Nicht-Metallnutzer, eliminiert beziehungsweise überwindet im Gegenzug jede ausgewogene Kräftebalance und tradierte Sittenbarriere, die dann nur noch innerhalb, aber nicht mehr zwischen den beiden neuen Kasten der Herrscher und Beherrschten greift.

Das wohl eindeutigste Kennzeichen der revolutionär geprägten, auf militärischer Macht fußenden Gründung territorialer Gewaltmonopole ist daher auch in der schlichten Tatsache begründet, dass ausnahmslos keine Hoch- sprich Staatskultur ohne ihre (konstituierende) asymmetrisch dislozierte Kerntechnologie, die monopolisierte und daher Macht verleihende Kriegswaffe, auskommt. Im westlichen Eurasien jedenfalls scheint genau solch eine Entwicklung im Dunstkreis Mesopotamiens ihren Anfang genommen haben, von wo im späten Neolithikum Europas künftige Bauern, vermutlich Umwelt- oder selbst bereits Kriegsflüchtlinge, über den Balkan – hierbei eventuell bereits die geschichtete Gesellschaft von Warna begründend – bis in das Herz Europas eingewandert sein und sich mit der alteuropäischen Urbevölkerung „vermischt“ haben sollen.

Die nach Zimmermann damit einhergehende „hierarchisch aufgebaute Sozialstruktur“, die „ihre Macht auch repräsentieren musste“, ist dabei natürlich nichts anderes als eine euphemistische Umschreibung für die Institution des Staates. Diese definierte der italienische Politiker und Philosoph Niccolò Machiavelli (1469-1527) noch sehr allgemein als jegliche menschliche Gewalt, die Macht über andere Menschen auszuüben in der Lage ist. Konkreter wurde in seinem Aufsatz „Politik als Beruf“ der deutsche Soziologe Max Weber (1864-1920), der den Staat definiert „als eine Gemeinschaft, welche innerhalb eines bestimmten Gebietes das Monopol legitimer physischer Gewaltsamkeit für sich (mit Erfolg) in Anspruch nimmt". Diese gleicht damit funktional der Definition seines Kollegen Franz Oppenheimer, der zu dem Thema gleich ein ganzes Buch verfasste. Nach dem Zweiten Weltkrieg konstatiert der britische Anthropologe Edward B. Tylor: „Eine konstitutionelle Regierung [...] ist immer eine Einrichtung, durch die die Nation mittels einer Maschinerie militärischer Gewaltherrschaft selbst regiert."

Weltweit durchsetzen konnte sich dann aber die ebenso einfache wie präzise Liste von Tatbestandsmerkmalen des deutschen Juristen Georg Jellinek (1851-1911). Seine Drei-Elemente-Lehre knüpft die Konstituierung eines Staates an drei Kriterien: eine Staatsmacht, ein Staatsgebiet und ein Staatsvolk. Auf diesem Grundsatz basiert auch die derzeit gültige Definition des internationalen Völkerrechts. So kommen als Völkerrechtssubjekte, also untereinander handlungsbevollmächtigte Vertreter rechtsfähiger Kollektive, auf die das Völkerrecht Anwendung findet, bis auf drei historisch bedingte Ausnahmen nur solche Institutionen in Frage, die obigen Elementen formal entsprechen. Privatrechtssubjekte wie zum Beispiel Nichtregierungsorganisationen sind hiervon konsequent ausgenommen.[81]

Alle drei Kriterien konnten sich erstmals im Zuge der Neolithischen Revolution manifestieren, der dann umgehend soziokulturelle Brüche folgten, die schließlich in der Konstituierung von Herrschaft münden sollten. Die Herausbildung ausreichend dichter und sesshafter sowie konstant gesättigter Menschenansammlungen mit mehr oder weniger klar umrissenen Territorien der nunmehr immobilen Sippen in Verbindung mit materiellen Überschüssen erlaubten mit den Gartenwirtschaften überhaupt erstmals die territoriale Grundlage – das potentielle Staatsgebiet – für tributäre Ausbeutung, also Raub ohne Tötung der Opfer. Barclay bemerkt ja vollkommen zu Recht, „dass Landwirtschaft die permanente Kultivierung großer Landflächen bedeutet, so dass ein Anreiz zur Aneignung und Akkumulierung dieser bedeutenden Quelle des Lebensunterhalts besteht". Ebenso betont Göttner-Abendroth, dass die „geschichtlich später aufkommende, rein politische Organisation [...] auf Landgebiet [...] gegründet" ist.

Das gilt dann aber natürlich nicht nur für ihre Anbauflächen erweiternde Bauern, sondern auch für jene, die mittelbar davon via unfreiwilligen Transfer zu profitieren hoffen. Der Zusammenstoß von vagabundierenden Gruppen auf der Suche nach Versorgung, ob als ganzer Stamm oder verstoßene Männertruppe, und sesshaften, produktiven Hack- und Gartenbauern – das potentielle Staatsvolk – war über kurz oder lang eine kaum zu vermeidende Konsequenz. Bei letzteren dominierte ja nach wie vor durchgehend die Horde oder Sippe als Sozialstruktur, im fruchtbareren Mesopotamien – der sumerische Begriff „Eden" steht für „fruchtbare Ebene" – vielleicht sogar bereits der lockere Stammesverbund. Deren Konfliktausgleich erfolgte, auch was die materielle Produktion und Verteilung betraf, nach wie vor über tradierte Sitten und Bräuche, gefestigt durch das Band der (Bluts-) Verwandtschaft. Diese gingen formalen Machtstrukturen historisch immer und überall voraus und setzten sich bisweilen gegen von außen herangetragene Beherrschungsansprüche sogar erfolgreich zur Wehr.[82]

Von der Vereinnahmung nicht unbedingt zum Überleben erforderlicher Nahrungsmittelüberschüsse in zyklischen Abständen zu einer auch in dieser Beziehung sesshaften Lebensweise ist es dann nur noch der kleine Schritt eines innovativen Kopfes, eines sprichwörtlichen Gründungsheroen, zumal die nichtstationäre Variante das nicht unerhebliche Risiko der Gegenwehr birgt. Die potentiellen Opfer hatten die Möglichkeit, sich im Zeitraum zwischen zwei Plünderungen auf eben diese vorzubereiten und somit die Lücke in der Gewaltasymmetrie zu minimieren. Die Erhöhung der eigenen Kriegstüchtigkeit, die Aneignung von Wissen, Material und Fähigkeiten war eines von zwei möglichen Mitteln.

Die permanente Gefahr einer ausreichend hohen Gegenwehr, die die Kosten-Nutzen-Relation des Angriffs auf ein ineffizientes, da verlustreiches Niveau katapultiert, erlaubt mithin nur dann, den maximalen Nutzen bei minimalem Einsatz zu erzielen, wenn der Energie- sprich Abgabenfluss direkt und laufend kontrolliert wird. Eine Verstetigung der Vereinnahmung von Beute ist auch deswegen weitaus effizienter als ein zyklisches Vorgehen, da eine permanente Kontrolle der Ertragsgenerierung nicht nur möglich ist, sondern sich in diesem Kontext paradoxerweise sogar für die Ausgebeuteten als vorteilhafter erweist.

Das liegt vor allem daran, dass aufgrund der wechselseitigen langfristigen Interessen Willkür- und Gewaltakte von seiten der Ausbeuter zugunsten klar berechenbaren Verhaltens zurücktreten. McNeill nimmt an, „dass die Lebensverhältnisse der Kleinbauern in antiken Reichen dicht am Minimum des Lebensnotwendigen lagen. […] Deshalb musste, obwohl die erzwungenen Steuern und Pachten die Interessen der Herrscher und Grundherren in einen scharfen Gegensatz zu denen der bäuerlichen Produzenten brachten, beiden Seiten daran liegen, die Methode des Plünderns durch geregelte Zwangsabgaben zu ersetzen."

Verluste sind allemal leichter zu ertragen, wenn sie in Zeit und Höhe exakt kalkulierbar und nicht existenzbedrohend sind. Von Unsicherheit geprägte Ängste dürften in dieser Ära denen in prähistorischer Zeit vor tierischen Räubern nicht unähnlich gewesen sein. Nur vor diesem Hintergrund, also im Vergleich zum unkalkulierbaren Räubertum, sind die Ausführungen des Historikers Jacques Le Goff verständlich, wonach der Feudalismus zwar „Ungerechtigkeiten und Ungleichheiten" vermehre, aber „dem einfachen Volk ein gewisses Maß an Sicherheit" gewähre, „woraus auch relativer Wohlstand erwuchs".

Der Übergang von nicht existenter über eine zyklische hin zur dauerhaften Ausbeutung ist also letztlich der Anwendung des Rationalitätsprinzips hin zu höherer (Energie-) Versorgungseffizienz seitens des Ausbeuters geschuldet.[83] Das Gallipoli-Paradigma erfuhr gewissermaßen seinen Wandel hin zur frühzeitlichen Version der Bernstein-Doktrin, die der US-amerikanische Wirtschaftswissenschaftler Mancur Olson treffend als „stationäres Banditentum" charakterisierte.

Ein anderer, viel effizienterer Weg der Reduktion plünderungsbedingter Kosten auf seiten potentieller Angreifer wie auch Verteidiger war der Kauf militärisch versierter Profis.[84] Und gerade an jungen, kriegerischen und entschlossenen Männern dürfte besonders in Umbruchphasen, wie oben dargelegt, kein Mangel geherrscht haben. Sowohl wanderungswillige Bewohner karger Höhenlagen als auch Gruppen verstoßener Männer bildeten die gesamte Kriegsgeschichte der Menschheit hindurch einen idealen Rekrutierungspool für jenes Tätigkeitsfeld, das mit einer gewissen Berechtigung einem anderen Berufszweig den Titel als ältestes Gewerbe der Welt streitig machen dürfte, das Söldnertum. Dazu passt, dass entsprechende archäologische Funde bereits auf eine sehr frühe Verpflichtung von kampfwilligen Männern gegen Soldzahlungen hinweisen.

Neben den direkten Wert des Goldes als unfreiwillige Umverteilung sichernde Waffe trat damit erstmals als Derivat sein indirekter Wert in Erscheinung, nämlich als Zahlungsmittel zur Verpflichtung von Söldnern, die dadurch selbst wiederum mit dem Waffenmetall versorgt wurden. Damit war es für die Söldner verpflichtenden Auftraggeber erstmals zweckmäßig wenn nicht gar notwendig, den gängigsten Waffenwerkstoff in standardisierter, gegossener Form zu lagern und zu bevorraten. Die Verfügbarkeit über die Ressource Gold eröffnete somit die Möglichkeit, militärische Aufgaben an externe Spezialisten zu vergeben, weshalb das gelbe Edel- und Waffenmetall auch umgehend zum Standardsoldmittel, ja zum Synonym für militärisches Fachpersonal schlechthin avancierte.

Der deutsche „Soldat", der englische „soldier" sowie der spanische „soldado" lassen sich – neben zahlreichen weiteren Bezeichnungen dieser Standesvertreter mit indogermanischen Sprachwurzeln – bemerkenswerterweise allesamt auf den römischen Solidus zurückführen. Diese Goldmünze wurde im Zuge einer unter Kaiser Konstantin im frühen 4. Jahrhundert nach Christus abgeschlossenen Heeres- und Münzreform erstmalig geprägt. Aufgrund der raschen fiskalisch-militärischen Verbreitung sowie der Übernahme durch das byzantinische Reich dominierte der Solidus gemeinsam mit dem Dinar, siehe Endnote 36, bis weit in das Hochmittelalter den europäisch-levantinischen (Fern-) Handel, der selbstverständlich durchgehend auch Rüstungsgüter und Militärdienstleistungen umfasste.

Den herausragenden Besoldungsaspekt dieser Leitwährung unterstreicht hierbei die wohlbedachte Namenswahl. Auf eine Neuauflage des krisenzerrütteten und feingewichtberaubten Vorläufers, des augusteischen Aureus, wurde wohl bewusst verzichtet. Das lateinische Adjektiv „solidus“ bedeutet „treu“, „zuverlässig“, „unerschütterlich“, reflektiert in gemünzter Form geradezu den intertemporalen Ausgleich aus materieller Leistung und immaterieller Gegenleistung (beziehungsweise umgekehrt), also ein lupenreines Termingeschäft. Die Verpflichtung von Soldaten beziehungsweise Söldnern für den Kampf in eigener Sache ist folglich eine der ältesten Vertragsformen überhaupt.[85] Ganz ähnlich verweist übrigens der Dinar auf die herrschaftliche Sphäre seiner Entstehung. „Din“ bedeutet in zahlreichen semitischen Sprachen „Gesetz“, „Ar“ einerseits „brennen“, andererseits auch „Jahr“. Hier drängt sich also der entstehungsgeschichtliche Zusammenhang mit einem periodischen Steuerregime zwecks Besoldung der zu Expansionszwecken kontrahierten, zuvor in oströmischen und sassanidischen Diensten stehenden nomadischen Stammeskrieger förmlich auf.

Teilweise wurde, wie ein Venezianer im 16. Jahrhundert frohlockte, der Krieg als solcher beziehungsweise seine entscheidenden Kampfhandlungen vollständig externalisiert: „In diesem grausamen Krieg, in dem alle Könige der Welt gegen uns kämpften, wurde kein Bürger dieser Stadt getötet. Alles wurde mit Geld und dem Leben fremder Soldaten erreicht.“ Diese frühe Form der Arbeitsteilung in einen produktiven und einen militärischen Bereich ermöglichte zudem die gezielte Aneignung militärischer Fertigkeiten, weswegen sich Söldner seit den frühantiken und bereits protostaatlich organisierten Territorialherrschaften sowohl als Kämpfer als auch als Leibgarden äußerster Beliebtheit erfreuen.[86] Es gibt keinen Grund, anzunehmen, dass diese Vorzüge in vorantiken Zeiten nicht ebenso geschätzt und gegen Naturalsold, respektive Naturalgold oder ersatzweise Lebensmittel, in Anspruch genommen wurden.

Als Ergebnis der geschilderten Verwerfungen wurden innerhalb der neu konstituierten Protostaaten zu festgesetzten Zeitpunkten entweder fixe Einheiten oder variable Anteile aus der von den sesshaften Abgabenpflichtigen periodisch erbrachten Produktion an eine Macht ausübende Kaste respektive Sippe abgetreten, die sich auf ein personell weit unterlegenes, aber militärisch weit überlegenes Potential stützen konnte: Volk, Land und Macht waren schließlich eins. Dies ist in der Tat in jedem Staat der Welt absolut identisch und das wohl markanteste Wesensmerkmal der Staatlichkeit an sich. Umverteilung ist das konstituierende Element eines jeden territorialen Gewaltmonopols; alle anderen Aspekte des öffentlich-rechtlichen Lebens sind immer Ausfluss dieser stets vorgeschalteten Prämisse.[87] Das verbindende Element hierbei ist immer und überall die Waffe, deren goldene Variante zwischen Neolithikum und Frühantike die erste systematische Überlegenheit von Klein- über Großgruppen begründen konnte.

Die Gründer der ersten Protostaaten lösten also ihr eigenes Energieproblem zunächst kurzfristig durch Anwendung von Gewalt und dann langfristig, mit Nachwehen bis in die Gegenwart, durch Verstetigung von Gewaltandrohung gegen nicht- oder fernverwandte, sesshafte und produktive Menschen. Bereits Barclay hat ja erkannt, „dass beim Wildbeutertum nicht die erforderlichen Mittel vorhanden sind, womit ein genau ausgearbeitetes Sozialsystem aufrechterhalten wird, wie es in einem agrarischen System der Fall ist“, wobei das euphemistische „Sozialsystem“ in der Phase der Staatskonstitution natürlich nichts anderes als ein herrschaftsnotwendiges Versorgungssystem war.

Dieses war dann aber zwingend auf in Höhe und Zeit fest definierte Transfers zur Eliminierung des eigenen Energieproblems angewiesen. Die nicht mehr produktiven Machthaber standen mithin selbst unter Beschaffungszwang, der Versorgungsschuld, um die Kosten der Herrschaft, die Kosten der Versorgung der die Herrschaft stützenden Kräfte,[88] zeitgerecht zu begleichen. Der Zwang zur Abgabe, die Steuer mit sanktionsbehafteten Erfüllungsfristen, wurde daher zur alles entscheidenden Institution in herrschaftsgeprägten Gemeinwesen.

Neben die natürliche und universelle Urschuld traten mit dem Gewaltmonopol daher sowohl die feudale Abgabenschuld (Bottom-up) als Forderung als auch die hoheitliche Versorgungsschuld (Top-down) als Verbindlichkeit der Herrschaft. Wurde die Abgabenschuld bezüglich Höhe und Zeit in nicht hinreichendem Maße bedient, zog dies über die Nichtbedienbarkeit der Versorgungsschuld zwangsläufig das Reißen des herrschaftlichen Netzwerks nach sich. Erst die Verstetigung von Distribution aus der Steuerschuld als Voraussetzung der Redistribution zur Begleichung der Versorgungsschuld zuzüglich Machtdividende – der der Machtelite vorbehaltene Luxusgüterhandel zum Auf- und Ausbau der ökonomischen Realität zweiter Ordnung – löste das elementare Energieproblem der Protostaatengründer.[89]

Die Abgabe wiederum erforderte zur Minimierung der Transaktionskosten ihrer Erhebung und Durchsetzung neue Regeln zwischenmenschlicher Interaktionen, das (Steuer-) Gesetz. Der Vorrang des hoheitlichen Kodex vor dem vertikalen Fürsorge- und horizontalen Solidaritätsgebot sowie die Anfertigung und Verwaltung von Schulddokumenten nötigten daher auch zur Entwicklung der in Stammesgesellschaften regelmäßig unbekannten Schrift, Mathematik und Bürokratie. Dem Gesetz voraus musste immer und überall die Waffenmacht gehen, weil nur sie in der Lage war, den Staat und über diesen schließlich das Gesetz konstituieren und exekutieren zu können. Noch Hesiod, selbst bereits freier griechischer Bürger, thematisiert den Vorrang der Macht vor dem Recht in der Fabel vom Habicht und der Nachtigall.

Mit der Ersetzung blutsverwandtschaftlicher Beziehungen und archaischer Heiratsregeln durch gesetzliche Normen und standesrechtliche Vorschriften wurde auch formaljuristisch das Ende der Sippe eingeläutet. Die bis dato jegliche Sozialbeziehungen absolut dominierende „Face-to-face-Gemeinschaft“

wurde sukzessive durch „große, anonyme und arbeitsteilige Gesellschaften“ abgelöst, der „kleinen, ‚warmen‘ Welt“ eine „große, ‚kalte‘ Welt der Großgemeinschaft“ vorgesetzt und damit Friedrich August von Hayeks Zwei-Welten-Theorem, siehe Endnote 38, historisch unumkehrbar begründet, wie Bernhard Laum dokumentiert: „Die ältesten Urkunden zeigen bereits den zentralisierten Staat, in den die Sippenverbände aufgelöst und untergegangen sind.“ Mit der Erosion der Sippe entfielen jedoch auch die tradierten individuellen und kollektiven Versorgungssysteme, die soziale Frage wurde fortan, so die französische Philosophin Simone Weil, zur „Domäne der Fürsten dieser Welt“, die Finanzierung derselben – zumal in Notzeiten – latenter Bestandteil der Versorgungsschuld.[90]

In den zunehmend komplexeren, arbeitsteiligen Abgabenordnungen trat schließlich anstelle der nicht mehr aufrechtzuerhaltenden blutsverwandtschaftlichen Bindung innerhalb der Machtelite der förmliche Eid.[91] Die (beamten-) rechtliche Vereidigung externer Spezialisten konstituierte ein wechselseitiges Abhängigkeitsverhältnis, das künftige materielle Versorgung an vorherige Treueproklamation koppelte. Als makelloses Termingeschäft schlug es natürlich unmittelbar über die Versorgungs- auf die Abgabenschuld durch.[92]

Territorialen Gewaltmonopolisten blieb – insbesondere bei Edelmetallknappheit – eine weitere Alternative, um treue Dienste zu entlohnen, nämlich das Territorium selbst. Land in Form landwirtschaftlich nutzbarer Parzellen war ebenfalls seit jeher ein Finanzierungs- und Versorgungsinstrument, das sich in dieser Form erstmals für das 2. vorchristliche Jahrtausend nachweisen lässt. Hierin dürfte auch die Institution des Freibauern ihren Anfang genommen haben. Denn selbstverständlich dürften sich altgediente Soldaten und Beamte nicht in das Joch der Leibeigenschaft gefügt, sondern für sich, ihre Angehörigen und Nachkommen Freiheitsrechte beansprucht haben. Diese Sonderbehandlung ist bereits Gegenstand des babylonischen Codex Hammurapi, der in acht paragraphenähnlichen Abschnitten umfänglich die Soldatenversorgung regelt.

Gleiches gilt für spezialisierte Händler, wie McNeill ausführt: „Schwierig zu lenken innerhalb dieser Struktur waren der Fernhandel und die Menschen, die ihn betrieben. Dabei hatten manche Einfuhren aus fernen Ländern eine enorme Bedeutung." Dies nötigte die Feudalherrscher zumindest teilweise dazu, die „dekretiven Methoden durch diplomatische Formen zu ersetzen", was nichts anderes heißt, als dass sich kaufmännische Spezialisten neben Soldaten und Beamten aus dem schlichten Existenzdruck der Herrscher heraus, die Macht erhalten zu müssen, Freiheitsrechte herausnehmen beziehungsweise im wahrsten Sinne des Wortes erkaufen konnten. Diese Form der antiken Freien erinnert wiederum an jene Freien moderner Feudalherrschaften, neben Angehörigen der Machteliten meist Handwerker und Kaufleute, die zum Erhalt der Annehmlichkeiten elitärer Zirkel oder zur Beschaffung systemwichtiger Ressourcen im Ausland unbedingt notwendig waren.

Die Institution der Steuer beantwortet dann auch Clastres Fragen zur Ausweitung produktiver Tätigkeiten beim Übergang von der Stamm- zur Feudalorganisation: „[W]arum sollten die Menschen dieser Gesellschaften mehr arbeiten und produzieren wollen, wo doch täglich drei oder vier Stunden geruhsamer Tätigkeit genügen, die Bedürfnisse der Gruppe zu befriedigen? Wozu sollte ihnen das nützen? Was würde ihnen der so akkumulierte Mehrwert einbringen? Wozu sollte er bestimmt sein?"

Dieser „Mehrwert" ist natürlich Ausfluss der in Höhe und Zeit gesetzlich auferlegten Abgabenschuld. Das tradierte Sittensystem der Stammesgesellschaft musste durch ein unbedingtes Befehlssystem in der Feudalgesellschaft ersetzt werden, da die ehemaligen Stammesmitglieder „immer nur unter Zwang mehr [arbeiten], als ihre Bedürfnisse erfordern. Und gerade dieser Zwang fehlt in der Welt der Primitiven, und das Fehlen dieses äußeren Zwangs definiert sogar die Natur der primitiven Gesellschaften." Das Mittel zur Durchsetzung dieses Zwangs war wiederum die Waffe, mit der allein letztlich der Energietransfer per Befehl sichergestellt werden konnte.

Ausgehend von den bekannten Staatsgründungs- und gleichzeitig Landwirtschaftszentren der Welt ist eine massive Ausdehnung der territorialen Keimzellen inklusive ihrer Herrschafts- und Produktionsmechanismen zu verzeichnen. Vor 5.000 Jahren war weniger als ein Prozent der Erdoberfläche staatlich verwaltet, 1492, dem Jahr der neuzeitlichen Entdeckung Amerikas, waren es 20, heute sind es de facto 100 Prozent. Warum waren die archaischen Stammesgesellschaften langfristig nicht in der Lage, sich gegen die expandierenden Feudalgesellschaften zu behaupten? Warum geriet der (Proto-) Staat als Institution zu keinem Zeitpunkt mehr in existentielle Bedrängnis?

Das doppelte Diktat aus Urschuld und Abgabenschuld, dem die produktive Basis der Feudalgesellschaft bottom-up unterworfen war, durchbrach den wesentlich statischeren wirtschaftlichen Kreislauf der lediglich dem einfachem Diktat der Urschuld gehorchenden Stammesgesellschaften und ließ sie diese ökonomisch und damit auch militärisch uneinholbar überflügeln. Verstärkt wurde diese bis dato einmalige Dynamik dadurch, dass allein die Herrschaftseliten der Feudalgesellschaft zusätzlich top-down unter dem Druck der Versorgungsschuld standen, der Erbringung (system-) notwendiger Transferleistungen, mit deren Erfüllung oder Nichterfüllung die Macht bis heute steht oder fällt.

Das Aufkommen der Schriftkunde und Mathematik, die Quantensprünge in Bauwesen wie Waffentechnik sowie die damit verbundene professionelle Bürokratisierung der Herrschaft leiten sich unmittelbar aus diesem Distributions- und Redistributionszwang ab; in keiner dieser Disziplinen konnten folglich die Stammes- den Staatsinstitutionen das Wasser reichen, was Fernand Braudel exemplarisch wie folgt kommentiert: „[D]er Erfolg Roms in Gallien, jener Karthagos (beinahe unbemerkt) in Afrika oder jener Europas in Amerika – sie alle kamen in noch ungenügend strukturierten Zivilisationen zustande, die sich daher den Eindringlingen ergaben.“[93] Ökonomisch betrachtet ging mit der druckgetriebenen Entfaltung der (proto-) staatlichen Institutionen eine erhebliche Reduktion der Transaktionskosten von (Groß-) Projekten einher, wozu nicht nur die Anlage von Festungen, Städten und Wegenetzen zählt, sondern auch die Planung und Durchführung von Kriegen.

Zur Behauptung der Besteuerungsmacht musste wiederum das territoriale Gewaltmonopol intakt gehalten werden. Ein wesentlicher Faktor hierbei war das militärisch nutzbare Human- und Waffenkapital, das wiederum nur durch Gold aktiviert werden konnte. Neben seinen ursprünglich über den Werkstoffeinsatz ableitbaren Überlebenswert im Mesolithikum trat der über Waffen- und Rüstungseinsatz begründete Machtwert im Neolithikum, der sich präzise über den Barwert des Edelmetalls, die Diskontierung damit abforderbarer Gütertransfers auf die Gegenwart, ermitteln ließ, mit einem Tauschwert also überhaupt nichts zu tun hatte. Da dieser Nutzen nur Gewaltherrschern und den via Befehlskette legitimierten Waffenträgern zugutekam, avancierte Gold zum Werkzeug der Herrschaftsausübung respektive Begründung des Status der Knechtschaft, in seiner historisch zweiten sozioökonomischen Funktion also zum Herrschaftsmetall über die menschlich dominierte Umwelt.

Das Edelmetall begründete erstmals einen feudalen Gesellschaftstyp mit hauptberuflich nicht in der Nahrungsproduktion tätigen militärischen Spezialisten, eine elitäre Klasse und Sippe, die über zuvor egalitäre Horden oder Stämme herrschte. Der Tausch als ökonomische Operation und Gold als deren friedliches „Schmiermittel" mussten für Tausende von Jahren in weite Ferne rücken, denn nun breitete sich jene feudale Gesellschaftsform sukzessive aus, von der selbst Mises behauptete, dass ihr jeglicher Tausch und jegliches Geld abgingen: „Aber auch in einer Wirtschaftsordnung, die auf der Arbeitsteilung beruht, ist das Geld überflüssig und unmöglich, wenn die Produktionsmittel vergesellschaftet sind und die Leitung der Produktion und die Zuweisung der gebrauchsreifen Produkte an die Individuen einem gesellschaftlichen Zentralorgan obliegt."

Das erste und dringendste Problem dieses Zentralorgans musste es folglich sein, das Waffenpotential so weit wie möglich zu monopolisieren.

5.4 Goldmonopol und Machterhalt

Die ersten Feudalherren über die mesopotamischen Pflanzenzuchtzentren des „fruchtbaren Halbmonds", jener frühesten Kulturlandschaft, die sich entlang des Zweistromlandes bis hin zur Mittelmeerküste erstreckte, hatten unwissentlich unter Zuhilfenahme ihres Goldkapitals die Zukunft der ganzen Welt verändert. Der Beginn der systematischen und zwangsweisen Umverteilung lenkte als staatstragendes Leitbild das über- wie untergeordnete Zusammenleben der Menschen in eine bis in die Gegenwart führende Einbahnstraße.

Dreh- und Angelpunkt war die Sicherung der noch jungen Herrschaft nach außen und innen. Dabei diente die Waffe primär der Sicherheit der Macht; die Sicherheit der Leibeigenen war lediglich ein Derivat dieses Umstandes, die Schutzwürdigkeit derselben entsprang ihrem Status als Besteuerungsbasis. Der Schutz nach außen ergab sich zwangsläufig aus der Notwendigkeit, etwaige marodierende und gewaltbereite Leidensgenossen von der eigenen Versorgungsquelle fernzuhalten. Dies galt vor allem dann, wenn potentielle Konfliktparteien aufgrund militärisch-technischer Äquivalenz als hohes Herrschaftsrisiko eingestuft werden mussten. Allerdings verfügten die Territorialherren über den Vorteil der Verteidigung. Dieser konnte desto stärker zur Geltung gebracht werden, je besser natürliche Gegebenheiten künstlich verstärkt werden konnten. Folglich setzte ab diesem Zeitpunkt auch der Bau militärischer Verteidigungs- und ziviler Speicheranlagen ein, die die Bewältigung der Abgaben- und Versorgungsschuld effizienter zu gestalten erlaubten.

Aus dem Festungsbau, der selbstverständlich auch oder sogar primär der Abwehr innerer Feinde diente, nahm in der Folge auch die systematische Siedlungs- und Versorgungsplanung mit entsprechenden Bauaktivitäten ihren Anfang. So leitet sich die

Berufsbezeichnung des Ingenieurs und deren zahlreiche internationale Varianten vom lateinischen „ingeniarius“ für „Zeugmeister“ und „Festungsbauer“ ab, was ebenso auf die eigentliche Wurzel der Tätigkeit verweist wie die Bezeichnung der von diesem Berufsstand ersonnenen Anlagen und Geräte als „ingenium“, was im weitesten Sinne nichts anderes als „Kriegsgerät“ bedeutet. Festung, Truppen und Kriegsgerät wiederum waren für eine effiziente Dislozierung auf ein Wegenetz angewiesen, parallel zum Festungsbau entstanden Heerstraßen, die durchaus auch projektbezogen errichtet wurden.

So wies beispielsweise der persische Großkönig Xerxes „von seinem Palast in Persepolis aus seine Satrapen an, in den ihnen unterstehenden Gebieten Nahrungsmittelvorräte anzulegen und sie zu bestimmten Stationen längs der geplanten Marschrouten, der ‚Königsstraße‘, schaffen zu lassen“. Diese Maßnahme ergriff er wohlweislich vor seiner militärischen Expedition nach Griechenland im Jahr 480 vor Christus, die vor Thermopylae erstmalig ins Stocken geriet. Ihm war klar, dass „er in einem Land mit so karger Nahrungsmittelproduktion wie Hellas eine solche Streitmacht nur ein paar Wochen unterhalten“ konnte. McNeill kommentiert die weitsichtige Maßnahme ganz im Sinne obiger Ausführungen wie folgt: „[G]erade die Regelmäßigkeit dieser Abgaben, die in Magazinen längs der Marschroute geleitet wurden, sicherte die ortsansässige Bevölkerung vor zerstörerischem Marodieren. Der wechselseitige Vorzug eines solchen Systems geregelter Zwangsabgaben im Vergleich mit Sargons Plünderungsmethoden liegt auf der Hand.“

Die Verstetigung der Versorgung der Machtträger einerseits sowie die Kalkulierbarkeit des Verlustes der Beherrschten andererseits münden hier der wechselseitigen Rationalität, der Minimierung der maximalen Verluste folgend in der systematischen Abgabe, markieren den Übergang vom Gallipoli-Paradigma zur Bernstein-Doktrin. Knapp 500 Jahre nach dem persischen Großkönig Xerxes stand der römische Kaiser Augustus bei der Neuordnung seines Reiches vor ganz ähnlichen Optimierungsproblemen, wie der deutsche Althistoriker Klaus Bringmann berichtet: „Das brutale Requirierungssystem der Kriegs- und Bürgerkriegszeit musste, wenn nicht beseitigt, so doch gemildert werden, und es empfahl sich, stattdessen regelmäßige Abgaben in Relation zur Leistungsfähigkeit der Steuerpflichtigen zu erheben. Wichtigstes Produktivvermögen waren Grund und Boden sowie die Arbeitskräfte, die ihn bebauten. Landvermessung und Volkszählung bildeten die Grundlage des von Augustus eingeführten Steuersystems."

Es verwundert daher kaum, dass sich die Kontinuität kalkulierbarer Transfers im bisweilen überlieferten Wunsch der bäuerlichen Bevölkerung niederschlug, lieber als Provinz der reichsweiten Steuerverwaltung angeschlossen zu werden, denn weiterhin der Unberechenbarkeit despotischer Vasallenherrscher und ihren Steuerpächtern ausgeliefert zu sein. Eine solche Neuordnung, inklusive der Berufung von römischen Prokuratoren – wörtlich „Besorger", funktional (Haupt-) Steuerverwalter, ein Amt, das später Pontius Pilatus innehaben sollte –, ist es auch, die als Auftakt der Weihnachtsgeschichte im Lukasevangelium jährlich in Erinnerung gerufen wird.

Tatsächlich erfolgte sechs beziehungsweise sieben Jahre nach der Zeitenwende auf Anweisung Augustus ein allerdings lokaler Zensus – die erste reichsweite Volkszählung erfolgte erst knapp 70 Jahre später – durch den Statthalter Sulpicius Quirinus im Zuge der verwaltungstechnischen Eingliederung Judäas in das Römische Reich. Vom unmissverständlichen Charakter dieser Erhebung weiß der bedeutendste jüdische Geschichtsschreiber der Antike, Flavius Josephus, zu berichten. Demnach kam Quirinus „auf Geheiß des Caesars mit wenigen Begleitern nach Syrien […] um die Vermögensschätzung vorzunehmen". Jahrzehnte zuvor und noch unter seinem Geburtsnamen Gaius Octavius gab Augustus nach dem endgültigen militärischen Sieg über seine Rivalen Marcus Antonius und Kleopatra im Jahr 31 vor Christus deren ökonomische und militärische Basis Ägypten dem Gallipoli-Paradigma folgend zur Plünderung frei, um den „Hunger einer riesigen Gefolgschaft nach Beute und Lohn zu stillen".

Neben den Zwang zur Abgabe gesellte sich von Anfang an ebenso der Zwang zur Fron, vorzugsweise in jenen Perioden, die keinen oder nur geringen landwirtschaftlichen Arbeitseinsatz erforderten, ohne den die baulichen Aktivitäten in dem bekannten Umfang kaum denkbar gewesen wären.[94] Mindestens genauso wichtig wie die Sicherheit nach außen war die nach innen. Auch hierbei ging es keineswegs primär darum, den Schutz der Untertanen im Hobbesschen Sinne sicherzustellen. Vielmehr stand die möglichst widerstandslose und dauerhafte Generierung von Abgaben im Mittelpunkt aller Maßnahmen.

Der Schutz nach außen war also notwendig, da Tote keine Abgaben mehr abführen beziehungsweise geraubte Ressourcen nicht mehr selbst konsumiert werden konnten. Der Schutz nach innen diente in erster Linie der Sicherstellung reibungsloser Gütererstellung und -verteilung, die als Nebenbedingung ein Mindestmaß an Reduktion von Verlustrisiken erforderte. Dies umfasste natürlich aus demselben Grund wie beim Schutz vor äußerer Gefahr die Unterbindung willkürlicher Gewalttaten der Untertanen primär gegen die Herrscher sowie sekundär natürlich auch untereinander.[95]

Das absolut wichtigste Mittel zur Unterdrückung potentiellen Widerstandes war daher die Entwaffnung Abgabenpflichtiger. Diese Maßnahme, kombiniert mit einem strafbewehrten Verbot der Waffenbeschaffung und -herstellung, war deswegen so bedeutend, weil sie auf einen Schlag der personell in der Unterzahl befindlichen Herrschergruppe einen kaum zu überwindenden Vorteil verschaffte. Bereits eine leichte Bewaffnung reichte dann in aller Regel aus, um jeden Aufruhr im Keim ersticken zu können. Da sich zudem die Beherrschten dieses Umstandes durchaus bewusst gewesen sein dürften, erhöhte dies bereits im Vorfeld die zu erbringenden Kosten einer gewalttätigen Erhebung derart exorbitant, dass diese kaum mehr in Relation zur minimalen Aussicht auf Erfolg und dem daraus resultierenden Nutzen stand.

Das wertvollste Herrschaftsgut, das diesen Status erst begründende Edel- alias Waffenmetall, wurde daher konsequent monopolisiert. Sein Besitz wurde gleich dem der Waffe als schwere Straftat verfolgt und schwer geahndet, Fundstellen, später Minen, unter besondere Überwachung gestellt. Noch das Römische Reich kannte die einem Todesurteil gleichkommende „damnatio ad metalla“, die Deportation zur Zwangsarbeit in den hoheitlich verwalteten Minen. Die Goldabführungspflicht gesellte sich damit zur Steuerpflicht, wurde zum Synonym derselben, wovon nicht zuletzt die erstmals in Mesopotamien etablierten Edelmetall-Getreide-Standards künden, bei denen es sich in erster Linie selbstverständlich um einen Steuer- oder Abgabenstandard in Waffen- und Nahrungsmitteln handelte.[96]

Edelmetall und Getreide sollten schließlich, wie Bernhard Laum betont, in allen Hochkulturen der Levante „als rechtliches Erfüllungsmittel bei Verbindlichkeiten jeder Art“ gelten. Funktional standen damit die antiken Erfüllungs- den neuzeitlichen Zahlungsmitteln in nichts nach, wie beispielsweise aus einem Kommentar der US-amerikanischen Zentralbank hervorgeht: „Währungssysteme basieren auf einer Anordnung […] mit treuhänderisch tätigen Verwahranstalten […]. Die Rechtsverordnung ist auf die Banknoten gedruckt: ‚Diese Note ist gesetzliches Zahlungsmittel für alle Verbindlichkeiten, öffentliche und private.‘ [E]in entscheidender Grund, warum Geld akzeptiert wird, ist der Umstand, dass die Bundesregierung es zur Begleichung steuerlicher Verpflichtungen verlangt. Die Vorwegnahme der Notwendigkeit, diese Verpflichtung tilgen zu müssen, erzeugt eine Nachfrage nach originären US-Dollar, die seinen Tauschwert garantiert.“[97]

Aus genau demselben Grund erfolgte auch der Einzug etwaiger Goldvorräte militärisch besiegter Gegner, deren Territorium aber aus welchen Gründen auch immer nicht dem eigenen Gewaltmonopol zugeschlagen wurde. Der Tribut als einmalige oder periodische Sonderabgabe in Form von Edelmetallen sollte einem militärisch geschlagenen Gegner die Ressourcen zur Bewaffnung oder Besoldung entziehen beziehungsweise diese der siegreichen Partei zu genau demselben Zweck zuführen. Gold musste so zum Synonym territorialer Herrschaft werden, die herrschaftliche Schatzkammer und ihr Füllstand zur Maßeinheit der feudalen Potenz ebenso wie die Ausstattung der in Gold gerüsteten und bewaffneten Träger der herrschaftlichen Ordnung.[98]

Die Gewichtigkeit dieses politischen Arguments belegt exemplarisch eine Szene im alttestamentarischen zweiten Buch der Könige, in der Hiskija, der König von Juda, Gesandte des mächtigen babylonischen Herrscherhauses empfängt und mit erster Priorität direkt in seine gut ausgestattete Schatzkammer führt: „Damals sandte Merodach-Baladan, der Sohn Baladans, der König von Babel, einen Brief und Geschenke an Hiskija [...]. Hiskija freute sich darüber und zeigte den Gesandten sein ganzes Schatzhaus, das Silber und das Gold, die Vorräte an Balsam und feinem Öl, sein Waffenlager und alle anderen Schätze, die er besaß. Es gab nichts in seinem Haus und in seinem Herrschaftsbereich, das er ihnen nicht gezeigt hätte."

Hier möchte ein feudaler Herrscher einen möglichen Rivalen respektive Verbündeten natürlich über sein Gewaltpotential, die Fähigkeit, Soldaten anzuwerben und zu verpflichten, in Kenntnis setzen und keineswegs das handwerkliche Geschick seiner Kunstschmiede und Schmuckhersteller demonstrieren. Was nun aber für den Rohstoff und seine Quellen galt, musste ebenfalls auf das technologische Wissen und die Waffenproduktion selbst ausgedehnt werden.

Der Rüstungsschmied beziehungsweise Waffen- oder Zeugmeister wurde in den engsten Dunstkreis der Herrschaft erhoben beziehungsweise zum teuer bezahlten Spezialisten. Als systemrelevante Machtressource scheint Angehörigen dieses Berufsstandes zudem häufiger die Bewegungsfreiheit beschnitten worden zu sein, was durchaus wörtlich zu nehmen ist. „Lahme Beine und abgeschnittene Sehnen sind für die mythischen Schmiede charakteristisch", schreibt der schwedische Altphilologe Martin Persson Nilsson.

Die berühmten Schmiede der Sagenwelt, der kleinasiatische Kothar, der germanisch-skandinavische Wieland, der griechische Hephaistos – nach Hesiod „der ruhmreiche Hinkefuß" – respektive römische Vulcanus, die allesamt diesem Typus entsprechen, könnten also auf präventive Fluchtverhinderungsmaßnahmen der frühen, um ihre waffen- und rüstungskundige Fachexpertise bangenden Herrschereliten hinweisen. Dieser Zusammenhang tritt dabei am deutlichsten bei Hephaistos (Vulcanus) zutage. So wird der in den Gottesstatus hineingeborene Metallhandwerker je nach Variante von seinem Vater Zeus (Jupiter) oder seiner Mutter Hera (Juno), gleichzeitig seine späteren (Dienst-) Herren, mit Absicht verkrüppelt, bevor er neben zahlreichen Rüstungen und Waffen für die griechisch-römischen Helden und Halbgötter ein goldenes Zepter beziehungsweise einen goldenen Thron für die elterlichen Herrscher über das Pantheon schmiedete.

Die – völlig zu Recht – herausragende Bedeutung dieses Berufsstandes für die Entstehung, Verteidigung und Ausweitung der Protostaaten spiegelt sich ebenfalls in zahlreichen Legenden und Sagen wider, die die Vollendung der (Herrschafts-) Schöpfung und (Hoch-) Kultur an den Überbringer von Metall und Esse, einen Schwert und Feuer einführenden heroischen Urschmied, knüpfen.

Pate für die realweltliche Umsetzung eines kombinierten Schmied-Herrscher-Mythos steht der mongolische Reichsgründer Dschingis Khan, dessen ursprünglich tartarischer Name „Temüdschin" schlicht „Schmied" bedeutet. Ein Teil seines mit Hilfe von Eisen geeinten Reiches zwischen der Krim und Westsibirien, das gut 250 Jahre währen sollte, wurde übrigens als „Goldene Horde" bezeichnet. Ganz ähnlich wird dieser Umstand ebenfalls im biblischen Mythos um die beiden ersten nachparadiesisch geborenen Menschen Kain und Abel reflektiert. Kain, abgeleitet vom hebräischen „qayin" für „Schmied" oder „Metallbearbeiter", avancierte nach dem tödlich verlaufenden Bruderzwist um Nahrungsressourcen zum stammväterlichen Städtegründer, sein Name gar zum generationsübergreifenden Patriarchentitel. Der Mythos selbst wurde vermutlich dem tradierten Kulturgut der sich nach ihrem sagenhaften Stammvater benennenden Keniter entlehnt, einem halbnomadisch lebenden Schmiedevolk in Kleinasien, das vermutlich in den Israeliten aufgegangen ist.

Die mythische Verklärung des Edelmetalls sowie seiner Erforscher, Bearbeiter und Verwender nahm in der Herrschaft über das Tier ihren Anfang, in der Herrschaft über den Menschen erreichte sie jedoch ihren Zenit. Die Grundgleichung Gold gleich Macht hatte längst begonnen, sich über das menschlich erlebbare Bewusstsein schließlich tief im Unterbewusstsein einzunisten, um so schließlich als überragendes sozioökonomisches Kulturgut zu überleben. Dazu beigetragen haben dürfte die recht zügige Verwendung des gelagerten Materials zur Gestaltung von Insignien für die zunehmende Schar der relevanten, selbst aber nicht mehr kämpfenden Träger herrschaftsnaher Positionen wie Priester und Berater, die dann als äußeres Zeichen ihrer Amtsautorität Sakral- und Herrschaftsschmuck trugen beziehungsweise tragen durften.

Diese Insignien leiteten sich direkt von Waffe und Rüstung ab, brauchten aber mit zunehmender Verfestigung der Herrschaft keine militärische Funktion mehr zu erfüllen, wodurch das ohnehin knappe Material sparsamer, in Form stilisierter oder angedeuteter Waffen- beziehungsweise Rüstungselemente eingesetzt und der eingesparte Anteil als Soldmetall der Schatzkammer zugeführt werden konnte. Als Machtinformationssystem zur Definition des gesellschaftlichen Status knüpften sie nicht nur unmittelbar an ihre frühere militärische Nutzung an, sondern unterlagen selbstverständlich wie jegliche spätere Herrschaftssymbole detaillierten wie strafbewehrten Zugangsbeschränkungen.[99]

Spätestens mit dem funktionalen und optischen Wandel der herrschaftlichen Edelmetallnutzung sowie deren waffentechnischer Substitution durch (kriegs-) effizientere Nichtedelmetalle erfolgte auch deren sakral-feudale Vereinnahmung. Dazu beigetragen haben dürfte die Verschmelzung der herrschaftlichen mit der spirituellen Sphäre; die Übernahme spiritueller Riten, Praktiken und Symbole, die ihrerseits bereits auf den Mythenpool aus der Ära der Raubtierüberwindung zurückgreifen konnten, erhöhte die Legitimität der Herrschaft und damit die Kosten ihrer Beseitigung. Als Resultat bildete sich in jeder antiken Hochkultur eine sakral überhöhte Feudalordnung aus. Diese

Hoch- sprich Staatskulturen verschafften durch die Einbindung des Waffen-, Sold- und damit Herrschaftsmetalls Gold diesem ebenfalls eine sakral-feudale Überhöhung, die das Edelmetall nie wieder losgeworden ist. Für die spontan entwickelte Nutzung als standardisiertes Zahlungsmittel innerhalb einer Marktordnung freier Wirtschaftsakteure war Gold damit historisch und funktional ein für allemal verriegelt.

Somit lässt sich auch der Schmuckwert des Goldes beziehungsweise die Wertschätzung des Goldes als Schmuckmetall nunmehr zirkulationsfrei ableiten: Die Schmuckfunktion ist ein Derivat der bereits zuvor bestehenden Wertschätzung. Doch nicht irgendein diffuses ästhetisches Schmuckmotiv ließ dem Gold eine allgemeine Wertschätzung zukommen. Gold war untrennbar an ein konkretes Machtmotiv gekoppelt und konstituierte über Waffe und Rüstung Herrschaftspotenz. Es wurde daher monopolisiert und schließlich als symbolträchtiges Schmuckmetall von der feudalen Machtelite verwendet.

Daneben trat aus demselben Grund die bereits bekannte Funktion des Edelmetalls als Besoldungsmittel, die freilich nichts mit friedlichen Tauschakten auf fiktiven Gütermärkten mit autonomen Wirtschaftssubjekten zu tun hatte. Kurz: Gold wurde über das Herrscherprivileg durch Verleihung zum machtnahen Herrschaftssymbol, vom Adelsprivileg schließlich zum wertgeschätzten Schmuck der wohlstandsgeschwängerten, modernen Bürgergesellschaft, deren feudal gebundene Vorfahren sich über Jahrtausende nach Einebnung der rechtlichen wie symbolischen Standesunterschiede zumindest gesehnt haben mögen.

Mises' aufgeworfene „Frage nach den Bestimmungsgründen des ersten Geldwertes" von Gold findet hier schließlich ihre abschließende Antwort. Durch seinen Status als Herrschaftsmetall und die damit einhergehende Monopolisierung durch die Machthaber erfuhr es als Macht- und Abgabenmittel einen entsprechenden Wertschätzungsschub, wie Norman Cohn exemplarisch für den mesopotamischen Kulturkreis nachweist: „Die [goldenen] königlichen Insignien […] waren derart machtgeladen, dass ein König, meinte man, ihrer beraubt ein ganz normaler Mensch ohne politische Bedeutung oder Herrschaftsgewalt werden musste." Diese Feststellung kann vor dem hier ausgeführten Hintergrund auch gar nicht weiter verwundern, konnte doch erst über die die Insignien letztendlich inspirierenden goldenen Waffen und Rüstungen königliche Herrschaftsgewalt überhaupt erst erlangt werden; der Edelmetalle entbehrende Mensch war sprichwörtlich ohnmächtig.

Angesichts der kosmischen Herkunft irdischer Edelmetallvorkommen, siehe Kapitel 3.2, könnte es sich bei der bereits in der Frühantike einsetzenden, mythisch verklärten Königswürde von Gottes Gnaden tatsächlich um die Ausformulierung eines realweltlichen Phänomens handeln: „Das Königtum, das unabhängig von diesem oder jenem König bestand, hatte ursprünglich seinen Sitz im Himmel gehabt. Die königlichen Insignien [das Waffen- beziehungsweise Schmuckmetall Gold] hatten vor An [frühmesopotamischer Himmelsgott und Stadtgott von Uruk] gelegen, und es war An, der das Königtum und die Insignien [via Meteorit] zur Erde hinabgesandt hatte."

Das Regressionstheorem, Bestandteil der geldtheoretischen Deduktion eines der größten Freiheitsdenker der Neuzeit, findet seine praktische Grundlage bei den Initiatoren der über (hoheitlichen) Zwang definierten Institution schlechthin, die sich auf genau dieser Basis schließlich über den gesamten Erdkreis ausbreiten sollte.

Neben der Lagerung einmal vereinnahmten Goldes als strategische Reserve zur Ausrüstung eigener Truppen oder Anheuerung von Söldnern in Krisen-, also Kriegszeiten, kommt noch mindestens eine weitere Verwendungsmethode in Betracht. Ergänzend zu Naturalien beziehungsweise als deren Ersatz ließ es sich hervorragend als standardisiertes Zahlungsmittel an die Machtbediensteten abtreten. Diese wiederum konnten ihren edelmetallenen Lohn problemlos zum Erwerb von Gütern oder Dienstleistungen einsetzen, da die Nutzung von Gold und Silber als Abgaben- und damit Steuertilgungsmittel keine Akzeptanzprobleme aufwarf, diese als Abgabenmittel also problemlos zirkulieren konnten. Erst durch diese Zirkulationsfähigkeit im

Sinne ihrer Monetarisierung erlangten Edelmetalle ihren Status als Zahlungsmittel im wirtschaftlichen Verkehr, der sich natürlich überwiegend innerhalb der feudalen Eliten abspielte.

Roland Baaders Hypothese zum mutmaßlichen „Hergang der Geldentstehung, nämlich der spontanen und freiwilligen Entstehung des Geldes auf freien Märkten“, Resultat einer „allgemeinen Wertschätzung des Goldes (und des Silbers) als Tauschmittel“, den sich dann „die jeweiligen Herrscher [...] zunutze machten, indem sie die Münzprägung ihrem Befehl unterstellten und ihr Konterfei auf die Münzen prägen ließen“, fällt damit gänzlich in sich zusammen.

Von „freiwillig und spontan“ kann ebensowenig die Rede sein wie von einem „Markt“ als Ort des friedlichen Gütertauschs souveräner Vertragspartner. Letztere rekrutierten sich bestenfalls innerhalb der kleinen Führungsspitzen aus Adel, Priester- und Beamtenschaft. Kein Herrscher musste diese monetäre Harmonie erst perfide unterwandern, da Herrschaft den Ausgangspunkt jener „allgemeinen Wertschätzung des Goldes (und des Silbers)“ darstellt, die niemals in ihrer Funktion als Tauschmittel, sondern immer in der als Machtmittel begründet war. Dass diese Mutmaßungen nicht nur graue Theorie sind, davon künden überlieferte Mythen ebenso wie archäologische Befunde.

5.5 Die universelle Herrschaftsressource

Die alles überstrahlende Sagengestalt der mesopotamischen Zivilisation ist der legendäre König und Halbgott Gilgamesch. Er soll nicht nur ein vaterloser Heroe gewesen sein, sondern auch „Führer von einst 50 Männern ohne Haus und Mutter", bezeichnenderweise also vermutlich der Kopf einer auf sich allein gestellten Gruppe verstoßener Männer. Die Erzählungen über Leben und Taten dieser identitätsstiftenden Sagengestalt, das Gilgamesch-Epos, gilt als eines der ältesten, wenn nicht gar als das älteste schriftlich erhaltene Werk der Menschheitsgeschichte.

Es war für die ganze mesopotamische Kultur von solch überragender Bedeutung, dass aus den frühesten, in sumerischer Keilschrift auf Tontafeln festgehaltenen Einzelepisoden in den Jahren zwischen 1800 und 700 vor Christus mehrere Gesamteditionen in Lehm gebrannt wurden. Die heute bekannte Fassung mit 3.600 Verszeilen wurde wahrscheinlich um 1200 vor Christus in der mesopotamischen Stadt Uruk auf elf Tafeln geschrieben und in einer jüngeren, leicht ergänzten babylonischen Abschrift auf zwölf Tontafeln in der Keilschriftenbibliothek des Assurbanipal, von 669 bis 631 oder 627 vor Christus Herrscher über das assyrische Reich, im ebenfalls mesopotamischen Ninive archiviert.

Zumindest konnten diese zwölf Tafeln aus den Tausenden von Bruchstücken, die im Jahr 1872 durch den britischen Forscher George Smith entdeckt worden waren, weitgehend zusammengesetzt werden. Zur vollständigen Rekonstruktion wurde jedoch auch auf Fragmente früherer Epochen und Sprachen zurückgegriffen, um so den Gesamtzusammenhang der Dichtung vervollständigen zu können. Diese Fragmente fanden sich unter anderem in der früheren Hauptstadt Assyriens, Assur, sowie auf dem Hügel Sutantepe nahe Harran in Nordmesopotamien beziehungsweise in Babylon. Smith gelang es auch, eine erste Tafel im Jahr der großen Entdeckung in seine englische Muttersprache zu übertragen. Eine erste vollständige deutsche Übersetzung wurde vom Altorientalisten Alfred Jeremias im Jahr 1891 ausgearbeitet, eine weitere erstellte 1934 Professor Albert Schott, auf dessen Bearbeitung des Stoffs bis heute die Eigennamen seiner Protagonisten im deutschen Sprachraum zurückgehen.

Die Hauptfigur der Erzählung, der außergewöhnlich starke und furchtlose Gilgamesch, zu zwei Dritteln Gott und einem Drittel Mensch, herrscht zu Beginn bereits als König über die mesopotamische Stadt Uruk, die er unbedingt mit einer großen und starken Stadtmauer umgeben möchte. Die unter der schweren Belastung der Herrschaft darbenden Untertanen beschweren sich hierüber bei den Göttern.[100] Die Götter erschaffen daraufhin Enkidu, einen wilden und starken, barbarischen (Ur-) Menschen, den sie in der Wildnis um Uruk aussetzen.[101]

Als Gilgamesch von seinem potentiellen Konkurrenten erfährt, lockt er diesen mit Hilfe einer Tempeldienerin, in die sich Enkidu auch prompt verliebt, nach Uruk, wo es zum direkten Kräftemessen der beiden kommt. Letztlich kann Gilgamesch den Kampf für sich entscheiden, verzichtet jedoch darauf, den unterlegenen Enkidu zu töten, sondern nimmt diesen tapferen Kämpfer sogar als seinen Bruder an. Sie werden schließlich sogar zu unzertrennlichen Freunden.[102] Einmal vereint, nehmen sich die beiden Helden vor, das Ungeheuer Chumbaba zu töten, das einen Zedernwald bewachte. Besonders interessant ist die Vorbereitung respektive Waffenbeschaffung für dieses Unterfangen in der Übersetzung nach Schott:

„Sie fassten sich an, zu den Schmieden zu eilen: Da saßen die Meister, pflogen Rats, Beile, große, gossen sie, Axte zu drei Talenten gossen sie;[103]

Schwerter, große, gossen sie – Die Klingen zu zwei Talenten, Die Knijufe zu dreißig Pfund an den Griffen, Sie brachten Schwerter zu dreißig Pfund, von Gold! Gilgamesch und Enkidu waren jeder mit zehn Talenten gerüstet!“

Mit Hilfe der neu gegossenen goldenen Klingen gelingt es den beiden, erst Chumbaba zu töten und anschließend die Zedern zu fällen.[104] Doch nach diesem Sieg fällt Gilgamesch bei der Himmelsgöttin Ischtar, der als Morgen- oder Abendstern in fast ganz Eurasien verehrten Venus, in Ungnade. Auf das Geheiß der vergeblich um die Liebe des Helden werbenden Ischtar lässt der Göttervater Anu einen Himmelsstier auf Gilgameschs Herrschaftsgebiet niedergehen, der weite Teile von Uruk zerstört und viele seiner Untertanen umbringt.[105] Doch auch diesen göttlichen Gesandten können Gilgamesch und Enkidu töten, provozieren damit jedoch den Zorn des gesamten Pantheons, worauf zum Ausgleich Enkidu mit einer tödlichen Krankheit bestraft wird. Den Tod des Freundes vor Augen, klagt Gilgamesch:

„Statthalter und Fürsten sollen dich lieben; Wer eine Doppelstunde ging, soll den Schenkel sich schlagen, Wer zwei Doppelstunden ging, soll sein Haupthaar schütteln! Nicht versage sich dir der Hauptmann, er löse für dich seinen Gürtel, Er gebe dir Obsidian, Lasurstein und Gold!“[106]

Der Tod seines Freundes veranlasst Gilgamesch, sich auf die Suche nach dem Quell des Lebens zu begeben, um das Leid ein für allemal aus der Welt zu schaffen. Dabei stützt er sich auch auf die Hilfe eines seiner Urahnen.[107] Dieser erzählt ihm im Traum von einer Flutkatastrophe gigantischen Ausmaßes, wobei neben der Vernichtung der Menschheit auch das Überleben einer Sippe sowie der Vertreter der Tierwelt in einer Arche thematisiert wird.[108] Danach schläft Gilgamesch – analog zum biblischen Schöpfungsmythos – sechs Tage und sechs Nächte. Am siebten Tag verrät ihm sein Urahn, wo die eine Pflanze blüht, die das ewige Leben verheißt. Gilgamesch kann tatsächlich die Pflanze finden, verliert sie jedoch auf dem Rückweg während einer Rast. Bedrückt kehrt er nach Uruk zurück. Ihm bleibt als schwacher Trost sein legendärer Ruhm als Herrscher, der schließlich durch den Bau der Stadtmauer gekrönt wird.

Das Gilgamesch-Epos reflektiert mit seinen lediglich 3.600 Keilschriftzeilen fast alle wesentlichen Stationen des prähistorischen Homo sapiens auf seinem Weg in die Hochantike: den wilden Urmenschen, die Erfindung der Waffe, die Überwindung des Raubtiertraumas, den Übergang zur Sesshaftigkeit, die Konstituierung von Herrschaft, die Unterwerfung der wilden Sippe, den Abgabenzwang und die Fron, die Sicherung der Herrschaft durch Waffe und Festung, das Trauma der Naturgewalt, die Suche nach dem ewigen Leben, die Sakralisierung der Herrschaft.

Tatsächlich kennt auch die Bibel mit dem sagenhaften Nimrod, laut Genesis ein Urenkel des die Sintflut überlebenden Noah, den Archetypen des Gründungsheroen im Stil der Gilgamesch-Dichtung. Wie der Herrscher von Uruk war auch Nimrod „ein tüchtiger Jäger vor dem Herrn", bevor er „der erste Held" beziehungsweise „der erste Gewaltige" Kleinasiens wurde. Ausgehend von seiner herrschaftlichen Keimzelle in und um Babel „fing [er] an, ein gewaltiger Herr zu sein auf Erden".

Schließlich soll er sogar den legendären Turmbau angeregt haben, jenen Turm, so Norman Cohn, „der später mit Babylon identifiziert worden ist, während Nimrod selbst in der Volksmeinung nicht nur als der erste Städtebauer, sondern auch als der Urheber des persönlichen Eigentums und der Standesunterschiede, also der Zerstörer des ursprünglichen egalitären Zustandes galt". Das „babylonische Sprachgewirr" deutet jedenfalls darauf hin, dass zu den Bauarbeiten verschiedene unterworfene Stämme herangezogen wurden, eine klare Trennung zwischen Rassen und Klassen also bereits vollzogen worden war. Das Scheitern des Turmbaus mag ferner ein Hinweis auf die Tendenz zur Überdehnung von Herrschaft und damit einhergehenden Implosionsrisiken sein.

Die mosaischen Mythen des Alten Testaments spannen mit dem Sinaibund gar den vollständigen Bogen von der archaischen Sippe zum feudalen Sakralkönigtum. Die zwölf Stämme Israels lassen sich dem Ersten Buch Mose folgend in direkter blutsverwandtschaftlicher Linie auf die zwölf Söhne Jakobs und dessen Vater Isaak beziehungsweise auf Jakobs Großvater Abraham, den gemeinsamen Urvater und überragenden Ahnherrn, zurückführen. Es schildert ferner, wie die Söhne Jakobs und ihre Sippen sich infolge einer Hungersnot Getreide von einem der beiden größten kleinasiatisch-levantinischen Produzenten, dem bereits feudal organisierten ägyptischen Großreich, kreditieren lassen müssen.

Von Ramses II. werden die freien Sippen schließlich – eventuell infolge von Zahlungsverzug – in die Schuldsklaverei gezwungen, wo sie sich unter dem äußeren Druck überhaupt erst zum Volk Israel zusammenschließen. Unter ihrem Befreiungs- und Gründungsheroen Moses gelingt schließlich dem auserwählten Volk Jahwes im gleichnamigen Zweiten Buch der Tora der Exodus beziehungsweise Auszug aus Ägypten, dessen Feudaladel den Abfluss des humanen Steuersubstrats mit hohem militärischem Aufwand letztlich vergebens zu verhindern trachtet.

Auf ihrer Odyssee gelangen die Israeliten an den Berg Sinai, wo Moses sowie weitere ihm unterstellte Anführer mit Jahwe einen klassischen feudalen Bund schließen. Jahwe verpflichtet sich zum Schutz des Volkes Israel, dieses verpflichtet sich im Gegenzug zur Treue gegenüber seinem einzigen Herrn. Den Kodifizierungs- und Sakralisierungsprozess beschreibt das Buch Exodus: „Der Herr sprach zu Mose: Sag zu den Israeliten, sie sollen für mich eine Abgabe erheben. Von jedem, den sein Sinn dazu bewegt, sollt ihr die Abgabe erheben. Das ist die Abgabe, die ihr von ihnen erheben sollt: Gold, Silber, Kupfer [...]. Macht mir ein Heiligtum!“

Der Bund wird also mit umfänglichen einmaligen Abgaben besiegelt, an deren Spitze das Herrschaftsmetall Gold steht, das anschließend beim Bau des Heiligtums, der Bundeslade, Verwendung findet: „Überzieh sie innen und außen mit purem Gold und bring daran ringsherum eine Goldleiste an! Gieß für sie vier Goldringe und befestige sie an ihren vier Füßen, zwei Ringe an der einen Seite und zwei Ringe an der anderen Seite! [...] In die Lade sollst du die Bundesurkunde legen, die ich dir gebe. Verfertige auch eine Deckplatte aus purem Gold zweieinhalb Ellen lang und anderthalb Ellen breit! Mach zwei Kerubim aus getriebenem Gold und arbeite sie an den beiden Enden der Deckplatte heraus!“ Es folgen umfängliche Aufträge über die Fertigung zeremoniellen Geschirrs, aus „einem Talent puren Goldes soll man […] alle diese Geräte machen“. Hinzu gesellen sich ferner als sogenanntes Sühneopfer (Kriegs-) Frondienste und eine in Silber zu leistende regelmäßige Abgabe, die jeder männliche Israelit ab dem 20. Lebensjahr als jährliches „Lösegeld für seine Person anlässlich der Veranlagung [Musterung] an den Herrn zahlen“ muss. Die Höhe dieser Abgabe betrug einen halben Silberschekel und wurde schließlich in die Institution der jüdischen Tempelsteuer überführt, die bis zur Zerstörung Jerusalems im Jahr 70 nach Christus erhoben wurde.

Moses, den sein neuer „Feudalherr“ auch konsequenterweise „mein Knecht“ nennt, scheint den göttlichen Ansprüchen zur Konstituierung des Sakralkults vollauf entsprochen zu haben, denn Jahwe kommt der zugesicherten Versorgungsverpflichtung zunächst durch den Niedergang des Manna, dann durch die Zuweisung des Gelobten Landes Kanaan im Gebiet des heutigen Israel und Palästina umgehend nach. Die auf Wanderschaft befindlichen Stämme vollziehen auf der Suche nach dringend benötigter Versorgung zunächst unter ihrem Anführer Moses, später unter seinem Nachfolger Josua die sogenannte kanaanitische Landnahme.

Der Begriff „Landnahme“ deutet bereits auf deren kriegerischen Charakter hin. Im Zuge der aus einer Notlage geborenen Völkerverschiebung begründen die Israeliten schließlich eine Feudalschicht, indem sie sich das vorgefundene Land und Volk gewaltsam untertan machen, wovon nicht zuletzt die im Buch Josua beschriebene Zerstörung der Städte Jericho, Ai und Hazor sowie die Unterjochung der Gibeoniter zu „Holzhauern und Wasserschöpfern“ kündet. Weitere Kriege festigen die junge Territorialherrschaft, die schließlich mit der Krönung Sauls ihren feudalen König und Abschluss findet.

Sein legendärer Nachfolger setzte die Expansion fort, viele Völker „wurden David zu Knechten“.[109] Schließlich erobert er Jerusalem und macht es zum herrschaftlichen wie auch sakralen Zentrum des politischen Judentums. Zu diesem Zweck ließ David auch die Bundeslade überführen, die ihren Platz letztendlich im religiösen Herzstück des kleinen Feudalreiches, dem ersten jüdischen Tempel von Jerusalem, finden sollte. Dieses Bauwerk wiederum ließ Davids Sohn Salomon im 10. vorchristlichen Jahrhundert errichten; es wurde 586 vor Christus durch den babylonischen König Nebukadnezar II. im Zuge dessen eigenen Expansionsdrangs zerstört.[110]

Trotz aller metaphorischen Elemente dürfte es sich bei den „Zerstörern des ursprünglichen egalitären Zustandes“ und ihren im Gilgamesch-Epos explizit genannten Waffen, Schwert und Axt, keineswegs um rein dichterische Schöpfungen, sondern vielmehr um nachträglich verklärte realhistorische Vorgänge gehandelt haben. Es ist bezeichnend, dass ausgerechnet in den Resten der frühantiken turmähnlichen Sakralanlagen im Dunstkreis von Euphrat und Tigris, sogenannten Zikkuraten, einige Exponate geborgen werden konnten, die diese waffen- und rüstungstechnische These stützen.

Im Jahr 1922 begann eine Expedition um den britischen Archäologen Charles Leonard Woolley erstmals mit der systematischen Erforschung sowie Ausgrabungen rund um das Gebiet der alten mesopotamischen Siedlung und späteren Metropole Ur. In zwölf Jahren konnten Woolley und sein Team mehrere spektakuläre Funde verzeichnen. Vor allem gelang es, mehrere nicht oder nur zum Teil geplünderte Grabkammern frühester sumerischer Feudalherrscher inklusive ihres unversehrten Inhalts freizulegen. Die sogenannten Königsgräber von Ur belegen dabei unmissverständlich den unmittelbaren Waffen- und Rüstungscharakter des Goldes bis mindestens in die Bronzezeit sowie seine Etablierung als monopolisiertes Herrschaftsmetall einer Feudalkaste.

Das spiegelt sich nicht zuletzt im Namen der vermutlich ältesten Kultur der Menschheit wider: Das biblische „Shine‘ar“, „Sumer“ oder „Shumer“ bedeutet „Land der Wächter“. Als bekanntestes Fundstück der Grabungen gilt zwar ein mit blauem Lapislazuli verzierter Stierkopf, eventuell symbolisches Abbild jenes todbringenden Himmelsstiers aus dem Gilgamesch-Epos, als besonders aufschlussreich erweisen sich jedoch die unmittelbaren Symbole der Macht, die den dort beerdigten Herrschern beigelegt wurden. Einer der frühesten Herrscher, der Sumerer Meskalamdug, der in den Zeitraum zwischen 2600 und 2500 vor Christus, also knapp vor das klassische Bronzezeitalter datiert und zur ersten Dynastie der Könige von Ur gezählt wird, war mit einem massiven Goldhelm ausgestattet, der den ganzen Kopf mit Ausnahme der vorderen Sinnesorgane schützte. Seinem mutmaßlichen Nachfolger, König Akalamdug, war ein goldener Dolch beigelegt worden, kein Zier- oder Sakralgegenstand, sondern eindeutig ein Kriegswerkzeug.

Ein weiterer mesopotamischer Stadtherrscher, Mesilim, König der zweiten Dynastie von Kisch, dessen Herrschaft in dasselbe Jahrhundert datiert wird, trug neben einem goldenen Dolch mit einem Lapislazuliknauf ebenfalls einen goldenen Helm, der allerdings aus papierdünn gearbeitetem Material gefertigt war, sich also bereits im Übergangsstatus von der Kriegerrüstung zum Königsschmuck befand. Gänzlich unberührt fanden die Archäologen die Grabkammer der Königin oder Hochadligen Puabi vor, die einst zusammen mit 63 reich geschmückten Dienerinnen – ihr zur Ehre dargebrachte Menschenopfer – bestattet worden war. Puabi selbst wurde mit reichen Grabbeigaben bedacht, in diesem Fall keine Waffen und Rüstgegenstände, sondern sakral-herrschaftliche Schmuckstücke aus Gold und (Halb-) Edelsteinen, die jedoch noch stark waffen- und rüstungsähnliche Merkmale aufweisen. Ähnliche archäologische Funde sind ferner aus Syrien und Ägypten bekannt.

Es kann daher als gesicherte Erkenntnis gelten, dass im ansonsten metall- und (feuer-) steinarmen Mesopotamien Gold, das in der Region ja noch bis in die jüngere Neuzeit gefördert wurde, zur Herstellung von Kriegswaffen und Rüstungsgegenständen Verwendung fand. Die klare Bindung an örtliche Regenten signalisiert eindeutig seinen Stellenwert als Herrschaftsmetall. Da es sich bei allen diesen frühen Herrschaften um Feudalsysteme mit einer kleinen militärischen Herrschaftsschicht und breiten abgabenpflichtigen Arbeitsbevölkerung handelte, kann von Markt, Tausch und Geld in diesem Kontext überhaupt keine Rede sein. Hierzu verbleibt immer noch eine beträchtliche historische Lücke von knapp 2.000 Jahren.

Indes ist die militärisch bedeutsame Verbreitung von Gold jenseits des mesopotamischen Raumes ebenfalls durch Funde belegt. Zum Teil dürften diese Transfers bereits als Soldzahlungen für Kriegsdienste eine Form von Kapitalimport dargestellt haben, was selbst wiederum die Gründung weiterer Protostaaten, zumindest jedoch die gesellschaftlich-soziale Schichtung der Kriegsdienst leistenden Stammesangehörigen forciert haben dürfte. Wie Barclay schreibt, entstanden im Zuge der Gründungs- und Festigungsperiode junger Territorialherrschaften „[d]auerhaft aggressive Gewaltstaaten […] und zerfielen wieder, und es kam häufig zu Kriegen".

Diese These wird für den kleinasiatischen Raum ebenfalls vom deutschen Archäologen Hans-Gert Bachmann bestätigt: „Im Land zwischen Euphrat und Tigris reichen die Relikte früher Kulturen bis in das 3. Jahrtausend vor Christus zurück. Die sumerischen Stadtstaaten nahe dem Mündungsgebiet der großen Flüsse bestimmen von 3200 bis 2360 vor Christus die Geschicke im Zweistromland. Auf das Reich von Akkad (2350-1950 vor Christus) folgten die späten Assyrier im Norden (1800-612 vor Christus) und die Babylonier im Süden (1728-539 vor Christus). Die jahrtausendealte Geschichte dieser Landschaft, die im wesentlichen den heutigen Irak umfasst, war durch diese dominierenden und sich oft bekriegenden Machtblöcke geprägt. Ihre Bindungen und Einflüsse reichen bis nach Kleinasien und an die Ostküste des Mittelmeeres."

Der von Mises durchaus richtig erkannte Umstand, dass bereits zu einem frühen Zeitpunkt im „Großverkehr […] Barren und Handelsmünzen gebraucht" wurden, ist selbstverständlich auf die Nutzung des Goldes als Besoldungsmittel zurückzuführen. Das in der Schatzkammer monopolisierte und vermutlich aus praktischen Gründen vor Weiterverarbeitung in Blockform gelagerte Edelmetall diente schließlich als standardisierter Barren zur Anwerbung geeigneter Kämpfer in den häufigen Kriegen.[111] So soll bereits der ägyptische Pharao Menes um 3000 vor Christus, also mitten im antiken Feudalzeitalter, Goldbarren gegossen und mit einem hoheitlichen Stempel versehen haben. Wenn auch die Existenz dieses Pharaos historisch fraglich ist, erfolgte dennoch in jener Epoche die Vereinigung Ober- und Unterägyptens, wie Norman Cohn ausführt: „Um 3050 vor Christus führten Kriege zwischen diesen Kleinfürstentümern im Zuge eines immer noch umstrittenen Prozesses zur Schaffung eines vereinigten, ganz Ägypten umfassenden Reiches."

Dieser blutige Einigungsakt dürfte vermutlich unter Zuhilfenahme angeheuerter Krieger vollzogen worden sein. Nur Söldner waren in der Lage, eine militärische Unterlegenheit selbst gegen einen weit überlegenen Feind kurzfristig auszugleichen. Sie stellten einen militärischen und oft genug kreditären Hebel im Kampf um territoriale Herrschaft dar. Eine zügige Verbreitung von (Gold-) Waffen beziehungsweise Besoldungsmaterial sowie die Ausdehnung des Herrschaftsmodells in Regionen mit ausbeutungsfähigen Edelmetallvorkommen dürfte eine naheliegende Konsequenz der um ihre Existenz kämpfenden Protostaaten gewesen sein.

Wohl kaum zufällig vermag Braudel just für jene Epoche ein weiteres historisches Novum zu vermelden: „Eine Seefahrt, die dieses Namens würdig ist, gab es kaum vor der zweiten Hälfte des 3. Jahrtausends, als Ägypter per Schiff nach Byblos reisten, oder sogar erst im 2. Jahrtausend, mit dem Aufkommen der Bootsverbindungen zwischen den Kykladen [...]." Der nun einsetzende und gegen Gold (-barren) nun tatsächlich als Tausch abgewickelte Fernhandel diente in erster Linie der Rüstungs- und Luxusgüterbeschaffung, dem Machterhalt und der Machtdividende via Heer- und Hofhaltung feudaler Ordnungen. Ferner lässt der ebenfalls rasch aufkommende Handel mit homogenen und weitverbreiteten Nahrungsmitteln auf drohende oder eingetretene Notzeiten, das heißt Zeiten potentieller Machterosion durch drohende (Versorgungs-) Überschuldung, schließen.

Ein erneuter Blick in die Gräber von Warna belegt, dass die Gold-Waffe-Herrschaft-Abfolge auch am Schwarzen Meer bereits zusammen mit einer gesellschaftlichen Transformation circa 2.000 Jahre vor der Gründung der ersten Dynastie von Ur einhergegangen war: „Ein Grab weist klare Unterscheidungsmerkmale auf. Es beherbergt einen 45 bis 50 Jahre alten Mann, am wahrscheinlichsten einen sehr reichen Anführer oder Priester. Das Grab enthält über 1,5 Kilogramm an Goldobjekten, zahlreiche Kupfer- und Steinwerkzeuge, Schmuck und andere Wertgegenstände." Das bereits bekannte Grab mit der Nummer 43, das den ältesten Goldschmuck der Menschheit enthält, weist auf einen erheblichen Monopolisierungsgrad des Edelmetalls hin, dessen einstiger Träger vermutlich bereits ein Gewaltherrscher oder Feudalpriester war.

Das Archäologische Museum Warna datiert alle Goldobjekte in das späte Neolithikum. Das Jägerdasein war bereits überwunden, die Sippe sesshaft geworden, die Gesellschaftsstruktur eindeutig geschichtet, Gold und Waffen in einer Führungsclique konzentriert. Die Goldgegenstände selbst weisen dabei in dieser Phase der beginnenden Kupferzeit unter Verwendung der in den Kinderschuhen steckenden Schmelzofentechnologie noch eindeutig Waffen- und Rüstungsmerkmale auf.

Zahlreiche Plättchen und ein größeres Stück einfaches Goldblech lassen eine Nutzung als Beschlag für mittlerweile verrottetes Tuch oder Leder vermuten. Bei den goldenen Armreifen könnte es sich um Armschienen beziehungsweise Protektoren handeln, die bereits zu feudalen oder sakralen Insignien gefestigter Herrschaft abstrahiert wurden. Am auffälligsten ist jedoch eine Art Kriegshammer, ein goldener Stab mit einem lang gezogenen Kopf aus Elfenbein. Der Waffencharakter des Gegenstandes ist noch ganz deutlich zu erkennen, jedoch ist hier bereits der langsame Übergang vom Kriegs- zum Kultobjekt angedeutet. So wird er auch korrekterweise als Zepter, also als eindeutiges Herrschaftssymbol klassifiziert. Damit ist die Herkunft dieser Insignie, die physisch wie auch in Wappen und Darstellungen bis in die Gegenwart von aristokratischen Familien genutzt wird, vollkommen klar und schlüssig nachvollziehbar.

Das spiegelt sich nicht zuletzt in der etymologischen Ableitung des Wortes „Zepter" wider. Es geht zurück auf das griechische „skeptron“ und „skeptein“, zu Deutsch „Stab“ und „stützen“. Der „Stab“, auf dessen Hilfe allein Herrschaft eben überhaupt nur „gestützt“ werden konnte, weist natürlich auf die eigentliche Waffe beziehungsweise die ihn einst zierende Spitze oder Klinge hin. Gold, Waffe und Herrschaft bilden hier also eine sowohl funktionale als auch sprachliche Einheit. Auf diesen sukzessiven Übergang – „aus dem Gebrauchsgegenstand wird ein Schmuckstück“ – weist auch Bernhard Laum hin: „[S]owohl Doppelbeil wie Sichelmesser sind Symbol der vorderasiatisch-kretischen Stiergottheit“, sie erhielten ihren sakral-herrschaftlichen Charakter aus der Zweckentfremdung der ohnehin monopolisierten Kriegswaffen Streitaxt und Kampfdolch.

Als Waffenmetall erfreute sich Gold aber auch außerhalb Mesopotamiens hoher Beliebtheit. Unweit von Warna, im rumänischen Ţufalău, wurde beispielsweise ein in das 2. vorchristliche Jahrtausend datiertes Axtblatt aus Gold gefunden, das aufgrund seiner Form nicht zum Holzfällen, sondern als Streitaxt konzipiert wurde. Ein ähnliches Modell aus etwa der gleichen Epoche konnte in Dieskau bei Halle an der Saale in den 90er-Jahren des letzten Jahrhunderts geborgen werden. Zumindest das Beil aus dem Dieskauer Goldfund soll einst einem skythischen Krieger beziehungsweise dessen indoeuropäischen Vorfahren gehört haben.

Über die ursprüngliche Heimat der indoeuropäischen Stämme besteht zwar bis heute keine abschließende Klarheit, aller Wahrscheinlichkeit nach aber entwickelten sich ursprünglich sesshafte Sippen zu den zentralasiatischen Hirtenvölkern, wie nicht nur Barclay vermutet: „Das Hirtentum (pastoralism) hat seine Ursprünge möglicherweise im agrarischen Dorfleben. Wahrscheinlich haben frühe Bauern vor etwa fünf- oder sechstausend Jahren im Nahen Osten zum ersten Mal ihr Vieh jeden Tag oder für längere Zeit aus dem Dorf getrieben, damit es unter der Aufsicht von Hirten grasen konnte. […] Diese Hirten trennten sich im Laufe der Zeit gänzlich vom Dorf und begannen, ihr eigenes Vieh zu halten.“

Auch hier liegt die Vermutung nahe, dass die letztendlich völlige Abspaltung der Viehnomaden von den Gartenbauern purer Nahrungskonkurrenz geschuldet war. Zumindest für Indien weiß Göttner-Abendroth um diesen aus der Not geborenen Loslösungsprozess: „Erst als die Zahl der Rinder größer wurde und die Futterbestände der Pflanzer zur Ernährung nicht mehr ausreichten, wurden die Rinderzüchter zu Nomaden, die im regelmäßigen Wechsel ihre Weideflächen besuchten."

Dies könnte die eigentlich unvorteilhafte Aufgabe der Sesshaftigkeit ebenso wie die im historischen Verlauf traditionelle Rivalität zwischen Garten- beziehungsweise Ackerbauern und Viehnomaden erklären, die sich literarisch bis zur biblischen Episode um Kain und Abel zurückverfolgen lässt. Der Hirtenberuf war letztlich eine zweite Variante der Lebensbewältigung in der Jäger-Sammler-Nachfolge. Er koppelte das nomadische Dasein an eine extensive Viehwirtschaft, da für einen sesshaften Garten- oder Feldbau beziehungsweise eine dauerhafte Versorgung der Herden die lokale Fruchtbarkeit schlichtweg nicht mehr ausreichte.

Daher fanden die für ihre Anspruchslosigkeit bekannten und gleichzeitig domestizierungsgeeigneten Tierarten wie Schafe, Ziegen und in gewissem Umfang auch Rinder in der nomadischen Viehwirtschaft Verwendung. Wie überlebenswichtig indes die Ressource Vieh war, belegen nicht zuletzt auch zahlreiche gesellschaftliche Konventionen und juristische Kodizes, die völlig regions- und kulturunabhängig Viehdiebstahl als Kapitalverbrechen einstufen und konsequenterweise mit dem Tod ahnden. Die Viehhaltung war der letztlich erfolgreiche Versuch, die Tierjagd kontrolliert zu verstetigen. Als Weidegründe eigneten sich aufgrund der Mobilität der Tiere auch jene eher kargeren Landstriche, die nicht Teil der Ökumene waren.

Indoeuropäische Hirten sollen im 5. vorchristlichen Jahrtausend die sogenannte Kurgankultur im heutigen Südrussland gegründet haben.[112] Ihnen gelang es um 4000 vor Christus, das Pferd zu domestizieren sowie geschätzte 1.000 Jahre später vermutlich die ersten Zugkarren zu erfinden.[113] Reittiere erleichterten beziehungsweise ermöglichten einerseits die Kontrolle über die wichtigste energetische Ressource der indoeuropäischen Stämme, ihre Schaf-, Ziegen- und Rinderherden, mit denen sie extensive Weidewirtschaft betrieben, wofür die zentralasiatischen Steppenlandschaften prädestiniert waren; tatsächlich begünstigen Pferde nicht nur das Hüten von Herden sowie das Aussondern und Trennen einzelner Tiere, sondern sind zum Treiben großer Säugetiere wie Rinder unabdingbare Grundvoraussetzung.

Andererseits bildeten sie in Kombination mit einem Fuhrwerk eine Lösung für das Kapitalisierungsproblem nicht sesshafter Gesellschaften. Pferd und Karren ersetzten den Nomaden Haus, Werkstatt und Lager der sesshaften Gartenbauer. So war es den Indoeuropäern ebenfalls möglich, Hausrat, Werkzeug, Keramik und Waffen herzustellen, mitzuführen und weiterzuentwickeln. Wie für jedes Hirtenvolk dürfte auch für die frühen Indoeuropäer insbesondere die Waffenentwicklung von herausragender Bedeutung gewesen sein, waren doch ihre Herden, von denen letztlich das Leben der ganzen Sippe abhing, ständig tierischen Räubern ausgesetzt. Neben der Nutzung konventioneller Schuss-, Hieb- und Stichwaffen dürfte daher auch das Pferd als Waffenträger Verwendung gefunden haben. Als positiver Nebeneffekt seiner Domestizierung gelang es so, das menschliche Größen- und Geschwindigkeitsdefizit im Kampf gegen Raubtiere auszugleichen.[114]

Pferd und Waffe erhöhten massiv den militärischen Kapitalisierungsgrad der Hirten, die dementsprechend ihre Produktivität, vor allem durch Minimierung ihrer (Herden-) Verluste, steigern konnten. Weitgehende Einigkeit besteht darüber, dass massive Klimaverschlechterungen, das heißt in diesem Fall eine lokale oder gar globale Abkühlung, über die energetische Kette Weidepflanze-Herdentier-Mensch bei ihnen unmittelbar zu einem ökonomischen Problem erster Ordnung führten. Der Viehbestand sank – mit genau denselben Folgen, wie sie einst das Schwinden der Wildbestände nach sich zog. Die klimatischen Veränderungen und damit der notwendigerweise effektiv zu bewirtschaftende Viehbestand zwangen einen Teil der indoeuropäischen Stämme irgendwann zwischen dem 3. und 2. vorchristlichen Jahrtausend – also noch vor Beginn der Bronzezeit – in mehreren Wellen zu Wanderungsbewegungen auf der Suche nach neuen Weidegründen. Die Wanderungsbewegungen führten einerseits in den europäischen, andererseits in den klein- und südasiatischen Raum.

Während ein Zweig der Indoeuropäer, die Arier, in Südasien um 1500 vor Christus ein Feudalreich gründete und als herrschende Schicht ein über Abstammung definiertes Kastenwesen etablierte, indem er die heimischen Drawider unterwarf, erfolgte die Einwanderung zunächst nach Kleinasien und ab circa 2000 vor Christus nach Europa teils gewaltsam, teils friedlich.

Ein prominentes Opfer der gewaltsamen Einwanderung dürfte die noch nicht staatlich organisierte Großsiedlung Çatalhöyük gewesen sein, der vor ihrer Eroberung genau aus diesem Grund auch der Stadtstatus nicht zuerkannt worden war, denn, so der lexikalische Eintrag, es gibt „bislang keine Belege für Sondergebäude oder öffentliche Gebäude. Eine zentralwirtschaftliche Stellung gegenüber dem Umland – wesentliche Bedingung für die Bezeichnung ‚Stadt' – lässt sich ebenfalls nicht erkennen. Die einzelnen Wohneinheiten erweisen sich – ganz im Gegensatz zur engen und dichten Bebauung – als autonom wirtschaftende Einheiten. In jedem Haus fanden sich Einrichtungen zur Bevorratung von Lebensmitteln. Lehmziegelherstellung, Tierhaltung, Getreideverarbeitung, Stein- oder Knochengerätherstellung fand ebenfalls auf Haushaltsebene statt. Die einzelnen Haushalte wirtschafteten also weitgehend autark."

Aus der dann allmählich einsetzenden Vermischung zwischen der unterworfenen, nicht indoeuropäischen Urbevölkerung und der feudalen Klasse untereinander verwandter Indoeuropäer entstanden schließlich die verschiedenen aus der Hochantike bekannten Volksgruppen wie zum Beispiel Kelten, Germanen, Slawen, Italiker, Griechen, Balten, Armenier, Thraker, Hethiter, Illyrer. Über jene Wanderungsbewegungen könnten auch die goldenen Kriegsäxte und weiteres Rüstmaterial an ihre südost- und mitteleuropäischen Fundstätten gelangt sein. Das würde sich nicht nur chronologisch in das historische Bild fügen. Das Aufkommen und die Verbreitung der Streitaxt bewerten Archäologen geradezu als kennzeichnend für die indoeuropäischen Invasoren.

Sie werden aktuell noch als „Streitaxtleute“, ihre Zivilisation bisweilen gar als „Streitaxt-Kultur“ bezeichnet. Dabei wurde versucht, die zweifellos große Bedeutung der Axt in jener Zeit in einen ausschließlich friedlichen Kontext zu betten. So soll die Axt in den neuen, stark bewaldeten Siedlungsgebieten zum wichtigsten Rodungswerkzeug und damit prägendsten Symbol jener Epoche avanciert sein und eine Nutzung als Waffe lediglich einer sporadischen Zweckentfremdung entsprochen haben. Dagegen sprechen nicht nur die bereits oben aufgeführten Äxte aus Gold, deren Klingenform sie eindeutig nicht als Rodungswerkzeug prädestiniert. Da die Axt bereits aus der baumlosen Steppenlandschaft Südrusslands mitgeführt wurde, wo es ja überhaupt keinen Rodungsbedarf gab, muss sie von Anfang an als Reiterwaffe und Schlachtwerkzeug konzipiert worden sein. Gerade für den Nahkampf zu Pferd ist sie ja im Gegensatz zum Dolch des Fußkämpfers hervorragend geeignet und wurde daher vermutlich als Hiebwaffe am langen Stiel mit Hebelwirkung zur Abwehr von Fressfeinden der eigenen Herdentiere entwickelt.

Bereits in ihrer zentralasiatischen Heimat müssen zumindest einige dieser indoeuropäischen Sippen oder Stämme zu feudalen Strukturen gefunden haben, wobei sich Gold nicht nur als Waffen- und Rüstungs-, sondern teilweise auch als Herrschaftsmetall einer bereits geschichteten Gesellschaft nachweisen lässt. Die Kurgankultur mit ihren in der Steppe aufgeschütteten Hügelgräbern, in denen die adlige Elite bis fast zur Zeitenwende aufwendig bestattet wurde, legt hiervon umfangreich Zeugnis ab. Eventuell haben ihre Vorfahren dank militärischer Überlegenheit bereits im Zuge der Besiedelung Zentralasiens halbnomadisch oder nomadisch lebende Stämme unterwerfen und in ihre Vieh- und Weidewirtschaft eingliedern können. Als westeuropäische Variante sei hier nur an die Rinderherde des schwer bewaffneten Geryon und seinen die Herde hütenden Knecht Eurythion verwiesen.[115]

Der älteste und wichtigste (Ur-) Heros des von den Ariern errichteten Reichs im Industal war der Gott oder göttliche Krieger Indra. Im heutigen Iran, wo ein anderer Zweig der Indoeuropäer fast zeitgleich eine weitere Feudalordnung errichtet hatte, existierte ein nahezu identisches Pendant namens Mithra. Sowohl Indra als auch Mithra fuhren in von zwei Rossen gezogenen, goldenen Streitwagen und waren jeweils mit einem „Donnerkeil", einem Streitkolben oder Kriegshammer, bewaffnet. Diese legendäre Waffe, die „mit hundert Warzen und hundert Schärfen, die gegen die Männer aufprallende, die aus gelbem Metall, aus festem Gold gegossen ist, die festeste der Waffen, die sieghafteste der Waffen", soll nie ihr Ziel verfehlt haben. Mit ihr begründeten die beiden Heroen den Sieg über die Kräfte des Chaos und hielten fortan die irdische Ordnung aufrecht.

Die ja tatsächlich aus der militärischen Nutzung von Pferden, Wagen und (edel-) metallenen Waffen resultierende Übermacht der Indoeuropäer über ihre quantitativ mehrfach überlegenen Gegner dürfte sich daher ganz analog zum mesopotamischen Gilgamesch-Epos im indischen Indra- und iranischen Mithra-Mythos widerspiegeln. Allein die Skythen, vermutlich Nachfahren der in Südrussland verbliebenen Indoeuropäer, die wesentlich die Geschicke in der zentralasiatischen Steppe des 1. vorchristlichen Jahrtausends bestimmten, hinterließen genügend nicht geplünderte und wieder eingeschmolzene goldene Prunkgegenstände, um eine ganze Ausstellung zusammenzustellen.

Eine solche veranstaltete Ende 2007 das Deutsche Archäologische Institut in Zusammenarbeit mit dem Museum für Vor- und Frühgeschichte der Staatlichen Museen zu Berlin in der Bundeshauptstadt. „Im Zeichen des goldenen Greifen. Königsgräber der Skythen"[116] lautete der treffsicher gewählte Titel der Ausstellung unter der wissenschaftlichen Leitung des deutschen Prähistorikers Hermann Parzinger, dem selbst mehrere spektakuläre Funde gelangen. Sie umfasste die nach Selbstauskunft „bedeutendsten Prunkinventare aus den Fürstengräbern der einzelnen Regionen“. Die Exponate entstammten Funden „aus dem südlichen Sibirien, dem Altaigebirge, dem Südosten Kasachstans und der Region des südlichen Ural“ sowie den „Kurganen östlich und nördlich des Schwarzen Meeres“.

Neben Mumien, die der russische Permafrost einschließlich ihrer Tätowierungen hervorragend konserviert hatte, vervollständigten „Zier- und Gebrauchsgegenstände wie Waffen und Rüstungsteile oder Pferdegeschirr aus Gold und Silber, Holz, Leder oder Textilien [...] das Bild einer versunkenen Epoche“. Diverse skythische Goldfunde, so im brandenburgischen Vettersfelde, mehrfach im südsibirischen Arschan sowie im kasachischen Jessik, belegen jedes Mal aufs Neue den Dreiklang von Gold, Waffe und Herrschaft.

Vor allem finden sich durchgängig massenhaft Aufnähplättchen aus Goldblech, ein wesentlicher Bestandteil der skythischen Standardrüstung, des Lamellen- oder Schuppenpanzers, der Reitern Schutz und Flexibilität gleichzeitig bot. Im skythischen Doppelgrab Nummer 5 in Arschan fällt neben den Goldlamellen ein ebenfalls aus dem Edelmetall gefertigter Goldköcher ins Auge. Und ein Grabfund in Kasachstan war derart goldreich, dass der dort bestattete junge Adlige als der „Goldene Mann von Jessik“ bekannt wurde. Seine Kleidung bestand aus mit etwa 4.000 Goldplättchen beschlagenem, rotem Filz. Wie das Archäologische Institut ausführt, machen die „Exponate aus Mittel- und Südosteuropa [...] deutlich, dass bereits um die Mitte des 1. Jahrtausends vor Christus ein enger Austausch zwischen Europa und Asien stattfand, ja ein eurasischer Kulturkomplex existierte“.

Das ist auch zweifellos richtig, nur umfassten diese Austauschakte eben keine ohnehin weitestgehend homogenen und schnell verderblichen, landwirtschaftlichen Waren, sondern vor allem Waffen, Rüstungen und Söldner sowie das zur Beschaffung aller drei Herrschaftsgüter geeignete Edelmetall. Dazu passt, dass sich gerade die zentralasiatischen Reiternomaden und ihre Abkömmlinge als Söldner großer Beliebtheit erfreuten. Deren Kampfeffizienz konnte über den Faktor Beweglichkeit, also den Einsatz von Pferden, massiv gesteigert werden. Ebenso war sowohl zur Abwehr als auch zum Erlegen von Wildtieren, einer ständigen Bedrohung der eigenen Herde, der Umgang sowohl mit Fern- als auch Nahkampfwaffen zu Fuß und zu Pferd für jeden Steppenreiter selbstverständlich. Zur Perfektionierung der so lebenswichtigen Techniken trug natürlich auch eine gründliche Erziehung und Ausbildung bei.

Folglich lassen sich neben Spuren keltischer, germanischer und griechischer insbesondere auch solche skythischer Söldneraktivitäten rund um den Mittelmeerraum und Kleinasien bis weit in die Eisenzeit hinein nachweisen. Das Besoldungs- und frühere Waffen- und Rüstungsmittel hingegen blieb stets dasselbe: Edelmetall. Mit den Indoeuropäern war der europäischen und asiatischen Urbevölkerung jedoch ein ebenbürtiger, teils überlegener Gegner erwachsen, der die militärische Schlagfertigkeit zur Lösung seiner ökonomischen Probleme der ersten Ordnung unmittelbar genutzt haben dürfte. Diese zogen weitere Staatengründungen vor allem im europäischen Raum nach exakt demselben, oben dargestellten Muster nach sich.

Der Zusammenstoß vagabundierender Reiternomaden auf der Suche nach Versorgung respektive Weidegründen für ihre womöglich bereits dezimierte Herde und sesshaft produzierender Garten- oder Ackerbauern war eine fast logische Konsequenz der indoeuropäischen Wanderungswellen; interessanterweise gleichen sie den wiederum sehr viel bekannteren Konflikten Tausende Jahre später im Westen der USA oder jüngst im südlichen Sudan.

Auch dort wütet seit Jahren trotz internationaler Ächtung und Gegenmaßnahmen der blutig-existentielle Darfur-Konflikt zwischen sesshaften afrikanischen Stämmen und nomadisch lebenden Arabern um die Leben spendenden Ressourcen Land und Wasser. Wie so oft kollidieren die Interessen der intensiven Landwirtschaft mit denen der extensiv Viehwirtschaft Treibenden, trotz der immensen Weiten (aber eben knappen Ökumene) der jeweiligen Länder. Es ist ein weiteres Mal die biblische Genesis, die das ewige Aufeinanderprallen dieser ökonomischen

Erbfeinde in der Rivalität zwischen dem Bauern Kain und dem Hirten Abel aufgreift.

5.6 Staatswettbewerb als Innovationsfaktor

Das Vorgehen der Protostaatengründer ist im Rahmen der Entstehungsgeschichte eines der am straffsten organisierten Staatswesen der Antike überhaupt gut dokumentiert, dem griechischen Sparta. Es liegt zwar noch im Dunkel der Geschichte, ob indoeuropäische oder kleinasiatisch-griechische Stammesangehörige, selbst wiederum Heimatlose als Folge vorhergehender Wanderungsbewegungen oder Naturkatastrophen, in vermutlich kleiner Anzahl in den südlichen Peloponnes einfielen.

Unumstritten ist jedoch, dass es ihnen gelang, die bereits sesshaften, vorindoeuropäischen und in jedem Fall nichtverwandten Pelasger ab circa 1200 vor Christus zu unterwerfen und in eine klassische feudale Ordnung zu zwingen. Die entwaffneten Leibeigenen, fortan Heloten genannt, waren als Unfreie inklusive der vorhandenen Äcker und Gärten den Spartanern unterstellt und diesen fortan abgaben- und frondienstpflichtig. Die Spartaner wiederum konzentrierten sich auf die Verteidigung des territorialen Gewaltmonopols, Voraussetzung zur Generierung und Vereinnahmung der Abgaben, deren Höhe einer angeblichen Quote von circa 50 Prozent entsprach.[117]

Ein allgemeiner Satz in dieser Höhe erscheint angesichts des antiken landwirtschaftlichen Wirtschaftspotentials zumindest auf dem Peloponnes exorbitant hoch, galt doch die durchweg niedrigere Belastung der ebenfalls weitgehend der reinen Selbstversorgung verpflichteten mittelalterlichen Bauern als ausgesprochen problematisch, wie Jacques Le Goff festhält: „Da das Volk unterworfen war, forderte man von den Bauern, dem Großteil des Volkes, eine schwere Opfergabe: einen Teil der Ernte, den Zehnten.“ Wie problematisch, dass lässt sich daran ablesen, dass der Zehnte – ursprünglich als „decuma“ und damit tatsächlich als „zehnter Teil“ ein steuerrechtliches Standardmaß im Römischen Reich, das allerdings auch anteilig beziehungsweise mehrfach auf die jeweilige Bemessungsgrundlage angewandt werden konnte – keineswegs von jedem, dem er auferlegt wurde, erbracht werden konnte.

Mit dem Zehnt, der Steuer, kamen daher auch die (Steuer-) Schulden in die Welt. Diese wiederum sind beispielsweise in aus dem Mittelalter stammenden und gut erhaltenen Schuldenregistern zuhauf und über alle Bevölkerungsgruppen hinweg dokumentiert; gleiches gilt analog für ihre verschärfte antike Variante, die (Steuer-) Schuldsklaverei in Folge fiskalischer Selbst- oder Angehörigenverpfändung. Die Verbrennung öffentlicher Archive, in denen nicht nur im Römischen Reich alle relevanten Steuerlisten und Kreditdokumente aufbewahrt wurden, war daher auch immer eine der ersten Maßnahmen revoltierender Schuldner. In Palästina ging eine solche Erhebung im ersten sowie zweiten nachchristlichen Jahrhundert mit dem gewaltsamen Ersatz der römischen Schuldsklaverei durch das altjüdische Schuldrecht einher, was den Entschuldungscharakter dieser Widerstandsbewegungen klar unterstreicht und jeweils eine prompte kriegerische Reaktion der Gegenseite hervorrief.

Auch McNeill wird nicht müde, auf das ständige Grundproblem der Erwirtschaftung eines Mehrprodukts und den damit verbundenen Verteilungsspielraum hinzuweisen: „Zum anderen blieb innerhalb der Gesamtgesellschaft die große Mehrheit landwirtschaftlich tätig und rackerte sich damit ab, Nahrung für den eigenen Lebensunterhalt zu produzieren. Die Überschüsse waren gering, und die Zahl der Herrschenden […] hielt sich in relativ bescheidenen Grenzen.“ Die für Antike und Mittelalter vielfach dokumentierten und um den sprichwörtlichen Zehnt schwankenden Abgabenquoten von fünf bis 20 Prozent belegen indes, dass realiter ausschließlich wenige über viele herrschen konnten, gerade in den vergleichsweise unwirtlichen Gegenden Italiens und Griechenlands.

Allerdings verweist Clastres auf die erheblichen (Frei-) Zeitreserven, über die die Angehörigen der im 20. Jahrhundert noch existenten Stämme verfügen: „Diese […] Tatsachen werden nun in beeindruckender Weise bestätigt durch neuere, zum Teil noch laufende Untersuchungen von streng demonstrativem Charakter, denn sie messen die Arbeitszeit in den Gesellschaften mit Subsistenzwirtschaft. Ob es sich nun um Nomaden-Jäger aus der Kalahari-Wüste oder um sesshafte Ackerbauern im indianischen Amerika handelt, die ermittelten Zahlen ergeben eine durchschnittliche Arbeitszeit von weniger als vier Stunden pro Tag. [...] Doch wir können versichern, dass die Indianer, Männer wie Frauen, mindestens die Hälfte des Tages in fast vollständiger Untätigkeit verbrachten."

Sein Kollege Harris schätzt die durchschnittliche Arbeitszeit archaischer Jäger auf Basis heute noch traditionell lebender Kulturen sogar auf im Schnitt lediglich zehn bis 20 Wochenstunden, was wiederum auf einen quantitativ tendenziell höheren zeitlichen Input bei gleichzeitig qualitativ schlechterem Output zur Gewinnung von Nahrungsenergie im Zuge der Neolithischen Revolution und damit eine ursprüngliche Notsituation, siehe Kapitel 4.6, hindeutet. Mehr noch beruht damit das ganze Prinzip der Feudalrente im Gegensatz zur gegenwartsbezogenen Plünderung zunächst auf der Umverteilung von Zeit, der dann mit Verzug die Umverteilung von Gütern folgt. Das überhaupt erst dauerhaft die Steuer jenseits der Subsistenz ermöglichende Mehrprodukt, sei es direkt durch Fron oder indirekt durch in Art, Menge und Zeit bestimmte (Abgaben-) Mittel, ist damit das Resultat der Belegung von Tagesfreizeit mit Kosten.

Der Transfer von Frei- in Arbeitszeit inklusive der Bewirtschaftung letzterer läuft damit auf eine Besteuerung des Seins im Sinne von Lebenszeit aus, wie es im Konzept der Kopfsteuer oder dem Begriff des Steuerzahlergedenktages noch heute zum Ausdruck kommt. Überhaupt wird dieser Lenkungseffekt, der fremdgesteuerte Zwang zum Mehrprodukt via Mehrarbeit, im deutschen Sprachraum durch den Begriff der „Steuer" unmittelbar reflektiert, während das aktuelle Steuerrecht der Bundesrepublik mit dem Pleonasmus „Lenkungssteuer" sogar ein juristisches Instrument zur ausdrücklichen Kanalisierung des Verhaltens Abgabepflichtiger in die vom Gesetzgeber erwünschte

Richtung vorsieht. Auch im Römischen Reich war man sich dieses Umstandes klar bewusst, mussten doch militärisch unterworfene Stämme oder Völker regelmäßig ihre Existenz wortwörtlich verpachten, lateinisch „elocare“, wie beispielsweise einer Rede Ciceros über die Eroberung Kleinasiens zu entnehmen ist.

Clastres und Harris folgend würde also das theoretisch mobilisierbare Arbeitspotential unter Ceteris-paribus-Bedingungen tatsächlich eine Abgabenquote von 50 Prozent erlauben, ohne die Subsistenz der Abgabenpflichtigen zu gefährden. Das scheint zumindest vor 500 Jahren sogar in noch höherem Maße für das bis dato größte Feudalreich Südamerikas gegolten zu haben, wie Heinsohn unter Bezugnahme auf den deutschen Forscher Hans O. H. Stange schreibt: „Die herrschende Schicht ist der Stamm der Inka. Die Masse des Volkes ist verpflichtet, neun Monate für den Staat zu arbeiten, drei Monate ist sie frei, um den eigenen Lebensunterhalt zu schaffen. [...] Alles Land ist entweder Tempel-, Staats- oder Gemeindeland. Für Kranke und Schwache sorgt die Gemeinde. Es gibt [...] keine individuelle Freiheit oder Freizügigkeit.“ Hierbei bleibt allerdings unerwähnt, ob die Versorgung der Frondienstleistenden während der neun Arbeitsmonate mittels Reserven aus den Speichern der Herrscherelite erfolgte oder ebenfalls in den restlichen drei Monaten produziert werden musste.

Ohne die Möglichkeit zur Intensivierung und Extensivierung der Produktion aber war die Grenze der Belastbarkeit deutlich früher erreicht, wie die Besteuerung Palästinas durch das Römische Reich um die Zeitenwende bestätigt. Trotz drakonischer Strafen und militärischen Durchgreifens weckten die den Freibauern und Landpächtern auferlegten direkten Steuern von 20 bis 30 Prozent der Produktion zuzüglich einer Vielzahl indirekter Steuern, Sonderabgaben, Gebühren und Zölle – in der Spitze wohl eine Gesamtbelastung von circa 40 Prozent der Erträge – regelmäßig das revolutionäre Potential der unter Landknappheit leidenden bäuerlichen Bevölkerung.

Eine ähnlich hohe Belastung von über 30 Prozent der landwirtschaftlichen Produktion erlegte wenige hundert Jahre später der byzantinische Kaiser Justinian I. den durch seine vor allem aus Söldnerkontingenten bestehenden Truppen zurückeroberten Gebieten Italiens und Nordafrikas auf. Dies allerdings wohl vor allem aus Gründen der Refinanzierung, begnügte er sich doch bei den oströmischen Bauern mit dem klassischen Zehnt. Demnach hätte die oben aufgeführte spartanische Forderung angesichts durchaus vergleichbarer landwirtschaftlicher Rahmenbedingungen dauerhaft nur durch territoriale Expansion, die Mehrung von Weide- und Ackerland, gelingen können.

Etymologisch lässt sich der „Zehnt" auf den lateinischen „census" für Steuerschätzung oder Steuerkataster zurückführen, der unverändert im „Zensus" der Gegenwart fortlebt, der seit jeher der Optimierung herrschaftlicher Ressourcen dient. Bereits im frührepublikanischen Rom wurde die Erstellung von Steuer- und Wehrlisten an ein neu geschaffenes Amt, die Zensur, sowie ihre Beamten, die Zensoren, übertragen. Ebenfalls im „census" wurzelt auch der „Zins", bis in die jüngere Vergangenheit wie selbstverständlich ein Synonym für „Steuer".

So waren es nach dem Untergang des Römischen Reichs die fränkischen Könige, die im Zuge der Neuordnung des gallischen Territoriums einen sprichwörtlichen „Schutzzins", eine Abgabe als Gegenleistung für innere und äußere Sicherheit, erhoben. Die späteren altdeutschen „Zinnß"-Bücher waren eine Frühform der Steuerakte, die „Zinspflichtigkeit" oder „Zinsbefreiung", also Steuertatbestände, begründeten. Die „Zinsboten" oder „Zinsbüttel" waren die Zöllner und Geldeintreiber der Feudalherren, „Zins-" oder „Zehnthöfe" nahmen diese Funktion innerhalb dörflicher Gemeinschaften wahr, trieben unter anderem den Kopfzins, Leibzins und Grundzins der Abgabenpflichtigen ein, die oft genug, wie der österreichische Finanzhistoriker Karl Pirnat noch vor einem guten halben Jahrhundert ganz selbstverständlich schreibt, „bis zum Weißbluten für die Erhaltung der Herrschaft ihrer Peiniger zinsen" mussten.

Nicht zuletzt wird noch heute jedes auf gesetzliche Zahlungsmittel lautende (Geld-) Geschäft, dem zwecks Liquiditätsbereitstellung zuvor zwingend ein Zentralbankgeschäft vorausgegangen sein muss, durch die Leitzinsen, also die unvermeidbare Zentralbanksteuer entscheidend beeinflusst, was den Vorrang der Macht vor dem Markt erneut deutlich unterstreicht. Der Steuer als prozentualem Aufschlag auf die festgelegte Bemessungsgrundlage folgte als bürgerliche Kopie der private Geldzins als prozentualer Aufschlag auf die kreditierte Darlehenssumme.[118]

In jedem Fall scheint die Gründer und Nutznießer der jungen Feudalherrschaften ihr Status mit einem gewissen Stolz erfüllt zu haben, wie ein kretisch-minoisches Lied aus der Bronzezeit belegt, das erstaunliche Parallelen zum Bericht des mittelalterlichen Söldners aus Kapitel 5.3 aufweist: „Mein Reichtum ist mein Spieß und mein Schwert, und der kräftige Schild, der meinen Leib schützt; damit pflüge und ernte ich, damit keltere ich den süßen Wein aus der Traube, und sie machen mich zum Herrn über meine Leibeigenen."

Mit Mykene, nördlich von Sparta gelegen, wurde bereits im 17. Jahrhundert vor Christus die vermutlich erste Feudalkultur Griechenlands gegründet. Der Sage nach geschah dies durch den bereits bekannten Heroen Perseus, jenen mythischen Geburtshelfer des Goldschwertes, der nach seinem Sieg über die raubtierhafte Medusa selbst als räuberisches Ungeheuer über jenen Landstrich und seine Einwohner hergefallen sein muss; eventuell gar unter Zuhilfenahme eben jener goldenen oder mit Gold besoldeten Waffen.

Seine realen historischen Vertreter jedenfalls unterwarfen und assimilierten analog zu den späteren Spartanern die entweder noch vorindoeuropäischen oder bereits indoeuropäischen Sippen und gründeten auf Basis deren Produktivkraft die vermutlich erste klassische Palastwirtschaft Europas.[119] Ihr territoriales Gewaltmonopol wurde durch eine aus den Eroberern rekrutierte und daher mit den Unterworfenen nicht blutsverwandte Adelsschicht wahrgenommen. Die als Herrschaftsniederlassungen dienenden Adelspaläste, deren staatstragendes Zentrum heute (siehe Endnote 73) zum UNESCO-Weltkulturerbe gehört, wurden auf leicht zu verteidigenden, dick ummauerten Höhenlagen errichtet.

Außerhalb der Festungen bewegte sich der Adel fortan und bis in die Neuzeit nur bewaffnet und gerüstet oder eben von einer Leibgarde umgeben, um die Festungen herum schufen die (Bau-) Ingenieure Urbanisationen für die militärische und administrative Elite; die Stadtplanung und der Städtebau selbst entsprangen dabei dem Bedarf, die Produktion und ihre Träger im ländlichen Hinterland möglichst effizient zu (be-) steuern – bis Anfang des 20. Jahrhunderts nach Christus sollte die weltweite Landbevölkerung 90 Prozent der Gesamtbevölkerung ausmachen.[120]

Über die Städte respektive Festungen selbst liefen sämtliche Distributions- und Redistributionsprozesse einschließlich des Schwundganges durch die adligen Vorrats- und Schatzkammern. „Die Städte [der Antike] waren nichts als Organe einer etwas komplizierter gewordenen Agrarwelt, oft nur Zentren für die Einkassierung landwirtschaftlicher Renten“, kommentiert Carlo M. Cipolla dieses neue Prinzip der Urbanisierung, das sein Kollege Werner Sombart bis weit in das 19. Jahrhundert unverändert bestehen bleiben sieht. Als „Konsumentenstädte im hervorragenden Sinn“ beherbergen die Machtzentren ein „überreiches Rentnertum“, das die „Überschüsse des Landes zum Verzehr“ einzieht.

Gütertausch, Tauschmittel und Marktoperationen blieben in dieser Epoche ebenso wie zuvor völlig unbekannt, wie Heinsohn ausführt: „Der mykenisch-griechische Feudalismus beispielsweise, berühmt für seine mächtigen Burgen und die reiche Verwendung von Gold und Silber, hat keinerlei Vorstellungen von all den ökonomischen Operationen, die in den späteren Stadtstaaten so allumfassend werden […].“ Gold blieb bis zum Untergang Mykenes das Adelsprivileg schlechthin. Legendär sind bis heute die vom Troja-Entdecker Heinrich Schliemann gehobenen mykenischen Goldfunde, aus denen zweifelsohne die sogenannte Goldmaske des Agamemnon besonders herausragt.

Ihr legendärer Träger, eine Gestalt der griechischen Mythologie, konnte der Sage nach wie für einen Gewaltherrscher typisch den Thron von Mykene durch Intrigen und Mord usurpieren und führte schließlich die vereinigten griechischen Truppenverbände der verbündeten Feudalherrscher – noch vor Gründung der bürgerlichen Polis – als Oberbefehlshaber in den Trojanischen Krieg. Der Anlass dieses Krieges wiederum soll, so die dem griechischen Dichter Homer zugeschriebene Ilias, die Entführung seiner Schwägerin, der schönen Helena, sowie verweigerte Tributzahlungen – einmal mehr Frauenraub und Abgabenverweigerung – durch den zur trojanischen Aristokratie gehörenden Prinzen Paris gewesen sein.

Überhaupt könnten die in der Ilias poetisch aufbereiteten Ereignisse des Trojanischen Krieges eine Metapher für bereits ausgedehnte, exzessive kriegerische Aktivitäten im Umfeld der Levante darstellen. Nicht nur militärisch hochgerüstete Massenheere, auch ein Gutteil des Pantheon, der griechischen Götterwelt, prallen gemäß der Dichtung in nicht enden wollenden Wellen über ein Jahrzehnt lang mit wechselndem Geschick und Glück aufeinander. Das Ende trägt beinahe apokalyptische Züge: Die trojanischen Verlierer werden fast ausnahmslos, das heißt genozidal, niedergemacht, aber auch von den ohnehin stark dezimierten, siegreichen Griechen erreicht kaum einer die Heimat; große Teile des Flottenverbandes gehen auf der Heimreise in der stürmischen See unter. Das homerische Epos könnte sich in der Tat auf katastrophische Szenarien im 1. Jahrtausend vor Christus beziehen, die durch das an eine Götterdämmerung erinnernde kosmische Ringen der hellenischen Pantheonbewohner wach gehalten werden sollte.

Diese Szenarien könnten wiederum zu den typischen tektonischen Völkerverschiebungen mit entsprechenden kriegerischen Auseinandersetzungen und revolutionären Umwälzungen jener Ära im eurasischen Raum deuten, worauf auch diverse Zerstörungsschichten in den zunehmend archäologisch erschlossenen ehemaligen Kulturzentren des Mittelmeerraumes hinweisen. Über diese feudal geprägte Ära im nordöstlichen

Mittelmeerraum weiß Bernhard Laum folgendes zu berichten: „Das Edelmetall befindet sich in homerischer Zeit im Besitz der Fürsten. Die benutzen es zur Herstellung von Geschirr, tragen es als Körperschmuck und zieren damit Werkzeuge, Waffen und Wohnung.“ Doch unabhängig davon, ob flankiert durch Naturphänomene oder nicht: Die bereits im Zuge der frühen staatlichen Expansionen in jedem Fall erfolgte Zunahme kriegerischer Aktivitäten muss sukzessive zu einer Verknappung der waffenfähigen Metalle geführt haben.

So wurden Kriege schließlich nicht nur des Land-, sondern auch des Metallraubs wegen geführt, was insbesondere über die Eroberung der Zentralen von Palastwirtschaften gelingen konnte. Da die Verfügung über die herrschaftsrelevanten Metalle, sei es zum Schmieden von Waffen oder zur Bezahlung von Waffenträgern, einer Frage über Leben und Tod gleichkam, muss dies die existenzdruckgetriebene Suche nach Substituten massiv vorangebracht haben. Wie in Kapitel 3 gezeigt, war bereits das gediegene Kupfer weitaus schwieriger zu finden als das in Erdnähe häufigere und auffälligere Gold. Damit wird überhaupt erst eine ansonsten seltsam anmutende Anmerkung Christian Strahms zum plötzlichen Bedeutungsaufschwung des Kupfers plausibler: „Zwar bereits seit einiger Zeit bekannt, wurde es [das Kupfer] erst jetzt [in der Kupferzeit] in einem solchen Umfang produziert, dass es wirtschaftliche und kulturelle Geltung erlangte.“

Das zuvor ohne Kupferschmelzöfen nur zur Produktion kleiner Schmuckstücke geeignete Rotmetall erfuhr im Zuge militärischer Auseinandersetzungen und Gold- sprich Waffenmetallknappheit eine erhebliche Aufwertung. War die Entdeckung und Verarbeitung von Kupfer also bereits mit höheren Erschließungs- und Herstellungskosten verbunden, die überhaupt erst die Waffenproduktion rechtfertigten konnte, galt das erst recht für die Herstellung von Bronze. Sie war nicht nur, wie ausführlich beschrieben, wesentlich komplizierter, zeit- und kostenintensiver, herzustellen als verarbeitbares Gold oder Kupfer, sondern erforderte einen regelrechten technologischen Quantensprung. „Dies alles hatte immense Auswirkungen für die jeweilige Gesellschaft. Damit der beschriebene Aufwand auch geleistet werden konnte, waren tiefgreifende Veränderungen erforderlich. Zunächst musste die Produktivität der Nahrungsmittelhersteller erhöht werden, um die für die Erzgewinnung und -verarbeitung freizustellenden Arbeitskräfte ernähren zu können."

Der Kulturwissenschaftler Christian Strahm beschreibt damit den Innovationsdruck absolut korrekt, verwechselt aber klar Ursache und Wirkung: „Schließlich mussten die Landnahme, der Bergbau selbst sowie der Handel organisiert werden. Hierzu bedurfte es leitender Personen oder Institutionen. Verbunden mir der Bildung von Berufsgruppen führte dies zur Schichtung der Gesellschaft. Früher uninteressante Gebiete wurden nun wegen der Lagerstätten bedeutungsvoll. Dadurch konnten Konflikte entstehen [...]. Dies bedingte dann kompetente Institutionen für die Konfliktlösung [...]." Wieso wurden angeblich altbekannte Lagerstätten auf einmal bedeutungsvoll? Warum sollten Konflikte um eine Schmuckressource auf einmal derart eskalieren, dass dies zur Ausbildung zusätzlicher „Konfliktlösungsagenturen" führte? Wie und warum wurden diese Agenturen selbst zu territorialen Gewaltmonopolisten?

Eigentlich beantwortet sich Strahm diese Fragen um den „Beginn der industriellen Metallurgie" selbst: „Erst sehr viel später, als die wirtschaftlichen und sozialen Voraussetzungen gegeben und die sozioökonomische Entwicklung schon so vorangeschritten war, dass Metallprodukte in der Gesellschaft eine sinnvolle Funktion erfüllen konnten, stellen wir eine systematische Verarbeitung von Erzen und Rohkupfer fest. [...] Auffällig ist dabei, dass jetzt nicht mehr nur schwere Geräte, sondern auch kleine Beile, Dolche und Schmuck produziert wurden."

Der intensive Erzabbau und die Waffenproduktion markieren also den Auftakt jener „industriellen Phase" der Metallurgie, deren sinnvolle Funktion in bereits entwickelten sprich staatlich organisierten Gesellschaften, die permanent Krieg gegeneinander führen, auf der Hand liegt. Diese Entwicklung „setzte im Vorderen Orient mit dem Auftreten der frühen Hochkulturen in der zweiten Hälfte des 3. Jahrtausends vor Christus ein, in Mitteleuropa mit der entwickelten Frühbronzezeit".

Zu diesem Zeitpunkt waren goldene Waffen und Rüstung längst ebenso bekannt wie nach Rassen und Klassen geschichtete Gesellschaften. Die militärische Konkurrenz war es also, die das metallurgische Geschäft belebte. Nur durch den Faktor Krieg wird die Suche nach Urmetallsubstituten erklärbar, Substitute, für die es in Qualität und Quantität kaum einen zivilen Verwendungszweck gab und deren Gewinnung und Verarbeitung im Vergleich zu den bereits monopolisierten Edelmetallen ansonsten unerklärbar bleiben muss. Erst kriegerische Aktivitäten rechtfertigten diesen hohen energetischen Input, denn erst die militärische Verwendung von Bronze und Eisen beziehungsweise Stahl als Waffen- und Rüstungsmetall schlug sich in einem entsprechenden Potentialoutput nieder, der über Kampfeinsätze überhaupt erst realisiert werden konnte.

Ohne diese militärisch-existentielle Konkurrenz wäre den antiken Völkern Eurasiens der Weg in das Stahlzeitalter zumindest in dieser Geschwindigkeit verwehrt gewesen. Aus genau diesem Grund wurde metallurgische Innovation sowohl archaischen Naturvölkern als auch frühzeitig gefestigten Reichen, so beispielsweise dem nach der Schlacht von Cajamarca untergegangenen Inkareich, nicht oder nur wesentlich langsamer zugänglich. Erstere führten entweder handstreichartige Raubzüge oder betrieben auf minimale Ausfallzahlen ausgelegte Kämpfe mit Kultcharakter, letztere konnten sich mangels äußerer Wettbewerber ganz auf die wesentlich weniger wettbewerbsintensive innere Befriedung konzentrieren.

Spätestens ab der Bronzezeit wird dem lexikalischem Eintrag folgend eine komplexe „Metallurgiekette" in Eurasien stillschweigend vorausgesetzt, wobei freilich auch hier Ursache und Wirkung verwechselt werden: „Gemeinsam ist den bronzezeitlichen Kulturen, dass die Notwendigkeit, eine ‚Metallurgiekette' zu organisieren, zu gravierenden Umwälzungen der Gesellschaftsstruktur führte. Der Zugang und die Beherrschung der Ressourcen (Metalle, Metallurgen, Kommunikations- und Handelswege) führte zur Herausbildung einer Oberschicht (besonders eindrucksvoll mit der Minoischen Palastkultur) und damit vermutlich erstmals zu einer sozialen Differenzierung."

Immerhin wird hier die Existenz einer zweifelsfrei feudal gestalteten Oberschicht, ja sogar die erstmalige „soziale Differenzierung", wie selbstverständlich an den exklusiven Zugang zu Metallen geknüpft. Wenn dieses Muster einer technologischen Asymmetrie schon als ursächlich für die bronzezeitlichen „gravierenden Umwälzungen der Gesellschaftsstruktur" akzeptiert wird, dann kann diese Erklärung selbstverständlich auch für strukturelle Brüche in weiter zurückliegenden Metallzeitaltern herangezogen werden.

Ferner wird hier auch indirekt bestätigt, welchem Akteur beziehungsweise welchem Zweck die ersten zwischenstaatlichen Handelsaktivitäten dienten, nämlich gerade nicht dem friedlichen Tausch, was wiederum McNeill klar nachweist: „Da Zinn- und Kupfererze gewöhnlich nicht am selben Ort vorkamen und Zinn zudem vergleichsweise knapp war und häufig über weite Entfernungen herangeschafft werden musste, war die Verfügbarkeit geeigneter Metallblöcke und Erze für die antike Metallverarbeitung und Kriegsgeräteerzeugung von weitaus größerer Bedeutung als handwerkliches Können. [...] Die Politik der Herrschenden musste die Beziehung zu potentiellen Metallieferanten in Rechnung stellen, die außerhalb des eigenen Herrschaftsbereichs lebten. Auch die Sicherung von Handelswegen gegen Rivalen und Räuber war wichtig und bisweilen schwierig."

Waffenfähiges Material blieb bis weit in die Eisenzeit äußerst knapp, so „war Bronze selten und kostspielig. Nur ein paar Privilegierte konnten sich in vollem Glanz damit schmücken. So ergab es sich, dass neben metallurgischen Spezialisten solche des Krieges erschienen: Die eine Klasse verfügte praktisch über ein Monopol auf das Produkt der anderen, zumindest in den Anfängen."

Genau diese asymmetrische „Verfügbarkeit geeigneter Metallblöcke" inklusive der dadurch generierbaren Pioniergewinne muss jedoch in jedem Metallzeitalter „zumindest in den Anfängen“ gegolten haben, was die Edelmetallvorkommen – zunächst als oberirdische Nuggets – natürlich mit einschließt. Dafür ließen sich aufgrund des niedrigeren spezifischen Gewichts mit Bronze – ebenso wie später mit Eisen – erstmals Pfeile, Wurfspeere und lange Lanzen mit Metallspitzen bestücken, komplette Brustpanzer und Plattenrüstungen ebenso herstellen wie Streitwagen verkleiden.

Hier wird also beispielhaft offenkundig, dass jene reibungslos funktionierende Metallurgiekette genau dazu diente, über die technische eine militärische und über die militärische eine herrschaftliche Asymmetrie herzustellen. Sie bildet lediglich einen, wenn auch entscheidenden, Ausschnitt des technologischen Wettlaufs um die fortschrittlichste Rüstungsgüterkapitalisierung entlang der typologischen Reihe vom Golddolch bis zur Nuklearwaffe ab, ein Wettlauf, der bis in die Gegenwart durch Krieg Geschichte schreibt. Sein Ruf als Vater aller Dinge eilt ihm mithin nicht zu Unrecht voraus; im Zeitraffer katapultierte der ihm zugrundeliegende, machtinduzierte Innovationszwang die hiervon erfassten Gesellschaften durch revolutionäre Brüche stufenweise in technologisch-ökonomisch zuvor unerreichbare und in Stammesgesellschaften bis heute unerreichte Sphären.

Es bleibt festzuhalten, dass die Verfügungsgewalt über die Innovationen entlang der auf das Gold folgenden metallurgischen Verfeinerungsstufen Kupfer, Bronze und Eisen notwendigerweise mit (Amts-) Autorität und Reichtum verbunden war; analog zur frühen Goldwaffe nicht wegen des gegenständlichen Materialwertes, sondern wegen dessen Fähigkeit, Macht durch Waffenbesitz auszuüben und damit (Gold-) Tribute erfolgreich einfordern und verteidigen zu können. Die Autorität entsprach in den Augen der Entwaffneten nichts anderem als der Macht, die dem Machtträger als Waffenträger eben direkt angesehen werden konnte und damit klare Sippen- beziehungsweise Rassen- wie auch Klassengrenzen zog. Der Reichtum resultierte aus der auf dem territorialen Gewaltmonopol, also der Waffenpotenz gründenden Abgabe.

Der (Bar-) Wert ausgeformter Bronze und geschmiedeten Stahls entsprach also analog zum Gold ökonomisch den über dessen Nutzungsdauer damit generierbaren, abgezinsten Zahlungszuflüssen. Ein staatliches Monopol über Bronze und Eisen aufrechtzuerhalten, dürfte indes noch unproblematischer als bei den Edelmetallen gewesen sein, bei welchen ja immer die Gefahr direkt verwertbarer Oberflächenfunde bestand. Nicht so bei den halbedlen und unedlen Metallen, deren Gewinnung bereits einen erheblichen Ressourcenaufwand beanspruchte. Neben dem Zugriff auf Kupfer-, Zinn- und Eisenerzminen beziehungsweise entsprechenden – mit Gold finanzierten – Handelsaktivitäten musste lediglich über die Verhüttungs- und Schmiedeeinrichtungen sowie das entsprechend qualifizierte Fachpersonal gewacht werden.[121]

Letztere Dienste ließen sich natürlich auch über attraktive Vergütungen sowie einen regulierten Zugang zur Erlangung von Fachexpertise monopolisieren. Die staatliche Aufsicht über das Bildungswesen dürfte bereits hier einen frühen Vorläufer haben, ebenso wie die staatliche Überwachung des Außenhandels, der nicht nur Rüstungsgüter, sondern auch Rüstungs-Know-how umfasste.[122]

5.7 Münzprägungen und Söldnerheere

Nachdem sich die in Kapitel 3 skizzierten Kenntnisse und Technologien – von der Entdeckung der Erze als sekundäre Metallgewinnungsquelle über deren Ausbeutungsmöglichkeiten bis hin zur Bergwerk-, Verhüttungs- und Schmiedetechnik – erst einmal durchgesetzt hatten, konnten nicht nur qualitativ bessere, sondern auch quantitativ weitaus mehr Metallwaffen und -rüstungen hergestellt werden. Das Zeitalter der Massenherstellung effizienterer, dafür aber vergänglicher Rüstungsgüter hatte spätestens mit der Eisenproduktion begonnen.[123]

Im Gegensatz zu seinen Vorgängern Bronze, Kupfer und Gold herrscht zumindest beim Eisen weitgehend historische wie geographische Klarheit. Es kam erstmals im frühen 1. vorchristlichen Jahrtausend im kleinasiatischen Raum auf, in genau jener Epoche extrem kriegerischer Aktivität, die in der Ilias ihre mythische Verklärung erfährt. Es ist also durchaus möglich, dass der kriegerische Druck ebenso zur Suche nach einer metallurgischen wie auch nach einer monetären Neuerung nötigte. Denn ebenfalls in diese Epoche wird die erstmalige Massenproduktion von Münzen datiert, die jedoch nachweislich nicht den privaten Güter-, sondern den staatlichen Söldnerhandel erleichtern sollte, was in einer Phase massiver kriegerischer Aktivitäten auch unmittelbar einleuchtet. Mit dem Aufkommen der Münze geht folglich deren Verbreitung innerhalb des gesamten eurasischen Raums einher. Das ist allerdings gerade kein Hinweis auf intensive Handelsaktivitäten und Güterströme, sondern spiegelt die Eignung und Bereitschaft der jeweiligen Bewohner wider, für Edelmetall Kriegsdienste zu leisten.

Dementsprechend finden sich antike Münzhorte überwiegend nicht bei als gewieften Händlern, sondern bei als brutalen Kriegern verschrienen Völkern, zum Beispiel den gefürchteten

Kelten. Deren Name geht auf griechische Erzählungen ab dem 6. Jahrhundert vor Christus zurück, die die Stämme zwischen Donau und Pyrenäen unter der Sammelbezeichnung „keltoi“ zusammenfassten, was so viel wie „die Tapferen“ bedeutet. Eine Bekundung, die unmittelbar auf deren kriegerischen Vorzügen beruhen dürfte.

Dass es den Kelten bei ihren diesbezüglichen Aktivitäten vor allem um die Erlangung der eurasischen Herrschaftsressource Gold ging, bekam die junge römische Republik vermutlich an einem Sommertag im Juli 387 vor Christus, ihrem „dies ater“ oder „Schwarzen Tag“, zu spüren. Unter dem Heerführer Brennus besiegten keltische Senonen zunächst das römische Heer in der Schlacht an der Allia und plünderten im Anschluss das römische Stadtgebiet mit Ausnahme der Festung auf dem Kapitol. Der einmalige Tribut wurde zwischen Brennus und dem römischen Konsulartribun Quintus Sulpicius Longus ausgehandelt und auf 1.000 römische Pfund Gold, über 300 Kilogramm des Edelmetalls, festgesetzt.[124]

Zur Senkung der militärischen Transaktionskosten bei der Beschaffung von Söldnern für Massenheere und nicht zur Reduktion einer ohnehin nicht existenten Marktkomplexität bot sich also über kurz oder lang ein standardisierter Massensold mit Herkunftskennzeichnung an. Bernhard Laum bemerkt folgerichtig, „dass die Münze im Altertum nicht als Handelsinstrument geschaffen worden ist; der Staat beziehungsweise sein Beauftragter prägt die Münzen zunächst und ursprünglich als Zahlungsmittel, womit er Truppen, Beamte, Bürger entlohnt. Anlass der Münzprägung sind also Feldzüge, wo Sold gezahlt werden muss, ferner öffentliche Feste, wo die Teilnehmer eine Entlohnung erhalten.“

Letztere, die öffentlichen Feste, wurden wiederum häufig nach oder in Gedenken an militärische Erfolge respektive damit einhergehenden Tributzahlungen abgehalten. „Die Zahlungsmitteleigenschaft des Geldes [als Tribut und Steuer] ist historisch älter als die Tauschmittelfunktion.“ Laums Fazit ist auch die logische Konsequenz der Tatsache, dass die durch Krieg begründete Feudalgesellschaft älter ist als die den Kommerz, den breitenwirksamen „Tausch“, erst hervorbringende Bürgergesellschaft.

Wichtig war beim ausgemünzten Edelmetall dann in der Tat das reine, einheitliche Gewicht, was allerdings schon für die frühesten Prägungen aus natürlichem Elektrum gilt, die noch ganz ohne die Herkunft deklarierendes Motiv auskommen.[125] Die Münzproduktion muss demnach ihren Anfang in der Rüstungsschmiede genommen haben. Denn erstens erinnert sie in ihrer Urform an jene ebenfalls einheitlichen Lamellen oder Nieten, mit denen sich Stoff, Leder oder Häute rüstungstechnisch aufwerten ließen. Hierzu mussten zunächst lediglich die zum Aufnähen notwendigen Löcher weggelassen werden. Zweitens verfügten allein die Rüstungsschmiede über die notwendigen Rohstoffe, die technische Ausstattung sowie das metallurgische Wissen zur Münzherstellung. Diese Spezialisten waren, ebenso wir ihr In- und Output, an ihre feudalen Herren gebunden, womit die Münze niemals der Markt- sondern allein der Machtsphäre entspringen konnte.

Entsprechend durchziehen die Numismatik keine Privat- oder Handelsprägungen, dafür jedoch massenhafte Herrschaftsprägungen. Ihre Motive werden von Herrscherbildern, Machtsymbolen, Schlachten, Waffen, Göttern sowie Wild- oder Wappentieren dominiert: Elektronstater und Goldstater (Kleinasien, Griechenland),[126] Dareike (Persien), böhmischer, keltischer und gallischer Stater (Europa),[127] Goldmünzen der Römischen Republik und Kaiserzeit (Litra, Aureus, Solidus), merowingischer Solidus (Frankreich), frühmittelalterlicher Triens und Solidus (Konstantinopel), langobardischer Triens (Norditalien), Denar (Fränkisches Reich),[128] Heller und Mark (Schwaben),[129] Floren (Florenz), der davon abgeleitete Gulden (Deutschland), Thaler (Sachsen), Dukat (Venedig, Deutschland, Österreich).

Dies gilt selbstredend für jede moderne Banknote, die mit der Unterschrift des jeweiligen hoheitlich legitimierten Zentralbankpräsidenten, unter dessen Ägide die Note emittiert wurde, die unumstrittene monetäre Herrschaft beziehungsweise die seines Dienstherrn demonstriert. Eine Herrschaft, deren Unterlaufen früher wie heute massiv geahndet wird. Dem Waffen-, Gold- und Soldmonopol musste zwangsläufig das Geldmonopol beziehungsweise sein Vorläufer, das immer und überall hoheitliche Münzregal, folgen.

Das relativ fälschungssichere Ausmünzen, die Aufbringung des gesetzlichen Stempels, verschaffte dem Gold nicht nur den Status eines normierten Zahlungsmittels, sondern auch dem Emissionär die Möglichkeit, Gewinne aus der Monetarisierung des Edelmetalls zu ziehen. Diese ergaben sich aus dem sogenannten Münznutzen, der bis heute immer dann anfällt, wenn der Nenn- oder Währungswert den Materialwert einer Prägung übersteigt. Dieser Mehrwert oder Schlagschatz konnte regelmäßig dem Staatsschatz zugeführt werden,[130] was auch die Beliebtheit der Münzverrufung, den zwangsweisen Umtausch höherwertiger in minderwertigere Münzen, verdeutlicht.

Gleiches gilt analog für die Zentralbankgewinne der Gegenwart. Auch sie resultieren ja aus der Tatsache, dass einzig und allein die Zentralbank zur Ausgabe von gesetzlichen Zahlungsmitteln befugt ist, ein Monopol, das sie sich durch die nachfragenden Banken in Höhe der jeweils gültigen Leitzinsen vergüten lässt. Diese Leitzinsen sind damit in Wirklichkeit wie bereits erläutert eine Steuer auf die Beschaffung von Liquiditäts- beziehungsweise Steuertilgungsmitteln, da jegliche Abgabenschuld nach wie vor in gesetzlichen Zahlungsmitteln abgefordert wird. Mithin ist auch immer ein von den Abgabenpflichtigen ausgehender und sich über Geschäftsbanken auf die Zentralbank fortpflanzender Nachfragezwang sichergestellt.[131]

Der (Leit-) Zinsgewinn wird in Anlehnung an das französische Wort „seigneur“ für (Feudal-) Herr auch als „Seigniorage“ bezeichnet, was den herrschaftlichen Ursprung der Geldemission, auch gemünzten Edelmetalls, nochmals unterstreicht. In allen Zeiten stoffwerthaltiger, also metallgedeckter Währungen blieb das Münzregal daher stets und überall Hoheitsrecht. Als solches wurde es bereits in der Antike regelmäßig verpfändet oder verpachtet. Aus diesen Pachtverhältnissen heraus entwikkelte sich schließlich das Bankwesen, wie der Steuerhistoriker Günter Papperitz ausführt: „Der Vorteil beim Pächter [also der Bank] lag in der Gewinnspanne [respektive Monopolprämie], die in guten Jahren die Pachtsumme erheblich übersteigen konnte. Jene Pächter waren also eine Art ‚Staatsbank' für öffentliche Geldanleihen."

Die temporäre Abtretung der Seigniorage gegen (Vor-) Finanzierung der laufenden Staatsausgaben begründete nicht nur die finanzielle Terminoperation schlechthin, den (Bank-) Kredit, sondern war auch die Antwort auf das fiskalische Kerndilemma jedweder Herrschaft, dem noch jede Notenbank bis in die Gegenwart ihre Existenz verdankt. Es manifestiert sich in einer strukturellen Vorfinanzierungslücke, die aus dem zeitlichen Auseinanderfallen erst fälliger Verbindlichkeiten aus der Versorgungs- und später einziehbarer Forderungen aus der Abgabenschuld resultiert.[132] Erst die Monetarisierung der hoheitlichen Versorgungsschuld brachte die professionelle Kreditierung sowie Verwaltung öffentlich-rechtlicher Forderungen und Verbindlichkeiten hervor und konstituierte neben Bankhäusern auch Finanz- respektive Rentenmärkte.

Wer waren nun die ersten Bankiers der Antike? In Frage kamen vermögende Personen oder Organisationen, so zum Beispiel erfolgreiche Kriegs- und Feudalherren, bedeutende Luxus- und Rüstungshändler sowie sakral-feudale Tempel – insbesondere letztere wurden zu den unzweifelhaft lukrativsten Großbetrieben und ökonomischen Zentren der Antike. Sie allein konnten oder durften ihr Vermögen beziehungsweise Ansprüche darauf in Form gesetzlicher Zahlungsmittel emittieren und Schuldnern gegen Verpfändung von Sicherheiten – neben Herrschaftsrechten, also Regalien, natürlich auch Ländereien, Vorräte oder Sklaven – überlassen, genauso, wie es heute Zentralbanken mit Geschäftsbanken und Geschäftsbanken mit Kunden handhaben.

Laum dokumentiert entsprechende Aktivitäten für das homerische, also noch feudale Griechenland: „Wir wissen aus Inschriften, dass der Tempel von Delos verschiedenen griechischen Staaten Anleihen zur Verfügung stellte."

Bereits die mesopotamischen Paläste und Tempel „mit ihrem großen Grundbesitz und riesigen Warenbeständen aus Zehntabgaben und Opferspenden waren die damaligen Handelszentren, die den gesamten Geschäftsverkehr monopolisierten. Sie waren die Großbanken, die stets in der Lage waren, Darlehen zu gewähren oder Beleihungen vorzunehmen.“[133] Zwischen den Schatzkammern finanzstarker Hohepriester, den Palästen potenter Feudalherrscher sowie den Depots vermögender Großhändler konnte sich sogar die Urform eines „Interbankenmarkts“ bilden, auf dem analog zur Moderne liquiditätsdruckgetrieben mit Schuldentilgungsmitteln gehandelt wurde.

Nicht nur das (Gold-) Geld, auch die Finanzwirtschaft und ihre traditionelle, seit jeher dem urfeudalen Prinzip der Treue gegen Versorgung geschuldete Herrschaftsnähe erweisen sich als Derivat der Macht- und nicht der Marktsphäre. Insbesondere haben sich Banken niemals aus privaten Goldverwahranstalten heraus entwickelt, wie es jede auf dem Paradigma vom Gütertausch und Goldgeld fußende ökonomische Schule ja geradezu fordern muss.[134]

Da Forderungen an den Staat immer auch Forderungen auf künftige Abgaben darstellen, können diese dem Steuerpflichtigen aber auch zur Tilgung sonstiger Verbindlichkeiten dienen, einschließlich künftiger Steuerschulden. Sofern also ein öffentlich-rechtlicher Forderungstitel fungibel, also rechtssicher übertragbar, war, konnte er auch zur Verrechnung privater Forderungen und Verbindlichkeiten dienen – zunächst innerhalb der rechtsgeschäftsfähigen Aristokratie beziehungsweise gegenüber annahmebereiten externen Luxus- und Rüstungsgüterhändlern, nach Lockerung der Feudalbande auch zwischen freien Bürgern.

Die frühesten Münzen sollen in Lydien, Kleinasien, geprägt worden sein, dessen Goldreichtum auf ein Bad des sagenumwobenen König Midas im Fluss Paktolos zurückgeführt wurde.[135] Auch der Name des letzten lydischen Königs ist bis heute wie kaum ein anderer – Midas vielleicht ausgenommen – der Inbegriff für Reichtum schlechthin. Der historische Krösus war freilich wie seine zahlreichen Nachbarn nichts anderes als ein typischer Feudalherrscher, der das Glück hatte, über reichliche natürliche Vorkommen des Herrschaftsmetalls Gold in Form von Fund-, Fluss- und Grabgold zu verfügen.

Damit heuerte er laut Bericht des griechischen Geschichtsschreibers Herodot ein ansehnliches Söldnerheer an, mit dem er dann unverzüglich in den Krieg zog. Nur aufgrund des über Söldnergold gehebelten Waffenpotentials war es Krösus möglich, kostspielige Belagerungen zu finanzieren und offene Feldschlachten zu schlagen, für die der Lydier schließlich berühmt und berüchtigt wurde. Sein in Teilen vorfinanziertes Termingeschäft um herrschaftliche Ressourcen ging zunächst voll auf. Er war der erste kleinasiatische König, der griechische Städte steuerpflichtig machte und nicht einfach nur plünderte, der also, obwohl er renitente Siedlungen bisweilen dem Erdboden gleichmachen ließ, den renditeträchtigen Übergang vom Gallipoli-Paradigma zur Bernstein-Doktrin vollzog.

Neben den Tribut trat der den unterworfenen Gebieten auferlegte Zwang, die dem Verschleiß unterliegenden Truppenkontingente der Besatzer regelmäßig aufzufüllen, also Kriegsfron zu leisten. Nicht nur nach außen, auch innenpolitisch machte Krösus Karriere als skrupelloser Machtmensch, der sich über Mordkomplotte innerhalb seiner (Herrscher-) Sippe an die Spitze der feudalen Hierarchie kämpfte. Sein eigentlicher Reichtum bestand also wiederum nicht im (Schmuck-) Gold als solchem, sondern in seiner machtausweitenden und machtsichernden Funktion, dem herrschaftlichen Hebel, über den sich die Produktion Dritter aneignen ließ.

Allerdings verlor Krösus sein mit der Gewalt eigener und fremder Waffen ausgedehntes und abgabenpflichtig gemachtes Territorium gegen den ebenfalls militärisch expansiv vorgehenden, feudalen Perserkönig Kyros II. Den lexikalischen Ausführungen folgend soll Krösus nach einer unentschieden ausgegangenen Schlacht „offenbar nicht mehr mit weiteren Kampfhandlungen in diesem Jahr“ gerechnet haben. Deshalb „entließ er die fremden Truppen“, also seine Söldner, was Kyros II. militärisch sofort ausgenutzt haben soll.[136]

Von Kyros' II. entferntem Verwandten und Nachfolger auf dem Perserthron, Dareios I., der zudem dessen Enkelin heiratete, weiß wiederum Herodot zu berichten, dass er die im Zuge seiner Herrschaft geplünderten und als Tribute eingeforderten Edelmetalleingänge einschmelzen und in Krüge abfüllen ließ, sie also gewissermaßen in eine antike Form des heutigen Edelmetallbarrens überführte. Diese „Barren" konnten wiederum für Soldprägungen in der favorisierten Gewichtseinheit des jeweiligen Waffenträgers genutzt werden. Besagte unterschiedliche Münzstandards hat der Perserherrscher unbestreitbar bevorratet. So existieren beispielsweise persische Dareiken mit den für sie typischen Motiven, Waffen sowie dem Umriss des Herrschaftsgebietes, allerdings auf Basis eines griechischen Münzfußes geschlagen, die sie eindeutig als Sold für externe Dienstleister ausweisen.[137]

Der Münzfuß als das gesetzlich in Edelmetall definierte Feingehalt (Korn) und Gewicht (Schrot) einer Prägung führt unmittelbar zur Figur der Justitia, die heute symbolisch Pate für das unabhängige Gerechtigkeitsstreben der weltlichen Gerichtsbarkeit steht. Dargestellt wird sie als junge Frau mit verbundenen Augen, in der einen Hand eine Waage, in der anderen ein (Richt-) Schwert führend. „Dies soll verdeutlichen, dass das Recht ohne Ansehen der Person (Augenbinde), nach sorgfältiger Abwägung der Sachlage (Waage) gesprochen und schließlich mit der nötigen Härte (Richtschwert) durchgesetzt wird."

Bedenkt man allerdings, dass einerseits die Unabhängigkeit symbolisierende Augenbinde ein neuzeitliches Stilelement darstellt und andererseits die Göttin Justitia bereits der vorbürgerlichen, also noch feudal geprägten Ära Roms entstammt, so erlaubt dies noch eine andere Interpretation. Als Verkörperung der umfassenden Steuer- und Abgabenordnung repräsentiert sie die fiskalische Waage der Zöllner und die die Abgabenschuld unbarmherzig eintreibende (Waffen-) Gewalt, die die Steuerpflichtigen ihrer Freizeit oder Erträge – bis maximal auf das Subsistenzniveau – beraubt.

Auf die ursprünglich marktferne Funktion der Waage weist Bernhard Laum hin: „[D]ie Verwendung von Rohmetall als

Zahlungsmittel hat die Waage zur Voraussetzung. In Ägypten und Babylon wird diese Tatsache durch zahlreiche Wägeszenen illustriert; in Rom lebt sie in der begrifflichen Terminologie, vor allem der Rechtssprache, weiter." Hierbei handelte es sich selbstverständlich um nichts anderes als Abgabenszenen, analog zum römischen „dies ater" und den Edelmetalltransfers an die senonischen Kelten.

Die Justitia wäre damit die vollstreckende Schwester der Juno Moneta, siehe Endnote 133. Während letztere lediglich Steuertermin und Steuerhöhe anmahnt, obliegt es ersterer, die Prüfung der Steuerleistung auf Korrektheit vorzunehmen und gegebenenfalls zu sanktionieren. Zusammen bilden sie das juristische Geschwisterpaar aus Steuerrecht und Abgabenordnung.

Die Waage der Justitia spiegelt damit aber auch auf übergeordneter Ebene das Herrschaftsdilemma der stets nach Ausgleich durch Abgabenschuld strebenden Versorgungsschuld – dem Kernelement des Öffentlichen Rechts, nicht einer abstrakten Gerechtigkeit – wider. Die Durchsetzung dieses ultimativen Machtprinzips kann wiederum nur über den Einsatz des monopolisierten Schwertes gelingen. Dieses latente Menetekel schwebt über jedweder Herrschaft, ohne Rücksicht auf das Ansehen ihrer göttlich oder weltlich verklärten Träger zu nehmen. Aus „[g]ewogen wurdest du auf der Waage und zu leicht befunden" folgt unausweichlich „[g]eteilt wird dein Reich", wie es nicht nur Belschazzar schmerzhaft zu spüren bekam.

Fazit: Umfangreiche Kriege um die Regionen mit dem höchsten Edelmetallvorkommen und damit dem höchsten Abgabenpotential in der Levante, der Untergang Trojas und Mykenes, der Aufstieg der sich als Nachfahren des legendären Agamemnon wähnenden Spartaner zu Feudalherrschern, der Übergang in das Eisenzeitalter, die Professionalisierung des Söldnertums und die ersten Münzprägungen aus Edelmetall – bis hierhin deutet kein einziges historisches Ereignis auf friedlichen Gütertausch und privates Goldgeld hin. Im Gegenteil, im frühen 1. vorchristlichen Jahrtausend findet der historische Dreiklang aus Gold, Waffe und Macht vermutlich sogar seinen antiken Höhepunkt.

5.8 Bürgerliche Freiheit gegen feudale Versorgung

Erst mehrere Jahrhunderte später, circa 600 bis 500 vor Christus, begannen nun aber tatsächlich Edelmetalle, vor allem Silber, das Gold des kleinen aber freien Mannes, in Bauern-, Händler- und Handwerkerkreisen zu zirkulieren. Zuvor war es ihren Standesvertretern in einigen wenigen Keimzellen erstmalig gelungen, ihren Feudalherrschaften bürgerliche Freiheitsrechte dauerhaft abzuringen.

Ausgangspunkt dieser antifeudalen Erhebungen war die Nichtbedienung der Versorgungsschuld beziehungsweise die spiegelbildliche Nichtbedienbarkeit der Abgabenschuld, die in agrarisch geprägten und der Sippensolidarität beraubten Gesellschaften oft genug mit der Nichtbedienbarkeit der Urschuld einherging. Diese Versorgungs- und gleichzeitig Versorgerkrisen, die faktische Überschuldung der Macht, ergaben sich aufgrund der Schwankungsanfälligkeit der Produktion immer dann, wenn die laufenden Erträge zuzüglich Reserven in Korn- und Schatzkammer nicht zur Deckung von Leistungszusagen gegenüber den Amtsträgern in erster und den Abgabenpflichtigen in zweiter Linie ausreichten.

Kaum zufällig befanden sich diese Keimzellen in den wenig ertragreichen Gebieten rund um die geographisch zerklüftete Levante, die im Gegensatz zu Indien, Mesopotamien und Ägypten (sowie China, Mittel- und Südamerika) bis dato keine strukturell gefestigten Imperien hatten hevorbringen können.[138] Allen voran sollten daher die griechische Polis und römische Civitas die Sozialgeschichte der westlichen Welt maßgeblich prägen.

Die Revolutionen selbst werden mutmaßlich von unzufriedenen Adligen initiiert worden sein, die treue Gefolgschaft statt mit ohnehin kaum vorhandenen materiellen Zugeständnissen nunmehr mit immateriellen (Freiheits-) Rechten vergelten mussten. Dies bestätigt die ja auch empirische Tatsache, dass Revolutionen fast immer top-down-gesteuerte Prozesse sind, wie Westenfelder bemerkt, denn „Verschwörungen und Rebellionen des Adels waren und sind das grundlegende Problem aller Feudalgesellschaften". Die Gründungsmythen und -heroen der späteren Todfeinde und ersten bürgerlich geprägten Gesellschaften, Athen und Rom, respektive Theseus sowie Romulus und Remus reflektieren diesen Umstand ebenso wie die Neigung der Herrschereliten, siehe Endnote 86, ausländische Söldner als Leibgardisten zu kontrahieren.[139]

Erst diese erfolgreichen antifeudalen Revolutionäre begründeten das Statut des Bürgers. Dessen neugewonnene Freiheit umfasste dabei zum einen die Herrschaft über materielle wie immaterielle Werte, das Eigentumsrecht, sowie die Möglichkeit der freien Verfügungsgewalt hierüber, die Vertragsfreiheit. Als sozioökonomische Blaupause könnte ihm dabei der bereits in der Feudalära neidvoll beäugte Freie gedient haben, der sich durch militärische, bürokratische oder kommerzielle Treuedienste hoheitlich gebilligte Rechte an Grundbesitz und seiner freien Verwertung sichern konnte. Tatsächlich gingen alle Eigentümerreformprogramme mit Landzuweisungen einher. Die legendäre Roma Quadrata, die gleichmäßige Parzellierung von Land und dessen Verlosung unter nunmehr rechtlich und wirtschaftlich gleichen Freien, war dabei der archetypische Vorläufer eines geometrischen Teilungsmusters, das bis heute den Grundriss zahlloser Siedlungen, Dörfer und Kernstädte in der Alten wie der Neuen Welt prägt.

Der Schutz dieser neuen Rechtsgüter – fortan Bürger-, Menschen-, Freiheits- oder Abwehrrechte – erfolgte durch zumindest in der Theorie unabänderliche oder nur schwer modifizierbare Chartas. Dies war nötig, um im Zuge der größtenteils gewaltsamen Neuorganisation bestehender staatlicher Einrichtungen dem gewachsenen Herrschaftsrecht einen gleichberechtigten Gegenpol entgegenzusetzen. Die neuen Herrscher mussten diesen anerkennen, da die Zuteilung exklusiver und verwertbarer Rechte, der Institutionen Eigentum und Vertrag, die einzige verteilungspolitische Option war, auf die sie ihre junge, nachrevolutionäre Herrschaft stützen konnten.

Das älteste bekannte Dokument, das derartige Rechte absichert, ist das römische Zwölftafelgesetz aus dem 5. Jahrhundert vor Christus. Es beinhaltet bereits die mit der Überwindung der feudalen Ordnungen einhergehenden Rechtsgüter Eigentum und Vertrag als Säulen der bürgerlichen Gesellschaft, die bis heute in der nachwirkenden Tradition des Römischen Rechts Europa und seine ehemaligen Kolonien, das heißt den Großteil der Welt, juristisch durchdringen konnten.

Das Privatrecht folgte daher erst dem Öffentlichen Recht, der Verfassungsstaat dem Feudalstaat, die seitdem ununterbrochen um Vorherrschaft und Deutungshoheit ringen, da letzterer zwar aufgeweicht, aber niemals gänzlich abgeschafft werden konnte. Die Rechtstitel „Eigentum“ und „Vertrag“ gingen dem Machtmittel „Waffe“ immer und überall nach und mussten gegen dieses stets erstritten werden.[140] Beide Titel wurden seit ihrem ersten Aufkommen periodisch immer wieder neu geschaffen beziehungsweise im Rahmen herrschaftlichen Entzugs regelmäßig vernichtet.

Das Eigentum war die den der feudalen Produktions- und Versorgungsmechanismen beraubten (Neu-) Bürgern einzig verbliebene Basis ihrer Versorgung, die vorherige Zerstörung der Sippenstruktur durch die feudale Organisation wiederum die nötige Voraussetzung zur Entfaltung der eigentumsbasierten Bürgergesellschaft, die lediglich eine modifizierte Keimzelle des Stammes, die bis heute existente Institution der Familie, erhalten konnte.

Die neu errungene Freiheit bedeutete dabei gleichzeitig das Ende einer Sicherheit, die zuvor in hohem Maß vom immerhin verlässlichen politischen Kalkül des jeweiligen Feudalherrn abhing. Damit aber institutionalisierte die Bürgergesellschaft die existentielle Angst auf individueller Ebene. Der Ausgleich der dem Existenzdruck geschuldeten permanent offenen Posten erforderte von den bürgerlichen Akteuren im Rahmen des Ökonomischen Prinzips die Anwendung der Maximalregel auf das

Ertragspotential der dazu verfügbaren Ressourcen, das Eigentum. Arbeit wurde nicht nur zu Arbeitsleid, sondern nötigte zum unbedingten Arbeitserfolg aus Angst, die ökonomische Realität erster Ordnung nicht bewältigen zu können.[141]

Der Vertrag, insbesondere der Kauf- und Kreditvertrag, bot wiederum die einzige Möglichkeit, an selbst nicht oder nicht hinreichend produzierte oder produzierbare Versorgungs- und Abgabengüter zu gelangen. Dies war die Geburtsstunde der vierten, diesmal ausschließlich privaten Schuldsäule, auf der heute jede bürgerliche Ökonomie basiert, der Vertragsschuld. Eine Vertragsschuld auf Termin ergibt sich – im Gegensatz zum zeitlich ja per Definition niemals pressierenden Tauschgeschäft – zwingend als Folge eines vorfinanzierungsbedürftigen Defizits. Das ist regelmäßig dann gegeben, wenn Angebot und Nachfrage auseinanderfallen, so zum Beispiel in der ohnehin natürlichen Zyklen unterworfenen landwirtschaftlichen Produktion.[142]

Nun waren die Bürger der revolutionär geschaffenen Ordnungen zu 90 Prozent Bauern, die mit Hilfe ihrer Familie Subsistenzwirtschaft betrieben. Ihre autarken Hofwirtschaften mit homogener Produktpalette rund um lokal oder bestenfalls regional ausgerichtete ökonomische Zentren boten zum Tausch irgendwelcher Überschüsse, die ohnehin selbst bei üppiger Ernte der Wiederaussaat und Versorgungssicherheit wegen gelagert werden mussten, kaum Ansatzpunkte. Schon gar nicht gegen ein Tauschmedium Gold, das ja nach wie vor in den Händen der Patrizier und in den Tempeln konzentriert war. Umgekehrt künden aber alle relevanten Quellen von sich schlagartig auswirkenden Handlungszwängen im Falle von Defiziten.[143]

Im Machtzentrum der ja nach wie vor auch in der Bürgergesellschaft existierenden und lediglich weniger absolut regierenden Herrscher und ihrer öffentlich Bediensteten – den noch fehlenden zehn Prozent der Bevölkerung also – werden Luxus- und Rüstungsgüter natürlich auch weiterhin benötigt. Den revolutionären Akten war die vorherige feudale Machtelite, nicht jedoch die Machtträger wie Ingenieure, Schmiede, Schreiber, Steuereintreiber und Vermesser zum Opfer gefallen. Sie wurden, wie bei fast allen späteren Revolutionen, von den nachfolgenden Machthabern ja nach wie vor gebraucht.

Die regelgebundene Distribution und Redistribution blieben daher in der durch einen staatlichen, restfeudalen Überbau geprägten Bürgergesellschaft ebenso wie die Steuer erhalten. Im Ergebnis ging zwar neben der Fron vor allem der (Abgaben-) Zins unter, jedoch schlug im Gegenzug die Steuer voll auf die feudal entfesselten Neubürger durch, während der dezentral-feudale durch einen zentral-bürokratischen Herrschaftsapparat sukzessive ersetzt wurde.

Daher dominierte auch nach wie vor der mit massiven Sanktionen behaftete Steuertermin alle privaten Schuldverhältnisse. Die Steuer selbst war regelmäßig in bereits genormten Herrschafts- respektive Edelmetallen zu erbringen. Aufgrund ihrer Eigenschaft als genormtes Rechenmittel konnten diese praktischerweise zur Kompensation von Vertragsschulden, in ihrer Funktion als gesetzliche Zahlungsmittel mussten sie notwendigerweise zur späteren Begleichung der Abgabenschuld übernommen werden.

Das heißt im Umkehrschluss, dass nur über (Kredit-) Verträge beziehungsweise ihre Erfüllung in Edelmetall der Bürger an die in Höhe und Zeit bestimmten Steuertilgungsmittel gelangen konnte, Steuertilgungsmittel, die selbst wiederum zuvor bei den (Feudal-) Herrschern beziehungsweise Seigneurs, heute Zentralbanken, monopolisiert worden waren. Dieser Umstand schlug sich unmittelbar auf das zivilrechtliche Vertragswesen nieder: Der öffentliche census wurde als privater Zins für die bei den bis in die Gegenwart gegenüber Kassageschäften absolut dominierenden Termingeschäfte, also Gläubiger-Schuldner-Kontrakte, übernommen.

Die Notwendigkeit der Erfüllung von Steuervorgaben und Verträgen ließ also dem Terminmarkt den Gütermarkt erst folgen, über den die Tilgungsmittel in notwendiger Höhe bis spätestens zum Fälligkeitstermin beschafft werden mussten. Er resultierte also in Umkehrung der Lehrbuchkausalitäten überhaupt erst aus der monetarisierten Schuld infolge eines Fehlbetrages, womit sich die Realwirtschaft als Derivat der Finanzwirtschaft erweist.

Selbstverständlich wurde von öffentlicher Seite bei Nichtbedienung von Steuerschulden in das Eigentum des (Neu-) Bürgers einschließlich seiner selbst unbarmherzig vollstreckt, musste aufgrund der nach wie vor selbst in der Schuld, der Versorgungsschuld stehenden Macht vollstreckt werden. Die Institution der Schuldsklaverei wurde daher auch rasch zur dringlichsten sozialen Frage der ersten antiken Bürgergesellschaften, von der nicht nur das 2. Buch Esra, sondern zahllose weitere zeitgenössische Quellen zu berichten wissen.

Die Einziehung überschuldeter landwirtschaftlicher Güter inklusive der Überführung von Freibauern und deren Angehörigen in die Leibeigenschaft – im deutschen Sprachraum als „Bauernlegen“ verbrämt – sollte über das Mittelalter bis weit in die Neuzeit hinein nichts von ihrer Brisanz verlieren. Diese historische Konstanz demonstriert nicht zuletzt, dass auch in den neuen, nachrevolutionären Ordnungen die Bürger nur partielle und niemals totale Herrschaftslosigkeit erkämpfen konnten.

Erneut muss daher Baaders Vermutung, dass „sich die jeweiligen Herrscher den vorgefundenen Tatbestand einer allgemeinen Wertschätzung des Goldes (und des Silbers) als Tauschmittel zunutzemachten, indem sie die Münzprägung ihrem Befehl unterstellten und ihr Konterfei auf die Münzen prägen ließen“, überhaupt die Theorie „der spontanen und freiwilligen Entstehung des Geldes auf freien Märkten“ als historisch nicht belegbar zurückgewiesen werden. Vielmehr mussten sich die Bürger umgekehrt aufgrund der nach wie vor laufend von ihnen geforderten Abgaben den vorgefundenen Tatbestand der herrschaftlichen Wertschätzung des Goldes (und Silbers) zunutzemachen und neben Naturalien auf Edelmetalle als Steuertilgungsmittel zurückgreifen. Diese von Baader unterstellte Kausalität weiß auch Laum unmissverständlich umzukehren: „Die Norm erwächst aus Zwang; aber was ursprünglich im Sinne eines Tributes gegeben wurde […], das wird bei Lockerung des Zwangsverhältnisses zum Tauschmittel.“

Die Dynamik und Innovationskraft der Bürgergesellschaft, die selbst die mächtigsten Feudalordnungen ökonomisch überholen und zu Fall bringen konnte, speiste sich bottom-up aus dem nunmehr dreifachen Druck aus Ur-, Steuer- und Vertragsschuld, während top-down die Versorgungsschuld nach wie vor erhalten blieb. Die Durchsetzung sozioökonomischer Freiheitsrechte allein vermochte es, so der Wirtschaftshistoriker Werner Plumpe, „die Agrarproduktivität so weit [zu steigern], dass wir heute mit Agrarkrise keinen Hunger mehr verbinden, sondern Überfluss!"

Der Preis dafür war und ist aus Sicht des Bürgers natürlich ein Leben in permanenter dreifacher Schuld mit dem damit untrennbar verbundenen dreifachen Verlustrisiko. Genau diese „revolutionäre Rolle" des Bürgertums mit ihrer die „buntscheckigen Feudalbande" hinwegfegenden selbstorganisatorischen, druckgetriebenen Dynamik musste sogar im Manifest der Kommunistischen Partei staunend zur Kenntnis genommen werden und reflektiert par excellence die Essenz der auf ein Ausbeutungsoptimum abzielenden Bernstein-Doktrin.

KAPITEL 6: Was vom Golde übrig bleibt

6.1 Das modifizierte Regressionstheorem

„Das Resultat dieser historischen Untersuchung weicht beträchtlich ab von der Ansicht, die die Theoretiker sich über den Ursprung des Geldes gebildet haben. Die Gegenüberstellung der theoretischen Lehre und der historischen Ergebnisse würde die Abweichung vor Augen stellen." Das Fazit des Historikers und Wirtschaftswissenschaftlers Bernhard Laum, der die (Gold-) Geldentstehung korrekterweise ebenfalls nicht in der Privat-, dafür aber immer noch fälschlicherweise in der Sakralsphäre vermutet, kann auch mit Abschluss der vorliegenden Untersuchung gezogen werden.[144]

Die hier aufgezeigte Diskrepanz zwischen Theorie und Historie lässt sich dabei ein gutes Stück weit auf die deduktive Methode zurückführen, wie sie beispielsweise der deutschstämmige Ökonom Hans-Hermann Hoppe im Vorwort zu Ludwig von Mises' „Liberalismus" skizziert: „Hierin klärt er [Mises] noch einmal grundsätzlich die Beziehung zwischen Ökonomie und ökonomischen Gesetzen – als einer deduktiven Wissenschaft und a priori wahren Aussagen und apodiktischen Voraussagen – und Geschichte, Soziologie und Psychologie und deren Erklärungen – als auf Verstehen [...] von Handlungssinn beruhenden Disziplinen mit immer ‚nur' a posteriori wahren Aussagen und stets ‚bloß' spekulativen Voraussagen." Nun ist es aber genau dieser praxeologische Ansatz der Österreichischen Schule der

Nationalökonomie, den bereits Marcel Mauss für die zeitgenössische Fehlinterpretation archaischer Tauschakte verantwortlich gemacht hat: „Die landläufige Wirtschafts- und Rechtstheorie ist in diesem Punkt zum größten Teil falsch. Von modernen Vorstellungen durchdrungen, tendiert sie zu Apriori-Vorstellungen über die Entwicklung.“ Was logisch korrekt extrapoliert wird, muss sich empirisch noch lange nicht als richtig erweisen. „[W]äre der ‚homo oeconomicus‘ der Gegenwart vor 3.000 Jahren auf der Welt erschienen, er würde das Geld sicherlich Mengers [österreichischer Ökonom und geistiger Vater von Ludwig von Mises] rationalistischen Grundsätzen entsprechend erfunden haben“, so Laum zur impliziten Hypothese universeller Zeitstabilität.

Dem traditionellen ökonomischen Lustquartett aus Überschuss, Markt, Tausch und Geld ist daher ein verlustaverses Leidquartett diametral entgegenzusetzen, das sukzessive auf Urschuld, Steuerschuld, Versorgungsschuld und Vertragsschuld aufbaut. Vor diesem Hintergrund muss das Misessche Regressiontheorem zur Überwindung seiner subjektiv-ästhetischen Fundierung historisch verlängert und an den einstigen objektiv-materiellen Nutzen der Edelmetallnutzung gebunden werden, um dann in der Tat eine korrekte Kausalkette zum heute immer noch machtvoll strahlenden Glanz des Goldes ableiten zu können.

Diese bis heute durch die materielle Hülle des bürgerlichen Schmuckmetalls, der profanen Edelmetallmünze sowie den militärisch-herrschaftlichen Insignien fortlebenden Auswirkungen lassen sich auf zahlreiche Einschläge, kleine und große Tunguska-Ereignisse, und damit eine höchst ungleiche Verteilung der irdischen Goldvorkommen zurückführen. Aufgrund der einmaligen makroskopischen Konzentrationen auf der Erdoberfläche und der den Glanz über Jahrmillionen bewahrenden chemischen Inaktivität muss es sich beim gediegenen Gold beziehungsweise Elektrum um das erste vom Menschen entdeckte Metall handeln, das dank der physikalischen Eigenschaften unmittelbar aus dem Naturzustand heraus durch Hämmern und Schleifen sogar im kalten Zustand bis hin zu stärksten Verformungen verarbeitet werden konnte.

Zudem waren die einmal fertiggestellten goldenen Werkstücke relativ zäh, konnten also sofort einer belastenden praktischen Nutzung zugeführt werden. Weiterhin ist Gold aufgrund seiner sehr niedrigen Schmelztemperatur für einfachste gusstechnische Anwendungen prädestiniert, erforderte also insgesamt einen äußerst geringen technologischen Aufwand zur Umsetzung entsprechender Verfahren. Alle weiteren eigene Zeitalter begründenden Metalle wie Kupfer, Bronze und Eisen waren sukzessive schwerer zu entdecken, auszubeuten, aufzubereiten und zu verarbeiten. Sie konnten beziehungsweise mussten dem Gesetz der allmählichen Verfeinerung folgend überhaupt erst an die technologisch-metallurgischen Voraussetzungen der edelmetallenen Basis, die Goldzeit, anknüpfen.

Diese Ära begann vor circa 35.000 bis 25.000 Jahren. In genau jene Epoche lässt sich die erstmalige Nutzung von Pyrit datieren, ein dem gediegenen Gold optisch gleichendes Mineral, das zur künstlichen Produktion von Funken diente. Dies untermauert die Hypothese der menschlichen Nutzung des Goldes als Urmetall, da vernünftigerweise nicht angenommen werden kann, dass kleine Pyritknollen nicht nur gefunden, sondern auch technologisch nutzbar gemacht werden konnten, während dies bei großen Goldnuggets nicht der Fall gewesen sein soll. Im Gegenteil muss sogar in der bis dato für den Menschen hochgradig tödlichen Umwelt, in der er also den Kampf mit den tierischen Räubern um die Vorherrschaft auf der Erde noch nicht siegreich hatte beenden können, die technologische Nutzung beider Werkstoffe zur Erhöhung der Überlebenswahrscheinlichkeit geradezu provoziert haben.

Edelmetallnugget und Pyritknolle, Oberflächengold und Katzengold, begründeten über den Einsatz metallener Waffen – Jagddolch und Stoßspeer – sowie künstlich entfachter Feuer den endgültigen Sieg des Menschen über die feindliche und bis dato die Fauna dominierende Raubtierwelt. Durch diesen Sieg wurde Gold zum Herrschaftsmetall über die Natur. Das sprichwörtliche und literarisch vielfach kolportierte „goldene Zeitalter“ begründete sowohl die endgültige Überwindung des menschlichen

Beutetraumas als auch den Überfluss der nun zur Treibjagd übergehenden Horden. Der Urwert des Goldes manifestierte sich also höchst objektiv in dessen Fähigkeit, als Angriffs- wie auch Verteidigungswaffe die jedem Menschen innewohnende, letztlich biophysikalisch begründete Urschuld zu bedienen und damit die ökonomische Realität erster Ordnung bewältigen zu können.

Dieser wichtige Sieg des Menschen über die Natur brachte nicht nur die Heroisierung des Jägers und der Waffe, sondern auch die Mystifizierung des Goldes hervor, in die dann die sinnlich greifbaren beziehungsweise ästhetischen Eigenschaften des Edelmetalls ebenso eingeflossen sein dürften wie dessen Kopplung an offensichtliche Naturphänomene. Letzterem dürfte die Gold-Sonne- beziehungsweise Silber-Mond-Analogie inklusive der über Jahrtausende konstanten irdischen Wertrelation der beiden Edelmetalle zueinander, siehe Endnote 74, geschuldet sein.

Die Effizienz der Treibjagd beraubte sich durch die bei dieser Methode unausweichlichen Massentötungen ihrer eigenen Grundlage, eventuell beschleunigt durch klimatische oder gar kosmisch induzierte Katastrophen. Die so sukzessive schwerer zu bewältigende, dem Lebenswillen zwangsläufig entspringende (nahrungs-) energetische (Ur-) Schuld erzwang nun vor circa 15.000 Jahren den Übergang zu kombinierter Pirschjagd und Gartenbau. Diese Nahrungsgewinnungstechniken waren zwar bereits zuvor bekannt, mussten jedoch aufgrund der effizienten Input-Output-Relation der über die Treibjagd erzielbaren Protein- und Fettvolumina nicht angewandt werden.

Der Gartenbau war nur in den fruchtbaren Feuchtgebieten der Erde, der Ökumene, möglich und bedurfte über weite Phasen einer regelmäßigen Beaufsichtigung, während die Pirschjagd eine Verfolgung der Beute in überwiegend nicht landwirtschaftlich nutzbare Regionen erforderte. Damit ging notwendigerweise sowohl die Sesshaftigkeit als auch die erste systematische, in diesem Fall geschlechtsbezogene Arbeitsteilung einher, was das Aufkommen von Holzaxt, Hacke, Ton- und Steingut sowie Speerschleuder, Pfeil und Bogen dokumentiert.

Die neue, weniger effiziente Grundlage der menschlichen Ernährung erzwang jedoch aufgrund der natürlichen Schwankungsanfälligkeit ihrer Erträge erstmals systematische Kapitalisierungsprozesse. Die Existenz von Schwankungen beinhaltete notwendigerweise das temporäre Phänomen von Notzeiten, das heißt Zeiten, die keine umfängliche Bewältigung der Urschuld aller Sippenmitglieder ermöglichten. Das gilt insbesondere bei nichtzyklischen und damit unvorhersehbaren wie auch nicht planbaren Notzeiten in einem katastrophischen Kontext. Notzeiten zogen daher regelmäßig die direkte oder indirekte Tötung von jungen und alten Mitgliedern der Horde nach sich. Ebenso sind ökonomisch begründete Verstöße vor allem der für die Reproduktion weniger wichtigen erwachsenen Männer archaischer Sippen bekannt, die sich ebenso wie mancherorts ganze Sippen auf die Suche nach neuen Versorgungsquellen machen mussten.

Die aus der zeitlichen Lücke zwischen Investition und Konsum, Aussaat und Ernte, in der Bewirtschaftung neuer Reviere resultierende Urschuld der Gartenbauer konnte ebenso wie die heimatloser Nomaden nur durch vorhandene natürliche oder durch Dritte erwirtschaftete Ressourcen beglichen werden. Das Gasulla-Ereignis bildete vor etwa 12.000 Jahren den Auftakt zum systematischen Kampf miteinander nicht- oder fernverwandter Menschen gegen ihresgleichen um lokale Ressourcen, was das Aufkommen der Kriegswaffenproduktion mit dem Übergang vom Mesolithikum zum Neolithikum belegt.

Die existentielle Lücke wurde zumindest übergangsweise dem Gallipoli-Paradigma folgend durch Banditentum und Plünderungen beziehungsweise Frucht- und Landnahme sowie Vertreibung realisiert, was bei ausgewogener Kampfkraft, vor allem aber Waffengleichheit, auch dauerhaft nicht anders zu bewerkstelligen war. Dort jedoch, wo im Zuge eines Gasulla-Ereignisses Goldnutzer auf Nichtmetallnutzer trafen, musste sich analog zur Schlacht von Cajamarca ein nicht auszugleichendes militärisches Ungleichgewicht einstellen. Erst und ausschließlich durch diese systematische technische Überlegenheit, selbst wiederum der höchst ungleichen Dislozierung und Verwertung der Goldvorkommen geschuldet, war die dauerhafte Ausbeutung einer relativ großen durch eine relativ kleine Gruppe möglich.

Dieses asymmetrische Gruppenverhältnis gründete sich auf der durchschnittlichen Produktivität der zu 70 Prozent witterungsabhängigen Ausbeutungsbasis, die in landwirtschaftlich dominierten und technologisch wenig fortschrittlichen Ökonomien nur wenige durch viele zu ernähren vermag. Diese Relation konnte allerdings nur durch die Verwendung von Edelmetall nutzenden Jägerkriegern gegenüber Stein-, Horn- und Holzwaffen nutzenden Pirschjägern und Gartenbauern hergestellt werden. Nur die „diktatorische Goldwaffe" vermochte es, das durch „demokratische Kriegswaffen" austarierte Machtgleichgewicht zu brechen und den (Ur-) Wert des Edelmetalls gegen Unendlich streben zu lassen. Auch dieser Kampf Krieger gegen Jäger ist, wie auch der Kampf Mensch gegen Tier, mannigfaltig in Mythen tradiert und schlägt sich in der gemeinsamen Herausbildung und Bedeutung von Rasse und Kaste im herrschaftlichen Kontext nieder.[145]

Der Übergang von unkalkulierbarer temporärer zur kalkulierbaren dauerhaften Ausbeutung minimierte das beidseitige größte Verlustrisiko, sowohl das der jeweiligen Kriegerhorde als auch das der Jäger- und Gartenbauersippen. Er mündete durch kalkulierte Verstetigung der auf Waffengewalt gestützten Macht über ein definiertes Territorium nebst der darauf lebenden Bevölkerung in die Gründung der ersten Staaten, dem historisch ersten Anwendungsfall der Bernstein-Doktrin. Das kategorische Auseinanderfallen zwischen herrschender und beherrschter Rasse und Kaste ging dabei mit dem neuen Dreiklang aus Staatsmacht, Staatsgebiet und Staatsvolk einher. Die vermutlich erste (Proto-) Staatskultur im eurasischen Raum entfaltete sich spätestens vor 7.000 Jahren in der fruchtbaren Ökumene Mesopotamiens, zwischen Euphrat und Tigris, wo nicht nur eines der ersten Zentren landwirtschaftlicher Produktion vermutet wird, sondern wo nachweislich vor etwa 5.000 Jahren auch goldene Waffen und Rüstungen in Gebrauch waren.

Der Rohstoff dafür stammte aller Wahrscheinlichkeit nach aus Oberflächenfunden, da Mesopotamien nicht nur an Mineralien, sondern auch über die noch bis in das 20. Jahrhundert abgebauten Edelmetalle hinaus an erzhaltigen Bodenschätzen relativ arm war. Im frühesten Stadium der Staatsexistenz konnten zur Metallbeschaffung auch noch keine umfänglichen Import-Export-Beziehungen unterhalten werden, da zumindest die logistisch relevante Seefahrt in der Levante frühestens ab dem 3. vorchristlichen Jahrtausend einsetzte. Erst in der Hochantike erfolgte im mesopotamischen Raum der sporadische Abbau lokaler Kupfer- beziehungsweise Kupfererzvorkommen, wobei aber das Rotmetall ebenso wie Zinn und später Eisen überwiegend importiert werden musste.

Die Konvertierung des spröden Kupfers in zähes Waffenmetall erforderte wiederum bereits den Gebrauch technologisch fortgeschrittener Schmelzöfen und metallurgischer Fertigkeiten, die frühestens vor 6.000 Jahren erstmals zum Einsatz kamen. Zu dieser Zeit war der Gebrauch von Gold – also Waffe und Rüstung – sowie dessen Derivaten, wie intakte Grabfunde aus dem Mittelmeerraum, Mesopotamien und Osteuropa belegen, bereits auf eine Führungselite beschränkt. Die Gewalt war also bereits monopolisiert, die Protostaaten und Hochkulturen konnten sich energetisch nur auf eine sehr breite Basis Produktiver stützen, die sie zu in Höhe und Zeit strikt festgelegten Abgaben zwingen mussten. Neben die systemunabhängig jedem Menschen innewohnende Urschuld trat in den ersten klassisch-feudalen Staatsordnungen die Abgabenschuld, eine aus dem Nichts geschaffene „fiat liability“, die selbst wiederum der Tilgung der Urschuld der Führungselite, des späteren Feudaladels, diente.

Damit aber kam dem Gold erstmals ein nicht nur objektiver, sondern sogar quantifizierbarer Wert zu, der sich über die mit Hilfe seiner Waffen- und Rüstungsderivate über die Zeit generierbaren Abgaben herleiten ließ. Das einstige Metall der Herrschaft des Menschen über die Natur begründete auch die Herrschaft des Menschen über den Menschen.

Die allerwichtigste und zentrale Maßnahme zur Verstetigung dauerhafter Ausbeutung zwecks Tilgung der Urschuld nichtproduktiver Herrscher war die Aufrechterhaltung der Macht durch Sicherstellung der inneren und äußeren Sicherheit. Macht produziert Kosten, mindestens in Höhe der zu ihrer Sicherung zu alimentierenden öffentlich-rechtlichen Institutionen – vor allem das Militär und die Beamtenschaft – zuzüglich einer adäquaten und risikogewichteten Machtdividende. Die letztlich immer auf dem materiellen Transfer beruhende Versorgungsschuld, die im Rahmen des Ludi-Prinzips auch zur nichtkriegerischen Vereinnahmung innerer und äußerer Gegner eingesetzt werden konnte, wurde so gezwungenermaßen zum Spiegelbild der Abgabenschuld.

Die materiellen Versorgungszusagen wiederum waren zunächst noch an den Verwandtenstatus, später an Treuegelübde gekoppelt. Sie konnten oder mussten um immaterielle Zugeständnisse in Form rudimentärer Eigentums- und Vertrags- respektive Freiheitsrechte an die Träger der Macht inklusive ihrer Nachkommen ergänzt oder ersetzt werden. Das intakte Gewaltmonopol wurde zum ständigen Damoklesschwert der Macht, von dem sich alle weiteren militärischen, ökonomischen, sakralen und sozialen Institutionen ableiten sollten.

Die faktische Umsetzung des notwendigerweise territorial begrenzten Gewaltmonopols ging in erster Linie mit den Jagd-, Waffen-, Metallgewinnungs- und Metallverarbeitungsmonopolen einher. Spätestens ab diesem Zeitpunkt und mit dieser Maßnahme erfuhren Edelmetalle einen Statuswandel, weg vom ursprünglichen Waffen- und hin zum Herrschaftsmetall und Abgabengut, dessen missbräuchliche Nutzung unter Strafe stand. Das einmal monopolisierte Edelmetall diente aufgrund seines Status als Waffenmetall im Umkehrschluss auch zur Entlohnung von Waffenträgern, also militärischen Spezialisten. Mit der Zunahme kriegerischer Aktivitäten wurden diese auch außerhalb des Staates kontrahiert, wobei die Angehörigen des vermutlich ältesten Gewerbes der Welt, die Söldner, mit der ebenfalls vermutlich ältesten metallischen Waffen- und Rüstungsressource, dem Gold, entlohnt wurden.

Diese zunehmend an Bedeutung und Intensität gewinnende Beziehung zwischen Herrschern und Söldnern führte über bereits etablierte Waffen- und Rüstungselemente frühestens ab 3000 vor Christus zunächst zur Produktion standardisierter Edelmetallblöcke in Barren- sowie später in ungeprägter und ab frühestens 700 vor Christus in geprägter Münzform. Bei diesen kann es sich schon aufgrund der bekannten Formate und Gewichte nicht um Tauschmittel, sondern nur um Soldmittel gehandelt haben. Erst die breite Akzeptanz und damit Zirkulationsfähigkeit des Soldmetalls, das ja ebenso zur Tilgung der Abgabenschuld eingesetzt werden konnte, ermöglichte neben dem Rüstungshandel einen Handel mit Luxusgütern.

Beide Kategorien von Handelsgütern blieben dabei selbstverständlich dem Feudaladel vorbehalten und stützten wechselseitig die Begründung und Aufrechterhaltung dessen ökonomischer Realität zweiter Ordnung. Die Funktion des Goldes als machtsicherndes Waffen- und Soldmetall erklärt wiederum die exorbitante Wichtigkeit der herrschaftlichen Schatzkammer. Allein ihr bevorrateter Inhalt sicherte über die Möglichkeit der Anwerbung und Besoldung professioneller Krieger einen gewaltigen expansiven Hebel, der die gegebenen Humanressourcen der jeweiligen Territorialmonopole weit übersteigen konnte.

Die ersten nicht vergänglichen Rüstungsgüter blieben indes die unauslöschlichen Symbole der unsterblichen Gottkönige. Diesen Status erreichten weder Kupfer und Bronze noch Eisen, da diese Metalle als wesentlich weniger knappe (Massen-) Waren gewonnen und als (Massen-) Waffen eingesetzt wurden, nachdem die Edelmetalle bereits das Herrschaftsstatut begründet hatten.

Sie konnten daher zeitlich, und hier leistet das Regressionstheorem in der Tat einen Erkenntnisgewinn, das bereits Königs- oder Priesterwürde konstituierende Edelmetall jenseits aller vorhandenen ästhetischen Aspekte nicht mehr ersetzen, da die soziokulturelle Prägung des Menschen durch den Einfluss der

Edelmetalle, die tiefe Verankerung der Bedeutung des Goldes im menschlichen Bewusstsein und deren sukzessiver Übergang in das Unterbewusstsein über mindestens 25.000 Jahre erfolgte. Das gilt in gleicher Weise für die im Ringen um energetische Ressourcen siegreichen Kämpfer und Errichter der ersten Staatswesen der Menschheit, die ihren Status für mindestens weitere 5.000 Jahre ausschließlich an die Verfügbarkeit von Edelmetall koppeln mussten.

Dagegen sind die der Goldzeit folgenden Epochen insgesamt wahrscheinlich noch nicht einmal 4.000 Jahre alt und begründeten überhaupt erst mit der Eisenzeit die heute selbstverständliche Massenproduktion von Metallen. Es waren schließlich die Kriege der ehemaligen Goldwaffenträger respektive der bereits lange goldgekrönten Feudalherren um knapper werdende, das heißt noch nicht oder durch Dritte eroberte Territorien und ihre abgabepflichtig gemachten Bewohner, die zu jenem technologischen Innovationszwang führten, der in zunehmend rascher Folge Kupfer, Bronze und Eisen als Standardwerkstoff und damit Waffenmaterial hervorbrachte. Seitdem erfolgte bis zum Zweiten Weltkrieg tatsächlich nur noch eine sukzessive Verfeinerung des Eisens.

Zumindest hinsichtlich des skizzierten irdischen Aufstiegs der Edelmetalle ist Roland Baader uneingeschränkt zuzustimmen, denn diese „Entwicklung hat sich im Geburtszustand aller Kulturen und Zivilisationen in der Menschheitsgeschichte wiederholt (mit ganz wenigen Ausnahmen in exotischen Gegenden, wo Metalle unbekannt waren)“. Bei Rupert Gebhard, der auf dem Gebiet der Archäologie ein absolut identisches Fazit zieht, liest sich das ganz ähnlich: „Die Gedanken der Menschen über Gold gleichen sich zu allen Zeiten. Unabhängig, ob es eine räumliche oder zeitliche Tradition gibt, entwickeln sich die Ideen über Gold anscheinend immer gleich.“

Die herrschaftliche und eben nicht monetäre Verankerung dieser Ideen in Raum und Zeit vermag auch einen weiteren Fehlschluss von Mises zu erhellen. Seinem Regressionstheorem folgend konnte das Goldgeld am Vorabend des Ersten Weltkrieges seinen Wert jenseits der Schmuck- vor allem auf die Kaufkraft begründende Geldnachfrage stützen: „Sicher ist, dass der Goldwert heute zum großen Teile seine Stütze in der monetären Verwendung findet, und dass eine Demonetisierung des gelben Metalls seinen Preis auf das heftigste erschüttern müsste.“ Letzteres schließt Mises aus dem Silberpreisverfall im Zuge seiner monetären Außerkraftsetzung gegen Ende des 19. Jahrhunderts: „So ist bekanntlich der scharfe Rückgang des Silberpreises seit 1873 zum größten Teile auf Rechnung der Demonetisierung dieses Metalls in der Mehrzahl der Länder zu setzen.“

Gut 100 Jahre später wiederfuhr jedoch dem Gold nichts dergleichen. Im Gegenteil, nach dem Zusammenbruch des Bretton-Woods-Systems im Jahr 1971 und der endgültigen Demonetarisierung des Edelmetalls schnellte sein Kurswert enorm nach oben, um anschließend auf höherem Niveau 20 Jahre lang zu stagnieren. Als Preis des Herrschaftsmetalls war der Gold- im Gegensatz zum Silberkurs in dem Maße weder an die „industrielle Brauchbarkeit“ noch die monetäre Verwendung gekoppelt.

6.2 Die goldenen 2000er

Wenn, wie in Kapitel 1.4 ausgeführt, (Zentral-) Banken im Rahmen der globalen Finanzkrise Gold als letzten „Stabilitätsanker wieder stark an Bedeutung“ zunehmen sehen, so ist dies schlichtweg der Tatsache geschuldet, dass selbst nach einem totalen Zusammenbruch von Währungssystemen gerade Goldbarren für ihren ultimativen und uralten Zweck immer noch nutzbar sind, den Rüstungs- und Luxusgüterimport.

Diesen evidenten Zusammenhang brachte sogar Michael Best, Sprecher der Deutschen Bundesbank, im Rahmen eines Interviews zu den Goldreserven seines Arbeitgebers unumwunden auf den Punkt: „Im Falle einer Währungskrise, den wir uns alle nicht wünschen möchten, käme es darauf an, an Devisen zu kommen. Und die bekommt man nur, wenn man Gold als Sicherheit hinterlegen kann. Deshalb halten wir Gold bei befreundeten Notenbanken in demokratischen Rechtsstaaten.“

Die über Jahrtausende währende Verknüpfung von Frühantike mit Postmoderne über das goldene Band der Wertschätzung ist also absolut intakt. Dieser Umstand vermag auch in Verbindung mit dem jährlich knapper werdenden Angebotszuwachs klar die fast exakt seit Herbst 2001 mit dem Einsturz der seit Ende des Vietnamkrieges zumindest relativ stabilen Weltfriedensordnung andauernde Preishausse zu erhellen. Der Status als Krisenmetall war und ist über den des Kriegsmetalls verknüpft und wird es wohl bleiben, solange es der Menschheit nicht gelingt, Unsicherheit durch Gewalt zu überwinden.[146]

Damit dürfte auch klar sein, warum Zhou Xiaochuan, der Chef der Notenbank mit den aktuell höchsten Devisenreserven, in Richtung eines Edelmetallstandards argumentiert. Es ist das Bestreben des bevölkerungsstärksten Staates der Welt, als Fabrik derselben den Zufluss des Herrschaftsmetalls schlechthin herzustellen. Das militärisch global noch unbedeutende China könnte versuchen, über die Edelmetalldominanz auch zunehmend herrschaftliche (Welt-) Dominanz zu erlangen, wie es ja den USA mit Hilfe des Bretton-Woods-Systems seinerzeit geglückt ist. Das Triffin-Dilemma beschreibt in diesem Zusammenhang letztendlich nichts anderes als die Fähigkeit zur Seigniorage auf internationaler Ebene. Dieser Prozess wurde wiederum nur durch eine der gelungensten Umsetzungen der Bernstein-Doktrin möglich, die der mit Mao brechende chinesische Staatschef Deng Xiaoping durch umfangreiche Reformen ab den 80er Jahren des letzten Jahrhunderts exakt entlang der Maslowschen Stufen einer allmählichen volkswirtschaftlichen Verfeinerung , siehe Kapitel 3.3, vollzog.

Der politisch-institutionelle Bedeutungsverlust Europas, deren Bürger seit Ende des Zweiten Weltkrieges wie in keiner historischen Epoche zuvor zu konsequentem Pazifismus erzogen wurden, manifestiert sich daher auch in der partiellen Aufgabe ihrer Goldbestände, die niemals zur Unterlegung einer Währungs-, aber immer zur Verteidigung einer Territorialordnung zwingend nötig sind. Insbesondere in den 1990er- und 2000er-Jahren verkauften zahlreiche europäische Zentralbanken einen Großteil ihrer Goldreserven zu Tiefstpreisen. In diesem Zusammenhang sei an den „Brown Bottom“ erinnert, die spöttische Bezeichnung für jenes historische Goldpreistief um den Jahrtausendwechsel, zu dem der damalige Schatzkanzler Gordon Brown eigenmächtig einen Großteil der britischen Goldreserven veräußerte.

Im deutlichen Gegensatz dazu lagern die USA einen Großteil ihrer Goldreserven im fast schon mythisch verklärten Fort Knox, einem nach allen Regeln der Kunst gesicherten Militärareal, einer modernen Version jener bereits in der Frühantike die herrschaftliche Schatzkammer beherbergenden Palastanlage. Den Grundstein für diesen nach wie vor größten Goldschatz der Welt legte ebenfalls in ganz feudaler Tradition der US-amerikanische Präsident Roosevelt mit der am 5. April 1933 verkündeten Durchführungsverordnung 6102. Dieser berüchtigte Erlass verbot den privaten Besitz von Gold und wurde erst 1974 wieder aufgehoben.[147]

Demzufolge mussten bis zum 1. Mai 1933 alle Münzen, Barren und (Einlagerungs-) Zertifikate oberhalb eines definierten Freibetrages bei öffentlichen Clearingstellen abgeliefert werden. Wer der Aufforderung nicht nachkam, wurde im Aufdeckungsfall entschädigungslos enteignet. Der offizielle, also staatlich administrierte Nominal- und damit auch Entschädigungswert lag bei 20,67 US-Dollar je Feinunze Gold. Nach Abschluss der Maßnahme hob die US-Regierung diese Parität auf 35 US-Dollar an, was einem faktischen Münzgewinn von gut 69 Prozent entsprach.

Die drastische Maßnahme begründete Roosevelt damit, „dass der nationale Notstand [infolge der Weltwirtschaftskrise] noch existiert und dass das fortgesetzte private Gold- und Silberhorten der Bürger der Vereinigten Staaten eine ernsthafte Bedrohung für […] das Wohlergehen der Vereinigten Staaten darstellt“. Aus Sicht des Fiskus und der Schatzkammer gefährdete die Privathortung in der Tat die notwendige Bevorratung und Verfügbarkeit über das wichtige Machtmetall, das sich ja in der Tat knapp zehn Jahre später seinen internationalen Ruf redlich verdienen durfte und auf dessen Basis die USA dann auch die internationale Seigniorage via Bretton-Woods-System begründen konnten.

Der institutionellen Stärkung sowie der Steigerung der Glaubwürdigkeit im zwischenstaatlichen Kontext dienten seit jeher die immer wieder praktizierten Maßnahmen zur Aufhebung oder Aufweichung der Goldbindung von Währungen sowie im Extremfall Goldbesitz- oder Goldhandelsverbote. Bereits das von John Law unter den Augen Voltaires durchgeführte Papiergeldexperiment diente ja aus Sicht der französischen Monarchie in allererster Linie der Streckung der enormen Verbindlichkeiten, mithin der Schonung der arg beanspruchten Schatzkammer. Genau aus diesem Grund erfolgte zunächst auch die Aufhebung der Edelmetallbindung der französischen Währung. Analog dazu dienten die Aufhebung der Golddeckung 197 Jahre später im Deutschen Reich sowie die Lockerung des Goldstandards bei anderen Kriegsteilnehmern keineswegs einer Ausweitung der kreditären Kriegsfinanzierung.

Diese Maßnahmen wären hierzu nämlich überhaupt nicht nötig gewesen. Eine Änderung der relevanten Zentralbankgesetze in Richtung dessen, was heute als „quantitative Lockerung" Bekanntheit erlangen konnte, gegebenenfalls verstärkt um einen Annahmezwang für öffentlich-rechtliche Schuldverschreibungen, hätte vollkommen ausgereicht. Nicht die Möglichkeit zur Expansion der Geldmenge zwecks Kriegsfinanzierung versetzte den Goldwährungen den vorläufigen Todesstoß, sondern die Verhinderung der Kontraktion der Goldmenge, die seit jeher zur Kriegsfinanzierung überlebenswichtig war. Auf genau diesen Umstand lassen sich auch zahlreiche Edikte aus der absolutistischen Ära Europas zurückführen, die nach Werner Sombart „die übermäßige Verwendung der Edelmetalle zu Luxuszwekken verboten (aus wesentlich münzpolitischen Erwägungen)". Nur mit Gold ließen sich die kriegswichtigen Rüstungsgüter und Rohstoffe unabhängig vom Kriegsverlauf problemlos importieren.

Auch hier muss Baader korrigiert werden, der ja behauptet hatte, dass man mit „Gold als Geld [weder] den Ersten noch den Zweiten Weltkrieg" hätte führen können. Genau umgekehrt ist es richtig: Nur mit Hilfe der ultimativen Herrschaftsressource konnten die kriegswichtigen Güter importiert und der Krieg finanziert werden. Ohne das Machtmetall hätten gerade die ressourcenarmen Kriegsparteien viel schneller die Parlamentärsflagge hissen müssen.

Das muss sogar der ausgewiesene Goldbug Manfred Gburek anerkennen, der Gold ausdrücklich in der Rolle als „internationales Zahlungsmittel [... und ...] wichtigste Währungsreserve [...] weltweit" sieht. Wohlgemerkt, primär als internationales Zahlungsmittel politischer und keineswegs ökonomischer Institutionen, denn „[a]ls ultimatives internationales Zahlungsmittel hat Gold dem Dritten Reich zur Finanzierung des Zweiten Weltkrieges gedient. Ohne Gold wäre die Einfuhr von strategischen Rohstoffen, Waffen oder von für die Herstellung von Rüstungsgütern wichtigen Maschinen damals unmöglich gewesen. Auch andere Länder haben sich [...] des Edelmetalls zur Finanzierung von Rüstungsgeschäften bedient." Aus diesem einzigen Grund musste die Konvertierbarkeit, der zuvor gesetzlich garantierte Tausch von Papiergeld in Gold dann regelmäßig aufgehoben oder beschränkt werden.[148]

Gbureks Feststellung deckt sich dabei exakt mit den ein gutes dreiviertel Jahrhundert älteren Ausführungen des Volkswirts und Staatswissenschaftlers Hjalmar Schacht zum selben Thema. Bereits 1927 konzentrierte der damalige Reichsbankpräsident und spätere Reichswirtschaftsminister, ein Theoretiker und Praktiker ersten Ranges also, in Anlehnung an Max Moritz Warburg – Finanzberater des letzten deutschen Kaisers, langjähriges Mitglied im Reichsbankrat (1924 bis 1933) sowie Direktor des heute immer noch privat geführten, gleichnamigen Bankhauses – die „Hauptererfordernis der Währungsreserve" auf ihre Eignung als „internationales Ausgleichsobjekt [...]. Hierauf beruht die Bedeutung des Goldes als Notendeckung, solange das Ausland jederzeit bereit ist, Gold in Zahlung zu nehmen." Aufgrund der überragenden politischen Bedeutung der nationalen Edelmetallreserven lehnte Schacht auch jedwede Deckung durch geldwerte Titel wie beispielsweise Hypotheken oder Wechsel, „deren Wert selbst von der Rechtssicherheit des Landes [...] abhängt", konsequent ab.

Genau deshalb wurde auch nach antiker Sitte dem faktischen Verlierer des Ersten Weltkrieges ein klassischer Tribut auferlegt. 66 Jahresraten zu jeweils zwei Milliarden Goldmark sollte das Deutsch Reich an Reparationen zahlen – ohne Herrschaftsmetall keine Kriegsfinanzierung. Gnadenlos ehrlich war in diesem Zusammenhang übrigens die Bank of England, die die Golddeckung für das Britische Pfund zwischen 1914 und 1925 ausgesetzt hatte. Begründung: „[D]ie Regierung war genötigt, den Bestand an Edelmetallbarren aufrechtzuerhalten, und die Bank setzte das Auszahlen von Gold für ihre Noten aus."

Die englische Zentralbank setzte also die Konvertierbarkeit aus, weil ihre vorgesetzte Dienststelle genötigt war, den Goldbestand aufrechtzuerhalten – übrigens nicht zum ersten Mal. Bereits während der Napoleonischen Kriege hatte sie mit genau derselben Begründung die Edelmetalldeckung des Pfundes aufgehoben. Bei genauer Betrachtung erweist sich also auch die Hypothese vom Ende des klassischen Goldstandards aufgrund der Kriegsfinanzierung via Notenpresse als reiner Mythos. Die Aufhebung des Goldstandards diente dazu, den Abfluss des Machtmetalls um jeden Preis zu verhindern, jenes Machtmetalls, das seit jeher zur Bezahlung externer Unterstützung – Rohstoffe, Waffensysteme, Söldner – diente.

Das belegt wiederum der Übergang zum System von Bretton Woods sehr plastisch, das nach dem Zweiten Weltkrieg den US-Dollar als einziges an Gold gebundenes und konvertierbares Zahlungsmittel nicht nur zur Weltleitwährung, sondern auch zum international bevorzugten Besoldungsmittel katapultierte. Tatsächlich zehrt die seit 1971 rein papierne Fortsetzung des US-Dollars das Misessche Regressionstheorem vollauf bestätigend noch bis heute von ihrer einstigen Goldeinlösepflicht. Er ist nach wie vor der internationale Standard für den Rohstoff- und Waffenhandel sowie zur Abrechnung von Söldnerdienstleistungen.

Die Aufhebung der Goldeinlösepflicht des US-Dollars durch Richard Nixon folgte dabei übrigens exakt demselben Muster und derselben Logik wie die Aufweichung und Aufhebung des Goldstandards gut 60 Jahre zuvor in Europa. Auslöser war ein Run auf das Schatzamt der USA inklusive goldenem Aderlass. Noch 1965, als der inzwischen zur Weltleitwährung erhobene US-Dollar infolge des Vietnam-Engagements seiner Emittentin erste inflationäre Erscheinungen offenbarte, machte der französische Präsident Charles de Gaulle von der Goldeinlösepflicht Gebrauch. Er ließ die US-Dollar-Reserven aus den Handelsüberschüssen Frankreichs mit den USA in Gold konvertieren und über zwei Jahre Barren im Wert von seinerzeit sechs Milliarden D-Mark aus Fort Knox unter schwerer militärischer Bewachung mit Flugzeugen, Schiffen und U-Booten nach Frankreich transportieren. Diese Option stand im Bretton-

Woods-System nur Zentralbanken, also öffentlich-rechtlichen Institutionen offen, Privatpersonen waren hiervon kategorisch ausgeschlossen.

Die Bedeutung des Goldgeldes im internationalen Großhandel verdeutlicht ja auch die bereits aus Kapitel 2.1 bekannte und in Gold konvertierbare Banknote über 100.000 US-Dollar. Diese Note und weitere zu niedrigerem Nominalwert, aber immer noch relativ hoher Kaufkraft waren mitnichten Einlagerungsquittungen, die zur Erleichterung privater Tauschakte auf Gütermärkten emittiert wurden. Hierbei handelte es sich zweifelsfrei um „strategisches Großgeld“ für zwischenstaatliche Transaktionen. Für den täglichen Einkauf existierten hingegen die mit Silber, dem völlig zu Recht so bezeichneten „Gold des kleinen Mannes“, unterlegten kleinen Scheine. Es ist die nachhallende Wertschätzung der Edelmetalle, mit denen bis heute im Zweifel immer und überall die Belieferung mit Rüstungs- oder anderen Gütern sichergestellt werden kann.

Exakt der gleiche Befund und damit ein direkter Anknüpfungspunkt an die frühantiken Staatskulturen ergibt sich bei der Betrachtung aller Varianten von Goldbesitzverboten der jüngeren Vergangenheit. Die stramm in Richtung einer neofeudalen Ordnung marschierenden oder innerhalb dieser bereits agierenden Diktatoren Hitler, Mao, Mussolini und Stalin beispielsweise ließen hinsichtlich des gelben Edelmetalls Besitzverbote und Abführungspflichten verhängen. Verstöße wurden regelmäßig mit dem Tod geahndet, die individuelle Existenzgewährung also an die Überlassung der Mittel zur Sicherstellung der internationalen Zahlungsfähigkeit gekoppelt. Die Entlohnung multilateral agierender, militärischer Rohstoff-, Fabrikationswaren- und Dienstleistungsanbieter sowie Luxus- und Nahrungsgüterexporteure hatte in harter, dinglicher Währung zu erfolgen, nicht in entkernten Reichsmark, Yuan Renminbi, Lira oder Rubel.

Diesen Zusammenhang scheint sich auch Alan Greenspan wieder in Erinnerung gerufen zu haben. Während er in seinem berühmten Aufsatz von 1966 noch in völliger Unkenntnis der historischen Tatsachen „Gold und wirtschaftliche Freiheit“ für untrennbar sowie den Goldstandard für „ein Instrument freier Marktwirtschaft" hält, hört sich das 32 Jahre später schon wesentlich differenzierter an: „Papiergeld wird in extremis von niemandem angenommen – Gold dagegen schon! [...] Gold repräsentiert immer noch die höchste Zahlungsform der Welt!" Diese Stellungnahme stammt aus einer Rede, die Greenspan vor Vertretern des U. S. House Banking Committee gehalten hat, also einer öffentlich-rechtlichen Institution, genauer dem Banken- und Währungsausschuss des Repräsentantenhauses. Hier könnte im Redner durchaus die Erkenntnis gereift sein, dass ein Festhalten an der zentralen strategischen Schlüsselgröße Edelmetall aus öffentlich-rechtlicher Sicht unbedingt geboten scheint.

Der Kampf um Edelmetallbestände ist vor dem skizzierten historischen, kulturellen, ökonomischen und sozialen Hintergrund und angesichts weltweit an der Schwelle der Überschuldung, also der Nichtbewältigung ihrer Versorgungsschuld, stehender Staaten, ein neuzeitliches Menetekel. Auf individueller Ebene wird dieser Herausforderung durch die einzige wirklich durchgehende soziale Konstante der gesamten Menschheitsgeschichte begegnet werden können. Das Generationen verknüpfende Band der Sippe, das niemals und nirgendwo unterging, ist und bleibt vermutlich die beste Antwort auf die ebenso einzige durchgehende, da biophysikalisch fundierte ökonomische Herausforderung des Menschen überhaupt, die temporäre Auflösung permanenter Schuldverhältnisse.

Anmerkungen

KAPITEL 1

1 Dies, obwohl einerseits das Office of Federal Housing Enterprise Overview wie auch andererseits das FBI, also zwei Bundesbehörden, im Jahr 2003 beziehungsweise 2004 sehr deutlich auf die Risiken an den amerikanischen Hypothekenmärkten sowie die problematische Positionierung von Fannie Mae und Freddie Mac hingewiesen hatten, von einem unvorhersehbaren „Betriebsunfall" also mitnichten die Rede sein kann.

2 Im Jahr 2010 waren es, zusammen mit einer weiteren GSE, bereits 95 Prozent des zu diesem Zeitpunkt schwer eingebrochenen Marktes.

3 Das Gesetz wurde bereits 1977 verabschiedet, um die Praxis des „Geoscoring", das heißt der Messung des Ausfallrisikos und damit die Berechnung des risikogewichteten (Hypotheken-) Zinssatzes einzig nach dem Wohngebiet des Antragstellers, zu beseitigen. Der CRA verpflichtet seitdem die Banken in den USA, Hypotheken anteilig auch an nicht kreditwürdige Antragsteller zu vergeben. Der seinerzeit amtierende US-Präsident Jimmy Carter versuchte auf diesem Weg, öffentliche Sozialpolitik über private Kreditinstitute umzusetzen. Eine eigens geschaffene Behörde, das Federal Financial Institutions Examination Council (FFIEC) kontrolliert die Einhaltung der Quotenvorgaben. Es verfügt zur Durchsetzung des CRA über ein kaum zu steigerndes Druckmittel, kann es doch Instituten bei Verfehlung der Quote mit der Einschränkung der überlebenswichtigen Refinanzierung über die Zentralbank drohen.

4 Hierin sollte sich der Republikaner George W. Bush in keiner Weise vom Demokraten Bill Clinton unterscheiden. Er teilte die Vision seines Amtsvorgängers noch auf dem Höhepunkt der Immobilienblase: „Wir wollen, dass jeder in Amerika sein eigenes Haus besitzt." Dieses Ziel unterstütze er tatkräftig durch den tatsächlich so benannten American Dream Downpayment Act, der 2003 in Kraft trat und die Vergabe von Hypothekendarlehen ohne jede Eigenkapitalbeteiligung des Schuldners förderte.

5 Mine (Babylon, 3. Jahrtausend vor Christus): 60 Schekel, circa 500 Gramm, 60 Minen wiederum ergaben ein Talent. Dieses sexagesimale Zahlensystem gehört zu einem der weltweit ältesten überhaupt und sollte über Jahrtausende Bestand haben. So wurde es beispielsweise nahtlos von den Persern in fast unveränderter Form fortgeführt. Die babylonische Mine blieb als Gewichtseinheit und Währungsbezeichnung bis in die Gegenwart beispielsweise als Lira, Peso oder Pfund bestehen.

6 Schekel (Babylon, 3. Jahrtausend vor Christus): 180 (3 x 60) Getreidekörner zu je 0,046 Gramm, insgesamt also 8,3 Gramm. Im babylonischen Talmud existiert eine zuvor bereits mündlich tradierte Instruktion für den Ackerbau, die bei der Getreideaussaat 180 Körner je altägyptischer Quadratelle (circa 0,525 x 0,525 Meter) vorschreibt, auf die sehr wahrscheinlich das Gewichtsmaß und damit auch der Münzfuß zurückzuführen sind.

7 Krisen im Sinne einer Kontrahierung der Wirtschaftsleistung können ihren Ursprung nur in einem Angebots- oder Nachfragemangel haben. In nichtagrarischen Ökonomien limitiert alleine das Human- und Sachkapital den maximal möglichen Output. Die tatsächliche Auslastung wird wiederum von der Nachfrage der Wirtschaftssubjekte bestimmt und leitet sich aus deren aggregierter Kauffähigkeit und Kaufwilligkeit ab. Letztere wird die Maslowsche Bedürfnispyramide erklimmend sukzessive virulenter, da mit zunehmendem Wohlstand immer mehr Kaufzurückhaltung geübt, sprich gespart werden kann. Somit wird auch die Veränderung der Gesamtnachfrage zum konjunkturbestimmenden Faktor, die sich wiederum ausschließlich monetär ausdrückt.

8 Kaum zufällig gibt daher auch eine große Mehrheit der Deutschen im Zuge statistischer Erhebungen zu Protokoll, sie würde sich die Wiedereinführung der Deutschen Mark wünschen.

9 Wie seine umfangreichen Briefwechsel belegen, war Karl Marx nicht nur in der Theorie von einer unmittelbar bevorstehenden „Geldkrisis“ als Auftakt der proletarischen Revolution überzeugt. In Berlin wurde der „Kladderadatsch“ zum umgangssprachlichen Sinnbild dieser Verwerfung, ein „ursprünglich […] lautmalerischer Aufruf zur Bezeichnung eines klirrenden oder krachenden

Geräusches“, das dann von „August Bebel zum viel genannten und verspotteten sozialdemokratischen Kraftwort gestempelt [wurde], um damit den baldigen Zusammenbruch der bürgerlichen Gesellschaft anzukündigen“. Hiervon war noch bis 1899 beinahe die gesamte Sozialdemokratie beseelt. Mit der Jahrhundertwende läutete Bernstein den überfälligen und mit dem geistigen Übervater brechenden Paradigmenwechsel ein.

10 So schreibt er in seinem Hauptwerk „Das Kapital“ zum Tauschwert: „Das einfachste Werteverhältnis ist offenbar das Wertverhältnis einer Ware zu einer einzigen verschiedenartigen Ware, gleichgültig welcher. Das Wertverhältnis zweier Waren liefert daher den einfachsten Wertausdruck für eine Ware.“ Diesen Naturaltausch diskutiert Marx sodann in all seinen Facetten anhand von Ellen Leinwand und Anzahl Röcken, wobei für ihn letztendlich der Wert aller „Waren bloße Gallerten menschlicher Arbeit“ repräsentiert. Als Maß aller Werte setzt er schließlich „Gold als die Geldware voraus“, denn die „erste Funktion des Goldes besteht darin, der Warenwelt das Material ihres Wertausdrucks zu liefern oder die Warenwelt als gleichnamige Größen, qualitativ gleiche und quantitativ vergleichbare, darzustellen. So funktioniert es als allgemeines Maß der Werte, und nur durch diese Funktion wird Gold, die eigentümliche Äquivalentware, zunächst Geld.“ Tauschverhältnisse, Tauschmarkt und Tauschmittel, das sind, in prägnanter Kürze, die theoretischen Grundlagen der klassischen Ökonomie des 19. Jahrhunderts.

KAPITEL 2

11 Das Bild des Geldschleiers geht auf den entsprechenden Ausspruch „money is a veil“ des britischen Ökonomen Arthur Cecil Pigou (1877-1959) zurück.

12 Die mathematische Formel für die Anzahl der Tauschrelationen ohne Geld lautet (N*N - N)/2, mit Geld (N - 1), wobei N die Anzahl der auf dem Markt gehandelten Güter repräsentiert.

13 Das heute als Gossensches Gesetz gelehrte Prinzip geht auf den preußischen Volkswirt und Beamten Hermann Heinrich Gossen zurück. Er formulierte es in seinem 1854 publizierten Werk

„Entwickelung der Gesetze des menschlichen Verkehrs und der daraus fließenden Regeln für menschliches Handeln“. Es ist auch als Gesetz vom abnehmenden Grenznutzen beziehungsweise vom zunehmenden Sättigungsgrad bekannt: „Die Größe eines und desselben Genusses nimmt, wenn wir mit der Bereitung des Genusses ununterbrochen fortfahren, fortwährend ab, bis zuletzt Sättigung eintritt.“

14 Eine Ressource beziehungsweise ein Gut ist alles, was in der Lage ist, einen menschlichen Wunsch zu erfüllen. Ist das Gut darüber hinaus knapp, das heißt nicht in unbegrenztem Maß und jederzeit verfügbar, spricht man von einem knappen oder ökonomischen Gut. Da (Lebens-) Zeit immer knapp ist, ist auch jedes Gut latent knapp, da es kontextabhängig nicht zu jedem beliebigen Zeitpunkt konsumiert werden kann. Damit ist jedes Gut ein potentiell ökonomisches, was selbstverständlich auch für unökonomische Größen wie Liebe, Freundschaft und Zuneigung gilt. Das muss schon per definitionem so sein, da selbst nicht quantifizierbare Zielvorstellungen immer aus einer aktuellen Soll-Ist-Abweichung resultieren. Die Beseitigung einer Abweichung erfordert wiederum eine Handlung, mindestens einen Denkakt, was immer auch den Einsatz von Energie, sprich Zeit nach sich zieht. Und sowohl Energie als auch ihr Äquivalent Zeit sind permanent knappe Ressourcen.

15 Die Motivationsforschung unterscheidet innerhalb dieser beiden Kategorien drei nichtkonsumtive, also nicht nach unmittelbarem Genuss oder Energieabfuhr strebende, sondern investive Motive, über die der Lustgewinn bestimmt wird, die den Menschen also von vorn „ziehen“. Ferner kennt sie ein Motiv, das die Vermeidung von Leid steuert, den Menschen also von hinten „treibt“. Die drei investiven Motive zur Förderung des Lustgewinns sind das Macht-, Leistungs- und Beziehungsmotiv, das Motiv der Leidensvermeidung ist die Angst. Während die drei intrinsischen Motive jeden Menschen in unterschiedlicher Ausprägung betreffen – meist ist eines dominant –, ist die Angst integraler und allgegenwärtiger Bestandteil des Seins. Sie kommt als bereits den Säugling prägende Angst vor tödlichem Liebes- und damit

Nahrungsentzug automatisch mit der menschlichen Existenz auf die Welt. In ihrer abstrakten Form ist sie ein spezifisches menschliches Charakteristikum und der einzigartigen Fähigkeit der Gattung Homo zur Reflexion und Prognose geschuldet, der Fähigkeit also, Zeit als solche fassen zu können. Diese einzigartige Eigenschaft beschert dem Menschen ein nicht lösbares Dilemma prinzipieller Natur, nämlich die Erkenntnis, einem permanenten Energieproblem ausgeliefert zu sein, das nie zu lösen ist, mehr noch, an dem er über kurz oder lang scheitern muss.

16 Das biophysikalische Energieproblem lässt sich letztlich mit dem ontologischen Zeitproblem gleichsetzen: Das Energieproblem ist ein Zeitproblem und umgekehrt. Ressourcen sind nicht per se, sondern immer nur zu bestimmten Terminen knapp.

17 In Nutzen, also Lustgewinn beziehungsweise Leidvermeidung gemessene Ergebnisse, die auf Grundlage des Rationalitätsprinzips erzielt werden, sind effizient, das heißt, sie sind nicht durch einen niedrigeren Mitteleinsatz zu erlangen beziehungsweise nicht mit den gegebenen Mitteln zu übertreffen. Da Handlungen immer auf den Austausch von Energie, Materie und Information mit einer hochkomplexen Umwelt abzielen, erfolgt ihre Vornahme prinzipiell unter Unsicherheit.

18 Analog dazu ist der physische Schmerz als beherrschender Impuls im vegetativen Nervensystem des Menschen verankert. Leiden kann sich also konkret-materiell manifestieren und weist unbehandelt einen progressiven Verlauf auf. Der hieraus resultierende Schmerz steigt bei linearem Zeitverlauf überproportional an. Lust hingegen artikuliert sich abstrakt-immateriell und verläuft degressiv. Biochemisch betrachtet ist sie Resultat der Stimulierung durch körpereigene Drogen. Eine permanente Steigerung der Lust ist daher immer an eine überproportionale Steigerung der stimulierenden Dosis derselben gekoppelt; allgemein erfährt sie ihren Reiz überhaupt erst durch Phasen eines vorherigen Spannungsaufbaus, also ihrer ausdrücklichen Abwesenheit. Dieses naturwissenschaftliche Phänomen schlug sich im bereits thematisierten Gossenschen Gesetz vom abnehmenden Grenznutzen nieder. Übertragen auf

das menschliche Empfinden bedeutet das: Um zunehmende Lust zu erfahren, muss der Mensch überproportional stimuliert werden. Auf Leid reagiert er dagegen zunehmend sensibel und aktionistisch, verfällt jedoch ab einer bestimmten Stufe der Leidensintensität in hoffnungslosigkeitsbedingte Agonie.

19 Verluste führen generell zu kognitiven Dissonanzen, der Nichtübereinstimmung verschiedener Wahrnehmungen, da sie zwingend in Widerspruch zu den zuvor gehegten Gewinn- beziehungsweise Verlustvermeidungserwartungen stehen. Ein Festhalten am Status quo ist demnach auch in der Angst vor einem Dissonanzrisiko begründet, dem Risiko also, Entscheidungen später eventuell bereuen zu müssen.

20 Allein die Tatsache, dass es bis zum Beginn der industriellen Revolution regelmäßig zu Hungersnöten kam, obwohl durchgehend circa 90 Prozent der Erwerbsbevölkerung in der Produktion nahrungstechnisch verwertbarer Biomasse tätig sein mussten, belegt die außerordentlichen Schwierigkeiten, regelmäßig handelbare Überschüsse zu produzieren. Ganz im Gegenteil waren diese Hofwirtschaften daher in erster Linie allein der selbstgenügsamen Versorgung verpflichtet. Die in allen Weltreligionen traditionell verankerten Fastenbräuche könnten daher in einer wirksamen Selbstbindung der ganz und gar wetterabhängigen und damit potentiell hungergefährdeten Bauern begründet liegen, die insbesondere dem Schutz des überlebenswichtigen Saatguts sowie der Streckung der Vorräte diente.

21 Tatsächlich steigern die unterschiedlichen natürlichen Produktionszyklen der bis in die Moderne volkswirtschaftlich dominierenden landwirtschaftlichen Güter die Transaktionskosten potentieller (Natural-) Tauschakte, anstatt diese zu senken. Der Tausch stellt hier gerade keine Erleichterung ökonomischer Interaktionen dar, weshalb an den Börsen für landwirtschaftliche Produkte fast ausschließlich auf Termin gehandelt wird.

22 Ironischerweise bezeichnet der „Goldene Schnitt“ ein empirisches Maß für das ästhetische Ideal in der menschlichen Bewertung geometrischer Verhältnisse. Zwei Strecken oder Flächen weisen

dann den Goldenen Schnitt oder auch die Göttliche Teilung auf, wenn die Relation der größeren zur kleineren Strecke oder Fläche dieselbe ist wie die Summe der größeren und kleineren Strecke oder Fläche zur größeren. Geometrische Figuren, die nach dem Goldenen Schnitt aufgebaut sind, bilden oftmals selbstähnliche Strukturen. Beispiele finden sich in der Natur, so bei der Anordnung von Blättern und Blüten sowie den Relationen bestimmter Körperteile zueinander, aber auch in Architektur, Malerei, Musik und Technik wieder. Diese experimentell untermauerte Idealproportion beträgt eins zu 1,618 beziehungsweise 0,618 zu eins.

23 Hier hätte die ökonomische Forschung in der Tat frühzeitig stutzig werden müssen, zeichnen sich doch Zug-um-Zug-Operationen dort, wo sie tatsächlich beobachtet werden können, gerade durch das Fehlen ihrer marktökonomischen Dimension, sprich Güterrelationen aus. Traditionelle Tauschhandlungen bei Naturvölkern richteten sich daher nie nach Preis- sprich Knappheitskriterien, worauf umfassende anthropologische Untersuchungen hinweisen: „Die Eigentümlichkeit des primitiven Tausches besteht in der Unbestimmtheit der Tauschraten. In unterschiedlichen Transaktionen wechseln ähnliche Güter in unterschiedlichen Proportionen die Hand.“ Umgekehrt war die Etablierung von Tauschmärkten in der Moderne immer ein Hinweis auf die Erosion einer in der Regel komplexen Geld- respektive Wirtschaftsordnung, so zum Beispiel in Deutschland nach dem Zweiten Weltkrieg oder in Argentinien nach der Jahrtausendwende. Analog zu den Tauschakten der Naturvölker zeichnen sich dabei vor allem Schwarzmarkttransaktionen durch höchst uneinheitliche Tauschrelationen aus. Diese sind allerdings weniger soziokulturellen Konventionen als vielmehr dem strafbaren Charakter der Tauschhandlungen geschuldet. Dieser verhindert die Selbstdurchsetzung transparenter Informations- und Kommunikationsstrukturen, was wiederum hohe beziehungsweise stark schwankende Transaktionskosten nach sich zieht.

24 Die Kolonialgeschichte legt über diese Praxis mannigfaltig Zeugnis ab. Als eine der ersten Maßnahmen legten die europäischen Eroberer neuen überseeischen Provinzen (Steuer-) Schulden

auf, die diese ganz analog zur Praxis im Römischen Reich abzuarbeiten beziehungsweise in gesetzlichen Zahlungsmitteln der Kolonialmacht zu begleichen hatten, was die (Steuer-) Schuldner zusätzlich von deren (Zentral-) Banksystem abhängig machte. Diese Maßnahme war allein deswegen nötig, um die (Vor-) Finanzierungskosten der Eroberung und nachfolgenden Verwaltung kompensieren zu können. Die Boston Tea Party, der Auftakt des Amerikanischen Unabhängigkeitskrieges, entzündete sich letztlich an der leidlich beanspruchten Besteuerungssouveränität Englands, das seinerzeit wiederum eine hohe Schuldenlast in Folge zahlreicher Kriege abzutragen hatte.

KAPITEL 3

25 Tatsächlich bildet das Universum vom kleinsten Teilchen bis zum großen Ganzen ein fraktales Muster, was sich optisch wohl am deutlichsten in Atommodellen einerseits und in Modellen von Planetensystemen andererseits niederschlägt, die sich prinzipiell nicht unterscheiden. Diese selbstähnlichen Muster durchziehen auch konsequent die dazwischen liegenden Ebenen, so zum Beispiel zahlreiche irdische Phänomene, siehe auch Endnote 22. Insgesamt soll sich das Universum aus einer geschätzten Gesamtanzahl von 10^{80} Atomen zusammensetzen.

26 Zum Vergleich: Eisenerz ist trotz regionaler Schwerpunkte wesentlich gleichmäßiger über fast alle Länder respektive Kontinente der Welt verteilt. Aktuell werden jährlich über eine Milliarde Tonnen des Rohstoffs zur Stahlherstellung gefördert, Tendenz immer noch steigend.

27 Der größte dokumentierte Goldnuggetfund ist das australische Holtermann-Nugget aus dem Jahr 1872 mit knapp über 214 Kilogramm, gefolgt von einem chilenischen Nugget, das es auf 153 Kilogramm brachte.

28 Bei den Kupfervorräten sieht es ganz ähnlich aus. Knapp 50 Prozent der weltweiten Reserven werden in Chile vermutet, einem eher kleinen Land mit einer ungewöhnlichen geometrischen Grundform. Einen weiteren Schwerpunkt bildet das südliche Afrika, der sogenannte „Kupfergürtel“, in den zuletzt die

Volksrepublik China massiv investiert hat. Höchst ungleichmäßig disloziert sind auch die Spezialmetalle beziehungsweise seltenen Erden Gallium, Germanium, Indium, Neodym und Niob, ebenfalls Elemente mit hoher Ordnungszahl und begehrte Industrierohstoffe zur Verwendung in elektronischen Komponenten, die fast ausschließlich in Brasilien, China, im Kongo sowie in Russland gefördert werden.

29 Insgesamt konnten im Sonnensystem knapp 500.000 Asteroiden identifiziert werden, die reale Zahl geht jedoch vermutlich in die Millionen. Seit 1994 unterhält die US-amerikanische Bundesbehörde für Luft- und Raumfahrt, die National Aeronautics and Space Administration (NASA) ein „Near Earth Object Program", das allein dem Aufspüren von für die Erde potentiell gefährlichen Objekten dient. Insgesamt wurden bisher 1.100 in diese Kategorie fallende Himmelskörper geortet, deren Entfernung zur Erde die Grenze von weniger als 7,5 Millionen Kilometern unterschreiten könnte und deren Durchmesser mindestens 150 Meter beträgt.

30 Hieran dürfte natürlich auch die 20-jährige Baisse, der Preisverfall der Edelmetalle zwischen dem Jahr 1980 und 2000, ihren Anteil haben. Dadurch sanken mangels positiver Preisprognosen und Gewinnaussichten über zwei Dekaden entsprechende Investitionen in den Minensektor. Erst mit der Preiswende Anfang des 21. Jahrhunderts nahmen auch die Nettoinvestitionen in die Edelmetallgewinnung wieder zu. Diese wirken sich allerdings selbst bei positivem Ausgang aufgrund der komplexen Realisierung von Bergbauvorhaben erst nach fünf bis zehn Jahren aus.

31 Die Veröffentlichung seiner statistischen Auswertung sollte Nikolai Kondratjew mit dem Leben bezahlen. Seine Theorie der langen Konjunkturwellen, die die kapitalistische Wirtschaft kaskadenartig auf immer höhere Wohlstandsniveaus katapultieren sollten, verstieß in eklatanter Weise gegen das marxistisch-leninistische Credo. Die konterrevolutionäre Laufbahn dieses vielversprechenden Wissenschaftlers endete folglich 1930 in einem sowjetischen Gulag, wo er 1938 hingerichtet wurde.

32 „Prospektion" bezeichnet in der Geologie die Erkundung neuer

Rohstofflagerstätten. Der lexikalische Eintrag vermerkt hierzu bezeichnenderweise: „Oberflächennahe Lagerstätten wurden im Lauf der Geschichte oft zufällig entdeckt", wohingegen heute die „systematische Suche nach neuen Lagerstätten gewöhnlich mit einem gründlichen Literatur- und Kartenstudium in Fachbibliotheken, bei den geologischen Diensten (Landesämter) der jeweiligen Länder und (wenn möglich) bei Bergbaufirmen, die in der Region bereits aktiv sind", beginnt.

33 Gediegenes Gold ist so gut wie immer mit Silber durchsetzt. Der Silberanteil liegt dabei meist zwischen zwei und 30 Prozent. Ab einem Silberanteil von 25 Prozent wird die natürliche Legierung als „Elektrum" bezeichnet. Der Begriff „Elektrum" leitet sich aus dem griechischen Wort „elector", zu deutsch „Er, der scheint" ab, was bereits auf die unvergängliche Leuchtkraft des gediegenen Edelmetalls verweist. Daran knüpft vermutlich auch das chemische Symbol für Gold „Au", abgeleitet vom lateinischen „aurum", an. Es steht für „Aurora", den „leuchtenden Morgen", also die aufgehende Sonne, was bildlich gesehen durchaus einem Goldnuggetfund in der Natur gleichkommen dürfte.

34 Das größte Platinnugget wurde 1843 im russischen Ural gefunden und wog zwölf Kilogramm, also lediglich knapp ein Achtzehntel des Holtermann-Goldnuggets.

35 So besteht beispielsweise die wohl bekannteste Goldmünze der Gegenwart, der Krügerrand, lediglich zu 91,66 und nicht wie sonst üblich 99,99 Prozent aus Feingold. Die restlichen 8,34 Prozent sind Kupfer, weshalb die Münze auch 34 Gramm wiegt und somit aus einer Unze oder 31,1035 Gramm reinem Gold besteht. Zudem unterscheidet sich der Krügerrand optisch aufgrund der Kupferbeimischung von allen anderen gängigen Goldmünzen durch seinen deutlichen Rotschimmer.

36 Zumindest den Goldreichtum Ägyptens verortet Bernstein nilaufwärts, in der Ausbeutung nubischer Quellen, deren Fördervolumen „bedeutend größer [war] als die Gesamtmenge, die aus allen Minen der damals bekannten Welt in den nachfolgenden Zeitaltern bis zur Entdeckung Amerikas zutage gefördert wurde". Daraus soll sich dann sogar der ägyptische Begriff „nub" für

„Gold“ abgeleitet haben. Die geradezu welthistorische Bedeutung wie auch konstante Ergiebigkeit der nubischen Goldadern wird noch Jahrtausende später im Zuge der Eroberung Nordostafrikas durch die Araber während des späten 8. Jahrhunderts nach Christus eindrucksvoll bestätigt. Erst der Zugriff auf diese bereits von den Pharaonen genutzten Edelmetallquellen ermöglichte die erstmalige Ausmünzung des sogenannten Golddinars, über dessen Wiederbelebung als gesetzliches Zahlungsmittel aktuell im arabisch-asiatischen Raum zumindest diskutiert wird. Neben dem byzantinischen Solidus profilierte sich der ebenfalls massenhaft geprägte arabische Dinar rasch als bedeutendste Edelmetallmünze des Mittelalters und schuf somit überhaupt erst die monetäre Basis für die imperiale Expansion der Wüstenkrieger.

KAPITEL 4

37 Korrekt muss dieser Prototyp als „Sippe“ bezeichnet werden, um Verwechslungen mit der im Zeitalter der Hochantike begründeten Institution der Familie auszuschließen, die sich, siehe Kapitel 5.8, historisch hat durchsetzen können. Ursprünglich waren Sippen wohl weltweit über die Mutterlinie, also matrilinear beziehungsweise matriarchalisch, organisiert. Das letztlich für alle Säugetiere so wichtige Blutsband konnte in prähistorischer Zeit nur über die Mutter geknüpft werden, ganz im Sinne der altbekannten lateinischen Wahrheit „mater semper certa est“. Nur über sie konnte das blutsverwandtschaftlich so wichtige Sippenstatut als Grundlage aller weiteren Sozialbeziehungen zweifelsfrei begründet werden. Wie Studien an im 20. Jahrhundert noch existenten Hordengesellschaften gezeigt haben, verfügen solche Sippen denn auch über keinerlei Vorstellung von Vaterschaft, Ehe, Lebens- und Geschlechtsbeziehungen im Sinne der nunmehr westlich geprägten restlichen Welt. Über das Wachstum solcher Sippen und deren Teilung entlang des Geschwisterpools einer Ältesten beziehungsweise einer „Urmutter“ erfolgte die territoriale Expansion und Ausfächerung in Stämme.

38 In sozioökonomischer Weitsichtigkeit hat Hayek diesen Umstand in sein bekanntes „Zwei-Welten-Theorem“ gefasst. Ausgerechnet

sein Schüler Roland Baader erläutert dieses wie folgt: „Einige Hunderttausend Jahre lang, nämlich während seiner Vor- und Frühgeschichte, lebte das Menschengeschlecht in kleinen, urzeitlichen Horden von Jägern und Sammlern, in Sippen- und Stammesgemeinschaften, in denen jeder jeden kannte. […] Die Menschen der vormodernen Zeit lebten also in der einen Welt der engen, überschaubaren Face-to-face-Gemeinschaft. Der moderne Mensch hingegen ist gezwungen, in zwei Welten zu leben: zum einen im kleinen Kreis der Familie und Freunde (und vielleicht noch der Sippe), wo sich jene urzeitlichen Verhaltensmuster noch in mehr oder weniger strenger Form leben lassen und auch sinnvoll und nützlich sind; und zum anderen in der großen, anonymen und arbeitsteiligen Gesellschaft, in welcher völlig andere Regeln und Verhaltensweisen gelten – und auch notwendig sind. Dieses Leben in zwei Welten, wovon letztere menschheitsgeschichtlich nur einen winzigen Zeitraum umfasst, bereitet uns große Schwierigkeiten. […] Als besonders verhängnisvoll erweisen sich hierbei unsere atavistischen Neigungen, die Regeln der kleinen, ‚warmen' Welt auf die große, ‚kalte' Welt der Großgemeinschaft übertragen zu wollen. […] Das Entscheidende und Verhängnisvolle an diesen Sehnsüchten […] besteht in der Tatsache, dass jede der beiden Welten unabwendbar zerstört wird, sobald man die Verhaltensregeln der jeweils anderen auf sie anwendet." Diese von Hayek glasklar erkannte und beschriebene Trennung in Mikro- und Makrokosmos hindert Baader – neben vielen anderen – freilich nicht, ausgerechnet die vermeintlichen Institutionen „Gütertausch" und „Goldgeld" der modernen Makrogesellschaften auf die urzeitlichen Mikrogesellschaften zu projizieren und unveränderliche institutionelle Rahmenbedingungen zu unterstellen.

39 Der Anthropologe Richard B. Lee hat in den 70er-Jahren anhand des noch archaisch lebenden afrikanischen Volksstammes der San die Todeshäufigkeit durch kriegerische Gewalt untersucht und kam auf eine Rate von gut 29 Fällen je 100.000 Personen pro Jahr. Andere Studien über Hordengesellschaften kommen auf Raten zwischen einem und 166 gewaltinduzierten Todesfällen, wobei

die Anzahl tödlicher Gewaltakte mit dem umweltspezifischen Existenzdruck positiv korreliert. Zum Vergleich: In jener Zeit betrug die entsprechende Rate in den USA 9,2. Letztere bezog sich aber ausdrücklich auf Morde, umfasste also weder Kriegstote noch diejenigen Schwerverletzten, die allein dank des Einsatzes moderner Medizintechnik überlebten. Zweifelsfrei sind Häufigkeit und Intensität tödlicher Gewaltakte in archaischen und modernen Gesellschaften anders verteilt, allein technisch können es traditionelle Sippen und Stämme aber kaum mit der Zerstörungskraft der totalen Kriege der Moderne aufnehmen. Wie stark das Band der Sitte und Tradition über Tausende von Jahren selbst Kriegshandlungen prägte, belegen zum Beispiel die südafrikanischen Bantustämme. Kämpfe zwischen ihnen dienten der ritualisierten Austragung von Streitigkeiten, so gut wie nie der klassischen territorialen Eroberung, waren auf ein Minimum an menschlichen Verlusten ausgelegt. Ritualisierte Kämpfe mit wenigen Toten dürften nicht zuletzt der Tatsache geschuldet sein, dass bei kleinen Gruppengrößen bereits der Ausfall weniger Mitglieder die Existenz der ganzen Sippe gefährden kann, was die des Siegers freilich mit einschließt. Im Gegensatz zum archaischen Kriegsritual ist die moderne Kriegspolitik tatsächlich zum größten Lebensrisiko des Menschen mit zeitweise totalem Vernichtungsrisiko avanciert. Der Volksbund deutsche Kriegsgräberfürsorge zählt allein 15.000 Kriege in den letzten 5.000 Jahren, die sich tagesbezogen in etwa 300 Friedens- und 4.700 Kriegsjahre aufteilen. Allein im 20. Jahrhundert ließen 34 Millionen Menschen ihr Leben im Zuge aktiver Kriegshandlungen, weitere 169 Millionen Menschen wurden Opfer gezielter Massentötungen. Seit Ende des Zweiten Weltkriegs sind über 150 Kriege mit 20 Millionen Kriegstoten zu verzeichnen, 80 Prozent davon sind Zivilisten; politisch angeordnete und durchgeführte Massenmorde sind dabei noch nicht einmal mitgezählt.

40 Der mit ewiger Tauschneigung ausgestattete Jetztmensch der klassischen Ökonomie findet hier seinen anthropologischen, schon immer jagenden und sammelnden Zwillingsbruder.

41 Ebenso soll sich das ohnehin auf die Schaffung von Energiereserven

ausgerichtete menschliche Genom in der im Vergleich zum Urwald wesentlich kargeren Savanne auf die Ausbildung von Fettspeichern für nunmehr häufigere Hungerszeiten und damit verbundene längere Märsche zu potentiellen Nahrungsquellen eingestellt haben.

42 Die traditionelle Analogie der Gegensatzpaare Himmel und Hölle, Tag und Nacht, Sonne und Mond könnten hierin begründet sein. Gleiches gilt für die sehr früh einsetzende und nahezu universelle Verehrung von Mondgottheiten, die nicht zuletzt aufgrund der Gleichtaktung von Mond- und Menstruationszyklus durchgehend als weiblich anthropomorphisiert wurden. In der existentiellen Urangst ist dann auch, wie Bernhard Laum schlussfolgert, die Wurzel der menschlichen Religiosität begründet: „Er [der Mensch] lebt in der dauernden Furcht, und diese Furcht ist ‚Anfang und Grund aller Gottesverehrung'. Aus dieser Furcht erwächst der Wunsch, den Schaden abzuwenden und auf diese Mächte, von denen er sich abhängig fühlt, einen Einfluss zu gewinnen."

43 Dauernde Hilflosigkeit und Unfähigkeit zur Lebensbewältigung wiederum können über die Verfestigung von posttraumatischen Belastungsstörungen zu Depressionen oder Hyperwachsamkeit führen. Eine Möglichkeit der Bewältigung bieten kollektive Abfuhrrituale, die über mythische Kulthandlungen vergangene wie künftige Attacken nach- beziehungsweise vorbereiten. Elemente solcher Kulthandlungen finden sich beispielsweise häufig in Initiationsriten archaischer Völker. Die schwere Traumatisierung durch permanente Geiselnahme und selektive Tötung könnte zudem, analog zum Stockholm-Syndrom im zwischenmenschlichen Bereich, ein durch Hassliebe gekennzeichnetes Verhältnis zum Raubtier aufgebaut haben. Das menschliche Urtrauma, von Tieren gejagt und gefressen zu werden, macht vielleicht einen Teil jener Faszination aus, die bis heute in Monstergestalten, -erzählungen und -filmen fortlebt. Auf rein praktischer Ebene erzwang die traumatisierende Umwelt freilich die Anpassung der Beute an den Jäger, was effizienter durch Angriff denn Verteidigung gelingen sollte. Indem der Mensch das Raubtier kopierte, ihm immer ähnlicher wurde, konnte er es

schließlich besiegen. In der Psychologie ist dieser Mechanismus auch als Introjektion von Angstobjekten bekannt, anthropologisch gesehen war er schlichtweg überlebensnotwendig.

44 Der Mensch ist in der Lage, seinen Energiebedarf sowohl aus tierischer als auch pflanzlicher Nahrung zu decken. Theoretisch kann er sich allein auf veganer Basis am Leben erhalten, dies war jedoch bis in die jüngste Vergangenheit immer die Folge unfreiwilligen Mangels. Mit zunehmendem Wohlstand steigt in der Regel auch der Konsum tierischer Kost, wie es aktuell die prosperierenden Staaten der Zweiten Welt demonstrieren. Die Ursache hierfür liegt in ihrer hohen Energiedichte, die eine wesentlich effizientere Bewältigung der ökonomischen Realität erster Ordnung ermöglichte und daher vermutlich anthropologisch veranlagt ist. Allein Fleisch liefert durch seinen Fettanteil durchschnittlich neun Kilokalorien pro Gramm Gewicht, Nutzpflanzen lediglich vier Kilokalorien. Darüber hinaus sind tierische Proteine aufgrund ihres spezifischen Aminosäureaufbaus durch den menschlichen Körper zwischen 25 und 50 Prozent effizienter verwertbar als die vergleichbare Quantität aus pflanzlichen Quellen. Als wesentlicher Bestandteil von Muskeln, Blut, Haut und inneren Organen bestimmt der Proteinhaushalt maßgeblich die physische Konstitution.

45 Diese kulturelle Tradition spiegelt sich in der nahezu universellen archaischen Raubtierverehrung wider. Animisten, die ersten bekannten spirituellen Vermittler, erhoben die tödlichen Räuber zu kultisch verehrten Kraft- oder Totemtieren. Ebenso vollzogen sie die ersten blutigen (Menschen-) Opfer, im einfachsten Fall durch Brechen der Beine und Aussetzung in der Wildnis. Die Raubtiersättigung durch Opfergaben verfolgte durch die Abfuhr aufgestauter Erregungen in einem angstlösenden Macht- und Kontrollrausch durchaus auch therapeutische Zwecke. Hinzu trat die traumatisierende – bis heute nicht überwundene – Unbeherrschbarkeit der von Umwelt und Weltall ausgehenden Katastrophen schicksalhaften Ausmaßes. Beide Umstände schlagen sich in den psychischen wie physischen Folterkomponenten archaischer Initiationsriten nieder, die den Probanden in ein ahnenzentriertes Bewusstsein imaginierter

Unsterblichkeit überführen soll. Vermutlich ist der Geisteszustand der Mitglieder von Jäger- und Sammlergesellschaften „durch massive Abspaltung und Projektionen […] charakterisiert, durch den Gebrauch archaischer Abwehrmechanismen wie Grandiosität und Allmächtigkeit, durch mangelndes Differenzierungsvermögen zwischen Selbst und Objekt. […] Es ist ein Erwachsenenleben voller paranoider Phantasien, die fortwährend Auflösungs-Rituale erfordern, um die allgegenwärtige, verfolgende Angst abzuwehren." So jedenfalls lautet das Fazit des US-amerikanischen Psychohistorikers Lloyd deMause, der hierzu nicht nur historisches Material, sondern auch zeitgenössische Studien, zum Beispiel über die noch archaisch lebenden Aborigines Australiens, herangezogen hat.

46 Daher ist auch ein ausgeprägtes Interesse jener Hominiden an besonderer Fertilität innerhalb der Sippe inklusive diese angeblich begünstigender kultischer Rituale in Frage zu stellen. Die flexible Lebensweise nötigte zu maximal einem kleinen, sprich betreuungsbedürftigen Kind je Frau. Archaische Jäger- und Sammlergesellschaften befanden sich, so Lloyd deMause, „auf der Stufe des Kindermordes. Das heißt, dass sie […] einen großen Teil ihrer Neugeborenen unbarmherzig töten." Diese radikale Maßnahme dürfte damit zusammenhängen, dass jeder Art der Hang innewohnt, mehr Nachkommen produzieren zu müssen, als unter idealen Bedingungen überleben. Auch im Tierreich führen existentiell bedrohliche Strukturbrüche, vor allem Nahrungs- und Raummangel, regelmäßig zur systematischen Eliminierung zunächst der jungen und dann der alten Gruppenmitglieder, wie Experimente mit Affen und Kleinsäugetieren belegen. Vor allem die Kindstötung wurde daher zur universellen Institution, die sich auf allen Kontinenten sowie bei fast allen Völkern als Sippentradition etablieren konnte und vermutlich bereits bei den Neandertalern praktiziert wurde. In Form der scheinbar annehmbareren Aussetzung spiegelt sich dieses (Not-) Ritual nicht nur im Moses- und Ödipus-Mythos sowie der Sargon-, Kyros- und Romulus-Remus-Legende wider, sondern ist auch noch Bestandteil überlieferter Märchen, so zum Beispiel in „Hänsel

und Gretel"; hier wird der aktive Akt der Tötung respektive Opferung über die Verknüpfung mit der bösen Hexe – ebenso wie in „Schneewittchen" über die Figur des verschonenden Jägers – unmittelbar wach gehalten, die Verantwortung für die Tat jedoch schuldabladend externalisiert. Tatsächlich konnte im europäisch-levantinischen Kulturkreis dieser Brauch juristisch erst in der Spätantike überwunden werden.

47 Ehrenreich verweist dabei auf zeitgenössische Berichte nach wie vor frisches Aas konsumierender Menschen in Nordindien und der Taktik, ihren „Lieferanten" die Beute abzunehmen: „Wenn der Tiger noch da ist, bleiben sie in sicherer Entfernung, rufen, werfen Steine und fuchteln mit Stöcken", wodurch sich der Tiger anscheinend oftmals vertreiben lässt. Auch legen Primaten in Gefahrensituationen ein ähnliches Verhalten an den Tag.

48 Auch dieses Verhalten ist bei Primaten, insbesondere Pavianen, weit verbreitet, wo Männchen die Gruppe gegen enttarnte Annäherungsversuche von Raubkatzen sichern.

49 Gleichwohl könnte sich neben der generellen Risikoaversion im steten Überlebenskampf auch die Flucht-Angriff-Konditionierung des Menschen (mit Schwerpunkt Flucht) als ein Resultat jener zutiefst prägenden Periode als Beuteobjekt erweisen. In den Wirtschaftswissenschaften ist das Festhalten an einmal etablierten Verhaltensweisen unter dem Begriff „Status-quo-Bias" geläufig und wurde unter anderem von Kahneman ausführlich erforscht. Auch in der Tierwelt bleiben bisweilen Reaktions- und Verhaltensweisen zur Abwehr, Täuschung oder Entziehung entsprechender Fressfeinde bestehen, obwohl diese zum Teil seit langer Zeit ausgestorben sind. Laut Ehrenreich werden Phobien, Panikattacken und Angstzustände von der psychiatrischen Forschung bisweilen aus den „entwicklungsgeschichtlichen Anpassungen an eine gefährliche Umwelt voller Raubtiere und Naturphänomene" abgeleitet.

50 Im Grunde durchzieht die Wildtierthematik als auffällige Konstante neben Naturkatastrophenszenarien die gesamte frühe Götter- und Mythenwelt – und zwar weltweit. Neben den hinduistischen, indianischen und mesopotamischen Göttern und ihren irdischen

Stellvertretern spiegelt sich das Thema im Totem, den Werwesen, in Heldensagas und kulturellen Institutionen, so zum Beispiel in den römischen Gladiatorenarenen, wider. Beispielhaft sei auf die Mythen von Beowulf, Gilgamesch, Perseus, Theseus oder dem biblischen Samson verwiesen. Dieses archaische Erbe hat sich ferner in unzähligen Familien-, Stadt- und Staatswappen niedergeschlagen und wird bis heute in Literatur und (Horror-) Film lebendig gehalten. Auch der Mythos vom Raubtierbezwinger, das Heraklesmotiv, findet sich bis in die Sphären höchster politischer Ämter. So lässt sich der Präsident der Republik Südafrika, Jacob Zuma, bisweilen berserkergleich mit einem Leopardenfell umhangen in Szene setzen. Und auch der russische Präsident Wladimir Putin wurde bereits mehrfach mit nacktem Oberkörper und Waffe im Anschlag auf Bärenjagd in Sibirien fotographisch verewigt.

51 Nahezu alle antiken wie modernen Herakles- beziehungsweise Herkulesdarstellungen zeichnen durchgängig das Ideal eines erfolgreichen, archaischen Pirschjägers: einen nackten, muskulösen Körper, gegebenenfalls ummantelt mit den Fellen erlegter Beute, gestützt auf eine grobe Keule, neben dem (Feuer-) Stein die Urwaffe schlechthin.

52 Auch Naturvölker sind für die Ausrottung ganzer Tierarten bekannt. Die gilt insbesondere für leicht verfügbare Proteinlieferanten als effizienteste Form der Nahrungsgewinnung. Während beispielsweise die über 100 Kilogramm schweren Riesenvögel Australiens parallel zu den Großsäugern Amerikas und Eurasiens von der Bildfläche verschwanden, konnte sich der neuseeländische Moa, ebenfalls ein Riesenvogel, bis in das 14. Jahrhundert halten, bevor er ebenfalls abrupt ausstarb. Erst kurz zuvor hatten Polynesier die bis dato menschenleere Inselgruppe besiedelt. In ihren ersten Siedlungsbereichen ließen sich massenhaft Überreste der flug- und wehrunfähigen Beutetiere nachweisen.

53 Jared Diamond merkt hierzu an, dass weltweit lediglich 14 Tierarten mit über 45 Kilogramm Gewicht domestiziert werden konnten. Allein diese erstaunlich niedrige Zahl belegt die exorbitanten Schwierigkeiten einer künstlichen Reproduktion von Wildtieren.

Zudem müssen, so Harris, der die „Theorie der optimalen Futtersuche“ wohl am konsequentesten aus dem Tierreich in die Menschheitsgeschichte transferiert hat, die Opportunitätskosten einer jeden Tierhaltung als potentielle Nahrungskonkurrenten mit in die Kalkulation ihrer Zucht einbezogen werden. Dieser entscheidenden Restriktion unterlag die Pflanzenzucht nicht. Sie brachte zudem die Vorteile schnellerer Ausweitung, breiterer Streuung sowie in aller Regel kürzerer Reproduktionszyklen mit sich und ging daher der Viehzucht historisch immer voraus. Zudem verfügten bereits die vorneolithischen Jäger und Sammler, siehe auch Kapitel 4.6, über umfangreiches pflanzerisches Know-how.

54 Hesiods „Goldenes Zeitalter“ findet sich übrigens auch in einer inhaltlich fast identischen Vision des Propheten Daniel im gleichnamigen Buch des Alten Testaments, der auch den Fall Belschazzars vorhersehen sollte, siehe Kapitel 1.1.

55 Im Totemkult, siehe auch Endnote 45, erfuhr das für das eigene Überleben getötete Tier die Erhöhung zum seelenverwandten Wesen und Schutzgeist. Darin könnte sich die Angst vor Nahrungsknappheit widerspiegeln, weswegen mit zunehmender Reduktion der Wildbestände schließlich nur noch Priester beziehungsweise Schamanen das wertvolle Wild schlachten und verteilen durften sowie für seinen Erhalt verantwortlich waren. Zahlreiche Kunstgegenstände legen Zeugnis von den spirituellen Gefühlen ab, denen jene Frühmenschen in ihren archaischen Naturreligionen Ausdruck verliehen. Das dürfte auch erklären, warum über 60 Prozent der bekannten Höhlenmalereien die Hauptjagdobjekte ihrer Schöpfer darstellten. Ein besonders eindrucksvolles Beispiel für dieses Verhältnis von Versorgung, Angst, Schuld, Sühne und Opfer stellt der Bärenkult dar, der sich einst nahezu global über Nordamerika, Europa und Nordasien erstreckte und bei abgeschieden lebenden Stämmen noch im 20. Jahrhundert nach Christus nachgewiesen werden konnte. Ähnlich anderen Großsäugern wurde der Bär Opfer einer zunehmend kapitalintensiven Jagd, die schließlich zu seinem partiellen Verschwinden beitrug. Die Jagd erfolgte durch den Verschluss

der Höhlen und ihrer anschließenden Ausräucherung, verbunden mit den aus der Treibjagd bekannten Nachteilen: Die Vergiftung eines Beuteobjekts zog notwendigerweise den Tod der gesamten Gruppe nach sich. Mit dem zunehmenden Jagderfolg setzte dann die kultische Verehrung ein, die sich zwecks Erhalts der Seele des Tieres unmittelbar der körperlichen Tötung anschließen musste. Im Zentrum der Zeremonie stand die Erhöhung des Bären zum väterlich verbundenen Ahnen, während mit dem abgetrennten Kopf und dem abgezogenen Fell verkleidete Jäger „Entschuldigungstänze" aufführten. Bei der späteren Verteilung und dem Verzehr wurde für diese Requisiten ein mit Tischgaben versehener Ehrenplatz vorgesehen. Die anschließende Totenklage und Beisetzung erfolgte dann analog zu menschlichen Bestattungsritualen. Durchweg alle Bärenkulte kannten eine Form der Überlassung von Kopf, Schädel und Knochen an ein „höchstes Wesen". Karl Sälzle, ehemaliger Direktor des Deutschen Jagdmuseums in München, zieht hieraus folgenden Schluss: „Das naheliegende Bemühen der Jäger, ihre Jagdgründe immer wieder mit neuen Tieren anzufüllen, steht unverkennbar hinter den mannigfachen Riten um Schädel und Knochen."

56 Analog dazu erfolgte die industrielle Revolution Tausende von Jahren später. Eine tendenziell steigende Bevölkerungsdichte führte bei annähernd unveränderter landwirtschaftlicher Produktionsbasis zu einer abnehmenden Produktivität je Beschäftigtem. Der Kapitalstock ließ sich mit den vorhandenen technischen Ressourcen, insbesondere menschlicher und tierischer Muskelkraft, nicht weiter erhöhen. Die Landwirtschaft der Vormoderne versank ebenfalls in einer angebotsseitigen Depression, die sich als nicht ganz unschuldig an der Französischen Revolution erweisen sollte und parallel zum Getreide- und damit Brotpreis eskalierte. Der Aufschwung erfolgte schließlich durch Überwindung des energetischen Engpasses, für dessen Beseitigung wie keine andere Erfindung die das gesamte 19. Jahrhundert dominierende Dampfmaschine Pate steht. Der natürliche Muskelantrieb wurde durch den künstlichen Motorantrieb verdrängt, der seine Energie aus fossilen Brennstoffen gewann. Die ökonomische Verwertung der

Dampfmaschine, die Transformation der Invention in Innovation, begründete das Zeitalter der Massenproduktion. Das Muster setzte sich seitdem im Zuge der sogenannten Kondratjewzyklen, siehe auch Kapitel 3.3, weiter fort.

57 Diese musste naturgemäß schlechter ausfallen als der Rückgriff auf wilde Großsäugetiere. Deshalb wurden diese dort, wo sie nicht untergingen, auch weiterhin gejagt. Sie bildeten oftmals nicht nur das kulinarische, sondern auch das kultische Zentrum der jeweiligen Gesellschaft, deren Leben so eng an das ihrer Beute gekoppelt war.

58 Die Wandlung der Sonnenstrahlung in durch den Menschen nutzbare Energie erfolgte bis in die jüngste Vergangenheit ausschließlich über die Natur selbst. Pflanzen sind in der Lage, Sonnenenergie direkt aufzunehmen, mittels Photosynthese in organische Materie umzuformen und als Glukose, also Kohlenhydrate, zu speichern. Aufgrund dieser Fähigkeit können Pflanzen standortunabhängig existieren. Allerdings ist ihre Energiedichte relativ gering. Wesentlich höher ist sie hingegen bei Pflanzenfressern. Diese sind in der Lage, über ihren Stoffwechsel die in den Pflanzen gespeicherte Energie selbst als Reserve anzulegen. Durch den Verzehr von Pflanzen können sie je Zeiteinheit mehr Energie aufnehmen, als dies Pflanzen via Sonne möglich ist. Das erfordert wiederum eine energieintensivere Lebensweise, da die Abhängigkeit dislozierter Nahrungsquellen die Fähigkeit zur Fortbewegung notwendig macht. Der evolutionäre Sprung von der Pflanze zum Pflanzenfresser begründete somit eine Steigerung der Energiekosten, allerdings mit einer überproportionalen Ausweitung des Energienutzens, insgesamt also einer gesteigerten Energieeffizienz. Aufgrund der geringen Energiedichte ihrer kalorienarmen Nahrung müssen Pflanzenfresser allerdings einen Großteil ihrer Lebenszeit auf deren Suche und Verzehr verwenden. Was für die Relation Pflanze zu Pflanzenfresser gilt, gilt analog für die Relation Pflanzenfresser zu Fleischfresser. Diese sind in der Lage, kalorienreiche Fette aus energiedichtem Gewebe zu verarbeiten. Der Preis dafür war wiederum eine Steigerung des Bedarfs an Beschaffungsenergie. Die kurzen, aber extrem

intensiven Jagdeinsätze lohnen sich infolgedessen nur bei Aussicht auf ausreichend Jagderfolg. Dafür ist nach erfolgreichem Einsatz tage- bis monatelang keine Nahrungsaufnahme mehr nötig. Aufgrund der energetischen Relationen muss in einem gleichgewichtigen System die Gesamtmasse der Beute die der Jäger übertreffen. Deshalb sind die größten Pflanzen – die Fauna macht circa 99 Prozent der organischen Materie auf der Erde aus – größer als die größten Tiere, die größten Pflanzenfresser wiederum größer als die größten Fleischfresser.

59 Im Jahr 2000 wurden die Ernährungsgewohnheiten von insgesamt 229 Jäger- und Sammlerkulturen wissenschaftlich untersucht. Etwa drei Viertel dieser Kulturen zogen immer noch zwischen 56 und 65 Prozent ihrer täglichen Nahrungsenergie aus tierischen Quellen. Genau sie waren also über die Zeit nicht oder nur im geringen Umfang zum Wechsel ihrer Lebens- sprich Ernährungsweise genötigt worden, was den historischen Zwangscharakter des Fleischverzichts deutlich unterstreicht. Ferner belegt die Analyse von Gesundheit, Wachstum, Entwicklung, Konstitution, Krankheitsanfälligkeit und Lebensdauer der letzten Jäger und Sammler im Vergleich zu den ersten Gartenbauern eine qualitative Verschlechterung der Nahrungsbasis im Zuge der Neolithischen Revolution. Bezüglich all dieser Vitalkennziffern wiesen die Pflanzen züchtenden Revolutionäre schlechtere Werte als ihre jagenden Vorfahren auf. Dies dürfte auch auf den Umstand zurückzuführen sein, dass Jäger- und Sammlervölker seltener als reine Garten- und Ackerbauern unter schweren Hungersnöten zu leiden hatten. Ihre Mobilität erlaubte ihnen bei Nahrungsmittelknappheit flexible Ausweichmöglichkeiten, die sesshaften Gemeinschaften ohne Jäger-Know-how verwehrt war. Letzteren blieb lediglich die mythische Vorstellung eines Paradieses als Projektionsfläche des vom Existenzdruck befreiten Daseins, die sich die Menschheit bis heute bewahrt hat.

60 Beide Faktoren bedingen sich wechselseitig. Das landwirtschaftliche Gütekriterium für die Bodenqualität stellt dessen Fähigkeit zur Wasserspeicherung dar. Ohne ausreichende Feuchtigkeitszufuhr wiederum droht selbst der fruchtbarste Boden der Erosion

anheimzufallen. Auch aus diesem Grund wurden über 90 Prozent der historischen Siedlungen in Europa gezielt an fließenden oder stehenden Gewässern angelegt. Noch heute entfällt in der Ersten Welt über 70 Prozent des gesamten Trinkwasserverbrauchs auf die Landwirtschaft.

61 Aus diesem Grund erreichten beispielsweise die nomadisch lebenden mongolischen Krieger des 13. Jahrhunderts niemals in dieser Breite und Tiefe das ökonomische und kulturelle Niveau der Chinesen, Perser, Araber und Russen; einzig im Militärwesen waren sie diesen haushoch überlegen und in der Lage, über Jahrhunderte Gewachsenes in wenigen Jahren unwiederbringlich auszulöschen.

62 Selbstverständlich dürfte seit jeher zweckrationale Arbeitsteilung existiert haben, hier sei nur auf die den Frühmenschen und Primaten gemeinsamen Verteidigungsstrategien verwiesen. In der Phase der Treibjagden, vermutet zumindest Harris, gibt es „keinen Grund für die Annahme, die Frauen hätten keine Speere getragen und beim Töten der in die Falle gegangenen Tiere nicht mitgemacht". Auch als Treiberinnen, Zerlegerinnen und Trägerinnen dürften sie den Männern funktional durchaus ebenbürtige Tätigkeiten übernommen haben. Dies galt vermutlich durchgehend mit Ausnahme der reproduktionsnahen Lebensphasen, die schon biologisch eine exklusive Domäne des weiblichen Geschlechts darstellen. Schwangerschaft, Niederkunft und Säuglingsbetreuung entbanden die Frauen allein aus Gründen der Risikominimierung für die gesamte Sippe von produktiven Pflichten.

63 Im Gegenzug gab es aber sehr wohl den Boden kultivierende Männer, nämlich vorzugsweise dort, wo sich selbst die Pirschjagd nicht oder nur ganz gelegentlich lohnte, wie beispielsweise auf den von Malinowski untersuchten Trobriand-Inseln, siehe Kapitel 2.6.

64 Harris führt hierzu aus, dass theoretisch ein Mann zum demographischen Erhalt oder gar zur Expansion einer Sippe ausreicht, wohingegen umgekehrt die Anzahl der fruchtbaren Frauen den maximalen Reproduktionsfaktor und damit den eigentlichen Engpass definiert. Diesen Umstand verdeutlicht die Bevölkerungsentwicklung Paraguays auf geradezu dramatische

Weise. Im bis an den Rand des eigenen Untergangs zwischen 1864 und 1870 geführten Krieg gegen die übermächtige, aus Argentinien, Brasilien und Uruguay bestehende Tripel-Allianz verlor Paraguay, das in den letzten drei Kriegsjahren sogar Zehn- bis 70-Jährige zum Militärdienst einzog, geschätzte 80 Prozent der männlichen Bevölkerung. Den verbliebenen 28.000 Jungen und Männern standen circa 200.000 weibliche Einwohner gegenüber; genug zur erfolgreichen Wiederbelebung des entvölkerten Landes, wozu über Jahrzehnte, bis in die erste Dekade des 20. Jahrhunderts hinein, sogar die Vielweiberei wohlwollend geduldet wurde.

65 Erzwungene Wanderungsbewegungen junger Männer, für die vor allem ökonomisch kein Platz mehr im gewohnten Umfeld vorhanden war, haben sich als sozioökonomisches Phänomen seit der Prähistorie über Antike und Mittelalter bis in die Neuzeit halten können. Die in Europa über viele, insbesondere demographisch expansive Jahrhunderte vorgeschriebenen Walz- oder Wanderjahre künftiger Handwerksgesellen dürften nicht nur der Erweiterung des persönlichen und beruflichen Horizonts, sondern auch der gezielten Auswanderungsförderung gedient haben. Hierfür spricht zumindest das Verbot, den sogenannten Bannkreis von oft mehreren Dutzend Kilometern um den so vor Konkurrenz bewahrten Heimatort in keinem Fall betreten zu dürfen. Eine moderne Variante der Walz ist die Migration, nach wie vor insbesondere von jungen Männern aus der Dritten, also ökonomisch unterentwickelten Welt. Während Europa heute ein klassisches Einwanderungsziel darstellt, war es von 1500 nach Christus bis zum Ende des Zweiten Weltkriegs das Auswanderungszentrum der Welt schlechthin, siehe auch Kapitel 5.1.

66 Zahlreiche Legenden, wie zum Beispiel der berühmte Raub der Sabinerinnen kurz nach der Gründung Roms, legen von derartigen demographischen Notlagen Zeugnis ab. Freilich waren diese Raubzüge weitaus pragmatischer angelegt, als es die Sage wahrhaben will. Männer wurden erschlagen oder geopfert, Frauen und Kinder in den eigenen Stamm integriert. Auch dieses Muster der Menschenbeschaffung konnte sich bei archaischen Stämmen bis in die Neuzeit halten. Der britische Militärhistoriker

John Keegan hält den Frauenraub respektive die Notwendigkeit hierzu sogar für eine der häufigsten Konfliktursachen überhaupt. Diese potentielle Knappheit beziehungsweise die Kompensation des Verlustes weiblichen Humankapitals durch Einheirat in eine andere Sippe dürfte die in Teilen der Welt bis in die Gegenwart praktizierte Institution des Brautgeldes begründet haben; konsequenterweise kennen matrilinear geprägte Gesellschaften umgekehrt kein „Bräutigamgeld".

67 Dass bewaffnete Auseinandersetzungen keine ausschließlich patriarchale Domäne waren, belegen zahlreiche matriarchisch organisierte und dennoch extrem kriegerische Gesellschaften, unter denen die nordamerikanischen Irokesen, ein Sammelbegriff für indigene Stämme rund um die Großen Seen, besonders hervorstechen. Die als ausgesprochen grausam geltenden Horden waren für ihre langen und gezielten Raubzüge bekannt, die die Krieger im Auftrag ihrer Mütter und Schwestern durchführten. Ferner waren in zahlreichen archaischen Kulturen, so Nigel Davies, Frauen für die Massakrierung von Gefangenen zuständig, was wiederum für den Ursprung des rituellen Blut- und Menschenopfers im Matriarchat spricht. Nicht weil Frauen von Natur aus friedlich und Männer kriegerisch sind, zogen allein letztere regelmäßig in den Kampf, sondern weil die Umweltbedingungen, die ökonomische Realität erster Ordnung, kriegerische Aktivitäten nach sich zogen und Männer den weniger knappen Reproduktionsfaktor darstellten, wurden sie und nicht die Frauen dem erhöhten Todesrisiko ausgesetzt.

68 Der Begriff „Katzengold" leitet sich aus der im Mittelalter gebräuchlichen Bezeichnung des Pyrits als Ketzer- sprich Falschgold ab.

69 Selbst mit dem Wissen um beide Materialien bleibt das Anlegen künstlicher Feuer eine zu Recht so genannte Kunst. Beide Steine sind relativ bruchanfällig, das heißt ein ungezieltes Aufeinanderschlagen würde diese über kurz oder lang lediglich zerstören. Daher müssen sowohl der Feuerstein als auch der Pyrit im Regelfall aufbereitet und jeglicher scharfer Kanten beraubt werden. Tatsächlich wurden zur besseren Anwendung die beiden

Komponenten oftmals in ein Stück Holz oder Geweih eingefasst beziehungsweise mit Harz oder Pech verklebt.

70 Ergänzend sei bemerkt, dass auch eine ganz und gar unblutige Verwendung des Edelmetalls als wahrscheinlich gelten kann, nämlich als Hacke. Barclay selbst behauptet ja, dass die frühen Jäger und Sammler noch keine Metalle kannten, gelangt dann jedoch unversehens zu Gartenbauern, deren Pflanzungen „mit der Eisenhacke bearbeitet wurden" und deshalb besonders ertragreich waren. Auch in dieser Funktion fällt dem Gold als dem Eisen notwendigerweise vorausgehendes Gebrauchsmetall ein unmittelbarer, objektiver Nahrungsbeschaffungswert zu.

KAPITEL 5

71 Die Familie Pizarro hat, übrigens ebenso wie die von Hernán Cortés (1485-1547), dem Eroberer des Aztekenreiches, ihre Wurzeln in der Nähe von Cáceres, mitten in der spanischen Region Extremadura. Der Vater Gonzalo, ein einfacher Schweinehirt, hatte insgesamt neun Kinder. Vier der Geschwister beziehungsweise Halbgeschwister, Hernando, Francisco, Gonzalo und Juan, konnte die landwirtschaftliche Teilhabe am Familienbetrieb kein auskömmliches Leben bieten, sie suchten folglich weniger ihr Glück als ihren Unterhalt in der Neuen Welt. Danach strebten auch die zahlreich auswandernden Hidalgos, also einfache spanische Adlige, deren bekanntester literarischer Titelträger der legendäre Don Quijote ist. Der Titel selbst ist eine Zusammenziehung des Ausdrucks „hijo de algo", sinngemäß übersetzt „Sohn eines Besitzenden". „Algo" wiederum ist dem lateinischen „aliquod", „etwas", entlehnt und bezeichnet in diesem Zusammenhang „etwas von Wert". Genau diese Werte, vor allem landwirtschaftliche Güter, waren in der demographisch expandierenden Heimat limitiert und meist dem Erstgeborenen vorbehalten. Die zweit- und nachgeborenen „Secundones" mussten sie sich ebenso selbst beschaffen wie bereits die „Juvenes" des Mittelalters – Gruppen junger und meist adliger Abenteurer – beziehungsweise die Heinsohnschen „frauenlosen Kriegerhaufen" der Prähistorie. Der Auszug aus dem elterlichen Hof war daher oft genug ein Abschied

ohne Wiederkehr, sowohl im Erfolgs- als auch im Misserfolgsfall. Für beide Varianten bietet die Familie Pizarro wiederum Anschauungsmaterial: Nur einer der Brüder, Hernando, kehrte nach Spanien zurück und verschied im Alter von 100 Jahren eines natürlichen Todes. Alle anderen starben durch Gewalteinwirkung auf dem amerikanischen Kontinent: Francisco wurde auf Initiative eines spanischen Widersachers gemeuchelt, Gonzalo durch eigene Landsleute hingerichtet und Juan erlag einer im Kampf gegen die indigene Bevölkerung erlittenen Kopfverletzung. Dem Familienstammbaum tat dies indes keinen Abbruch: Allein die vier Brüder hinterließen mindestens zwölf Nachkommen. Der ebenfalls aus der Extremadura stammende Konquistador Hernán Cortés, der das Aztekenreich zu Fall brachte, versinnbildlichte durch die Verbrennung aller Schiffe seines Expeditionskorps nach Anlandung an der mexikanischen Küste den existentiellen Charakter jener Welle der Europäisierung der Welt.

72 Kriegsdolche wurden dort, wo verfügbar, so zum Beispiel in Europa, natürlich auch aus steinernen Klingenelementen, sogenannten geometrischen Mikrolithen, gefertigt. Der Kriegsdolch blieb bis mindestens in die Bronzezeit hinein die wichtigste Nahkampfwaffe. Vereinzelte erhaltene Exemplare aus Stein und Kupfer waren circa 20 Zentimeter lang und drei bis vier Zentimeter breit.

73 Heute gehören die Überreste des historischen Mykene zum Weltkulturerbe der United Nations Educational, Scientific and Cultural Organization (UNESCO).

74 Von Mythenforschern wird Chrysaor auch in Verbindung mit der Mondgöttin Demeter – eventuell als Gold-Silber-Analogie des Sonne-Mond-Dualismus – gebracht, weshalb ihre weltlichen Stellvertreter ein gekrümmtes goldenes Schwert getragen haben sollen. Dies erinnert wiederum stark an den keltischen Druidenkult und die von seinen Mitgliedern genutzte goldene Sichel. Bereits für den mesopotamischen Kulturkreis hat der Wirtschaftshistoriker Bernhard Laum festgestellt, dass „Gold das Symbol der Sonne [war], Silber Symbol des Mondes“. In dieser objektivierbaren Analogie und keineswegs in einer irgendwie gearteten, aggregierten

subjektiven Tauschrelation sieht er auch das erstaunlich konstante (Wert-) Verhältnis der beiden Edelmetalle zueinander begründet, das „zwischen Gold und Silber [...] während der ganzen Antike und noch weit in Mittelalter und Neuzeit hinein eins zu 13 1/3" betrug. Nicht nur diese Konstanz müsste die Vertreter der Edelmetall-Tauschmittel-Hypothese erstaunen, entspricht die vermeintliche „Tauschrelation" doch genau der Anzahl der Mondumläufe innerhalb eines Sonnenjahres.

75 Die Geburt des Chrysaor könnte demnach durchaus wörtlich zu nehmen sein. Zwar nicht als Person, aber in Form des Goldschwerts selbst, als Manifestation einer ersten Kriegswaffe. Diese wurde in der Hand Geryons sinnbildlich zum Vater seiner Staatsgründung in Südspanien, wo er die bereits teilsesshaften Jäger der Gasulla-Epoche unterwarf.

76 Zumindest begrifflich leben die vorneolithischen Kämpfer selbst in modernen Armeen fort. Als Jäger, Chasseur oder Hunter stellen sie weltweit die Angehörigen der zwar unterstützenden aber keineswegs mehr kriegsentscheidenden leichten Infanterie.

77 Eine Variante des Adam-Eva-Mythos einschließlich Schlangenmotiv und Paradiesverlust ist bei mehreren nordamerikanischen Indianerstämmen bekannt. Letzteren hat auch die griechische Mythologie in Gestalt der Pandora und ihrer Unheil bringenden Büchse, laut Hesiod ein Ton- oder Bronzegefäß, literarisch verarbeitet: Auf Befehl des Göttervaters Zeus wurde sie aus Lehm erschaffen und in jeder Beziehung verführerisch gestaltet, um Rache an den Menschen zu nehmen, die sich zuvor ohne Erlaubnis die göttliche Gabe des Feuers beschafft hatten. Hierzu wurde Pandora dem Epimetheus, einem Bruder des Feuerdiebes Prometheus, von Zeus zum Geschenk gemacht. Als Gabe erhielt sie von ihrem Schöpfer jene verschlossene Büchse. Als Pandora, wörtlich die „Allbeschenkte", den „mächtigen Deckel vom Fass" hob, entwich die ganze hierin enthaltene Schlechtigkeit und ergoss sich in Form diverser Plagen über die Welt. Die Menschheit, die „[v]ordem nämlich [...] auf Erden fern von Übeln, elender Mühsal und quälenden Leiden, die [...] den Tod bringen" lebte, erfuhr schlagartig „leidvolle Schmerzen",

also das Elend unentrinnbaren Leids. Erst nachdem Pandora das zwischenzeitig wieder verschlossene Fass erneut öffnete und so auch noch die am Deckel hängen gebliebene Hoffnung entweichen konnte, erhielten die Menschen zumindest ein Quantum Trost. Das goldene Zeitalter der Unsterblichkeit war allerdings ein für alle mal vorbei, die eherne Ära der partiellen Knechtschaft angebrochen.

78 Allerdings erschienen zumindest in der Neuzeit die militärisch scheinbar unbesiegbaren europäischen Eroberer weiten Teilen der einheimischen Bevölkerung Amerikas, Afrikas, Asiens und Ozeaniens zunächst durchaus als schicksalhafte Götterboten.

79 Karneol ist eine naturrote Variante des Chalcedon. Chalcedon wiederum ist ein Oberbegriff für alle Erscheinungsformen von feinkristallinem Quarz wie zum Beispiel Achat und Onyx, aber auch Feuerstein, dem waffentechnischen Vorläufer des Goldes.

80 Eine moderne Version der Ausplünderung stellt beispielsweise die Kongo-Expedition des belgischen Königs Leopold II. ab 1885 dar, der geschätzte 50 Prozent der Bevölkerung bei der Umsetzung der geforderten Lieferquoten an Kautschuk, Elfenbein und anderen Rohstoffen zum Opfer fielen.

81 Aus diesem konstitutionellen Verständnis heraus ergeben sich auch immer wieder die Schwierigkeiten staatlicher wie supranationaler Organisation mit diesen Kriterien nicht entsprechenden Institutionen. Hier sei beispielsweise auf die internationalen Militäreinsätze in Somalia und Afghanistan verwiesen. Die vollkommene Hegemonie der Jellinekschen Elemente auf dieser Ebene mündet dann natürlich in dem erstrangigen Bestreben, überhaupt irgendeine Form staatlicher Ordnung schnellstmöglich zu (re-) konstituieren.

82 So konnten beispielsweise die Germanen ihre tradierte Stammeskultur gegen das imperiale, selbst bereits staatlich organisierte Rom bis zu dessen Ende verteidigen. Allerdings führte die sukzessive Übernahme römischer Herrschaftsmechanismen schließlich im Mittelalter zur Herausbildung der wieder staatlichen Struktur des Heiligen Römischen Reiches Deutscher Nation.

83 Auf nichts anderes ist die Steuergesetzgebung und Erhebungspraxis zahlreicher Länder ausgelegt. „Steuern erheben heißt, die Gans so

zu rupfen, dass man möglichst viele Federn mit möglichst wenig Gezische bekommt." Diese Aussage des französischen Staatsmanns Jean-Baptiste Colbert, eines Zeitgenossen des Staatstheoretikers Thomas Hobbes, bringt das bis heute die Finanzwissenschaft dominierende Dilemma des Ausbeutungsoptimums sowie ihr graphisches Pendant, die Laffer-Kurve, metaphorisch auf den Punkt.

84 Cineastisch wurde das Thema 1954 im japanischen Historienfilm „Die sieben Samurai" beziehungsweise sechs Jahre später im US-amerikanischen Westernklassiker „Die glorreichen Sieben" umgesetzt.

85 Durch sämtliche Epochen der Menschheitsgeschichte hinweg erfolgte die Besoldung militärischer Dienstleister in aller Regel durch mehr oder weniger regelmäßige Antritts- und Abschlagszahlungen, die um Erfolgsprämien, Beuteanteile, Plünderungsrechte oder Landzuweisungen ergänzt wurden. Die daraus resultierenden Forderungen ließen sich freilich auch beleihen oder kreditieren, wenn auch mit risikoadäquaten Abschlägen. Übrigens wurden die Termini „Soldat" und „Söldner" bis weit in die Neuzeit hinein synonym für jedwede Form des besoldeten Kriegers verwandt. Erst im Zuge der Französischen Revolution und den damit einhergehenden militärischen Massenaufgeboten aus Wehrpflichtigen erfolgte die bis heute nachwirkende ideologische Aufladung und Spaltung der beiden Begriffe.

86 Das Sold- sprich Versorgungsmotiv schuf eine eindeutige vertragliche Basis, von deren Einhaltung der Ruf und damit mögliche Folgeaufträge des Gardisten, ja des ganzen Kontingents abhängen konnten. Problematische innenpolitische Verwicklungen der Garde wurden so weitgehend ausgeschlossen und auch die Kommunikation mit etwaigen inneren Feinden war zumindest erschwert. Deshalb umgaben sich die Cäsaren mit germanischen Leibwächtern, die byzantinischen Herrscher mit Wikingern, die osmanischen Sultane mit christlichen Janitscharen und der spanische Generalissimus Franco mit einer Garde aus maurischen Regulares. Tatsächlich standen diese Gardisten ihrem jeweiligen

Dienstherrn in bewaffneten Konflikten meist treu und oft erfolgreich zur Seite. Die wohl bekannteste derartige Formation und gleichzeitig dienstälteste Armee der Welt ist die der kleinsten politischen Einheit der Erde, des Vatikans. Sie wurde bereits Anfang des 16. Jahrhunderts aus den legendären eidgenössischen „Reisläufern", die es in den Gewalthaufen der Renaissance besonders in Italien zur militärischen Perfektion gebracht hatten, rekrutiert. Der „Reislauf" selbst leitet sich, so die lexikalische Auskunft, aus dem mittelhochdeutschen „Reis" für „Aufbruch", also (Aus-) Wanderung, ab. Der Grund hierfür war auch nicht weiter verwunderlich und ist altbekannt: „Übervölkerung vor allem in den Urkantonen, Abenteuerlust, Beute und Sold waren wichtige Gründe, den jeweiligen Aufgeboten der Obrigkeit Folge zu leisten oder auch auf eigene Faust auszuziehen."

87 Die hier ausgeführte abgabenspezifische Arithmetik hat sich bis in die Gegenwart unverändert halten können. In Deutschland waren ihre Extreme sogar Gegenstand der Verfassungsgerichtsbarkeit: Die Steuerfreiheit des Existenzminimums als soziokultureller Übergang zum Überschuss und eine Begrenzung der direkten Steuerbelastung von Einkommen auf die – mittlerweile wieder verwässerte – „Nähe einer hälftigen Teilung" flossen als unmittelbare Parameter in die Abgabenberechnung ein. Hierzu wird noch in Kapitel 5.6 ein historischer Vergleich zu ziehen sein. Von den das Existenzminimum übersteigenden Überschüssen, also den Einnahmen abzüglich der zu ihrer Erzielung notwendigen Aufwendungen, muss seit jeher nach einem durch die Staatsgewalt definierten Schlüssel zu festgelegten Zeiten ein bestimmter Teil an selbige abgetreten werden. Ein Zwang zum Überschuss respektive zur Beschaffung von Steuertilgungsmitteln ergibt sich damit aber immer zwangsläufig dort, wo nicht nur Stromgrößen – zum Beispiel Löhne, Mieten, Gewinne –, sondern keine Erträge generierenden Bestandsgrößen – so vor allem Grund und Boden – besteuert werden. Letzteres ist historisch mit dem Aufkeimen der Hochkulturen fast immer und überall der Fall. Allein aus verfahrenstechnischen Gründen ging vermutlich sogar die Besteuerung von Bestandsgrößen der von Stromgrößen voraus.

88 Die Vereidigung verhältnismäßig günstig zu alimentierender (Finanz-) Beamter diente zunächst im wesentlichen dazu, die für die Bezahlung der im Unterhalt relativ teuren Soldaten notwendigen Mittel zu beschaffen.

89 Es kann daher auch niemals, wie es die deutsche Abgabenordnung ja ausdrücklich bekräftigt, eine der Abgabenbelastung äquivalente Gegenleistung erfolgen, da aus den aufgebrachten Mitteln zwingend und unaufschiebbar die Vorfinanzierungskosten der Herrschaft als Bestandteil der Versorgungsschuld beglichen werden müssen. Einst waren es vor allem bewaffnete Gefolgsleute, die den Herrschaftsanwärtern im Glauben an Versorgung ihre Treuedienste sprichwörtlich kreditierten; der „Kredit" leitet sich vom lateinischen „credere" für „glauben" ab. Ihr Angebot war letztlich ein Termingeschäft, der Verkauf von Optionen auf noch einzuholende Aktiva, die Gefolgschaft der Fremdfinanzierungshebel, um die mögliche Machtdividende zu maximieren. Die Ertragsbeteiligung aus späterer Besteuerungsmacht wird nach wie vor über die Zinszahlungen auf heute explizite Kredite, im wesentlichen also Staatsanleihen, sichergestellt. Ohne sie ist eine Anschubfinanzierung staatlicher Aktivitäten – gerade im Zuge einer Währungsneuordnung – nach wie vor undenkbar.

90 Aus dieser „Domäne" zieht politische Herrschaft jedweder Couleur bis heute ihre kaum hinterfragte, auf Angst um Bewältigung der (Ur-) Schuld basierende Legitimation. Dieser Umstand schlägt sich sprichwörtlich im politisch-verwaltungsrechtlichen Begriff der Daseinsvorsorge, der Fürsorge durch Versorgung, nieder. Er lässt sich analog zum bereits frühzeitig die Menschen prägenden, zwiespältigen Verhältnis zwischen ihnen und dem Raubtier, siehe Endnote 43, als gleichsam zweites kollektives Stockholm-Syndrom interpretieren. Die ambivalente Beziehung zum schicksalhaften wie unausweichlichen Raubtier findet in derselben zum ebenso das Schicksal wesentlich mitbestimmenden unausweichlichen Herrscher ihre nachneolitihische, bis heute fortwirkende Entsprechung.

91 Tatsächlich sind (Soldaten-) Vereidigungen ein geläufiges

Münzmotiv der typischerweise militärischer Notwendigkeit entspringenden Prägungen. So führte beispielsweise die Römische Republik erst nach den extrem verlustreichen Schlachten zu Beginn des Zweiten Punischen Krieges mit dem Denar überhaupt eine einheitliche Münzordnung ein. Ein Rückseitenmotiv der nun massenhaft geprägten Edelmetalldenare hält deutlich die Verpflichtung vermutlich ausländischer Söldner zur Verstärkung der ihrer Soldaten beraubten Legionen fest.

92 Die Fürsorgepflicht des Dienstherrn lebt bis heute im Beamtenrecht fort, das den Amtsträgern regelmäßig eine angemessene Alimentation garantiert. Der Begriff „Alimentation" ist vom lateinischen „alimentum" für „Nahrungsmittel" abgeleitet. Mit dem Ende der Versorgung, der Nichtbedienung der Versorgungsschuld, geht das Ende der Treuepflicht einher, die Grundlage der territorialen Macht erodiert und das Band der Herrschaft reißt. Nicht umsonst findet der heutige Steuerbegriff seinen althochdeutschen, also ebenfalls durch feudale Rahmenbedingungen geprägten Vorläufer in der „stiura", der „Unterstützung" oder „Beihilfe". Ein Begriff, der sich in der sprichwörtlichen Beamtenversorgung bis heute hat halten können und der im Altsächsischen als „heristiuria" noch den Sold unter Vertrag genommener Krieger beziehungsweise als „Stiure" die Grund- und Gebäudeabgaben im Heiligen Römischen Reich deutscher Nation bezeichnete. Gemeint waren mit jener ursprünglich als „stiura" bezeichneten „Unterstützung" oder „Beihilfe" in erster Linie Transferleistungen an die Träger der öffentlichen Ordnung. Beamte erwerben automatisch über ihr Amt nicht nur laufende Versorgungsansprüche, sondern auch ebensolche für „Notsituationen", sprich Alter, Krankheit und Unfall, die nicht anders als aus den allgemein zufließenden Staatseinnahmen gedeckt werden können.

93 Dies wird ganz besonders anhand der verfügbaren ökonomischen Daten der römischen Provinzen vor und nach deren unfreiwilliger Integration in das antike Großreich deutlich. Allein durch die arbeitsteilige Spezialisierung der unterschiedlichen Regionen, ganz im Stil der erst im 18. Jahrhundert ausformulierten und in Kapitel 2.2 kurz thematisierten Außenhandelstheorie der

komparativen Kostenvorteile David Ricardos, gelang es Rom, seinen Provinzen erhebliche Produktivitätszuwächse abzuringen, die unter stammeswirtschaftlichen Bedingungen unrealisierbar gewesen wären.

94 Eines der letzten Relikte dieses unmittelbar personenbezogenen Durchgriffs ist in der Gegenwart der zwangsweise Einzug zu Wehr-, Kriegs- und Ersatzdiensten, was wie dereinst eine lupenreine Form der Naturalbesteuerung via Lebenszeit darstellt.

95 Nur aus dieser Perspektive wird der selbstwidersprüchliche deutsche Ausdruck „Selbstmord", also die wörtlich genommen bewusst freiwillige und gleichsam arglistige Selbsttötung aus niederen Motiven, verständlich. Der erfolglose Versuch wurde daher lange Zeit als Straftat konsequent geahndet. Bestraft wurde dabei, analog zu Absetzbewegungen von Leibeigenen und Sklaven, der versuchte Entzug des den Herrschern vorbehaltenen Anteils an der persönlichen Leistungskraft.

96 Selbst Eisen blieb bis in das Mittelalter neben landwirtschaftlichen Erzeugnissen Abgabengut, wie Ulrich Zimmermann zu belegen weiß: „Immerhin ist für das Gebiet des frühmittelalterlichen Zentraleuropa bekannt, dass die Herstellung von Eisen meist grundherrschaftlich beziehungsweise fiskalisch organisiert war; das heißt Eisen wurde in bäuerlichen Kleinbetrieben nebenerwerbsmäßig hergestellt, die den Grundherren, meist den Klöstern, zinspflichtig waren. An das Kloster St. Gallen war nach einer Traditionsurkunde von 845 ein jährlicher Zins (census) von 14 Pfund Eisen oder von vier Schillingen oder von guten Fischen gleichen Wertes zu entrichten. Etwa um die gleiche Zeit ist in Churrätien (heutige Schweiz) ein ‚Eisenamt' (‚ministerium quod dicitur Ferraires') bezeugt, über das jeder, der mit der dortigen Eisenherstellung beschäftigt war, den sechsten Teil (etwa 17 Prozent) an die Herrschaft zu entrichten hatte. Hingewiesen wird aber in diesem Zusammenhang auch auf vereinzelte Zinsbefreiungen für Unternehmungen zur Eisenherstellung bereits im Frühmittelalter."

97 Währungen werden heutzutage derart eng mit der Abwicklung ökonomischer (Markt-) Operationen assoziiert, dass ihre ordinär

nichtökonomische Funktion leicht in Vergessenheit gerät. Jedes öffentlich-rechtlich konstituierte Währungssystem steht in erster Linie im Dienst des Abgabesystems, stellt also gerade kein Tausch-, sondern gesetzliche Zahlungs- alias Steuertilgungsmittel zur Verfügung, die in Nebenfunktion für private Verträge übernommen werden beziehungsweise übernommen werden müssen.

98 Daran erinnert bis heute die von der herrschaftlichen Schatzkammer abgeleitete Kameralistik, die ausschließlich auf den unmittelbaren Mittelzuflüssen und -abflüssen basierende Form öffentlich-rechtlicher Haushaltsführung, die einst natürlich auf Basis eines Edelmetallstandards erfolgte. Vor dem Hintergrund der Edelmetalle als Mittel zur Untermauerung der Herrschaft wird auch verständlich, warum die französischen Physiokraten, die Vertreter einer frühen liberalen ökonomischen Schule, mit als erste Wissenschaftler der Moderne überhaupt so vehement den nationalen Reichtum, den sie in der Produktion sahen, vom Edelmetallbestand der königlichen Schatzkammer getrennt wissen wollten. Dieser bestand ihrer Meinung nach im Zeitalter der aufkeimenden industriellen Revolution im Produktivkapital der Bürgergesellschaft und nicht mehr im nationalen Goldvorrat.

99 Noch Alexander der Große, selbst Träger eines vergoldeten Helms in Form eines Löwenkopfes, hielt sich eine mehrere Tausend Mann starke Leibwache mit silbernen Schilden. Ebenso wurden römische Gardesoldaten und Gladiatoren mit Rüstungen und Waffen aus Edelmetallen ausgestattet. Fränkische und alemannische Heerführer führten in der Spätantike mit Goldblech beschlagene Schwerter, wohingegen im ausgehenden Mittelalter maßangefertigte, mit Gold verzierte Ganzkörperharnische aufkamen. Noch der spanische Konquistador Francisco Vásquez de Coronado trug auf seinen Kriegszügen eine komplett vergoldete Plattenrüstung. Auch nachdem sich die Feuerwaffe auf den Schlachtfeldern als Standard etabliert hatte, behielt das Edelmetall seine militärisch exponierte Stellung bei. Neben Helmen und Rüstungselementen kamen Degen und Säbel mit aus Gold gegossenen Griffen und Parierstangen auf, Scheiden wurden mit Gold und Silber beschlagen, ebenso Waffengürtel

und Kleidungsstücke. Diese vom reinen Rüstungsgut abhebende Verwendung der Edelmetalle ziert bis in die Gegenwart weltweit militärische wie politische Funktionsträger. Als Armreifen, Broschen, Ehrenzeichen, Hauben, Kronen, Orden, Paspelierungen, Schnüre, Schulterstücke, Spangen und Zepter sind sie bis heute Derivate der einst unmittelbar im Kampf erprobten goldenen Vorbilder. Insbesondere die Orden, Spangen und Sterne weisen dabei eine frappierende Ähnlichkeit mit den Edelmetallplättchen und Lamellen auf, die schon in Arschan, Warna und andernorts geborgen wurden. Selbst Könige der Gegenwart lassen sich noch immer von den Insignien der mesopotamischen Urmonarchen inspirieren. Davon kündet zumindest das reich ornamentierte Prunkstück, das eine renommierte bhutanische Edelmetallschmiede im 20. Jahrhundert für ihren Herrscher angefertigt hat: ein vollständig aus reinem Silber und Gold gearbeiteter Dolch.

100 Hier finden sich bereits die Elemente einer jungen, abzusichernden Herrschaft sowie die dem feudal abhängigen Volk auferlegten Transferleistungen in Form von Gütern und Fron. Der geplante Bau einer gigantischen Mauer und die Provokation der Götter erinnern wiederum stark an den biblischen Turmbau zu Babel.

101 Eventuell handelt es sich um einen wilden, von der Sippe verstoßenen Jäger auf Wanderschaft und damit einen möglichen Konkurrenten für den jungen Herrscher Gilgamesch. Der Umstand, dass Enkidu laut Epos in einer kargen Steppenlandschaft ausgesetzt wurde, bedeutet natürlich, dass dieser unmittelbar einem ökonomischen Problem erster Ordnung gegenüberstand, das es zügig zu lösen galt. Geschaffen wird Enkidu übrigens analog zur griechischen Pandora und zum biblischen Adam aus Erde respektive Lehm. Eine ähnliche Erweckungslegende findet sich ferner im jüdischen Golem-Mythos.

102 Die angesichts der Tempeldienerin schlagartig einsetzende Verliebtheit Enkidus könnte auf den chronischen Frauenmangel mancher archaischen Gesellschaften mit entsprechenden Beschaffungsoperationen hinweisen. Ferner belegt die Tempeldienerin durch ihr hohes sakrales Amt und ihre Götternähe einen nach wie vor starken weiblichen Einfluss

auf die mesopotamische Gesellschaft, selbst nach Etablierung der ersten Protostaaten. Der Kampf zwischen Gilgamesch und Enkidu wiederum symbolisiert entweder die erste Unterwerfung der Jäger und Gartenbauer durch professionelle Krieger oder die kriegerische Expansion der Protostaaten respektive deren Verteidigung. Dabei deutet die Annahme des Unterlegenen als Bruder an, dass besonders starke und tapfere Gegner – eine äußerst knappe Ressource – durchaus auch der eigenen Kämpferelite als sprichwörtliche Blutsbrüder zugeschlagen wurden.

103 Ein Babylonisches Talent entspricht 60 Minen, jede zu etwa 500 Gramm, insgesamt also circa 30 Kilogramm, vergleiche auch Endnoten 5 und 6. König Gilgamesch muss folglich über durchaus üppige Goldvorräte – eventuell seine Macht begründende Nuggetfunde – verfügt haben.

104 Gilgamesch und Enkidu besiegen die gefährliche Bestie mit dafür speziell gefertigten, schweren Waffen aus Gold. Dem Sieg über das Tier folgt die Abholzung des Waldes. Das so gewonnene Holz kann dann natürlich nur als Werkstoff für Bausprich Urbanisierungsmaßnahmen dienen, die gerodeten Flächen zur landwirtschaftlichen Nutzung. Dies wiederum erfordert mindestens teilsesshafte Agrar- beziehungsweise Gartenkulturen, die in Waldgebieten (Brand-) Rodungen nach sich zogen, worauf gerade im deutschen Sprachraum zahlreiche Endungen von Orts- und Stadtnamen verweisen.

105 Dem soziokulturellen Einfluss der infernal wütenden Morgensterngöttin vermögen sich selbst in der jüngeren Geschichte Organisationen mit Weltvernichtungspotential nicht zu entziehen, wie die Kennzeichnung der atomar gerüsteten Streitkräfte sowohl der untergegangenen UdSSR als auch der USA mit dem roten beziehungsweise weißen fünfzackigen Stern – Abbild einer zyklischen Konjunktion des Planeten Venus respektive Ischtar – belegt. Auch Europarat und Europäische Union wollten oder konnten im Zuge der Ausplanung ihrer institutionellen Symbolik nicht auf den Fünfzackstern verzichten. So zieren das Europa-Emblem auf azurblauem Grund, der Farbe des Himmelsgewölbes, gleich zwölf im Kreis angeordnete goldene Pentagramme. Ihre

Anzahl spiegelt als fünfter Teil der Basis des mesopotamischen sexagesimalen Zahlensystems und Repräsentanz der Mondzyklen pro Sonnenjahr wie auch jene dabei das Weltall einteilenden Tierkreiszeichen gar die kosmische Vollkommenheit wider.

106 Hier beschreibt das Epos bereits eine ganz klare soziale Schichtung sowie die militärische Verwendung und feudale Monopolisierung des waffenfähigen Materials. Der Hauptmannsgürtel ist Symbol der Macht, die nur durch die den Waffengurt bestückenden Materialien erlangt werden konnte – Materialien, an deren Spitze völlig zu Recht das dominante Gold steht. Interessant ist natürlich auch die Erwähnung von Obsidian, der aufgrund seiner scharfen Kanten ebenfalls waffenfähig war, wenn auch weniger geeignet als Metalle, wie die Schlacht von Cajamarca eindrucksvoll belegt. Von den zahlreichen Lagerstätten der Levante aus wurde Obsidian sogar zur Zeit der ersten Hochkulturen über weite Strecken transportiert, so zum Beispiel aus der heutigen Türkei nach Mesopotamien. Außer in der Schmuckproduktion dürfte es dort aus den mehrfach erwähnten (Knappheits-) Gründen auch zur Herstellung von Waffen eingesetzt worden sein. Noch der assyrische König Tiglat-Pileser I. forderte daher im 2. vorchristlichen Jahrtausend Obsidian als Abgabe von den tributpflichtig gemachten Völkern, die über entsprechende Vorkommen verfügten.

107 Nicht nur der biblische Mythos vom Paradies wird hier bereits angedeutet, ebenso findet der archaische Kult um Ahnen und Wiedergeburt seinen Niederschlag.

108 Der katastrophische Kontext wird sowohl durch den Himmelsstier, der eventuell den Einschlag eines Meteoriten oder den Ausbruch eines mächtigen Vulkans symbolisiert, als auch durch die Sintflut thematisiert, was beides wiederum in der Bibel mit der Vernichtung von Sodom und Gomorra – vermutlich hebräische Synonyme für „brennend“ und „überschwemmt“ – sowie dem Noah-Mythos aufgegriffen wird. Derartige katastrophische Szenarien (Fluten, Tsunamis, Eruptionen, Impakte, Sternenfälle und Himmelsstürze, Temperaturwechsel, das Heben und Senken von Landmassen sowie die Verdunkelung des Himmels) finden sich, wie auch die Vorstellung von Weltaltern als periodische Zerstörungen

und Neuschöpfungen der Erde, völlig unabhängig voneinander in so gut wie allen Göttermythen antiker Hoch- wie archaischer Jägerkulturen. Araujo schätzt die Anzahl allein der weltweit dokumentierten katastrophisch-archaischen Mythen auf mehrere hundert: „In vielen Gegenden der Welt stammt alles, was wir über die Vergangenheit wissen, aus Mythen und Legenden. Über Generationen hinweg wurden Lieder und Geschichten überliefert, die vom ‚Einsturz des Himmels' berichten, von einer gigantischen Katastrophe, in der Sonne und Mond zeitweilig verschwanden, die Sterne herabstürzten und riesige Flutwellen über die Ufer traten. Dies ist ein weitverbreitetes Motiv." Hierbei dürfte es sich also in der Tat um den tradierten Ausdruck einer lebendig gebliebenen, leidvollen Vergangenheit handeln.

109 Gemäß dem Zweiten Buch Samuel wurde die Leibwache König Davids von „Keretern und Peletern" gestellt. Vermutlich handelte es sich dabei um Kreter sowie Philister, also um im Ausland verpflichtete Söldner beziehungsweise vom militärisch besiegten Gegner übernommene (Elite-) Krieger, siehe auch Endnoten 86 sowie 102.

110 Dieser erste Untergang des territorialpolitischen Judentums, die militärische Besetzung Judas und die Zerstörung seines sakralen Zentrums, die Ausbeutung der einfachen Bevölkerung und Gefangennahme der Herrschafts- und Verwaltungselite – im Selbstverständnis der Betroffenen immerhin Jahwes erwähltes Volk – durch die babylonischen Eroberer, wurde von der im Exil prompt massiv anschwellenden Propheterie konsequent als Folge der einseitigen Aufkündigung des oben skizzierten feudalen Bundes interpretiert. Unisono beklagen ja ihre Vertreter die dem traumatischen Ereignis vorangegangene permanente Übertretung der kodifizierten und sakralisierten Gebote durch die Auserwählten selbst, vor allem die häufigen Rückfälle in die dem Eingottglauben diametral entgegenstehenden polytheistischen Opferkulthandlungen, die Jahwe seine Versprechen den jüdischen Stämmen gegenüber schließlich brechen ließ: Keine Treue, keine Versorgung. Als wechselseitig bindendes Gesetz göttlicher Urheberschaft und initiativer Gnade kommt den am Berg Sinai

erhaltenen fünf Büchern Mose, eben dem Bund beziehungsweise der Tora, wörtlich „Weisung“ oder „Gebot“, eine bis heute so herausragende normative Bedeutung im jüdischen (Alltags-) Leben zu.

111 Der „Großverkehr“ war natürlich nichts anderes als ein „Kriegsverkehr“, die Barren seine werkstoffliche Währung, keinesfalls ein für den täglichen Handel ja völlig überdimensioniertes Tauschmittel, ebenso wenig wie dereinst inflationsbereinigt die heute noch kursierenden 100.000-US-Dollar-Noten, siehe Kapitel 2.1.

112 Kurgane sind meist künstlich aufgeschüttete Hügelgräber, die hochrangigen Adelsangehörigen vorbehalten waren. Sie gleichen funktional den Megalithbauten der Steinzeit, den mesopotamischen Zikkuraten sowie den afrikanischen, mittelamerikanischen und asiatischen (Stufen-) Pyramiden. Als Himmelshügel oder Götterberg – nichts anderes bedeutet beispielsweise Zikkurat – waren sie für die Ewigkeit angelegt. Der Chronist Flavius Josephus benennt sogar das zentrale Motiv, das zumindest der imposanten Pyramidenarchitektur zugrundeliegen soll. Wie der Turm zu Babel auf Geheiß des legendären Nimrods sollen sie so konzipiert worden sein, dass kein göttliches Strafgericht, so zum Beispiel eine neuerliche Sintflut, ihnen etwas anhaben könne. Selbst die christlichen Sakralbauten mit ihrer gen Himmel strebenden Architektur einerseits und den unterirdischen Krypten andererseits dürften von der antiken Sepukralkultur beeinflusst worden sein. Mit den archeähnlich angelegten, sprichwörtlichen Kirchenschiffen halten sie bis in die Gegenwart den biblischen Sintflut-Mythos lebendig.

113 Da die Erfindung des (Streit-) Wagens wesentlich später als die Zähmung des Wildpferdes erfolgte, dürfte diese analog zum Rind zunächst der Fleisch- und Milchgewinnung gedient haben, denn, so Westenfelder, „[a]nfangs waren die domestizierten Pferde allerdings noch lange zu schwach, um einen Reiter auf ihren Schultern tragen zu können. Man benützte sie deshalb lange zum Ziehen von Streitwagen.“

114 Gleiches könnte für den von Indoeuropäern kultivierten Wolf

beziehungsweise (Wild-) Hund gelten. So ist zum Beispiel der iberische Mastino eine bereits in der Antike gezüchtete und für ihren Einsatzzweck optimierte Rasse. Das mächtige Tier, das Schulterhöhen von bis zu einem Meter und ein Gewicht von über 100 Kilogramm erreichen kann, dient bis heute den Pyrenäenhirten zum Schutz der Viehherden gegen Wölfe und Bären.

115 Darauf, dass es sich bei den Rinderherdenbesitzern im Umfeld der Levante unmissverständlich um klassische Feudalherrscher gehandelt haben muss, weist Bernhard Laum hin: „Gegen die Herleitung des Wertmessers aus dem Handel sprechen zunächst allgemeine Erwägungen. Das Rind nimmt unter den Gütern homerischer Zeit einen hohen Rang ein. Rinderbesitz ist auf Adel und Könige beschränkt, der einfache Mann besitzt nur Ziegen und Schafe." Damit wird es freilich auch unmöglich, ein marktgängiges Tauschmittel über die Wertrelationen von Nutztieren zu begründen, aus deren standardisierten Platzhaltern in äquivalenten Edelmetallmengen sich dann das Münzwesen entwickelt haben soll. Die Tatsache, dass sich die römische Bezeichnung für Geld, das im Wortschatz zahlreicher Sprachen bis heute erhaltene „pecunia", von „pecus" für (Rind-) Vieh ableitet, belegt daher erneut den einst marktfernen Charakter numismatischer Ordnungen. Doch selbst ohne feudales Rindermonopol hätte ein über (Lebend-) Vieh abgewickelter Natural- oder Kassatausch die ökonomischen Beziehungen verkompliziert und nicht vereinfacht, worauf ja selbst Baader verweist. Anstatt den Handel dann aber über ein drittes, gegebenenfalls erst zu beschaffendes, Tauschmittel abzuwickeln, böte sich hier ein Termingeschäft geradezu an. Die Gegenleistung des Viehhalters würde zur Schlachtreife des Tieres fällig werden und könnte dann auch dank Portionierbarkeit leistungsadäquat erfolgen.

116 Bereits die Überschrift thematisiert, ob gewollt oder ungewollt, die Themenkomplexe Gold und Herrschaft. So weist allein schon der goldene Greif deutliche Parallelen zu Stilelementen mesopotamischer und ägyptischer Priesterherrschaft auf.

117 Im 6. Jahrhundert vor Christus, zur Blütezeit Spartas, umfasste die Bevölkerung circa 8.000 Spartaner, 50.000 Perioiken – Freie ohne

politische, sprich feudale Rechte, eventuell ehemalige Söldner, Beamte oder Händler beziehungsweise deren Nachkommen – sowie 200.000 Heloten, das heißt 25 Heloten je Spartiat. Entlang der kleinasiatischen Levante, wie Griechenland lediglich mäßig fruchtbar und für den Getreideanbau nur bedingt geeignet, erlaubte die landwirtschaftliche Ausbeute in der Antike um die zehn Prozent nicht in diesem Sektor beschäftigte, sprich hoheitlich tätige Personen. Dokumentiert ist hier beispielsweise der regelrechte Zusammenbruch des am Mittelmeer gelegenen Stadtstaates Ugarit im heutigen Syrien um 1300 vor Christus, als die feudalen und sakralen Herrscher sowie deren ausführende Organe, circa 6.000 bis 8.000 Aristokraten, Priester, Beamte und Soldaten, insgesamt um die 20 Prozent der Bevölkerung, von nur noch 25.000 Bauern versorgt werden mussten.

118 Auch das „Geld“ verweist etymologisch auf ein feudales und keineswegs kommerzielles Fundament. Bei den noch weitestgehend stammesgesellschaftlich organisierten Germanen stand „gelt“ beziehungsweise „gilt“ noch für „Abgabe“ im Sinne von „Vergeltung“, also eine der Sitte entsprechende materielle Kompensation, wie sie zum Beispiel im „Wergeld“, einer Blutrache abwendenden Ausgleichzahlung für die Tötung eines Menschen in Naturalien, Edelmetallen, Werkzeugen oder Waffen, ihren Niederschlag fand. Doch bereits das gotische „gild“ zur Zeit der Völkerwanderung und Reichsneugründungen im Europa der untergehenden, aber als Blaupause für die neuen Landesherren dienenden weströmischen Dominanz, als also wieder herrenlose Gebietsansässige unterworfen und abgabenpflichtig gemacht wurden, war ein Synonym für „Steuer“. Ebenso bezeichnete das altnordische „gjald“ sowie das altangelsächsische und altenglische „gild“ tributäre Transferleistungen.

119 Bezeichnenderweise ist die Palastwirtschaft der wissenschaftliche Begriff für eine umverteilende Form zentralistisch organisierter, arbeitsteiliger Feudalgesellschaften. Der lexikalische Eintrag führt dazu aus: „Im Palast erfolgt die zentrale Lenkung der Wirtschaft: Spezialisten sind für das Einsammeln von Abgaben und das Verteilen von Gütern durch den Palast zuständig.“ Bei den im

„Palast“ operierenden „Spezialisten“, die für das „Einsammeln“ zuständig sind, handelt es sich um die militärisch-administrative Elite eines Feudalherren, die auf Waffengewalt gestützt die Anlieferung und Einlagerung der als Abgaben befohlenen Mengen in Höhe und Zeit kontrollieren. Die feudale Palastwirtschaft der Antike ist damit nichts anderes als ein historischer Vorläufer der sozialistischen Kommandowirtschaft.

120 Dabei war allerdings auch das Leben innerhalb der Palastmauern, Festungen und Burgen keineswegs von luxuriöser Idylle geprägt. Mit Ausnahme der exponierten Herrschaftselite war der „vom Kampf gegen Kälte, Flöhe und Langeweile erfüllte Alltag“ keineswegs ein „Schwelgen in verschwenderischem Luxus auf Kosten ausgebeuteter Untertanen“, wie es der deutsche Historiker Werner Meyer, Beirat der Ausstellung „Mythos Burg“ im Germanischen Nationalmuseum Nürnberg, zumindest für das Mittelalter zusammenfasst.

121 Rohstoffquellen und -unternehmen, insbesondere Energieträger und Metalle, werden als strategische Schlüsselbranchen bis in die Gegenwart stark durch den öffentlich-rechtlichen Sektor reguliert oder gar selbst betrieben. Ähnliches galt über Jahrzehnte bezeichnenderweise für die Montanindustrie, also die Kohleförderung und -veredlung sowie die Stahlerzeugung. Von diesen Zentralisierungstendenzen zeugen nicht zuletzt die gigantischen Energie-, Minen- und Stahlkonglomerate, die ebenso wie die systemrelevanten Banken ihre Existenz allein der politischen Förderung oder Protektion verdanken.

122 Entsprechende Exportbestimmungen und Außenhandelsgesetze existieren heute in nahezu allen waffenproduzierenden Ländern. Sie sichern die Kontrolle über Kriegswaffen und deren Hersteller, die fast ausschließlich von ihren öffentlich-rechtlichen Auftraggebern leben. Entsprechende Exporte dienen analog zum frühantiken (Edel-) Metallhandel dem Ausgleich wechselseitiger Herrschaftsinteressen. Die Gleichung Waffenmacht gegen energetische Ressourcen in Form von Schürf-, Bohr- und Abbaukonzessionen sowie neuerdings landwirtschaftlicher Nutzungsrechte hat bis heute ihre Gültigkeit behalten.

123 Der Nachteil der neuen Metalle war deren Oxidationsfähigkeit und damit begrenzte Haltbarkeit. Deshalb konnten einerseits nur verrottete Kupfer-, Bronze- und Eisenrelikte, andererseits aber gänzlich erhaltene und voll funktionstüchtige Goldobjekte aus Antike und Mittelalter geborgen werden. Der schier unvergängliche Glanz des Goldes bot sich daher zusätzlich zur symbolträchtigen Ausgestaltung und Ausstattung entsprechend angelegter Herrschaftsdynastien an.

124 Der Legende nach soll Brennus bei der Goldübergabe sein Schwert in die Waagschale geworfen und damit den Tribut noch ein wenig erhöht haben. Sein lapidarer Kommentar lautete schlicht „Vae victis!", zu Deutsch „Wehe den Besiegten!". Klarer wurde der Zusammenhang zwischen Schwert, Macht und Gold nie zum Ausdruck gebracht.

125 Genau genommen handelte es sich also noch nicht um eine Prägung im eigentlichen Sinne, da das Edelmetallstück lediglich gewichtsspezifisch standardisiert wurde. Die Prägung selbst, das Versehen des Stückes mit einem Münzbild, dürfte später als Herkunftsnachweis hinzugekommen sein.

126 Interessanterweise führt der zweigeteilte Schild des kleinen Landeswappens Mecklenburg-Vorpommerns im linken Feld auf goldenem Grund einen Stierkopf, im rechten Feld auf silbernem Grund einen Greifen, ein mythologisches, aus einem Löwenkörper mit Vogelelementen bestehendes Mischwesen. Damit weist das Wappen eine geradezu frappierende Ähnlichkeit mit den ältesten antiken Münzen auf. Bereits die lydischen Stater der Krösus-Dynastie wurden aus natürlichem Elektrum beziehungsweise Gold und Silber hergestellt und mit einem Löwen-Stierkopf-Motiv versehen.

127 Hierbei soll es sich um primitive keltische beziehungsweise gallische Prägungen mit griechischen und kleinasiatischen Motiven handeln, so zum Beispiel mit dem Kopf der Athene oder der geflügelten Nike. Neben dieser Lehrbuchinterpretation wäre natürlich auch denkbar, dass es sich gar nicht um zentraleuropäische, sondern um frühe griechische Originalprägungen handelt, die via Sold in die Schatullen keltischer und gallischer Söldner gelangten.

Warum auch sollten keltische und gallische Handwerker mit ihrer allen Parallelen zum Trotz ganz eigenen Mythen- und Götterwelt Prägewerkzeuge mit urgriechischen Symbolen herstellen, die ihnen bestenfalls rudimentär bekannt gewesen sein dürften? Tatsächlich existieren ja Prägungen eindeutig späteren Herstellungsdatums, die zweifelsohne mit traditionellen keltischen Symbolen, so zum Beispiel Triskelen, versehen wurden.

128 Der Denar wiederum, eine Silbermünze, wurde auch als „Pfennig“ bezeichnet. Der Pfennig diente seinerseits als Basis einer Maß- und Münzreform, die Karl der Große im 8. Jahrhundert nach Christus initiiert haben soll. Demnach ergaben zwölf Pfennige einen Schilling, 20 Schillinge wiederum ein Pfund.

129 600 Heller ergaben eine Mark Silber.

130 Diesen Umstand machen sich bis heute zahlreiche staatliche Schuldenverwaltungen semantisch zunutze. So begibt die Bundesrepublik Deutschland als „Schatzbrief“ titulierte Obligationen, schuldrechtliche Zahlungsversprechen also, die dem Anleger nichtexistente Bestandsgrößen analog dem weiland eingelagerten Gold der deutschen Monarchen vorgaukeln. Gleiches gilt für den angloamerikanischen Sprachraum, wo der „treasury“, die „Schatzkammer“, in der Bezeichnung von Schuldenverwaltungsämtern wie dem US Department of the Treasury beziehungsweise deren Emissionen, so zum Beispiel dem Treasury Bond oder Treasury Bill, Verwendung findet.

131 Aus der gleichzeitigen Existenz von Geldmonopol, Zentralbank und Steuer lässt sich eine ganz zentrale ökonomische Erkenntnis ableiten. Denn unter diesen institutionellen Rahmenbedingungen können gesetzliche Zahlungsmittel ausschließlich dadurch beschafft werden, dass Vermögenswerte, realiter vor allem Schuldverschreibungen, durch Geschäftsbanken temporär bei der Zentralbank eingereicht und als Pfand beliehen werden. Diese führt als Gläubiger bei sogenannten Pensionsgeschäften jedoch immer eine Diskontierung in Höhe des jeweiligen Leitzinses auf das beliehene Pfand durch, emittiert also immer weniger Geld als den zugrundegelegten Nennwert. Nach Ablauf der vorab vereinbarten Frist muss das Pfand jedoch durch den Schuldner

zum vollen Nennwert ausgelöst werden. Das bedeutet aber, dass bei Pensionsgeschäften immer mehr Mittel zurückgeführt werden müssen, als seinerzeit in den Verkehr gebracht wurden. Damit, so Heinsohn, sorgt „[d]er Zins der Zentralbank […] dafür, dass die Summe des geschuldeten Geldes höher ist als die des geschaffenen, wodurch es für die Gesamtheit aller Schuldner automatisch knapp ist". Die Zinsforderung der Zentralbank ist aber nur dann bedienbar, wenn in mindestens dieser Höhe neue Pensionsgeschäfte und damit gesetzliche Zahlungsmittel generiert werden, womit das ganze System – jedes Geldsystem der 186 Mitgliedsstaaten im IWF – einem Kettenbriefcharakter auf Leitzinsniveau gleichkommt. Auf der einen Seite erfordert die Seigniorage also das Geldmengenwachstum einmal verschuldeter Wirtschaftsteilnehmer aus sich selbst heraus. Auf der anderen Seite erzwingt die Steuerpflicht der Wirtschaftsteilnehmer, insbesondere die Erhebung von Substanzsteuern wie zum Beispiel der Grundsteuer, die Beschaffung des gesetzlichen Zahlungsmittels, was anfänglich aufgrund der Monopolstellung nur durch Verschuldung bei der Zentralbank via Geschäftsbanken gelingen kann. Der so eingebaute systemische Zwang zu Wachstum kann dabei als durchaus gelungene, subtile Umsetzung der Bernstein-Doktrin aufgefasst werden.

132 Dieses inhärente Merkmal jeder staatlichen Vorfinanzierung resultiert aus der schlichten Tatsache, dass die Kosten der Herrschaft am Beginn eines neuen Zeitintervalls aus Mitteln beglichen werden müssen, die erst an dessen Ende auf Grundlage gegebenenfalls noch zu installierender Feststellungs-, Erhebungs- und Abführungsverfahren zur Verfügung stehen. Noch heute werden nicht nur deutsche Beamte regelmäßig vor der Auszahlung und Besteuerung von Löhnen und Gewinnen respektive Umsätzen besoldet. Dies vermag auch zu erklären, warum spätestens seit dem 17. Jahrhundert nahezu jede Währungsreform regelmäßig mit der Abtretung des Geldmonopols an eine vorfinanzierende (Zentral-) Bank einhergeht. Doch selbst wenn von der zeitlichen Differenz zwischen der Mittelverwendung und dem Mittelzufluss abgesehen wird, ist Staatsverschuldung

das konfliktärmste Herrschaftsinstrument, um theoretisch unlimitierte versorgungsrechtliche (Finanz-) Ansprüche mit einer immer limitierten realwirtschaftlichen (Abgaben-) Basis durch zeitliche Externalisierung in Übereinstimmung zu bringen. Als Versuch einer temporären Lösung für das dauerhafte Problem der Befriedung politischer Interessengruppen im Konkurrenzkampf um stets knappe Mittel ermöglicht sie es, aus einem Nullsummenspiel heraus eine vorläufige Win-win-Situation hervorzubringen. Staatsverschuldung minimiert den maximal möglichen politischen Gegenwarts-, sprich Machtverlust, da sie die Gewinnkomponente über die sofortige Tilgung der Versorgungsschuld vorzuziehen und gleichzeitig die Verlustkomponente, die Rückzahlungsverpflichtung, in die Zukunft zu schieben vermag. Die Schulden selber erzwingen, wie jede andere Verbindlichkeit auch, durch die in Höhe und Zeit fixierte Tilgung nebst Zinsdienst das Aufbringen einer Mehrleistung. Da die öffentliche Hand diese letztlich nur über Abgaben finanzieren kann, muss die endgültige Bedienung derselben mindestens eine nominale Abgabensteigerung nach sich ziehen, was nur durch die fiskalische Ausdehnung des Staates in die Tiefe und Breite realisiert werden kann.

133 Dass Banken ihre Wurzel in der Abwicklung von Schuld- und nicht Tauschvorgängen haben, belegt nicht zuletzt die begriffsprägende römische Staatsgöttin Juno Moneta. Die ihrem Tempel – bezeichnenderweise der älteste und innerhalb der ursprünglichen Festungsanlage auf dem Kapitol errichtete Sakralbau Roms – angeschlossene Münzprägestätte war so bedeutsam, dass sich ihr Zweitname reichsweit als Inbegriff für Münzgeld schlechthin durchsetzte. Von diesem wiederum leitet sich das unveränderte italienische „moneta“, das spanische „moneda“, das englische „money“, das französische „monnaie“ sowie die deutsche „Münze“ und die „Moneten“ ab. Die lateinische Verbform „monere“ wiederum bedeutet „mahnen“ oder gar „züchtigen“. Die Münzer respektive Zöllner, die im Namen der Juno ihren Dienst versahen, überwachten also keineswegs Kassa-, sondern Termingeschäfte, also die Steuertermine und Begleichung entsprechender

Zahlungsverpflichtungen, die der Tempel verwaltete.

134 So ist es Rothbard schlichtweg unmöglich, das Bankwesen anders als aus dem ewig gültigen Tausch-, Markt- und (Gold-) Geldparadigma herzuleiten: „Angenommen nun, der freie Markt habe Gold zum Geld gemacht (aus Gründen der Vereinfachung lassen wir Silber wieder aus der Betrachtung heraus). Auch in der angenehmen Münzform ist Gold im direkten Tausch oft sperrig beim Transport und umständlich im Gebrauch. Bei größeren Transaktionen ist es ebenfalls unpraktisch und teuer, einige hundert Pfund Gold zu bewegen. Doch der freie Markt, immer bereit, die gesellschaftlichen Bedürfnisse zu erfüllen, hält die Lösung bereit." An diesem Punkt muss der Autor bereits irgendwie geahnt haben, dass seine historische Herleitung der Geldentstehung und Geldverwendung nicht ganz stimmig sein kann, denn wie soll sich Gold über die Jahrtausende hindurch als Tauschmittel bewährt haben, wenn sich sein Gebrauch, selbst in der „angenehmen Münzform", doch als so ungemein „unpraktisch" erwiesen hatte? Wie kann es die Transaktionskosten der Marktteilnehmer reduziert haben, wo seine Verwendung doch so „teuer" war? Bei welchen Transaktionen waren „einige hundert Pfund Gold zu bewegen"? Das dringende Bedürfnis, Gold als Tauschmittel noch effizienter nutzen zu können, soll dann zur Gründung erster (Depositen-) Banken geführt haben: „Bestimmte Firmen werden daher im Lagerhausgeschäft zu Erfolg kommen. Einige werden Goldlagerhäuser betreiben und Gold für seine zahllosen Eigentümer aufbewahren." Welche „zahllosen Eigentümer" dies sein sollen, bleibt indes völlig schleierhaft. Jedenfalls sollen sich die ausgestellten Lagerhausquittungen zur Banknote entwickelt haben: „Wenn Banken wachsen und sich Vertrauen entwickelt, könnte ihre Kundschaft es in vielen Fällen bequemer finden, auf ihr Recht auf Papierbelege – Banknoten genannt – zu verzichten und stattdessen ihre Ansprüche als laufende Konten in den Büchern der Bank führen zu lassen. Diese Konten heißen Einlagen." Leider lässt Rothbard wie schon bei der Formulierung seiner Tausch- und Goldgeldtheorie offen, wann und wo genau dieser revolutionäre Durchbruch gelungen sein soll. Denn wie ausführlich dargelegt,

war nicht nur das Gold als Herrschaftsmetall, sondern waren auch die Goldschmiedefertigkeiten als herrschaftlich relevante Tätigkeit in der feudalen Palastanlage monopolisiert. Goldlagerhäuser alias Schatzkammern bewahrten das Edelmetall nur für wenige, privilegierte Besitzer, während den palasteigenen Schmieden und ihren ausgewiesenen metallurgischen Experten die Aufgabe oblag, eingehende Abgaben und Tribute zu begutachten, zu scheiden und anschließend für die Redistribution zu standardisieren.

135 Der Legende nach soll König Midas sich gegenüber dem Gott Dionysos den Wunsch ausbedungen haben, dass alles, was er anfasse, zu Gold werden möge. Der Wunsch wurde erfüllt, brachte ihn jedoch alsbald an den Rand des Hungertodes, da sich auch jede Nahrung bei Berührung in Gold verwandelte. Der gnädige Dionysos soll ihm daraufhin geraten haben, ein Bad im Fluss Paktolos zu nehmen und sich so von dem Fluch zu befreien, wobei die Fähigkeit zur Goldproduktion vom König auf den Fluss überging, der in der Tat eine bedeutende Goldader im antiken Kleinasien war. Sowohl die Rumpelstilzchen-Erzählung um einen Alchemisten, der Stroh zu Gold spinnen kann, als auch die Eldorado-Legende greifen die wesentlichen Elemente des Midas-Mythos auf. Ferner wird das Thema der edelmetallbasierten Herrschaftsfinanzierung vom britischen Schriftsteller J. R. R. Tolkien in der Fantasysaga „Der Herr der Ringe“ ausführlich behandelt. Bezeichnenderweise wird der goldene Master-, also Gebieter-Ring vom nach totaler Feudalherrschaft strebenden Sauron im Feuer des Schicksalsberges persönlich geschmiedet, um alle Bewohner Mittelerdes „zu knechten […] und ewig zu binden“. Am Ende bleibt es zwei Hobbits, Angehörigen des im wahrsten Sinne des Wortes ohnmächtigsten Volkes ihrer Welt, vorbehalten, ihn zu zerstören. In den beiden James-Bond-Verfilmungen „Goldfinger“ sowie „The Man with the Golden Gun“ („Der Mann mit dem goldenen Colt“) wird der Mythos um Gold und (Welt-) Herrschaft sogar direkt in die Moderne übertragen.

136 Viel wahrscheinlicher ist es, dass Krösus die Mittel zur weiteren Kriegsfinanzierung nicht mehr aufbringen konnte, weshalb er seine Söldner entlassen musste, nicht entlassen wollte. Dies

wäre für einen kampferprobten Gewaltherrscher angesichts der angespannten militärischen Lage auch kaum nachvollziehbar. Auf eine interessante Episode im Nachklang zu diesem militärischen Konflikt machte übrigens Mitte des 16. Jahrhunderts der ausgewiesene Kenner der antiken Literatur, französische Parlamentarier und politische Botschafter Étienne de La Boétie aufmerksam: „Die List der Tyrannen, ihre Untertanen zu verdummen, tritt nirgends klarer hervor als aus den Maßnahmen des Kyros gegen die Lyder, nachdem er sich ihrer Hauptstadt Sardes bemächtigt, den so reichen König Krösus in Gnaden aufgenommen und mit sich in Gefangenschaft geführt hatte. […] Als man dem Groß-König mitteilte, in Sardes sei ein Aufstand ausgebrochen, hätte er ihn wohl mit Gewalt in den Griff bekommen. Er aber überlegte, dass es nicht angehe, weder die schöne Stadt zerstören und plündern zu lassen, noch eine Besatzungsarmee auf lange Zeit dorthin in Garnison zu legen. So verfiel er denn auf den wunderlichen Ausweg, in Sardes massenhaft Bordelle, Kneipen und Spielhöllen einzurichten und für die Bewohner die Benutzung dieser Einrichtungen anzuordnen. Das war nun freilich eine Art der Besetzung, die ihn für alle Zeiten der Notwendigkeit enthob, mit Gewalt gegen die Lyder vorzugehen. Die guten Leute krochen ihm auf den Leim, sie vergnügten sich hinfort ununterbrochen, hatten für nichts mehr Sinn als fürs Spielen. Die Lateiner haben ja denn auch ihr Wort ‚ludi' nach dem Namen Lydi gebildet und alle Art Zeitvertreib mit dem Namen dieses Volkes belegt. Nicht alle Tyrannen haben die Absicht, ihre Untertanen zu korrumpieren […] aber fast alle haben das angestrebt, was jener [Kyros] tatsächlich durchführte, wenn sie es auch nicht ausdrücklich eingestanden haben." Das süße Gift des Ludi-Prinzips, definiert als Leidensvermeidung durch öffentliche Versorgungsleistungen gegen Treue- zumindest jedoch Ruheverpflichtung, konnte sich als Kernelement klientelgeleiteter Sonderinteressenpolitik etablieren. Es waren schließlich die Römer, die die Umsetzung von Bernstein-Doktrin und Ludi-Prinzip via Brot und Spiele perfektionierten.

137 Da Dareios I. die Ära der Kriege zwischen Griechen und Persern eröffnete, war dies auch nur konsequent. Griechische Söldner

kämpften schließlich auch in den Reihen der Asiaten gegen ihre eigenen Landsleute.

138 Hier boten lange Flüsse und weite Ebenen Feudalordnungen hervorragende Versorgungs- und damit Machterhaltbedingungen, die erst äußere Feinde zu überwinden in der Lage waren. Ein weiterer Vorteil weitläufiger homogener Herrschaftsgebiete war die Möglichkeit der Streuung landwirtschaftlicher Produktion und Ernteerträge und somit ein besserer Ausgleich der erheblichen Schwankungen durch Minimierung der maximalen Verluste. Lokal begrenzte Verluste an Ernte, Tieren aber auch Menschen konnten so leichter kompensiert werden als in Kleinterritorien.

139 Bestechend klar tritt die Eigentumskonzeption in der Sage um Romulus und Remus hervor. Nach dem gewaltsam herbeigeführten Tod ihres Großonkels und Feudalherrschers Amulius errichtet Romulus eine Mauer, über die sein Bruder spottet, da sie ihm aufgrund ihrer Höhe und Breite kaum zur Verteidigung geeignet scheint. Wie zum Beweis springt er mühelos über das kümmerliche Hindernis, worauf er von Romulus kurzerhand erschlagen wird. Warum artet dieser nichtige Konflikt derart aus? Niedrige Steinmauern werden in Süd- und Mitteleuropa seit jeher zur Einfassung landwirtschaftlicher Parzellen gezogen. Als antikes Kataster diente die Mauer des Romulus also keineswegs der Verteidigung der Neurömer nach außen, sondern der Verteidigung ihres Eigentums nach innen. Die Heiligkeit der Mauer war die Heiligkeit der neuen Rechtsordnung. Remus' legendärer Sprung diente daher nicht dazu, seinen Bruder lächerlich zu machen, sondern war eine feudal-reaktionäre Kampfansage. Bereits die Vornamen des ideologisch unversöhnlichen Bruderpaares weisen auf diesen Konflikt hin. Der Sage nach soll Romulus ja Pate bei der Namensgebung der späteren Tibermetropole gestanden haben. Das muss angesichts der antiken Gründungsmythen erstaunen, ist „romulus“ doch die personifizierte Verkleinerungsform des Stadtnamens, mithin gerade nicht der einen Stadtstaat überstrahlende Held, wie ihn beispielsweise das Gilgamesch-Epos zeichnet. Viel wahrscheinlicher ist der Stadtname älter als die Sage und wurde umgekehrt dem ersten Überwinder der

Feudalordnung übergestülpt, weist also auf einen herrschaftlichen Schrumpfungsprozess hin. Der Name „Remus“ wiederum ist die lateinische Bezeichnung für „Ruder“, findet sich jedoch auch als Suffix in „extremus“ für „Höchster“ oder „supremus“ für „Oberster“, versinnbildlicht also den ambitionierten politisch-feudalen Steuermann. Letztendlich symbolisiert die Ablehnung von Romulus' Konzept durch seinen Bruder Remus das bis zum heutigen Tag anhaltende Ringen der neuen bürgerlichen mit der alten feudalen Ordnung.

140 Bezeichnenderweise stammen die Begriffe „Tyrann“ und „Tyrannis“ aus der vorrevolutionären Ära und wurden ab dem hellenistischen Zeitalter mit den der Polis vorangehenden Feudalaristokratien gleichgesetzt. Aus diesem Verständnis heraus ist es dem griechischen Geschichtsschreiber Herodot im 5. vorchristlichen Jahrhundert auch möglich, über freie Griechen (Bürgergesellschaft) und versklavte Perser (Feudalaristokratie) zu schreiben.

141 Dies erklärt nach Heinsohn auch den historisch allgegenwärtigen „Widerstand gegen das Eigentümerreformprogramm nicht nur bei den feudalartigen Großgrundbesitzern, sondern auch bei den Armen, in deren Interesse das Eigentum eingeführt werden soll“.

142 Gegenwärtig wird jede Arbeitsleistung sowie ein Großteil der Investitions- und langlebigen Konsumgüter auf Termin gehandelt, also vorfinanziert.

143 Einen gewissen Bekanntheitsgrad nimmt hierbei die dramatische Szene im 2. Buch Esra des Alten Testaments ein, die sich in der nachbabylonischen Epoche Judas unter dem Statthalter Nehemia ereignete. Sie demonstriert in aller Deutlichkeit das Dilemma aus den regelmäßig konstanten Selbst- und Fremdverpflichtungen, der Ur-, Abgaben- und Vertragsschuld, bei gleichzeitig schwankenden Erträgen: „Und es erhob sich ein großes Geschrei der Leute aus dem Volk und ihrer Frauen gegen ihre jüdischen Brüder. Die einen sprachen: Unsere Söhne und Töchter müssen wir verpfänden, um Getreide zu kaufen, damit wir essen und leben können. Die andern sprachen: Unsere Äcker, Weinberge und Häuser müssen wir versetzen, damit wir Getreide kaufen können in dieser Hungerzeit.

Und wieder andere sprachen: Wir haben auf unsere Äcker und Weinberge Geld aufnehmen müssen, um dem König Steuern zahlen zu können."

KAPITEL 6

144 Laum selbst setzt bei seinen Ausführungen die Existenz einer Staatsordnung voraus, der dann erst der Tempelkult nachfolgt, wie es beispielsweise folgende Ausführungen belegen: „Das Rind ist Erscheinungsform, Inkarnation der Gottheit; der kretische Zeus wird in einem Stier, die argivische Hera in einer Kuh vorgestellt. [...] Vor allem erklärt sich die zentrale Stellung des Rindes im Kultus nur so; das Rind ist als Inkarnation der obersten Gottheiten vom Staat zum vornehmsten Opfertier erwählt." Wenn aber die Institution des Staates vorausgesetzt wird, muss gleichzeitig dessen zwingend notwendige Finanzierung über Steuern sichergestellt sein. Diese bedingt wiederum ein sprichwörtliches „nomos", ein gesetzlich definiertes Steuertilgungsmittel, in dem der „oikos" seine Abgabenschuld zu begleichen hatte. Erst mit der sakralen Erhöhung weltlicher Macht wurde das gesetzliche Zahlungsmittel auch zum kultischen Tempelopfer.

145 Während Murray Rothbard, einer der bedeutendsten Kritiker territorialer Gewaltmonopole, die Überschuss-Robinson-Idylle als „große Wahrheit über die Natur des menschlichen Verkehrs" zu enthüllen versucht, muss Roland Baader zumindest unbewusst geahnt haben, dass einem hungernden Robinson keine Zeit mehr bleiben könnte, sein vernichtetes Feld neu zu kultivieren, bevor ihn der Hungertod ereilt und er deshalb, gestützt auf die (Feuer-) Waffenasymmetrie, Freitag zum Nahrungsmitteltransfer zwingen könnte. Zur Demonstration einer elementaren Tauschoperation wählt er ein vielsagendes Beispiel: „Wenn jemand beispielsweise ein Paar Schuhe und einen Wasserkrug benötigte, war es leichter, einen Schuster und einen Töpfer zu finden, die Weizen als Tauschgut annahmen, statt einer Armbrust oder eines Dolchs." Baader setzt also durchaus die richtigen Güter – Kleidung, Hausrat und Nahrung – ins Verhältnis zu (Kriegs-) Waffen, bringt sie allerdings mit der falschen Operation in Zusammenhang.

146 Angesichts der auf (Gold-) Waffen gegründeten Ära der Hochkultur beinhaltet Keynes berühmtes Diktum vom Goldstandard als einem „barbarischen Relikt“ einen durchaus zutreffenden wiewohl vom Urheber verkannten Kern.

147 Fort Knox war eine im Amerikanischen Bürgerkrieg erbaute Festung. Nachdem der private Goldbesitz in den USA ab 1933 massiv eingeschränkt wurde, musste das Schatzamt der Vereinigten Staaten eine schnelle Lösung zur Einlagerung der hohen Edelmetallzuflüsse finden. Hierbei wurde das Fort gewissermaßen wiederentdeckt und zur schwer befestigten Schatzkammer ausgebaut. Die Parallelen zur Monopolisierung des Goldes durch Abgabe und Tribut in der Antike sind in der Tat frappierend. Weitere Teile der US-amerikanischen Edelmetallreserven lagern in Westpoint sowie in den Kellern der Federal Reserve Bank of New York. Letztere beherbergt vermutlich auch insgesamt den größten Goldschatz der Erde. Denn zahlreiche vor allem öffentliche ausländische Institutionen, darunter auch die Bundesbank, lassen Teile ihrer Goldreserven dort verwahren. Das heißt freilich nichts anderes, als dass sich diese Staaten ihr ultimatives Herrschaftsmittel durch Übergabe an einen potentiellen konkurrierenden territorialen Gewaltmonopolisten ihrem Zugriff haben entziehen lassen. Dies spricht natürlich Bände bezüglich der hinter diesen Maßnahmen stehenden Machtrelationen.

148 Dieser Vorgang legt genauso wie die Tauschofferten im Zuge der Staatsbankrotte Argentiniens und Jamaikas die wenig schmeichelhafte etymologische Wurzel des Wortes „Tausch“ bloß. Es leitet sich vom mittelhochdeutschen Wort „tusch“ für Spott, Schelmerei und Gespött beziehungsweise „getiusche“ für Täuschung und Betrug ab, während das Verb „[t]auschen, mittelhochdeutsch tüschen, factitiv zu tüzen, schweigen“ bedeutet. Marcel Mauss weist ferner darauf hin, dass die Institution des Tauschs, siehe Kapitel 2.6, immer auch Machtverhältnisse manifestiert, Gabe und Gegengabe also stets der Etablierung beziehungsweise Verfestigung hierarchischer Strukturen „[z] wischen Häuptlingen und Vasallen und deren Dienern“ dient und damit unmittelbar eine herrschaftliche Komponente beinhaltet.

Gleiches gilt übrigens auch für den „Verdienst“ beziehungsweise den Ausdruck „Geld verdienen“, der letztendlich auf den besoldeten Treuedienst verweist, der ursprünglich keineswegs gegenüber freien Marktpartnern, sondern feudalen Machthabern gelobt wurde.

QUELLEN

Amtsblatt der Europäischen Gemeinschaft: Protokoll über die Satzung des Europäischen Systems der Zentralbanken und der Europäischen Zentralbank; Mitteilung Nr. C 191/69, 29.07.1992.

Armstrong, Karen: „Eine kurze Geschichte des Mythos"; Deutscher Taschenbuch Verlag, München, 2007.

Astronomie.de: „Entstehung des Sonnensystems"; ohne Datum, URL-Abruf vom 06.04.2010: http://www.astronomie.de/sonnensystem/entstehung.htm

Baader, Roland: „Die belogene Generation – politisch manipuliert statt zukunftsfähig informiert"; Dr. Ingo Resch, Gräfelfing, 3. Auflage, 2001.

Baader, Roland: Geld, Gold und Gottspieler – Am Vorabend der nächsten Weltwirtschaftskrise; Resch, Gräfelfing, 1. Auflage, 2004.

Bachmann, Hans-Gert: „Mythos Gold – 6000 Jahre Kulturgeschichte"; Hirmer, München, 2006.

Bagehot, Walter: „Das Herz der Weltwirtschaft – Die Lombarden-Straße"; G. D. Baedeker Verlagsbuchhandlung, Essen a. d. R., 1920.

Bandulet, Bruno: „Die letzten Jahre des Euro – Ein Bericht über das Geld, das die Deutschen nicht wollten"; Kopp, Rottenburg, 2010.

Bank of England: „A brief history of banknotes"; ohne Datum, URL-Abruf vom 24.03.2010: http://www.bankofengland.co.uk/banknotes/about/history.htm

Barclay, Harold: „Völker ohne Regierung – Eine Anthropologie der Anarchie"; Libertad Verlag, Berlin, 1985.

Becker, Gary S.: „Der ökonomische Ansatz zur Erklärung menschlichen Verhaltens“; University Press, Illinois, 1976.

Berke, Jürgen u. a.: „Gesucht und gefunden – Staat und Wirtschaft“; in: „Wirtschaftswoche“ Nr. 52 vom 24.12.2010, Seite 50ff.

Bernstein, Peter L.: „Die Macht des Goldes“; FinanzBuch Verlag, München, 1. Auflage, 2005.

Bethmann, Johann Philipp von: „Die Deflationsspirale – Zur Krise der Weltwirtschaft“; Rotbuch Verlag, Hamburg, 1999.

Birk, Dieter: „Steuerrecht“; C. F. Müller Verlag, Heidelberg, 2. Auflage, 1999.

Bleicken, Jochen: „Die Verfassung der Römischen Republik“; UTB Schöningh, Paderborn, 2. Auflage, 1978.

Boétie, Étienne de La: „Über die freiwillige Knechtschaft des Menschen“; Europäische Verlagsanstalt, Frankfurt/Main, 1968.

Borchert, Manfred: „Geld und Kredit – Einführung in die Geldtheorie und Geldpolitik“; Oldenbourg Wissenschaftsverlag, München, 8. Auflage, 2003.

Borrmann, Norbert: „Orte des Schreckens – Warum das Grauen überall nistet“; Atmosphären Verlag, München, 2004.

Bouthoul, Gaston: „Kindermord aus Staatsraison – Der Krieg als bevölkerungspolitischer Ausgleich“; Deutsche Verlags-Anstalt, Stuttgart, 1972.

Bringmann, Klaus: „Römische Geschichte – Von den Anfängen bis zur Spätantike“; C. H. Beck, München, 10. Auflage, 2008.

Bundesrepublik Deutschland: Abgabenordnung; Stand vom 30.07.2009, URL-Abruf vom 07.06.2010: http://www.gesetze-im-internet.de/ao_1977/BJNR006130976.html

Busch, Andreas: „Staat und Globalisierung – Das Politikfeld Bankenregulierung im internationalen Vergleich“; Verlag für Sozialwissenschaften, Wiesbaden, 2003.

Ceram, C. W.: „Der erste Amerikaner – Das Rätsel des vorkolumbianischen Indianers“; Rowohlt, Reinbek, 5. Auflage, 1972.

Cipolla, Carlo M.: „Wirtschaftsgeschichte und Weltbevölkerung“; Deutscher Taschenbuch Verlag, München, 1972.

Clastres, Pierre: „Archäologie der Gewalt“; diaphanes, Zürich, 2008.

Clastres, Pierre: „Staatsfeinde – Studien zur politischen Anthropologie“; Mantz, Grebel & Reublin, Zollikon, 2. Auflage, 2006.

Clausewitz, Carl von: „Vom Kriege“; Weltbild Verlag, Augsburg, 1998.

Cohn, Norman: „Apokalyptiker und Propheten im Mittelalter“; Verlag HOHE, Erftstadt, 2007.

Cohn, Norman: „Die Erwartung der Endzeit – Vom Ursprung der Apokalypse“; Insel Verlag, Frankfurt/Main – Leipzig, 1. Auflage, 1997.

Cordain, Loren; Friel, Joe: „Das Paläo-Prinzip der gesunden Ernährung im Ausdauersport“; Sportwelt Verlag, Betzenstein, 2009.

Cowley, Robert (Herausgeber): „Wendepunkte der Weltgeschichte – Was wäre gewesen wenn?“; Knaur, München, 2000.

Cugunov, Konstantin V.; Parzinger, Hermann; Nagler, Anatoli: „Der Goldschatz von Arzan – Ein Fürstengrab der Skythenzeit in der südsibirischen Steppe“; Schirmer/Mosel Verlag, München, 1. Auflage, 2006.

Davidson, Ralph: „Der Zivilisationsprozess – Wie wir wurden was wir sind“; U. B. W. Verlag, Hamburg, 2002.

Davies, Nigel: „Opfertod und Menschenopfer“; Safari bei Ullstein, Frankfurt/Main – Berlin – Wien, 1983.

Defoe, Daniel: „Robinson Crusoe“ (Gekürzte Ausgabe); Reclam, Ditzingen, 1986.

deMause, Lloyd: „Grundlagen der Psychohistorie“; Suhrkamp, Frankfurt/Main, 1989.

„Der Spiegel Geschichte Nr. 4: Geld! – Von den Fuggern zur Finanzkrise: Eine Chronik des Kapitals“; Spiegel-Verlag, Hamburg, 2009.

Deutsche Bibelgesellschaft: Das Bibelportal; ohne Datum; URL-Abruf vom 22.07.2010:
http://www.die-bibel.de/

Deutsche Physikalische Gesellschaft e. V.: Die Entstehung der Elemente; Stand vom 30.08.2007, URL-Abruf vom 02.02.2010:
http://www.weltderphysik.de/de/4087.php

Diamond, Jared: „Arm und Reich – Die Schicksale menschlicher Gesellschaften“; Fischer Taschenbuch Verlag, Frankfurt/Main, 3. Auflage, 2007.

Dixit, Avinash K.; Nalebuff, Barry J.: „Spieltheorie für Einsteiger – Strategisches Know-how für Gewinner“; Schäffer-Poeschel Verlag, Stuttgart, 1997.

Doll, Frank; Pickartz, Elke: „Gold ist Geld“; in: „Wirtschaftswoche“ Nr. 12 vom 22.03.2010, Seite 81ff.

Dollinger, Hans: „Schwarzbuch der Weltgeschichte – 5000 Jahre der Mensch des Menschen Feind“; KOMET Verlagsgesellschaft mbH, Frechen, 1999.

Ehrenreich, Barbara: „Blutrituale – Ursprung und Geschichte der Lust am Krieg“; Rowohlt Taschenbuch Verlag, Reinbek, 1999.

Europäische Zentralbank: „Durchführung der Geldpolitik im Euro-Währungsgebiet – Allgemeine Regelungen für die geldpolitischen Instrumente und Verfahren des Eurosystems“; Europäische Zentralbank, Frankfurt/Main, 2006.

faz.de: „Der globale Kreditrausch – Wie Staaten Schulden finanzieren“; Stand vom 17.03.2010, URL-Abruf vom 18.03.2010: http://www.faz.net/s/Rub58241E4DF1B149538ABC24D0E82A6266/Doc~E41A846A759AA42E9BCEA5F0BF3611DE9~ATpl~Ecommon~Sspezial.html

„Financial Times Deutschland“: „Schuldscheintausch – Jamaika ist pleite“; Stand vom 15.01.2010, URL-Abruf vom 16.03.2010: http://www.ftd.de/finanzen/maerkte/anleihen-devisen/:schuldscheintausch-jamaika-ist-pleite/50061017.html

Firlus, Thorsten: „Diabolik der Märkte – Der Wirtschaftshistoriker Werner Plumpe über zu viel Angst vor Krisen und die Notwendigkeit von Spekulation“; in: „Wirtschaftswoche“ Nr. 38 vom 20.09.2010, Seite 131 ff.

Fischer, Malte: „French connection“; in: „Wirtschaftswoche“ Nr. 12 vom 22.03.2010, Seite 34.

„Fischer Weltgeschichte: Die altorientalischen Reiche II – Das Ende des 2. Jahrtausends“; Fischer Bücherei, Frankfurt/Main, 1966.

„Fischer Weltgeschichte: Die altorientalischen Reiche III – Die erste Hälfte des 1. Jahrtausends“; Fischer Bücherei, Frankfurt/Main, 1967.

Flavius Josephus: „Geschichte des Jüdischen Krieges“; Bertelsmann, Gütersloh.

Friedman, David: „Der ökonomische Code – Wie wirtschaftliches Denken unser Handeln bestimmt“; Piper, München, 2001.

Friedman, Milton: „Kapitalismus und Freiheit“; Eichborn, Frankfurt/Main, 2002.

Garcia, Alfred de; Velikovsky, Immanuel: „Die Theorie der kosmischen Katastrophen“; Goldmann, München, 2. Auflage, 1979.

Gaertringen, Christian Hiller von: „Der schöne Schein – Warum Geld doch nicht schmutzig ist“; F. A. Z. Verlag, Frankfurt/Main, 2011.

Galbraith, John Kenneth: „Eine kurze Geschichte der Spekulation“; Eichborn, Frankfurt/Main, 2. Auflage, 2010.

Gburek, Manfred: „Das Goldbuch – Faszination, Geldanlage, Sicherheit“; FinanzBuch Verlag, München, 1. Auflage, 2003.

Geneen, Harold: „Manager müssen managen. Gedanken, Ansichten und Bekenntnisse eines Erfolgreichen“; mvg Verlag, München, 2. Auflage, 1990.

Genzmer, Felix (Herausgeber): „Die Edda – Götterdichtung, Spruchweisheit und Heldengesänge der Germanen“; Weltbild Verlag, Augsburg.

Goethe, Johann Wolfgang von: „Faust“; Diogenes, Zürich, 1982.

Goldberg, Joachim; Nitzsch, Rüdiger von: „Behavioral Finance – Gewinnen mit Kompetenz“; FinanzBuch Verlag, München, 3. Auflage, 2000.

Göttner-Abendroth, Heide: „Das Matriarchat I – Geschichte seiner Erforschung“; W. Kohlhammer, Stuttgart, 3. Auflage, 1995.

Greenspan, Alan: „Gold und wirtschaftliche Freiheit“; Stand vom 12.10.1999, URL-Abruf vom 21.02.2010: http://www.goldseiten.de/content/kolumnen/artikel.php?storyid=96

Hajek, Stefan; Kamp, Matthias: „Neue Erzfeinde“; in: „Wirtschaftswoche“ Nr. 21 vom 22.05.2010, Seite 154ff.

Hannemann, Ulrich: „Edition Alpha et Omega – Hammurapi“; ohne Datum, URL-Abruf vom 08.08.2010: http://www.edition-alpha-et-omega.de/hammurapi1.htm

Halbleitner, Elisabeth; Deistler, Elisabeth; Ungvari, Robert: „Führen, Fördern, Coachen – So entwickeln Sie die Potenziale Ihrer Mitarbeiter“; Piper, München, 2. Auflage, 2007.

Händeler, Erik: „Die Geschichte der Zukunft – Sozialverhalten heute und der Wohlstand von morgen – Kondratieffs Globalsicht“; Joh. Brendow & Sohn Verlag, Moers, 5. Auflage, 2005.

Harris, Marvin: „Fauler Zauber – Wie der Mensch sich täuschen läßt“; Deutscher Taschenbuch Verlag, München, 1997.

Harris, Marvin: „Kannibalen und Könige – Aufstieg und Niedergang der Menschheitskulturen“; Umschau Verlag, Frankfurt/Main, 1. Auflage, 1978.

Harris, Marvin: „Menschen – Wie wir wurden, was wir sind“; Ernst Klett Verlag, Stuttgart, 1989.

Harris, Marvin: „Wohlgeschmack und Widerwillen – Die Rätsel der Nahrungstabus“; Klett-Cotta, Stuttgart, 4. Auflage, 2005.
Heinsohn, Gunnar: „Lexikon der Völkermorde“; Rowohlt Taschenbuch Verlag, Reinbek, 1998.

Heinsohn, Gunnar: „Privateigentum, Patriarchat, Geldwirtschaft“; Suhrkamp, Frankfurt/Main, 1. Auflage, 1984.

Heinsohn, Gunnar: „Söhne und Weltmacht – Terror im Aufstieg und Fall der Nationen“; Orell Füssli Verlag, Zürich, 2003.

Heinsohn, Gunnar: „Wie alt ist das Menschengeschlecht? Stratigraphische Grundlegung der Paläoanthropologie und der Vorzeit“; Mantis Verlag, Gräfelfing, 4. Auflage, 2003.

Heinsohn, Gunnar; Knieper, Rolf; Steiger, Otto: „Menschenproduktion – Allgemeine Bevölkerungslehre der Neuzeit“; Suhrkamp, Frankfurt/Main, 1. Auflage, 1979.

Heinsohn, Gunnar; Steiger, Otto: „Eigentum, Zins und Geld – Ungelöste Rätsel der Wirtschaftswissenschaften“; Metropolis Verlag, Marburg, 2. Auflage, 2002.

Heinsohn, Gunnar; Steiger, Otto: „Eigentumsökonomik“; Metropolis Verlag, Marburg, 2. Auflage, 2008.

Heinsohn, Gunnar; Steiger, Otto: „Eigentumstheorie des Wirtschaftens versus Wirtschaftstheorie ohne Eigentum“; Metropolis Verlag, Marburg, 2002.

Hesiod: „Werke und Tage“; Reclam, Stuttgart, 2007.

Hewitt, Mike: „Fate of paper money“; Stand vom 28.08.2008, URL-Abruf vom 24.09.2014:
http://dollardaze.org/blog/?post_id=00405

Hobbes, Thomas: „Leviathan – Erster und zweiter Teil“; Reclam, Stuttgart, 2000.
Hitzl, Konrad: „Die Gewichte griechischer Zeit aus Olympia“; de Gruyter, Berlin, 1996.

Hoffmann, Christian; Bessard, Pierre (Herausgeber): „Aus Schaden klug? Ursachen der Finanzkrise und notwendige Lehren“; Edition Liberales Institut, Zürich, 1. Auflage, 2009.

Hollweg, Leander L.: „Neue Erkenntnisse zur US-Subprime-Krise“; Stand vom 09.10.2008, URL-Abruf vom 27.03.2010: http://www.newropeans-magazine.org/content/view/8579/270/

Holzheid, Astrid u. a.: „Evidence for a late chondritic veneer in the Earth's mantle from high-pressure partitioning of palladium and platinum“; in: „Nature“, Ausgabe 406 vom 27. Juli 2000, Seite 396ff.

Hoyle, Fred: „Kosmische Katastrophen und der Ursprung der Religion“; Frankfurt/Main – Leipzig, 1997.

Huf, Hans-Christian: „Das Bibelrätsel – Geheimnisse der Heiligen Schrift“; Ullstein Taschenbuch, Berlin, 1. Auflage, 2006.

Illig, Heribert: „Die veraltete Vorzeit – Eine neue Chronologie der Prähistorie“; Mantis Verlag, Gräfelfing, 2005.

„Innovations-Report: Entwicklungsgeschichte der Erde“; Stand vom 27.07.2010, URL-Abruf vom 07.04.2010: http://www.innovations-report.de/html/berichte/geowissenschaften/bericht-1551.html

Katholisches Bibelwerk (Herausgeber): „Die Bibel – Altes und Neues Testament – Einheitsübersetzung“; Katholische Bibelanstalt GmbH, Stuttgart, 1980.

Keegan, John: „Die Kultur des Krieges“; Rowohlt Taschenbuch Verlag, Reinbek, 4. Auflage, 1997.

Kirchgässner, Gebhard: „Homo oeconomicus – Das ökonomische Modell individuellen Verhaltens und seine Anwendung in den Wirtschafts- und Sozialwissenschaften“; J. C. B. Mohr, Tübingen, 1991.

Kuehnelt-Leddihn, Erik von: „Konservative Weltsicht als Chance – Entlarvung von Mythen und Klischees“; MM Verlag, Aachen, 2. Auflage, 2010.

Kuhnen, Hans-Peter (Herausgeber): „Mit Thora und Todesmut – Judäa im Widerstand gegen die Römer von Herodes bis Bar-Kochba“; Württembergisches Landesmuseum Stuttgart, Stuttgart, 2. Auflage, 1995.

Kuhl, Julius: „Motivation und Persönlichkeit“; Hogrefe, Göttingen, 2001.

Kuske, Bruno: „Das Schuldenwesen der deutschen Städte im Mittelalter“; Verlag der H. Laupp‘schen Buchhandlung, Tübingen, 1904.

Ladendorf, Otto: „Historisches Schlagwörterbuch – Ein Versuch“; 1906, URL-Abruf vom 17.03.2010: http://www.textlog.de/schlagworte-kladderadatsch.html

Lange, Klaus M.; Strzysch-Siebeck, Marianne (Herausgeber): „Die grosse Weltgeschichte – Anfänge der Menschheit und Altes Ägypten“; Verlagsgruppe Weltbild, Augsburg, 2000.

Maccoby, Hyam: „Der Heilige Henker – Die Menschenopfer und das Vermächtnis der Schuld“; Jan Thorbecke Verlag, Stuttgart, 1999

Machiavelli, Niccolò: „Der Fürst“; Körner Verlag, Stuttgart, 6. Auflage, 1978.

Malik, Fredmund: „Gefährliche Managementwörter – und warum man sie vermeiden sollte“; F. A. Z. Buch Verlag, Frankfurt/Main, 2. Auflage, 2004.

Managementzentrum St. Gallen: „Malik on Management“; Nummer 3/94, 2. Jahrgang, St. Gallen, Juli 1994.

Martin, Paul C.: „Cash – Strategien gegen den Crash“; Ullstein, Frankfurt/Main – Berlin, 1992.

Martin, Paul C.: „Die Krisenschaukel: Staatsverschuldung macht arbeitslos macht noch mehr Staatsverschuldung macht noch mehr Arbeitslose“; Wirtschaftsverlag Langen-Müller/Herbig, München, 1998.

Martin, Paul C.: „Gewaltmetall Gold“; Stand Oktober 2001, URL-Abruf vom 02.02.2010: http://www.goldseiten.de/content/kolumnen/download/pcm-17.pdf

Martin, Paul C.: „Macht, der Staat und die Institution des Eigentums“; 26.10.2003, URL-Abruf vom 07.05.2010: http://www.miprox.de/Wirtschaft_allgemein/Martin-Symp.pdf

Marx, Karl: „Das Kapital – Kritik der politischen Ökonomie“; Voltmedia, Paderborn, ungekürzte Ausgabe nach der 2. Auflage von 1872.

Marx, Karl; Engels, Friedrich: „Manifest der Kommunistischen Partei – Nach dem Text der letzten von Engels besorgten deutschen Ausgabe von 1890, sämtliche Vorreden und Anmerkungen enthaltend“; Stand 2003, URL-Abruf vom 09.06.2007: http://www.vulture-bookz.de/marx/archive/volltext/Marx-Engels_1848--90~Das_Kommunistische_Manifest.html

Maul, Stefan M.: „Das Gilgamesch-Epos“; C. H. Beck, München, 4. Auflage, 2008.

Mauss, Marcel: „Die Gabe – Form und Funktion des Austauschs in archaischen Gesellschaften“; Suhrkamp, Frankfurt/Main, 10. Auflage, 2013.

Maxeiner, Dirk; Miersch, Michael: „Lexikon der Ökoirrtümer – Fakten statt Umweltmythen“; Piper, München, 2000.

McNeill, William H.: „Krieg und Macht – Militär, Wirtschaft und Gesellschaft vom Altertum bis heute“; C. H. Beck, München, 1984.

Meister, Jürgen: „Francisco Solana Lopez – Nationalheld oder Kriegsverbrecher?“; Biblio-Verlag, Osnabrück, 1987.

Menn, Andreas: „Casting im Kosmos“; in: „Wirtschaftswoche“ Nr. 20 vom 14.05.2012, Seite 104ff.

Mersch, Peter: „Hurra wir werden Unterschicht – Zur Theorie der gesellschaftlichen Reproduktion“; Books on Demand, Norderstedt, 2007.

Miegel, Meinhard: „Die deformierte Gesellschaft – Wie die Deutschen ihre Wirklichkeit verdrängen“; Ullstein, Frankfurt/Main – Berlin, 1. Auflage, 2003.

Mises, Ludwig von: „Die Bürokratie“; Academia Verlag, Sankt Augustin, 1. Auflage, 1997.

Mises, Ludwig von: „Liberalismus – mit einer Einführung von Hans-Hermann Hoppe“; Academia Verlag, Sankt Augustin, 3. Auflage, 2000.

Mises, Ludwig von: „Nationalökonomie – Theorie des Handels und des Wirtschaftens“; Edition Union Genf, Genf, 1940.

Mises, Ludwig von: „Theorie des Geldes und der Umlaufsmittel“; Verlag von Duncker & Humblot, München und Leipzig, 1912.
Müller, Henrik: „Sprengsatz Inflation – Können wir dem Staat noch vertrauen?“; Campus Verlag, Frankfurt/Main, 2010.

N-TV: „Suizid-Welle nach Missernte – Bauern bringen sich um“; Stand vom 04.04.2010, URL-Abruf vom 04.04.2010: http://www.n-tv.de/panorama/Bauern-bringen-sich-um-article807893.html

Naturhistorisches Museum Wien: „Schausammlung – Mineralien“; ohne Datum, URL-Abruf vom 31.03.2010: http://www.nhm-wien.ac.at/Content.Node/schausammlung/mineralien/mineralien.html

Naturhistorisches Museum Wien: „Schausammlung – Prähistorie“; ohne Datum, URL-Abruf vom 31.03.2010: http://www.nhm-wien.ac.at/Content.Node/schausammlung/funde/praehistorie.html

Nefiodow, Leo A.: „Der sechste Kondratieff – Wege zur Produktivität und Vollbeschäftigung im Zeitalter der Information“; Rhein-Sieg Verlag, Sankt Augustin, 5. Auflage, 2001.

Nilsson, Martin P.: „Geschichte der griechischen Religion – Erster Band“; C. H. Beck, München, 3. Auflage, 1967.

Norberg, Johan: „How to create a crisis“; Stand vom 23.09.2008, URL-Abruf vom 22.03.2010: http://www.johannorberg.net/?page=displayblog&month=9&year=2008#2871

Olson, Mancur: „Die Logik des kollektiven Handelns – Kollektivgüter und die Theorie der Gruppen“; Mohr-Siebeck, Tübingen, 1998.

Oresme, Nicolaus von: „De mutatione monetarum – Traktat über Geldabwertungen“; Kulturverlag Kadmos, Berlin, 1999

Ott, Mack: „Money, Credit and Velocity“; Federal Reserve Bank of St. Louis, May 1982.

Pädagogische Hochschule Heidelberg: „Hunger in der Welt – Ernährung in Entwicklungsländern“; 2002, URL-Abruf vom 06.08.2008: www.ph-heidelberg.de/wp/grabowsk/lehre/heidelberg/ss02/hunger/ Projekt1_3.PDF

Papperitz, Günter: „Kuriose Steuerkreationen – eine unendliche Geschichte“; in: „Die Bank“ Nr. 1/2003, Seite 50ff.

Paraschkewow, Boris: „Wörter und Namen gleicher Herkunft und Struktur – Lexikon etymologischer Dubletten im Deutschen“; de Gruyter, Berlin, 2004.

Paul, Jim; Moynihan, Brendan: „Was Gewinner von Verlierern unterscheidet“; FinanzBuch Verlag, München, 3. Auflage, 1998.

Pelzmann, Linda: „Wirtschaftspsychologie – Behavioral Economics, Behavioral Finance, Arbeitswelt“; Springer Verlag, Wien – New York, 2. Auflage, 2000.

Pirnat, Karl: „Dämon Steuer – Leidensweg der Menschheit“; Georg Fromme & Co., Wien, 1956.

Popitz, Heinrich: „Phänomene der Macht“; J. C. B. Mohr, Tübingen, 2. Auflage, 1992.

Pressetext Austria: „Meteoriten brachten Gold und Platin auf die Erde“; Stand vom 02.08.2000, URL-Abruf vom 07.04.2010: http://www.pte.at/news/000802041/meteoriten-brachten-gold-und-platin-auf-die-erde/

Reimann, Annina: „Immer flüssig bleiben“; in: „Wirtschaftswoche“ Nr. 39 vom 27.09.2010, Seite 115ff.

Ribeiro de Araujo, Fabio: „Prophezeiungen über das Ende der Welt – Die Apokalypse und ein neuer Anfang“; Kopp, Rottenburg, 2009.

Rind, Michael M.: „Menschenopfer – Vom Kult der Grausamkeit“; Universitätsverlag Regensburg, Regensburg, 1996.

Rothbard, Murray N.: „Das Schein-Geld-System – Wie der Staat unser Geld zerstört“; Resch, Gräfelfing, 1. Auflage, 2000.

Rothbard, Murray N.: „Die Ethik der Freiheit“; Academia Verlag, Sankt Augustin, 1. Auflage, 1999.

RTL.de: „Die Goldreserven – Der Notgroschen der Weltwirtschaft“; Stand vom 22.08.2012, URL-Abruf vom 25.08.2012: http://www.rtl.de/cms/news/rtl-aktuell/die-goldreserven-der-notgroschen-der-weltwirtschaft-261df-51ca-16-1236704.html

Sallaberger, Walther: „Das Gilgamesch-Epos – Mythos, Werk und Tradition“; C. H. Beck, München, 2008.

Schacht, Hjalmar: „Die Stabilisierung der Mark“; Deutsche Verlags-Anstalt, Stuttgart – Berlin – Leipzig, 1927.

Schäfer, Wolf: „Volkswirtschaftstheorie“; Verlag Franz Vahlen, München, 1997.

Schels, Peter C. A.: „Kleine Enzyklopädie des deutschen Mittelalters – Eine lexikalische Materialsammlung zum Mittelalter im deutschsprachigen Raum“; Stand vom 11.01.2012, URL-Abruf vom 16.01.2012: http://u01151612502.user.hosting-agency.de/malexwiki/index.php/B%C3%BCrger

Schott, Albert: „Gilgamesch-Epos“; ohne Datum, URL-Abruf vom 21.05.2010:
http://www.lyrik.ch/lyrik/spur1/gilgame/gilgam01.htm

Schröder, Heinz: „Jesus und das Geld – Wirtschaftskommentar zum Neuen Testament“; Gesellschaft für kulturhistorische Dokumentation e. V., Karlsruhe, 3. Auflage, 1979.

Schürmann, Christor; Fischer, Malte: „Mit gewaltiger Wucht“; in: „Wirtschaftswoche“ Nr. 1/2 vom 11.01.2010, Seite 82ff.

Seitz, Volker: „Afrika wird armregiert oder wie man Afrika wirklich helfen kann“; Deutscher Taschenbuch Verlag, München, 2. Auflage, 2009.

Sombart, Werner: „Liebe, Luxus und Kapitalismus“; Deutscher Taschenbuch Verlag, München, 1967.

Sonnenschmidt, Reinhard: „Mythos, Trauma und Gewalt in archaischen Gesellschaften“; Mantis Verlag, Gräfelfing, 1994.

Steiger, Otto: „Eigentum und Recht und Freiheit – Eine Triade und 66 Thesen“; Management Zentrum St. Gallen, Forum Nr. 12, 2006.

Strathern, Paul: „Schumpeters Reithosen – Die genialsten Wirtschaftstheorien und ihre verrückten Erfinder“; Campus Verlag, Frankfurt/Main, 2006.

Sueddeutsche.de: „Winzling mit Wucht“; Stand vom 19.12.2007, URL-Abruf vom 18.11.2009:
http://www.sueddeutsche.de/wissen/366/428121/text/

Tolkien, John Ronald Reuel: „Der Herr der Ringe“; Klett-Cotta, Stuttgart, 20. Auflage, 1993.

Universität Duisburg, Institut für Geographie: „Ost- und Südostasien – ein wirtschafts- und sozialgeographischer Überblick“; Stand vom 17.04.2001, URL-Abruf vom 05.08.2008: www.uni-duisburg-essen.de/geographie/vvz_duisburg/ss2001.htm

Universität Hamburg: „Bilder aus dem Mineralogischen Museum“; Stand vom 05.03.2010, URL-Abruf vom 31.03.2010: http://www1.uni-hamburg.de/mpi/museum/de/bilder/bilder_10.html

Universität München: „Wie entstehen die Elemente? Chemische Entwicklung von Galaxien und Galaxiehaufen“; ohne Datum, URL-Abruf vom 07.04.2010: http://www.usm.uni-muenchen.de/people/saglia/dm/galaxien/alldt/node24.html

Urton, Gary: „Mythen der Inka“; Reclam, Stuttgart, 2002.

Varna Museum of Archeology: „Historic Periods – Prehistory„; Stand 2004, URL-Abruf vom 25.02.2010: http://www.amvarna.com/eindex.php?lang=2&lid=2&slid=&slid=1

Velikovsky, Immanuel: „Welten im Zusammenstoß“; Ullstein, Frankfurt/Main – Berlin – Wien, 1982.

Wamser, Ludwig; Gebhard, Rupert (Herausgeber): „Gold – Magie, Mythos, Macht – Gold der Alten und Neuen Welt“; Arnoldsche Art Publishers, Stuttgart, 2001.

Weber, Max: „Politik als Beruf“; Reclam, Stuttgart, 2004.

Westenfelder, Frank: „Eine kleine Geschichte der Söldner – Historische Gestalten auf dem Weg in die Moderne“; adamatia Verlag, Sankt Augustin, 2011.

Westenfelder, Frank: „Kriegsreisende – Die Geschichte der Söldner“; ohne Datum, URL-Abruf vom 06.12.2010:
http://www.kriegsreisende.de/

Wikipedia: „(99942) Apophis“; Stand vom 09.04.2010, URL-Abruf vom 18.04.2010:
http://de.wikipedia.org/wiki/(99942)_Apophis

Wikipedia: „Argentinien-Krise“; Stand vom 10.03.2010, URL-Abruf vom 16.03.2010:
http://de.wikipedia.org/wiki/Argentinien-Krise

Wikipedia: „Bauernlegen (Geschichte)“; Stand vom 24.02.2011, URL-Abruf vom 24.02.2011:
http://de.wikipedia.org/wiki/Bauernlegen_(Geschichte)

Wikipedia: „Brennus“; Stand vom 17.01.2010, URL-Abruf vom 22.05.2010:
http://de.wikipedia.org/wiki/Brennus_(4._Jahrhundert_v._Chr.)

Wikipedia: „Bronzezeit“; Stand vom 17.03.2010, URL-Abruf vom 24.03.2010:
http://de.wikipedia.org/wiki/Bronzezeit

Wikipedia: „Chalcedon (Mineral)“; Stand vom 24.04.2010, URL-Abruf vom 21.05.2010:
http://de.wikipedia.org/wiki/Chalcedon_(Mineral)

Wikipedia: „Deutsche Mark“; Stand vom 21.03.2010, URL-Abruf vom 29.03.2010:
http://de.wikipedia.org/wiki/Deutsche_Mark

Wikipedia: „Feuerstein“; Stand vom 13.04.2010, URL-Abruf vom 06.05.2010:
http://de.wikipedia.org/wiki/Feuerstein

Wikipedia: „Fianna“; Stand vom 11.05.2014, URL-Abruf vom 16.05.2014:
http://de.wikipedia.org/wiki/Fianna

Wikipedia: „Francisco Vásquez de Coronado“; Stand vom 06.06.2010, URL-Abruf vom 07.06.2010:
http://de.wikipedia.org/wiki/Francisco_V%C3%A1squez_de_Coronado

Wikipedia: „Gilgamesch-Epos“; Stand vom 17.12.2009, URL-Abruf vom 21.05.2010:
http://de.wikipedia.org/wiki/Gilgamesch-Epos

Wikipedia: „Gold“; Stand vom 22.03.2010, URL-Abruf vom 24.03.2010:
http://de.wikipedia.org/wiki/Gold

Wikipedia: „Gräberfeld von Warna“; Stand vom 02.03.2010, URL-Abruf vom 10.03.2010:
http://de.wikipedia.org/wiki/Gr%C3%A4berfeld_von_Warna

Wikipedia.de: „Hammurapi“; 30.06.2010, URL-Abruf vom 09.08.2010:
http://de.wikipedia.org/wiki/Hammurapi

Wikipedia: „Herakles“; Stand vom 12.05.2010, URL-Abruf vom 21.05.2010:
http://de.wikipedia.org/wiki/Herakles

Wikipedia: „Heraldik“; Stand vom 12.06.2010, URL-Abruf vom 19.06.2010:
http://de.wikipedia.org/wiki/Heraldik

Wikipedia: „Ištar“; Stand vom 04.06.2010, URL-Abruf vom 19.06.2010:
http://de.wikipedia.org/wiki/I%C5%A1tar

Wikipedia: „Justitia“; Stand vom 17.05.2010, URL-Abruf vom 17.08.2010:
http://de.wikipedia.org/wiki/Iustitia

Wikipedia: „Karneol“; Stand vom 21.05.2010, URL-Abruf vom 21.05.2010:
http://de.wikipedia.org/wiki/Karneol

Wikipedia: „Kelten“; Stand vom 17.05.2010, URL-Abruf vom 23.05.2010:
http://de.wikipedia.org/wiki/Kelten

Wikipedia: „Kupfersteinzeit“; Stand vom 15.03.2010, URL-Abruf vom 24.03.2010:
http://de.wikipedia.org/wiki/Kupferzeit

Wikipedia: „Krösus“; Stand vom 08.05.2009, URL-Abruf vom 23.05.2010:
http://de.wikipedia.org/wiki/Krösus

Wikipedia: „Mastín Español“; Stand vom 02.09.2009, URL-Abruf vom 23.05.2010:
http://de.wikipedia.org/wiki/Mastín_Español

Wikipedia: „Mesilim“; Stand vom 25.09.2009, URL-Abruf vom 21.05.2010:
http://en.wikipedia.org/wiki/Mesilim

Wikipedia: „Meskalamdug“; Stand vom 13.03.2010, URL-Abruf vom 21.05.2010:
http://de.wikipedia.org/wiki/Meskalamdug

Wikipedia: „Metallurgie“; Stand vom 13.05.2010, URL-Abruf vom 21.05.2010:
http://de.wikipedia.org/wiki/Metallurgie

Wikipedia: „Mykene“; Stand vom 11.05.2010, URL-Abruf vom 21.05.2010:
http://de.wikipedia.org/wiki/Mykene

Wikipedia: „Native metal“; Stand vom 03.03.2010, URL-Abruf vom 24.03.2010:
http://en.wikipedia.org/wiki/Native_metal

Wikipedia: „Obsidian“; Stand vom 02.05.2010, URL-Abruf vom 21.05.2010:
http://de.wikipedia.org/wiki/Obsidian

Wikipedia: „Oreopithecus“; Stand vom 01.08.2009, URL-Abruf vom 08.08.2010:
http://de.wikipedia.org/wiki/Oreopithecus

Wikipedia: „Perseus (Mythologie)“; Stand vom 14.05.2010, URL-Abruf vom 21.05.2010:
http://de.wikipedia.org/wiki/Perseus_(Mythologie)

Wikipedia: „Puabi“; Stand vom 05.01.2010, URL-Abruf vom 21.05.2010:
http://de.wikipedia.org/wiki/Puabi

Wikipedia: „Pyrit“; Stand vom 04.05.2010, URL-Abruf vom 06.05.2010:
http://de.wikipedia.org/wiki/Pyrit

Wikipedia: „Quark-Gluon-Plasma“; Stand vom 24.01.2010, URL-Abruf vom 06.04.2010:
http://de.wikipedia.org/wiki/Quark-Gluon-Plasma

Wikipedia: „Reisläufer“; Stand vom 01.04.2010, URL-Abruf vom 23.05.2010:
http://de.wikipedia.org/wiki/Reisläufer

Wikipedia: „Sonderziehungsrecht“; Stand vom 10.03.2010, URL-Abruf vom 18.03.2010:
http://de.wikipedia.org/wiki/Sonderziehungsrecht

Wikipedia: „Sparta“; Stand vom 22.04.2010, URL-Abruf vom 21.05.2010:
http://de.wikipedia.org/wiki/Sparta

Wikipedia: „Sumerische Königsliste“; Stand vom 18.02.2010, URL-Abruf vom 21.05.2010:
http://de.wikipedia.org/wiki/Sumerische_K%C3%B6nigsliste

Wikipedia: „Supernova“; Stand vom 05.04.2010, URL-Abruf vom 06.04.2010:
http://de.wikipedia.org/wiki/Supernova

Wikipedia: „Tartessos“; Stand vom 01.05.2010, URL-Abruf vom 23.05.2010:
http://de.wikipedia.org/wiki/Tartessos

Wikipedia: „Triffin-Dilemma“; Stand vom 13.07.2009, URL-Abruf vom 18.03.2010:
http://de.wikipedia.org/wiki/Triffin-Dilemma

Wikipedia: „Ver sacrum (Antike)“; Stand vom 31.03.2011; URL-Abruf vom 01.04.2011:
http://de.wikipedia.org/wiki/Ver_sacrum_(Antike)

Wikipedia: „Wappen der deutschen Stadt- und Landkreise“; Stand vom 16.06.2009, URL-Abruf vom 19.06.2010:
http://de.wikipedia.org/wiki/Wappen_der_deutschen_Stadt-_und_Landkreise

Wolff, Sören: „Eine kurze Geschichte des Geldes – Die Entstehung der Vertragsform Kredit und nominaler Geldzeichen in Antike und Neuzeit“; Metropolis Verlag, Marburg, 2010.

Xiaochuan, Zhou: „Reform the International Monetary System“; Stand vom 23.03.2009, URL-Abruf vom 18.03.2010: http://www.pbc.gov.cn/english/detail.asp?col=6500&id=178

Zenger, Erich: „Einleitung in das Alte Testament“; Kohlhammer, Stuttgart, 7. Auflage, 2008.

eigentüm

Eigentum

und Recht

und Freiheit

lich frei